国家社科基金青年项目"秦律令及其所见制度新研"

(项目编号:17CZS056)结项成果

古文字与中华文明
传承发展工程

岳麓书院出土文献与古史研究丛书

周海锋——著

秦律令及其所见制度新研

社会科学文献出版社

SOCIAL SCIENCES ACADEMIC PRESS (CHINA)

作者简介

周海锋

  男，邵阳人，博士，湘潭大学副教授。主要从事秦汉简牍整理与研究工作。岳麓书院藏秦简、长沙走马楼西汉简和长沙五一广场东汉简主要整理者之一。出版学术专著1部，简牍整理报告14册（整理组骨干人员）；发表学术论文40余篇；主持国家级、省部级项目4项，参与国家社科基金重大项目4项、教育部重大攻关项目1项。

目　录

绪　论

一　国内外研究现状和趋势

秦律令的研究以睡虎地秦墓竹简的发掘为界线，可分为前后两个阶段。前期研究成果主要以辑佚和简单考证为主，代表性著作有《七国考》《秦会要》《历代刑法考》。

20 世纪 70 年代以来，随着云梦睡虎地秦简、青川木牍、龙岗秦简、张家山汉简、王家台秦简、里耶秦简、岳麓秦简和兔子山秦简的刊布，学者们争相以这些新材料为研究对象，对秦律令进行了较为全面的研讨，这就使人们对秦法制、职官制度、土地制度、赋税制度、经济制度、军事制度等有了更加准确、深刻的认识。

20 世纪 70 年代之后的秦法制研究有了新的特点，研究者往往对原始法律条文作出各自的理解和阐释，在此基础上对秦刑名、刑期、刑徒、立法精神、法典存在与否、法律归类等诸多问题展开了广泛而深入的研讨，产生了不少重要著作。

栗劲先生《秦律通论》一书于 1985 年出版 ①，对秦律的制定与发展、秦律的一般理论基础、秦律关于犯罪的理论和认定犯罪的原则、秦律"重刑主义"的刑罚理论、秦律的刑罚体系、秦律刑事诉讼的基本原则和程序、秦律中的行政法规、秦律中的经济法规和民法等问题做了较为系统的研究。该书乃秦律研究的集大成之作，在一定程度上填补了从法制史视角研究秦简的空白，代表了 20 世纪 80 年代秦法制史研究的最高水平。

---

① 栗劲:《秦律通论》，山东人民出版社，1985。

堀毅先生《秦汉法制史论考》为汉译论文集①，共收论文 13 篇。是书有不少创见，如认为《汉旧仪》所载秦刑名、刑期和刑罚均非秦制，而是汉制，乃汉文帝实施刑罚改革之后的产物。验之新近公布的荆州胡家草场简牍②，此论诚为卓见。关于秦立法原则和法律思想，堀毅先生认为秦律制定有其合理的一面，并蕴含了宽刑主义思想，秦律的残酷性是秦始皇三十四年以后逐渐加剧的。这些提法也很有见地，至少通过目前所能见到的秦律令条文，并不能得出秦律残酷的结论。

刘海年先生《战国秦代法制管窥》一书共收论文 26 篇③，大部分以秦法制为讨论对象。此书对秦刑罚种类、秦刑罚适用原则、秦法官法吏体系、秦诉讼制度和秦统治者的法律思想等问题进行了研究，提出不少创见。尤其是《秦的诉讼制度》一文以近 6 万字的篇幅，以秦简材料为主并结合传世材料对秦诉讼制度进行了全面论述，条理清晰，内容翔实，论证确凿，颇具参考价值。

曹旅宁先生《秦律新探》一书对秦律源流、秦律特点、秦汉律之间的关系、秦律中的经济管制等进行了探讨。④作者大量借用外国研究成果，并将民俗学和法理学理论运用到秦律研究中，其研究方法值得借鉴。

徐世虹等先生共同撰写的《秦律研究》一书介绍了秦律简牍文献的出土与研究情况，探讨了秦令的性质及其与律的关系、秦汉式的类别与性质，并对秦课、秦汉法律编纂、秦汉刑罚等序以及某些法律用语和律篇进行了比较深入的解析。⑤然学者在撰写此书时，岳麓秦简律令部分只有零星公布，故某些论述难以深入，有待进一步研讨。

对秦律进行过深入探讨的专著不少，限于篇幅，在此无法逐一介绍，比较有代表性的尚有：大庭脩先生《秦汉法制史研究》、张建国先

① 〔日〕堀毅：《秦汉法制史论考》，萧红燕等译，法律出版社，1988。
② 李天虹：《汉文帝刑期改革——〈汉书·刑法志〉所载规定刑期文本与胡家草场汉律对读》，《江汉考古》2023 年第 2 期。
③ 刘海年：《战国秦代法制管窥》，法律出版社，2006。
④ 曹旅宁：《秦律新探》，中国社会科学出版社，2002。
⑤ 徐世虹等：《秦律研究》，武汉大学出版社，2017。

生《帝制时代的中国法》、高恒先生《秦汉法制论考》和张忠炜先生《秦汉律令法系研究初编》等。

除了专著，从整体上探究秦律性质的单篇论文数量也不少，无法一一列举，其中颇具代表性的有：林剑鸣先生《秦代法律制度初探》、汤浅邦弘先生《秦律的理念》、黄展岳先生《云梦秦律简论》、刘海年先生《从云梦出土的竹简看秦代的法律制度》、大庭脩先生《云梦出土的竹简秦律之研究》和陈玉璟先生《略论云梦〈秦律〉的性质》等。

关于令之起源、秦令之有无问题，中外学者之立场可谓泾渭分明。沈家本先生认为自商周时起即有令①。戴炎辉先生认为："秦有律有令，则无可疑。《史记》载：沛公至咸阳，萧何独先入，收秦丞相、御史律令图书藏之；又载：明法度，定律令，皆以始皇起。"②陈顾远先生认为："令之演变，大体可别为三：……一曰秦汉及魏，令以辅律也。……一曰六朝隋唐，令有专典也……三曰自宋以后，令为末节也。"③日本学者则大多倾向于秦无令，令起源于汉朝。如堀敏一先生将令视为追加法，并认为萧何所制唯有律而无令。④仁井田陞先生认为"令的起源可以说是始于汉代"⑤。大庭脩先生认为："秦代，将正文的'法'改称为'律'，补充法也还叫作'律'。汉代继承了秦的六律和补充法的诸律……以后的补充法也有对律的补充，大多被称为'令'。只是秦令的存在与否目前尚不清楚。"⑥"秦'令'的文字之所以不存在，大概是由于本来作为补充法的'令'，把补充法称为'令'的称呼制度在秦不存在。因此，我认为这个制度大概是在汉代创始的。"⑦大庭脩先生的观点曾遭到一些

---

① 沈家本：《历代刑法考》，中华书局，1985，第811页。
② 戴炎辉：《中国法制史》，三民书局，1979，第2页。
③ 陈顾远：《中国法制史》，商务印书馆，1959，第106~110页。
④ 〔日〕堀敏一：《晋泰始律令的制定》，程维荣等译，载杨一凡总主编《中国法制史考证·丙编（第二卷）》，中国社会科学出版社，2003，第282~301页。
⑤ 〔日〕仁井田陞：《唐令拾遗》，栗劲、霍存福、王占通、郭延德编译，长春出版社，1989，第802页。
⑥ 〔日〕大庭脩：《秦汉法制史研究》，林剑鸣等译，上海人民出版社，1991，第10~11页。
⑦ 〔日〕大庭脩：《秦汉法制史研究》，林剑鸣等译，第10~11页。

学者的质疑，如张建国先生撰文认为秦令是存在过的。①

令条产生的时间早于律条，《史记·商君列传》载秦孝公"以卫鞅为左庶长，卒定变法之令"，此可知在商鞅"改法为律"之前，秦国即有令产生。最初的令条应由王命和王令修订而成，《商君书》《史记》中载商鞅变法时颁布的《垦草令》《分户令》应为秦国历史上最早的令条。

蔡万进和陈朝云先生从里耶秦简中辑出秦令三则，所谓"兴徭"令、"恒以朔日上所买徒隶数"令和"徙户移年籍"令，并指出秦代是确实存在令的。②随着张家山汉简《奏谳书》所引秦令的面世以及里耶秦简令文的刊布，争论秦令的有无已变得毫无必要了。岳麓秦简的刊布不仅可以让学者们领略到秦令形态之多样、编排之有序，而且能为深入研究秦令与秦律之关系提供众多有价值的资料。

南玉泉先生认为秦令是王或皇帝的指示，在本质上属最高行政命令，又以《奏谳书》案例十八为据，认为秦令本身一般不包括处罚性条款，不服从令要按律的相关规定处理。③现在看来，南玉泉认为秦令属最高行政命令的观点大致不错，但其认为秦令本身一般不包括处罚性条款是值得商榷的。岳麓书院藏秦令多见惩罚性条款，秦令之功用与秦律无异。南玉泉先生又说"秦国以及后来的秦朝都无需以令的形式直接补充律文的不足，令的内容多侧重于国家的行政管理"，实际情况是秦令存在之价值正在于弥补律条之不足，这一点岳麓秦简已有十分坚实的材料可证明，而且我们也未发现秦令和秦律所针对的具体事项有任何区别④。

《岳麓书院藏秦简（肆）》刊布了一组秦令，其中有秦二世时制定抄录的令文，陈松长师对其进行了深入解析。⑤陈师还对岳麓秦简中"共令""四××令""卜祝酺及它祠令""尉郡卒令"的性质问题进行了讨

---

① 张建国：《秦令与睡虎地秦墓竹简相关问题略析》，《中外法学》1998年第6期。

② 蔡万进、陈朝云：《里耶秦简秦令三则探析》，《许昌学院学报》2004年第6期。

③ 南玉泉：《论秦汉的律与令》，《内蒙古大学学报》（人文社会科学版）2004年第3期。

④ 周海锋：《秦律令研究——以〈岳麓书院藏秦简〉（肆）为重点》，湖南大学博士学位论文，2016。

⑤ 陈松长：《岳麓秦简中的两条秦二世时期令文》，《文物》2015年第9期。

论。① 王勇老师和欧扬先生分别对岳麓秦简中的"县官田令"和"毋夺田时令"进行了探究。② 笔者也对秦令的制定与编纂、律令的异同、律令的刊布与留存以及律令的效力等问题进行了探讨。③ 王牧云博士《岳麓书院藏秦简所见秦令研究》一文坚持认为秦令具有独立的体系，而非秦律之补充。④

目前所能见到的秦令数量已十分可观，我们有理由相信秦令的研究必将步入新的阶段。

律之编纂与律典是否存在问题也是学者们比较关注的。大庭脩先生认为"以'律'为名的法典，从秦以后到清朝为止是一直存在的"。广濑薰雄教授所著《秦汉律令研究》一书第二部分集中探讨秦汉律令，否认秦汉时期存在律典。⑤ 通过对出土律令简的考察，我们认为秦代的律令条文是由国家统一编纂的，但与魏晋以后的法典尚有差异。

滋贺秀三先生认为初次出现"九章律"说法的《汉书·刑法志》不是准确记载史实之作，而是为说明"律九章"的起源而作。"法三章"在项羽攻入关中后就失效了，《汉书·刑法志》采用从三章到九章这样有趣的数字叙事，并不是说一定有九章，而是在汉代尊九为吉数的思想作用下的产物，"律九章"的形成时期是力图将法律学作为儒学一个分支的汉武帝之世结束到宣帝治世之间。⑥ "九章律"中的"九"非确数，已经得到多批汉简的证实；"律九章"的形成时期，还有待进一步研究。

杨振红先生认为："《晋书·刑法志》等史籍关于商鞅受李悝《法

---

① 陈松长：《岳麓秦简中的几个令名小识》，《文物》2016年第12期。
② 王勇：《岳麓秦简〈县官田令〉初探》，《中国社会经济史研究》2015年第4期；欧扬：《岳麓秦简"毋夺田时令"探析》，《湖南大学学报》（社会科学版）2015年第3期；欧扬：《岳麓秦简"毋夺田时令"再探》，载西南大学出土文献综合研究中心、西南大学汉语言文献研究所主办《出土文献综合研究集刊（第四辑）》，巴蜀书社，2016，第159~171页。
③ 周海锋：《秦律令研究——以〈岳麓书院藏秦简〉（肆）为重点》，湖南大学博士学位论文，2016。
④ 王牧云：《岳麓书院藏秦简所见秦令研究》，华东政法大学硕士学位论文，2020。
⑤ 〔日〕广濑薰雄：《秦汉律令研究》，汲古书院，2010。
⑥ 转引自杨振红《出土简牍与秦汉社会》，广西师范大学出版社，2009，第7页。

经》六篇以相秦、制秦律六篇的说法是可信的，秦律的主体正是以刑法为基本内容的秦律六篇。"①以岳麓秦简所见律篇名验之，杨先生的判断无疑是可靠的。岳麓秦简中出现的律名近 20 种，六律之《贼律》《杂律》《具律》赫然在列，而《索律》似可视为《捕律》之异称。《盗律》虽未见，但秦代必有此律，这从岳麓秦简中存在《备盗贼令》可以推测出。又岳麓秦简中两组总计数十则关于"受财枉法"者将如何处理的令条的存在，也证明秦代必有与之配套使用的《盗律》。《囚律》多为断狱、鞫狱、系囚、传覆、告劾之类的律条，虽目前在秦出土文献中尚未见之，但其必定存在，毕竟出土秦律只是当时实用律条的一小部分。《狱校律》之性质与《囚律》极为相似，可看作对后者的补充。如 0912 号律文是关于给刑徒戴刑具的，1419 号律文是关于刑徒传输的。②

宫宅洁教授认为秦时即有令典存在，并认为"令典的出现是以'对诸命令实行分类整理'为前提的，睡虎地秦简中除了有律典外，还有与律性质不同的'令'的规范，而且它是按内容分类的诏令集的形式存在的。汉代令典的编纂要经过两道手续，首先将诏令按内容加以区分，然后给它们逐一标上号码。这样的编纂手法反映了令典的特质，即它是以时时追加的诏令为法源而不断增加的，因此，令典不可能在各个官僚机构独立形成"③。

冨谷至教授对汉代是否形成令典持保守态度，认为"汉令以皇帝下达的诏敕为法源，在形式上只能是诏而不能是其它。汉令发布后按照干支进行编号收录，不断地被随时增加。挈令是从干支令中抽取与各官署、郡县有关的诏编辑在一起。有事项名的令不过是为了方便使用的通称，不是由立法确定的法典、法令名"④。

---

① 杨振红:《出土简牍与秦汉社会》，第 16 页。
② 《岳麓书院藏秦简（肆）》：0912·狱校律曰：黥舂、完城旦舂、鬼薪、白粲以下到耐罪皆校。1419【·】狱校律曰：略妻及奴骚（骄）悍，斩为城旦当输者，谨将之，勿庸（用）传□，到输所乃传之 乚。謷（迁）者、謷（迁）者包及诸皋。
③ 转引自杨振红《出土简牍与秦汉社会》，第 42 页。
④ 转引自杨振红《出土简牍与秦汉社会》，第 42 页。

孟彦弘先生认为秦汉时期律的篇章书目是不固定的，其不断增减，具有开放性，并非魏晋以后那样，有一个基本固定的结构。[①] 以所见秦律令条文验之，此观点是成立的。

冨谷至教授又认为汉律由正律（九章律）、单行律（傍章）和追加法（越宫律、朝律）组成。正律的篇目顺序是固定的，它们是基本法、正法，是刑罚法规，也是"具备篇章之义"的法典。自秦以后正法之外就存在非刑罚法规的单行律、追加法，但从篇次固定的典籍角度看，它们还不能算作法典。[②]

李学勤先生认为《二年律令》中或包括"傍章"，"《二年律令》不是《九章律》的全部，它的内容应该是包含《九章律》的一部分，再加上后来添加的若干律令条文"[③]。堀敏一先生认为"旁（傍）章具有正律即九章律的副法的意思"，"田律、田律税律、钱律以下诸律，都应该看成是旁章"，并认为《晋书·刑法志》关于叔孙通作傍章的说法不可信。[④]

由于秦律令条文不时增减修订，是一个开放的系统，若以魏晋以后的法典来比照，秦代显然不存在法典。然岳麓秦简所见依照天干或数字顺序依次排列的令条的大量出现，表明这些条文是经过统一整理和编辑的，或可视为法典的初始状态。需要指出的是，有不少证据可以证明律令条文编序是官方行为。

在秦汉律的分类问题上，杨振红先生提出了颇有影响的"秦汉律二级分类"说。

秦的刑罚体系一直颇受学者关注。冨谷至教授《秦汉刑罚制度研究》一书以云梦秦简为主要考察对象[⑤]，对秦的刑罚、连坐制以及以爵减免刑罚诸问题做了研讨，提出不少卓见，例如认为"刑罪"专指肉刑，耐刑不属于肉刑。这些见解得到了后出材料的佐证。丁义娟先

---

① 孟彦弘：《秦汉法典体系的演变》，《历史研究》2005 年第 3 期。

② 转引自杨振红《出土简牍与秦汉社会》，第 6 页。

③ 李学勤：《简帛佚籍与学术史》，江西教育出版社，2001，第 182~183 页。

④ 〔日〕堀敏一：《晋泰始律令的制定》，程维荣等译，载杨一凡总主编《中国法制史考证·丙编（第二卷）》，第 286~287 页。

⑤ 〔日〕冨谷至：《秦汉刑罚制度研究》，柴生芳、朱恒晔译，广西师范大学出版社，2006。

生《秦及汉初刑罚体系研究——以出土资料为主要依据》对刑罚体系及序列提出了不同以往的见解[①]，可备一说。此外，陶安《秦汉刑罚体系之研究》[②]、水间大辅《秦汉刑法研究》[③]、傅荣珂《睡虎地秦简刑律研究》[④]以及王关成和郭淑珍合撰《秦刑罚概述》[⑤]均对秦刑法制度进行了较为系统的探讨。

　　在出土材料大量涌现之前，由于传世文献对秦史的记载十分有限，要考辨清楚某种制度是十分困难的，学者多借助《秦会要》一类的工具书以期对秦的典章制度有一个大概的了解。睡虎地秦简的刊布在一定程度上扭转了这一窘境。

　　张金光先生《秦制研究》一书充分利用出土简牍材料[⑥]，对秦之土地制度、为田制度、阡陌封疆制度、租赋徭役制度、官社经济体制、家庭制度、刑徒制度、居赀赎债制度、乡官制度、学吏制度、爵制和户籍制度进行了系统深入的研讨，是利用简牍材料探究典章制度的典范之作。无论是研究方法还是研究结论，均给人颇多启发。

　　以睡虎地秦简、龙岗秦简和放马滩秦简材料的公布为契机对秦制进行探索的专著还有高敏《云梦秦简初探》、安作璋和熊铁基《秦汉官制史稿》、黄留珠《秦汉仕进制度》、卜宪群《秦汉官僚制度》、阎步克《品位与职位——秦汉魏晋南北朝官阶制度研究》、黄今言《秦汉赋役制度研究》、钱剑夫《秦汉赋役制度考略》、于振波《秦汉法律与社会》、杨振红《出土简牍与秦汉社会》及《出土简牍与秦汉社会续编》、工藤元男《睡虎地秦简所见秦代国家与社会》等。里耶秦简、岳麓秦简和其他考古材料刊布以后，秦制研究方面诞生了一部体量巨大、搜罗广泛的"秦史与秦文化研究丛书"，此丛书乃21世纪秦史研究标志性成果之

---

① 丁义娟:《秦及汉初刑罚体系研究——以出土资料为主要依据》,吉林大学博士学位论文,2012。

② 〔德〕陶安:《秦汉刑罚体系之研究》,创文社,2009。

③ 〔日〕水间大辅:《秦汉刑法研究》,知泉书馆,2007。

④ 傅荣珂:《睡虎地秦简刑律研究》,商鼎文化出版社,1992。

⑤ 王关成、郭淑珍:《秦刑罚概述》,陕西人民教育出版社,1993。

⑥ 张金光:《秦制研究》,上海古籍出版社,2004。

一。① 有关秦制研究的单篇论文也为数不少，此不赘述。

当然，秦律令文本本身的研究也取得了不少成果。既有文字释读、注释方面的反复斟酌，也有符号解读、简册复原方面的各种努力。

就原始材料整理而言，睡虎地秦简先后有四个版本，均由文物出版社出版，分别为 1977 年 8 开线装本《睡虎地秦墓竹简》、1978 年平装32 开本《睡虎地秦墓竹简》、1981 年精装 16 开本《云梦睡虎地秦墓》和 1990 年 8 开精装本《睡虎地秦墓竹简》。其中 1990 年版所收竹简材料最全，囊括了 11 号秦墓出土的 10 种文献，均有图版、释文和注释，其中 6 种有译文，是资料性和学术性俱佳的本子。此外，睡虎地秦简还被翻译成日文、韩文和英文，极大地推进了中外学者的学术交流和互动。

1978—1983 年日本中央大学秦简研究会便在《中央大学大学院论究》上连载《湖北睡虎地秦墓竹简译注初稿》（1 ~ 6）。该译注将《编年记》与《日书》之外的睡虎地秦简都翻译成日文并加上简注，其与中文本的时间差仅约 2 年，反映了日本学界对睡虎地秦简新资料的高度关心。

1988—1999 年早稻田大学秦简研究会在《史滴》上也连载了译注初稿，但内容只有《为吏之道》、《语书》、《封诊式》及《法律答问》。其体例为首列原文，次加校订，复出注释，最后改写为日文并加今译。由于睡虎地秦简公布已十年，该译注着重罗列学界既往的研究成果，再辅以作者按语，是相对完善的集解本。

2000 年松崎つね子在明德出版社出版《睡虎地秦简》。此书以 1990年《睡虎地秦墓竹简》为底本，主要解读《法律答问》，其先简述秦代

---

① "秦史与秦文化研究丛书"由王子今教授主编，西北大学出版社 2021 年出版，包括：王子今《秦交通史》，闫晓君《秦法律文化新探》，周海锋《秦官吏法研究》，孙闻博《初并天下：秦君主集权研究》，臧知非《秦思想与政治研究》，雷依群《秦政治文化研究》，徐卫民、刘幼臻《秦都邑宫苑研究》，梁万斌《帝国的形成与崩溃：秦疆域变迁史稿》，周晓陆、罗志英、李巍、何薇《秦文字研究》，樊志民、李伊波《秦农业史新编》，赵国华、叶秋菊《秦战争史》，马志亮《秦礼仪研究》，史党社《秦祭祀研究》，田静《秦史与秦文化研究论著索引》。

的刑罚制度，然后解释各种词语与短句，堪称《法律答问》简明易懂的导读本。

相较于日本，同属东亚文化圈的韩国，其睡虎地秦简译注便晚出许多。2010年庆北大学尹在硕先生历时五年完成了《睡虎地秦墓竹简译注》（由昭明出版社出版），以1978年平装本为底本，集翻译、订正、补释、集释于一书，使睡虎地秦简出现日文与英文之外的译本。

睡虎地秦简出土所引起的学术热潮并未止步于东亚。甫出土不久，夏德安、鲁惟一、何四维便不约而同地向西方学界及时介绍这一重大考古发现。1977年夏德安首先将《睡虎地秦简发掘简报》《云梦秦简释文》以及季勋《云梦秦简概述》摘译到《古代中国》（*Early China*），尤其着重《封诊式》中的十段文字。1981年叶山与其他学者合作将《封诊式》单独译注出来，反映了西方学者对《封诊式》的高度关注。[①]1977年鲁惟一先生则根据《文物》上发表的诸篇文章，简略介绍了睡虎地秦简的内容。1978年何四维先在第二十六届欧洲汉学会议简介睡虎地秦简的发现、内容及意义，又在《通报》中较为翔实地介绍了这批资料，并探讨了内史、大内与少内、都官、啬夫、告归、赀、隶臣与徒等问题。何先生最后在文中指出："要真正让西方学术界了解和研究睡虎地秦简极其丰富而多面的内容，必须提供一部完整且带有学术性注释的西文译本。"1985年，何四维先生出版了《秦律遗文》，即睡虎地秦简的英译本。[②]该译注以法律文本为主要内容，在集释的基础之上多有献疑，提出不少新见。李学勤与籾山明两位先生的书评均高度肯定其成就。[③]遗憾的是《秦律遗文》一直没有中译本问世，致使其成绩难以为中文学界所了解。

---

① Katrina C. D. Mcleod and Robin D. S. Yates, "Forms of Ch'in Law: An Annotated Translation of the Feng-chen shih," *Harvard Journal of Asiatic Studies*, Vol. 41, No. 1 (1981), pp. 111-163.

② Remnants of Ch'in Law: An Annotated Translation of the Ch'in Legal and Administrative Rules of the 3rd Century B.C., Discovered in Yun-meng Prefecture, Hu-pei Province, in 1975, Leiden:E. J. Brill, 1985.

③ 李学勤:《何四维〈秦律遗文〉评介》,《中国史研究》1985年第4期;〔日〕籾山明:《书评: 何四维〈秦律遗文〉》,《史林》1986年第69卷第6号。

综上所述，自睡虎地秦简中文整理本出版后，其中的法律文献已有日文、英文、韩文等多种译本，诸译本均不断推陈出新，参考睡虎地秦简出土后的新出秦汉简牍，吸收诸家研究成果。相形之下，睡虎地秦简的中文整理本不免显得陈旧，不再能够满足 21 世纪学人的需求，因此，在博采百家的基础上重新检验旧译并阐发新说，已是中文学界不可推却的任务。

正因如此，近年徐世虹先生在中国政法大学组织了中国法制史基础史料研读会，全面参考既有成果及新出文献，重新研读睡虎地秦简法律文书，对所见成果进行汇集，并给出最新的注释与译文。相关成果刊布在《中国古代法律文献研究》（2012—2020），目前公布了《语书》、《秦律十八种》、《秦律杂抄》以及《法律答问》（大部分）。全面译注睡虎地秦简法律类文献指日可待。

1997 年刘信芳、梁柱编著的《云梦龙岗秦简》一书由科学出版社出版。鉴于该书存在诸多问题，中国文物研究所胡平生先生和湖北省文物考古研究所的李天虹先生、刘国胜先生等联手对龙岗秦简进行了再整理，成果便是 2001 年中华书局出版的《龙岗秦简》。此次整理利用复旦大学文博学院研制的"红外线读简仪"，对先前一些模糊的文字重新加以释读，解决了许多疑难问题，取得了重要突破和进展，又对简文进行了重新缀合的工作。在充分吸取已有成果和深入细致研究的基础上，完成了这本融整理和研究为一体的《龙岗秦简》。

青川木牍《为田律》释文首先刊布于李昭和等撰写的《青川县出土秦更修田律木牍——四川青川县战国墓发掘简报》一文[1]，《文物》同期又刊布了李昭和与于豪亮的研究。[2] 此后杨宽、李学勤、胡平生、黄盛

---

[1] 李昭和等：《青川县出土秦更修田律木牍——四川青川县战国墓发掘简报》，《文物》1982 年第 1 期。

[2] 李昭和：《青川出土木牍文字简考》，《文物》1982 年第 1 期；于豪亮：《释青川秦墓木牍》，《文物》1982 年第 1 期。

璋、罗开玉、张金光等先生相继撰文研究①，反映了学界对秦武王二年颁布的《为田律》高度关心。随着张家山汉简《田律》、岳麓秦简《田律》的出土，青川《为田律》的内容又有了重新探讨的空间。近年周波先生根据新材料，重新肯定了"利津浶"的"浶"之释读。②何有祖先生则将"利津浶"释读为"利津隧"。③

王家台秦简《效律》计96枚，至今为止只有一小部分发表。1995年《文物》上首次刊布了2枚《效律》释文，并介绍王家台《效律》内容与《睡虎地秦墓竹简》所收《效律》多有雷同，只是书写顺序不尽相同。④2004年整理者王明钦先生进一步对王家台秦墓竹简做了概述。⑤

朱汉民、陈松长师主编的《岳麓书院藏秦简（叁—柒）》⑥陆续出版，又一次掀起秦法制研究的热潮。⑦

德国学者劳武利与史达博士对《岳麓书院藏秦简（叁）》进行了英

---

① 杨宽：《释青川秦牍的田亩制度》，《文物》1982年第7期；李学勤：《青川郝家坪木牍研究》，《文物》1982年第10期；胡平生：《青川秦墓木牍"为田律"所反映的田亩制度》，《文史》1983年第19辑；黄盛璋：《青川秦牍〈田律〉争议问题总议》，《农业考古》1987年第2期；罗开玉：《青川秦牍〈为田律〉研究》，载甘肃省文物考古研究所、西北师范大学历史系编《简牍学研究（第二辑）》，甘肃人民出版社，1998，第26~35页；张金光：《为田制度——兼说青川秦牍诸问题》，载《秦制研究》第二章，上海古籍出版社，2004，第114~156页。

② 周波：《释青川木牍"浶"字及其相关诸字》，复旦大学出土文献与古文字研究中心，"古文字网"，2008年4月8日，http://www.fdgwz.org.cn/Web/Show/393。

③ 何有祖：《释张家山汉简〈二年律令·田律〉"利津隧"——从秦牍、楚简"泂"字说起》，"简帛网"，2011年11月17日，http://www.bsm.org.cn/?hanjian/5769.html。

④ 荆州地区博物馆：《江陵王家台15号秦墓》，《文物》1995年第1期。

⑤ 王明钦：《王家台秦墓竹简概述》，载艾兰（Sarah Allan）、邢文编《新出简帛研究：新出简帛国际学术研讨会文集》，文物出版社，2004，第26~49页。

⑥ 朱汉民、陈松长主编《岳麓书院藏秦简（叁）》，上海辞书出版社，2013；陈松长主编《岳麓书院藏秦简（肆—柒）》，上海辞书出版社，2015—2022年。

⑦ 不少研究生以这些材料为基础撰写学位论文。例如周海锋《秦律令研究——以〈岳麓书院藏秦简〉（肆）为重点》，湖南大学博士学位论文，2016；王笑《秦汉〈徭律〉研究》，湖南大学硕士学位论文，2016；张韶光《〈岳麓书院藏秦简（叁）〉集释》，吉林大学硕士学位论文，2017；纪婷婷《岳麓书院藏秦简〈亡律〉集释及文本研究》，武汉大学硕士学位论文，2017。

译与解析，并将其与时代相近的同类性质文书进行了比较研究。① 日本学者也争相对岳麓秦简律令条文作译注。②

陈伟先生主编的《秦简牍合集（第一辑）》③出版，收录睡虎地、青川和龙岗三批律简。此书图版更为清晰，释文更加准确，注释参照诸家研究成果并常有自己的论断。

准确理解法律条文的前提是对律文单个字词有精准的把握。秦简距今达 2000 余年，某些字词在当时或妇孺皆知，但由于缺乏相关的背景知识，今人看来却觉晦涩难懂。这就不得不下一番功夫对其进行多方考证，给出合理的释义，才能使整则律文读起来豁通畅达。简牍整理者们披荆斩棘、殚精竭虑，并在修订本中对先前之释文作出修订，然千虑一失，在所难免。后出或有转精；或所据材料不一、视角不同，对同一字词的解读亦见仁见智。通过考察律文中所见的某些特殊语词可以判定律文产生的时代，这方面的经典之作出自张政烺先生，如其从"集人""爨人"两个古奥的词推测法律条文可能产生于商鞅变法时；又从"以玉问王"文句推测条文产生于秦始皇二十六年称帝之前。④ 学者们对已刊布的几批秦律竹简中的字词多有考订，兹列举较有代表性的文章如下：张铭新《关于〈秦律〉中的"居"——〈睡虎地秦墓竹简〉注释质疑》⑤，王美宜《睡虎地秦墓竹简通假字初探》⑥，裘锡圭《〈睡虎地秦墓竹

---

① Thies Staack and Ulrich Lau. *Legal Practice in the Formative Stages of the Chinese Empire: An Annotated Translation of the Exemplary Qin Criminal Cases from the Yuelu Academy Collection*. Leiden: Brill, 2016.

② 日本"秦代出土文字史料研究班"：《岳麓书院所藏简〈秦律令（壹）〉译注（上）》，载杨振红主编、西北师范大学历史文化学院等编《简牍学研究（第九辑）》，甘肃人民出版社，2020。日本"秦代出土文字史料研究班"：《岳麓书院所藏简〈秦律令（壹）〉译注（下）》，载杨振红主编、西北师范大学历史文化学院等编《简牍学研究》（第十辑），甘肃人民出版社，2021。日本"秦代出土文字史料研究班"：《岳麓书院所藏简〈秦律令（壹）〉译注二（上）》，载杨振红主编、西北师范大学历史文化学院等编《简牍学研究（第十一辑）》，甘肃人民出版社，2022。

③ 陈伟主编《秦简牍合集》，武汉大学出版社，2014。

④ 张政烺：《秦律"集人"音义》，载中华书局编辑部编《云梦秦简研究》，中华书局，1981，第346~350页。后又载氏著《文史丛考》，中华书局，2012，第53~57页。

⑤ 张铭新：《关于〈秦律〉中的"居"——〈睡虎地秦墓竹简〉注释质疑》，《考古》1981年第1期。

⑥ 王美宜：《睡虎地秦墓竹简通假字初探》，《宁波师专学报》（社会科学版）1982年第1期。

简〉注释商榷》①，栗劲《〈睡虎地秦墓竹简〉译注斠补》②，刘国胜《云梦龙岗简牍考释补正及其相关问题的探讨》③，陈伟武《睡虎地秦简核诂》④，李虎《读〈睡虎地秦墓竹简〉札记二则》⑤，黄文杰《睡虎地秦简疑难字试释》⑥，李学勤《云梦龙岗木牍试释》⑦，胡平生《云梦龙岗秦简考释校证》⑧及《云梦龙岗秦简〈禁苑律〉中的"奥"（墙）字及相关制度》⑨，田宜超、刘钊《秦田律考释》⑩，杨禾丁《论秦简所载魏律"叚门逆旅"》⑪，黄留珠《秦简"敖童"解》⑫和赵平安《云梦龙岗秦简释文注释订补》⑬等。

出土简牍文献整理面临的又一大问题是编连和归类问题，由于初次整理在有限的时间里对某些问题的考虑不是很周全，所以在编连归类上不可避免留下遗憾。如《秦律十八种》和《秦律杂抄》竹简末端常常书有篇名，这为系连和律文归类提供了极好的根据，但一些简末未题律名的简文，整理者根据内容亦将其归入相应的律类之中，现在看来这样的做法稍有欠妥之处。如王伟先生撰文指出《秦律十八种》之"徭律"应该析出一则为"兴律"。⑭岳麓秦简有"兴律"数条，可证明此判断是有道理的。而简文的归类也有可商榷之处，如：将简末题有"军爵"和"军爵律"的简文均归入军爵律，将简末题有"内"和"内史杂"的简

---

① 裘锡圭：《〈睡虎地秦墓竹简〉注释商榷》，载中华书局编辑部编《文史》第13辑，中华书局，1982。
② 栗劲：《〈睡虎地秦墓竹简〉译注斠补》，《吉林大学社会科学学报》1984年第5期。
③ 刘国胜：《云梦龙岗简牍考释补正及其相关问题的探讨》，《江汉考古》1997年第1期。
④ 陈伟武：《睡虎地秦简核诂》，《中国语文》1998年第2期。
⑤ 李虎：《读〈睡虎地秦墓竹简〉札记二则》，《秦陵秦俑研究动态》2000年第4期。
⑥ 黄文杰：《睡虎地秦简疑难字试释》，《江汉考古》1992年第4期。
⑦ 李学勤：《云梦龙岗木牍试释》，载西北师范大学历史系、甘肃省文物考古研究所编《简牍学研究（第一辑）》，甘肃人民出版社，1997，第42~43页。
⑧ 胡平生：《云梦龙岗秦简考释校证》，载《简牍学研究（第一辑）》，第44~54页。
⑨ 胡平生：《胡平生简牍文物论稿》，中西书局，2012，第161~163页。
⑩ 田宜超、刘钊：《秦田律考释》，《考古》1983年第6期。
⑪ 杨禾丁：《论秦简所载魏律"叚门逆旅"》，《四川大学学报》（哲学社会科学版）1993年第1期。
⑫ 黄留珠：《秦简"敖童"解》，《历史研究》1997年第5期。
⑬ 赵平安：《云梦龙岗秦简释文注释订补》，《江汉考古》1999年第3期。
⑭ 王伟：《〈秦律十八种·徭律〉应析出一条〈兴律〉说》，《文物》2005年第10期。

文均归入内史杂，将简末题有"厩苑"和"厩苑律"的简文均归入厩苑律，将简末题有"仓"和"仓律"的简文均归入仓律，将简末题有"金布"和"金布律"的简文均归入金布律，将简末题有"工"和"工律"的简文均归入工律。我们不能简单地将其中一个视为另一个的简称。既然名称有异，或可考虑其有异的深层原因。

尤其值得一提的是，岳麓秦简每刊布一卷，很快就有学者对其释字、句读、编连方案和注释等提出意见，这些成果绝大多数公布在学术网站上，尤以武汉大学简帛中心主办的"简帛网"最为集中。学者之中，又以陈伟先生撰文最快最密、学术含量最高。学者们指出一些编连问题①，整理者随后又对某些质疑进行回应。其实所谓的编连问题，有些只是各自视角不同所致，但对于漏收、错收等问题，整理者应该作出检讨并引以为戒。

对秦官吏法以及秦吏治进行整体研究的著作，除了《秦汉官吏法研究》以外，尚有数篇论文。王彦辉和于凌先生总结了秦汉官吏法几个主要特点："在官吏的选任环节本着保举原则，把个人的利益和风险有机结合起来；对官吏政绩的考核突出廉与不廉和胜任与否；对官吏的监察在郡县体制内的同体监察的基础上，进一步完善自上而下的垂直监察体系；对官吏的一般性刑事犯罪比照百姓处罚从重，尤其严惩官吏的经济犯罪。"②以上的总结大致不错，但具体到秦代官吏法，尚有一些可以补足之处。李丕祺先生总结了秦"吏治"有四大特点，即"任官标准：'德才兼备'"、"严格委任权限"、"考课细密，赏罚分明"和"职务

---

① 陈伟：《〈岳麓秦简三·魏盗杀安宜等案〉编连献疑》，简帛网，2013 年 9 月 5 日，http://www.bsm.org.cn/?qinjian/6068；〔德〕史达（Thies Staack）：《岳麓秦简〈为狱等状四种〉新见的一枚漏简与案例六的编联》，《湖南大学学报》（社会科学版）2014 年第 4 期；〔德〕陶安（Arnd Helmut Hafner）：《岳麓秦简〈为狱等状四种〉编联方式的几点补充说明》，载北京大学出土文献研究所、湖南大学岳麓书院编《秦简牍研究国际学术研讨会论文集》（长沙，2014 年 12 月），第 91~112 页；张驰：《〈为吏治官及黔首〉编联补证与关于〈岳麓肆〉059 号简归属问题的讨论》，简帛网，2016 年 4 月 7 日，http://www.bsm.org.cn/?qinjian/6671；纪婷婷、张驰：《〈岳麓肆·亡律〉编连刍议（精简版）》，简帛网，2016 年 9 月 12 日，http://www.bsm.org.cn/?qinjian/7379。

② 王彦辉、于凌：《浅议秦汉官吏法的几个特点》，《史学月刊》2006 年第 12 期。

犯罪，严惩不贷"。① 于振波老师认为"以法家思想为指导的秦代法令，对官吏的管理非常严格，这对于培养官吏奉公守法、一丝不苟的工作作风，无疑具有促进作用"，在专制君权缺乏有效制约的情况下，"严格的吏治既可以使励精图治的君主的政令得到有效贯彻，也可以使暴政的危害迅速扩大"②。

《韩非子·显学》提倡"明主之吏，宰相必起于州部，猛将必发于卒伍"③，此种择吏模式对世卿世禄制构成极大挑战。汉文帝时张释之言："秦以任刀笔之吏，吏争以亟疾苛察相高，然其敝徒文具耳，无恻隐之实。以故不闻其过，陵迟而至于二世，天下土崩。"④ 黄留珠先生从"入吏"和"由吏入仕"两个方面对秦吏道进行了探讨。⑤ 杨普罗先生阐述了秦"尊吏道"的内容并对其进行评介，又分析了秦"尊吏道"形成、发展及持续的原因。⑥

商君死而秦法未废，作为商鞅学派思想结晶的《商君书》所包含的任吏、治吏思想无疑会影响秦官制的多个方面。李春来先生撰文探讨了《商君书》中有关官吏的选任、官吏的考核与奖惩、预防及治理官吏犯罪等三个方面的问题。⑦ 刘鹏先生《论官吏制度与秦朝统一之关系》一文"通过秦国官吏选拔任用办法的特殊性，诸如客卿制度、官吏选拔方法、官吏制度突出特色（军功爵和选官制的结合），以及对官吏的依法管理和道德教育同当时诸侯国制度相比较来说明秦官吏制度顺应时代发展的需要"，并认为秦选举官吏的特点是其能一并六国的原因之一。⑧

---

① 李丕祺：《从秦律看秦"吏治"的特点》，《西北第二民族学院学报》（哲学社会科学版）1996年第3期。

② 于振波：《秦代吏治管窥——以秦简司法、行政文书为中心》，《湖南大学学报》（社会科学版）2013年第3期。

③ （战国）韩非著，陈奇猷校注《韩非子新校注》卷十九《显学》，上海古籍出版社，2000，第1137页。

④ 《史记》（点校本二十四史修订本）卷一百二《张释之冯唐列传》，中华书局，2014，第3330页。本书引用《史记》均从此本。

⑤ 黄留珠：《秦汉仕进制度》，西北大学出版社，1985，第52页。

⑥ 杨普罗：《关于秦"尊吏道"的评介》，《甘肃社会科学》1993年第6期。

⑦ 李春来：《〈商君书〉中所见官吏管理问题探讨》，吉林大学硕士学位论文，2009。

⑧ 刘鹏：《论官吏制度与秦朝统一之关系》，内蒙古大学硕士学位论文，2009。

高恒先生在《秦简中与职官有关的几个问题》一文中专列章节对秦代官吏任免进行了探讨。① 王爱清先生认为秦与西汉前期，国家权力凌驾于社会势力之上，基层小吏的选用不受地方社会势力左右，国家通过以法治吏，使其成为基层行政的忠实执行者。西汉中期以后，随着社会势力的发展，基层小吏的选用由豪强大族所操纵，他们的行政在很大程度上为豪强大姓左右，其功能随之发生了变化。②

王凯旋先生从秦选官、任官程序和时间，任官条件以及秦律惩治官吏玩忽职守、弄虚作假、违法乱纪等方面入手，描述了秦官吏法情况。③ 黑广菊先生"以考古资料结合文献资料从法律的角度考察秦基层官吏的选任、岗位责任、考核和赏罚情况，旨在说明'以法治吏'对秦历史发展的影响及'法'在国家建设中的重大作用"。④

秦法严防官吏犯罪，出土法律简中有不少涉及官吏犯罪该如何处置的条款，其中之一就是对各类诈伪罪的惩处。刘太祥先生在《秦汉行政惩罚机制》一文中列举了简牍常见的 12 种诈伪罪⑤，但未涉及官吏诈病、诈不入试和避为吏等情况。

秦律对官吏经济犯罪的处罚力度是比较大的，一律比照"盗赃"论处。钱大群先生《谈我国古代法律中官吏的受贿、贪污、盗窃罪》一文探究了秦汉时期"受赇""主守盗"等经济犯罪的各项罪名以及量刑标准问题。⑥ 陈乃华先生根据传世文献和出土简牍将秦汉官吏赃罪分为 14 类，但正如作者在文中所指出的那样，"由于史缺有间，上述对秦汉官吏赃罪类别和等级的考述是不完整的"。⑦ 武玉环先生《从〈睡虎地秦墓

---

① 高恒：《秦简中与职官有关的几个问题》，载《云梦秦简研究》，第 207~223 页。
② 王爱清：《秦汉基层小吏的选用及其功能变迁——以里吏为中心》，《绵阳师范学院学报》2012 年第 12 期。
③ 王凯旋：《小议秦汉惩治官吏的立法》，《史学月刊》2006 年第 6 期。
④ 黑广菊：《略谈秦的"以法治吏"》，《聊城师范学院学报》（哲学社会科学版）2000 年第 2 期。
⑤ 刘太祥：《秦汉行政惩罚机制》，《南都学坛》2014 年第 3 期。
⑥ 钱大群：《谈我国古代法律中官吏的受贿、贪污、盗窃罪》，《南京大学学报》（哲学社会科学版）1983 年第 2 期。
⑦ 陈乃华：《秦汉官吏赃罪考述》，《山东师大学报》（社会科学版）1991 年第 1 期。

竹简〉看秦国地方官吏的犯罪与惩罚》认为，"《睡虎地秦墓竹简》记载了战国时期秦国地方官吏犯罪及其惩罚的有关律令，主要有任用官吏不当罪、失职渎职罪、经济与管理方面的犯罪、欺骗上级弄虚作假罪等"，说明当时对地方官吏在职责范围上有明确规定和要求，对地方官吏的管理是比较严格的。①

　　吏治好坏关乎国家盛衰，王绍东先生认为："良好的吏治曾经成为秦国最终胜出六国、一统天下的重要因素，然而，秦朝统一全国后，由于君道的败坏、薄俸厚罚的官吏政策与追求享乐之风的影响，直接导致了秦朝吏治的迅速败坏。这给秦朝社会带来了严重的后果，加重了官吏与人民的对立，使官吏丧失了对秦政权的信心，甚至一些官吏也加入了反秦起义的队伍之中，加速了秦朝的灭亡步伐。"②曹英先生认为："秦始皇没有道义支撑、以人性恶为基本预设及迷信暴力的帝国政治制度的制度性腐败是秦帝国二世忽亡的催化剂与加速器。虽然有相当完备的官吏选拔、考课与管理制度，但以法家思想充实的制度预设使官员只相信制度规则的制裁性、恐怖性与唯上、唯法，使得秦吏普遍的苛酷、残暴，行政过程出现普遍的目标替代现象，地方政府成为'掠夺型政府'；法律虽然相当完备，但只是扩张权力、蔑视权利的'恶法'，其愈严格（严厉）执法，就愈破坏民众的生存环境，依法治国而民不聊生；恐怖、严密的文化、思想与社会控制网络，社会形态的全能政治管理，导致一般民众的政治冷漠与政治恐惧与异己分子的政治狂热与政治反叛，使得缺乏疏通、发泄政治渠道的民怨沸腾并顺理成章地酿成爆炸性的政治参与与权力颠覆。"③

　　秦代奖赏制度研究方面的成果相对贫乏，对此制度的讨论，集中在以下几篇文章中：徐进先生《秦律中的奖励与行政处罚》认为"国家就

---

① 武玉环：《从〈睡虎地秦墓竹简〉看秦国地方官吏的犯罪与惩罚》，《吉林大学社会科学学报》2003 年第 5 期。
② 王绍东：《论统一后秦吏治败坏的原因及与秦朝速亡之关系》，《咸阳师范学院学报》2007 年第 3 期。
③ 曹英：《制度性腐败：秦帝国忽亡的原因分析》，《江苏社会科学》2004 年第 2 期。

是要针对人们趋利避害的心理，设赏使民趋之而为国家效力"①。宋国华先生《秦汉律"购赏"考》一文认为购赏是法家"赏"思想的体现，其设立符合人之好利的本性，在司法实践中取得了一定的实效。② 时军军先生指出岳麓秦简"尸等捕盗疑购案"中购赏标准因购赏对象不同而有差异。③

秦文书制度的研究同样以睡虎地秦简的刊布为契机。李均明先生《秦文书刍议——从出土简牍谈起》对上行、平行、下行、司法、簿籍、契约等文书作了考察，又稍及文书归档、文书传递和用印制度等问题。④ 李巍巍先生《睡虎地秦简中所见文书制度探讨》从文书的应用、种类和管理等三个方面探讨了其中反映的秦文书制度及相关问题。⑤

里耶秦简保存了大量秦代迁陵县行政文书原件或副本，刊布以后，秦文书制度的研究步入新阶段。在此之前，学者只能通过传世典籍知晓秦代某些文书的片段，基层行政文书更是无缘得见。胡平生先生《里耶简所见秦朝行政文书的制作与传送》一文探讨了文书的传递方式、"某手""如手"的含义，以及文书背面文字的阅读顺序等问题。⑥ 黄浩波先生《里耶秦简所见"计"文书与相关问题研究》指出"计"文书的形成途径至少有两种，一是以"徒计"为代表的从"簿"到"计"，二是以"禾稼计""金钱计"为代表的从券到计。⑦ 张燕蕊先生《里耶秦简债务文书初探》认为债务类型相似的文书也具有相对固定的格式，其在各

---

① 徐进：《秦律中的奖励与行政处罚》，《吉林大学社会科学学报》1989 年第 3 期。

② 宋国华：《秦汉律"购赏"考》，《法律科学》2013 年第 5 期。

③ 时军军：《岳麓秦简"尸等捕盗疑购案"购赏辨析》，《肇庆学院学报》2015 年第 6 期。

④ 李均明：《秦文书刍议——从出土简牍谈起》，载国家文物局古文献研究室编《出土文献研究续集》，文物出版社，1989，第 181~189 页。

⑤ 李巍巍：《睡虎地秦简中所见文书制度探讨》，吉林大学硕士学位论文，2009。

⑥ 胡平生：《里耶简所见秦朝行政文书的制作与传送》，载卜宪群、杨振红主编《简帛研究二〇〇八》，广西师范大学出版社，2010，第 30~54 页。又载《胡平生简牍文物论稿》，第 137~160 页。

⑦ 黄浩波：《里耶秦简所见"计"文书与相关问题研究》，载杨振红、邬文玲主编《简帛研究二〇一六》（春夏卷），广西师范大学出版社，2016，第 81~119 页。

地政府之间的往来有一定规律。① 游逸飞先生《再论里耶秦牍 8-157 的文书构成与存放形式》认为 8-157 既是正本又是副本，反映文书在流动过程中的转化现象。② 于洪涛先生《里耶秦简文书简分类整理与研究》③ 将里耶秦简文书分为簿籍、券书、计课、公文和封检五大类进行探讨，是近年来研究里耶秦简文书制度的代表性成果。此外，相关的代表性论著还有：于洪涛《里耶简"司空厌弗令田当坐"文书研究》④、吴荣政《里耶秦简文书档案初探》⑤、吴方基《秦代中央与地方关系的重新审视——以出土政务文书为中心》⑥、姚登君《里耶秦简〔壹〕文书分类》⑦、杨芬《里耶秦简所见官文书的开启记录》⑧、吴荣政《秦朝文书档案事业发展的体制、机制保障》⑨ 以及朱红林《里耶秦简债务文书研究》⑩ 等。

秦代马政方面的代表性研究成果有：陈宁《秦汉马政研究》⑪、谢成侠《中国养马史》⑫、郭兴文《论秦代养马技术》及《论秦代养马技术（续）》⑬、米寿祺《先秦至两汉马政述略》⑭、高敏《论秦汉时期畜牧业的

① 张燕蕊：《里耶秦简债务文书初探》，载卜宪群、杨振红主编《简帛研究二〇一二》，广西师范大学出版社，2013，第 70~77 页。

② 游逸飞：《再论里耶秦牍 8-157 的文书构成与存放形式》，载卜宪群、杨振红主编《简帛研究二〇一二》，第 64~69 页。

③ 于洪涛：《里耶秦简文书简分类整理与研究》，吉林大学博士学位论文，2017。

④ 于洪涛：《里耶简"司空厌弗令田当坐"文书研究》，《古代文明》2016 年第 1 期。

⑤ 吴荣政：《里耶秦简文书档案初探》，《湘潭大学学报》（哲学社会科学版）2013 年第 6 期。

⑥ 吴方基：《秦代中央与地方关系的重新审视——以出土政务文书为中心》，《史林》2016 年第 1 期。

⑦ 姚登君：《里耶秦简〔壹〕文书分类》，中国石油大学（华东）硕士学位论文，2014。

⑧ 杨芬：《里耶秦简所见官文书的开启记录》，《四川文物》2015 年第 3 期。

⑨ 吴荣政：《秦朝文书档案事业发展的体制、机制保障》，《档案学通讯》2013 年第 1 期。

⑩ 朱红林：《里耶秦简债务文书研究》，《古代文明》2012 年第 3 期。

⑪ 陈宁：《秦汉马政研究》，中国社会科学出版社，2015。

⑫ 谢成侠：《中国养马史》，农业出版社，1991。

⑬ 郭兴文：《论秦代养马技术》《论秦代养马技术（续）》，《农业考古》1985 年第 1 期、第 2 期。

⑭ 米寿祺：《先秦至两汉马政述略》，《社会科学》1990 年第 2 期。

特征和局限》①、龚留柱《秦汉时期军马的牧养和征集》②及《关于秦汉骑兵的几个问题》③、周作明《秦汉车马驾御赐马制度管见》④、余华青与张廷皓《秦汉时期的畜牧业》⑤、曹旅宁《秦律〈厩苑律〉考》⑥、禹平《论秦汉时期养马技术》⑦、彭文《秦代的骑兵》⑧。此外，王子今《秦汉交通史稿》、黄今言《秦汉军制史论》、熊铁基《秦汉军事制度史》⑨等著作也有论及秦马政的章节。这些论著在论及秦代马政时，往往语焉不详，这当然不是有意回避，而是因为所存相关文献过少，无法对秦代马政进行系统、深入的研究。

关于秦始皇"收天下之兵"这一历史事件，传世文献中当数《史记·秦始皇本纪》的记载最早最权威，其中有两处提及此事。此外，《淮南子·氾论训》《史记·平津侯主父列传》《史记·李斯列传》《史记·秦楚之际月表》《汉书·叔孙通传》等均有类似记载。泷川龟太郎在给《史记》作注时提出一个观点："始皇销兵，学周武王放牛马也；铸十二金人，效夏禹铸九鼎也。"⑩"归马放牛"出自伪古文《尚书·周书·武成》"乃偃武修文，归马于华山之阳，放牛于桃林之野，示天下弗服"⑪，大意是：周武王姬发以武力推翻殷纣王的统治以后，表示不再用兵，要致力于文治，并宣布将作战用马归于华山之阳，放牛于桃林之野，不再乘用。不难发现，泷川资言只是对叔孙通所言"铄其兵，视天

① 高敏：《论秦汉时期畜牧业的特征和局限》，《郑州大学学报》（哲学社会科学版）1989年第2期。
② 龚留柱：《秦汉时期军马的牧养和征集》，《史学月刊》1987年第6期。
③ 龚留柱：《关于秦汉骑兵的几个问题》，《史学月刊》1990年第2期。
④ 周作明：《秦汉车马驾御赐马制度管见》，《广西师范大学学报》（哲学社会科学版）1988年第2期。
⑤ 余华青、张廷皓：《秦汉时期的畜牧业》，《中国史研究》1982年第4期。
⑥ 曹旅宁：《秦律〈厩苑律〉考》，《中国经济史研究》2003年第3期。
⑦ 禹平：《论秦汉时期养马技术》，《史学集刊》1999年第2期。
⑧ 彭文：《秦代的骑兵》，《军事历史》1994年第5期。
⑨ 王子今：《秦汉交通史稿》，社会科学文献出版社，2020；黄今言：《秦汉军制史论》，江西人民出版社，1993；熊铁基：《秦汉军事制度史》，广西人民出版社，1990。
⑩ 〔日〕泷川龟太郎：《史记会注考证》卷六《秦始皇本纪》，唐山出版社，2007，第112页。
⑪ 杜泽逊主编《尚书注疏汇校》，中华书局，2018，第1560页。

下弗复用"进行了发挥，并未提出新解。沈海波《秦始皇"收天下兵"质疑》①一文，从可行性、危害性、彻底性、秦始皇经济思想、风俗、兵器成分等方面进行论证，认为秦始皇收兵之举无从谈起。熊永先生认为："秦'收天下之兵'实则在关东'毁郡县城，铄其兵'，旨在堕毁山东诸侯依恃名城要地构筑的御秦防线，且一并收毁或整顿其中的武库储兵。"②尚宇昌先生据岳麓秦简材料中严禁新黔首持有长兵器的规定，认为"此举意在形成秦在新占领地区对重型武器的垄断，削弱关东民间反抗力量"，又指出贾谊所谓"收天下之兵""以弱天下之民"或需重新理解。③

二　本书研究重点及其价值

秦法使身处边陲被中原诸国以蛮夷视之的秦国迅速壮大并一统天下；秦代构建的一整套制度，奠定了中国帝制社会的统治范式。秦法和秦制在中国历史进程中扮演的重要角色，决定了本书选题的价值和意义。

就学术研究趋势而言，新材料常带来新学问，我们应有"预流"的自觉意识，挖掘新材料中的历史事实是本书最重要的工作，也是写作的价值所在。主要研究对象的价值在一定程度上决定了选题的价值。研究秦史所能依据的传世材料极为有限，睡虎地秦简、岳麓书院藏秦简和里耶秦简均是第一手资料，且数量不菲，能够极好地弥补传世文献记载的不足。

具体到本书选题，其价值主要表现在以下几个方面：

首先，在一定程度上弥补既往研究的不足。例如关于秦令的研究，过去因为受制于材料，无法展开深入探索，而随着岳麓秦简秦令的陆续刊布，如今已有条件对秦令的性质、秦令的编纂、律令之间的区别等问题进行深入研讨。

---

① 沈海波：《秦始皇"收天下兵"质疑》，《上海大学学报》（社会科学版）1992 年第 4 期。
② 熊永：《秦"收天下之兵"新解》，《古代文明》2018 年第 2 期。
③ 尚宇昌：《秦始皇"收天下兵"事发微——以岳麓秦简所见秦代民间兵器的回收与限制为中心》，《出土文献》2022 年第 2 期。

其次，律令均是为解决当时的社会问题而制定的，故通过律令条文可窥视秦代各种制度。

本书既有对律令文本形态方面的微观考察，如对律令简的形制、符号、文本讹误、用字方面的研讨，也有结合法令规定和文书原件对秦的文书制度所做的较为全面的考察。这种将律令文本形态和律令内容结合起来加以研究的方法，值得学界注意。

岳麓秦简里有不少含"共令""卒令"字眼的篇名，是之前无缘见到的。笔者重点研讨了二者的内涵、性质及关系，并对条文进行了初步解析。"廷内史郡二千石官共令"含有秦防治官员腐败方面的规定，具体而微，又极具可操作性，体现了秦在治吏方面的成绩。"卒令"所涉颇广，本书就简册制度、文书传递、赦免刑徒、以习俗入令、打击谋反叛逆者、治狱制度等方面略作研讨。

先贤多关注秦法罚罪的一面，其实秦法也十分注重赏功。本书将秦律令及里耶秦简所见购赏方面的材料汇于一编，重点探讨了秦购赏范围、功效、原则，并将其与汉初的购赏制度进行了比对研究。

限于材料，秦马政和兵器管理方面的研究成果相对较少，而新刊秦简及其他种类的出土文献中多见相关材料。笔者得以对秦代的马政和兵器管理制度做较为系统的探讨。

秦制如何在关东确定？汉初为何承袭秦制而未复兴楚制？这些旧有的重大问题可以借助新材料重新考量。秦统一初期面临的形势相当严峻，以楚地为例，既有残余贵族负隅顽抗，又有成群结队的盗、反者兴风作浪，同时楚国固有习俗和制度也严重阻碍了秦制的推行。此外，秦吏常视往新地任职为畏途，甚至因此而不愿为吏。秦借助强大的军事力量，利用严刑峻法，凭借文化上特有的"优势"，迅速让秦制在新地确立起来。

最后，结合传世文献，对秦律令条文进行了深度解读。

秦始皇二十六年在令文中禁用"假父"这一称谓，可以看作"书同文"系列政策中的一个举措。我们认为，这是因为此称谓会让人联想到嫪毐与夏太后之间的私情，故必须废除。嫪毐与夏太后乃事实夫妻，并育有两子，民间均视嫪毐为嬴政之假父。此外，秦始皇不允许与异父的兄弟姐妹相认，也是出于政治考量。秦法严惩有私情者，坚决维护夫权、夫产，或与秦始皇的个人经历有一定关联。

关于秦始皇"收天下之兵"，学界有不同看法，甚至有学者质疑其真实性。据新近刊布的岳麓秦简和里耶秦简，这一历史事实不容轻易否认。秦统一后，新地的兵器的确要统一收缴到内史。然秦"收天下之兵"并非禁止兵器在民间流通。落魄的韩信整天带剑在街市上闲逛而未被人告发，就是因为此种行为是合法的。从秦令得知，百姓能否持有兵器、能挟藏多少兵器，与其爵等有直接关系。楚地好带剑的习俗对秦兵器管控造成一定困难。此外，秦统一前就对官府制造的兵器实行严格管理，但自始至终都没有限制、打击民间的冶炼行业，甚至加以鼓励，这或许与秦征战不断、对兵器需求量极大有关。

第一章　秦律令文本形态研究

出土文献的分类方法多样，各自秉承特定的看似合理的学术理路。其中颇为流行的一种分法就是将出土文献划分为文书和典籍两大类。出土律令简是介于文书与典籍之间的一种文献。文书与典籍之间并不存在不可跨越的鸿沟，我们现在见到的秦汉律令卷册，其前身是帝王以制诏或命令的形式颁发的一道道旨意，这种单道的旨意显然属于重要的公文书。这种公文书若按照一定体例编纂抄录在一起，就成了典籍。文书与典籍最本质的区别之一在于：前者保留了文本的原始状态，后者是再加工和高度浓缩化的产物。

简牍用字具有比较鲜明的时代特征，文书类简牍尤其如此，故不少学者通过分析一批简牍的用字情况来推测它产生和传抄的具体年代。这方面的研究成果不少，代表性论著有：大西克也《"殹""也"之交替——六国统一前后书面语言的一个侧面》[①]、风仪诚《秦代讳字、官方词语以及秦代用字习惯——从里耶秦简说起》[②]、陈伟《秦代几个字词的年代考察》[③]和《秦简牍中的"皋"与"罪"》[④]、陈侃理《里耶秦方与"书

① 〔日〕大西克也：《"殹""也"之交替——六国统一前后书面语言的一个侧面》，任锋译，宋起图校，载李学勤、谢桂华主编《简帛研究二〇〇一》，广西师范大学出版社，2001，第614~626页。
② 〔法〕风仪诚：《秦代讳字、官方词语以及秦代用字习惯——从里耶秦简说起》，载武汉大学简帛研究中心主编《简帛》第七辑，上海古籍出版社，2012，第147~157页。
③ 陈伟：《秦代几个字词的年代考察》，载氏著《秦简牍校读及所见制度考察》，武汉大学出版社，2017，第1~26页。
④ 陈伟：《秦简牍中的"皋"与"罪"》，简帛网，2016年11月27日，http://www.bsm.org.cn/?qinjian/7421。

同文字"》^①、田炜《论秦始皇"书同文字"政策的内涵及影响——兼论判断出土秦文献文本年代的重要标尺》^②等。

学者们比较注意简牍符号的研究，相关成果不断。早在 20 世纪 40 年代，陈槃先生就对敦煌、居延所出文书简牍上的符号有所研讨。^③其后，陈梦家先生重点探讨了武威汉简《仪礼》简上的符号。^④ 20 世纪 70 年代以来，随着出土简牍数量的增多，此方面的研究论著也逐渐丰富，代表性论文有佐佐木研太《出土秦律书写形态之异同》^⑤、马先醒《简牍文书之版式与标点符号》^⑥、谭步云《出土文献所见古汉语标点符号探讨》^⑦、吴良宝《漫谈先秦时期的标点符号》^⑧、冯胜君《从出土文献谈先秦两汉古书的体例（文本书写篇）》^⑨、陈海洋《我国古代标点符号考略》^⑩、萧世民《汉代标点符号考略》^⑪、蒋莉《楚秦汉简标点符号初探》^⑫以及萧世民和萧世军合撰的《先秦时期标点符号考略》^⑬等。此外，李均

---

① 陈侃理：《里耶秦方与"书同文字"》，《文物》2014 年第 9 期。

② 田炜：《论秦始皇"书同文字"政策的内涵及影响——兼论判断出土秦文献文本年代的重要标尺》，《"中央研究院"历史语言研究所集刊》第 89 本第 3 分。

③ 陈槃《汉简遗简偶述》一文对空格、圆点、√、拘校以及误字涂灭或旁着三点等问题略有探析，始载"中央研究院"史语所集刊专刊之六十三（1975 年 6 月），第 309~341 页；后收入氏著《汉晋遗简识小七种》，上海古籍出版社，2009，第 1~18 页。

④ 陈梦家：《由实物所见汉代简册制度》，载甘肃省博物馆、中国科学院考古研究所编著《武威汉简》，中华书局，1964，第 70~71 页。又见陈梦家《汉简缀述》，中华书局，1980，第 308~309 页。

⑤ 〔日〕佐佐木研太：《出土秦律书写形态之异同》，曹峰、张毅译，《清华大学学报》（哲学社会科学版）2004 年第 4 期。

⑥ 马先醒：《简牍文书之版式与标点符号》，《简牍学报》1980 年第 7 期。

⑦ 谭步云：《出土文献所见古汉语标点符号探讨》，《中山大学学报》（社会科学版）1996 年第 3 期。

⑧ 吴良宝：《漫谈先秦时期的标点符号》，载吉林大学古籍整理研究所编《吉林大学古籍整理研究所建所十五周年纪念文集》，吉林大学出版社，1998，第 183~202 页。

⑨ 冯胜君：《从出土文献谈先秦两汉古书的体例（文本书写篇）》，《文史》（第 69 辑）2004 年第 4 期。

⑩ 陈海洋：《我国古代标点符号考略》，《江西师范大学学报》（哲学社会科学版）1986 年第 3 期。

⑪ 萧世民：《汉代标点符号考略》，《北华大学学报》（哲学社会科学版）2001 年第 1 期。

⑫ 蒋莉：《楚秦汉简标点符号初探》，四川师范大学硕士学位论文，2004。

⑬ 萧世民、萧世军：《先秦时期标点符号考略》，《吉安师专学报》（哲学社会科学版）1999 年第 4 期。

明和刘军合撰的《简牍文书学》一书将简牍文书所见符号分为五大类。[①]
管锡华《中国古代标点符号发展史》一书用大篇幅探究了简牍所见各类
符号。[②]程鹏万《简牍帛书格式研究》一书较为详细地梳理了出土简帛
文献中的符号。[③]

以上研究或多或少给予我们启发。本章重点讨论的是秦代律令文本
的形态，包括其用字、留白、符号、讹误、订补、书体等方面。

目前所见秦代律令条文绝大多数以竹简为物质载体，与大部分秦汉
出土文献并无二致，然律令本身又不同于一般的文书，更与典籍性质有
别。律令乃国家意志的体现，其权威不容挑战，是以在一定时间内是相
对稳固的；与此同时，律令的实用性又决定其文本的流动性，时局世事
若白衣苍狗，条文亦不得不"随物赋形"。此外，就传播的广度和吏民
接受的深度而言，其他典籍文书也无法与律令相匹敌。律令所具以上特
质或可从竹简形态上展现，或可通过内容解读而得。

第一节　用字、留白、符号、讹误及订补问题

抄本时代产生的文献，在形态上千差万别，几乎找不到两件完全一
样的文本。用字书写习惯、抄手素养、书写工具和抄写内容等因素均可
影响抄本的形态。就秦律令简而言，编纂抄写过程中的用字现象以及出
现的各种留白、讹误、涂改校雠痕迹都是值得关注的。

（一）用字

本部分探讨的用字是广义的，既包括字形的选取，也包括字的通借
和语词的使用。睡虎地秦简、青川木牍和王家台秦简抄写时代在秦统一
前，龙岗秦简和岳麓秦简是秦统一后的抄本。由于王家台秦简公布的材
料十分有限，故讨论时常无法顾及。岳麓秦简律令部分有十几卷，当然
每一卷的抄写年代都略有差别，虽然难以确定各卷的绝对抄写年代，但

---

① 李均明、刘军：《简牍文书学》，广西教育出版社，1999。
② 管锡华：《中国古代标点符号发展史》，巴蜀书社，2002。
③ 程鹏万：《简牍帛书格式研究》，上海古籍出版社，2017。

根据内容以及用字情况可以考察其相对年代。律令条文的遭遇千差万别：时效性和地域性很强或被实践证明难以实行的很快就会被淘汰；秦统一前制定且被广泛使用，然已不能适应统一后局势的则会被废弃或修订；当然也有一部分自制定之日起就一直被使用。

秦始皇推行的"书同文"政策无疑会直接影响律令文本的书写形态，而我们见到的几批律令简正好在这一政策实施前后抄写而成。通过考察律令文本的用字情况来看"书同文"政策的贯彻情况，当是有效途径之一。需要说明的是，作为随葬品的律令卷册，多为墓主自己或请人抄写，作为日常行政之参考。由于是转录本，抄手的学养、态度和习惯必定会影响卷册的形态，也就是说，仅以律令文本之用字来考察"书同文"，所得出的结论或与历史事实有些差距。而里耶秦简所见官府文书之年代正与秦朝相始终，其用字当是国家文化政策最忠实的反映。

睡虎地秦简中的法律类文献包括《秦律十八种》《秦律杂抄》《效律》《法律答问》《封诊式》等五个部分，均用隶书抄录而成。前人对此批材料的用字已有较多研究，此不赘举。简而言之，睡虎地秦简抄录时间在战国晚期，所用秦隶在构形上或存有古文字的遗风。比如部分字还存有羡符，如"足""负"分别写成"蹼""赚"。于豪亮先生从睡虎地秦简出发，指出甲骨、金文中过去被释读为"弘"的那个字当改释为"引"[1]，此观点已得到学界普遍认可。此外，睡虎地秦简某些语词的时代特征十分明显，张政烺先生从"集人""爨人"两个古奥的词推测法律条文可能产生于商鞅变法时；又从"以玉问王"文句推测条文产生于秦始皇二十六年称帝之前。[2]

岳麓秦简律令部分均抄录在秦统一之后。秦统一后，在文化上实施了影响深远的"书同文"政策，必然对之后的文书形成产生作用。关于"书同文"，历代有不少学者关注，然由于缺少可资利用的一手材料，言

---

[1] 于豪亮：《说"引"字》，《考古》1977年第5期。又见《于豪亮学术文存》，中华书局，1985，第74~76页。又载《于豪亮学术论集》，上海古籍出版社，2015，第337~338页。

[2] 张政烺：《秦律"集人"音义》，载中华书局编辑部编《云梦秦简研究》，中华书局，1981，第346~350页。后又载氏著《文史丛考》，中华书局，2012，第53~57页。

人人殊而不能在某些重要节点上达成一致。里耶秦简多为有秦一代行政文书实录，其用字情况最能反映当时的实情。更为可喜的是，里耶秦简中还保存了一块小扁书①，内容与"书同文"政策的颁布息息相关。扁书多是更用字词方面的规定，故又被学者称为"更名木方"。学者们已根据此木方对秦代的"书同文"政策做过不少讨论，以陈侃理和田炜先生的观点最具代表性。②本部分旨在做一些补充性的研究。为了方便讨论，先将里耶"更名木方"内容及图版移录于下：

☒☒。A Ⅰ

☒☒。A Ⅱ

☒假☒③。A Ⅲ

☒更钱☒。A Ⅳ

☒【如故】更☒☒。A Ⅴ

赏如故更偿责。A Ⅵ

吏如故更事。A Ⅶ

卿如故更乡。A Ⅷ

【走马】如故更【篸袅】。A Ⅸ

者如故【更】诸。A Ⅹ

酉如故更酒。A Ⅺ

瀍如故更废官。A Ⅻ

鼠鼠如故更予人。A ⅩⅢ

更詑曰谩。A ⅩⅣ

以此为野。A ⅩⅤ

---

① 笔者认同胡平生先生的观点，此木方为扁书。胡先生观点见《里耶秦简 8-455 号木方性质刍议》，载武汉大学简帛中心主办《简帛（第四辑）》，上海古籍出版社，2009，第 17~26 页。

② 陈侃理：《里耶秦方与"书同文字"》，《文物》2014 年第 9 期。田炜：《论秦始皇"书同文字"政策的内涵及影响——兼论判断出土秦文献文本年代的重要标尺》，《"中央研究院"历史语言研究所集刊》第 89 本第 3 分。

③ ☒中字乃陈侃理所补，详见陈侃理《里耶秦方与"书同文字"》，《文物》2014 年第 9 期。

归户更曰乙户。A XVI

诸官为秦尽更。A XVII

故皇今更如此皇。A XVIII

故旦今更如此旦。A XIX

曰产曰族。A XX

曰斩曰荆。A XXI

毋敢曰王父曰泰父。A XXII

毋敢谓巫帝曰巫。A XXIII

毋敢曰豬曰彘。A XXIV

王马曰乘與马。A XXV

泰【王】观献曰皇帝。B Ⅰ

天帝观献曰皇帝。B Ⅱ

帝子游曰皇帝。B Ⅲ

王节弋曰皇帝。B Ⅳ

王諎曰制諎。B Ⅴ ①

以王令曰【以】皇帝诏。B Ⅵ

承【命】曰承制。B Ⅶ

王室曰县官。B Ⅷ

公室曰县官。B Ⅸ

内侯为轮（伦）侯。B Ⅹ

彻侯为【死＜列＞】侯。B Ⅺ

以命为皇帝。B Ⅻ

受（授）命曰制。BXⅢ

□命曰制。B XIV

为谓□诏。B XV

庄王为泰上皇。B XVI

边塞曰故塞。B XVII

---

① 陈伟主编《里耶秦简牍校释（第一卷）》（武汉大学出版社，2012）将"諎"释作"谮"。

毋塞者曰故徼。B XVIII

王宫曰□□□。B XIX

王游曰皇帝游。B XX

王猎曰皇帝猎。B XXI

王犬曰皇帝犬。B XXII

以大车为牛车。B XXIII

骑邦尉为骑□尉。B XXIV

郡邦尉为郡尉。B XXV

邦司马为郡司马。B XXVI

乘传客为都吏。B XXVII

大府为守□公。B XXVIII

毋曰邦门曰都门。B XXIX

毋曰公坿曰□坿。B XXX

毋曰客舍曰宾【飤】B XXXI 舍。B XXXII（8-461）

敢言之。Ⅰ

• 九十八。Ⅱ（8-461）背 [①]

图 1 里耶秦简 8-461 "更名木方"

---

① 陈伟主编《里耶秦简牍校释（第一卷）》，第 155~157 页。

更名木方上的字并非典型的小篆，也非规范的秦隶，而是一种介于篆隶之间的字体。小篆一般用于比较庄重正式的场合，更名木方是宣布皇帝诏命的"小扁书"，制作者为了彰显其重要性，本想以小篆抄写，但最终不能写出圆转修长的笔势，而是方折明显，更近隶书。这也从另一个方面说明在日常行政中篆书不常使用。

木方尚有残缺，这一点从图版本身或内容上可判定。木方结尾处有数字"九十八"，当是更名涉及的条目总数，然核查之后发现木方上只有五十六条，所缺部分尚不少。木方上记录的更名条目，陈侃理和田炜先生已经逐条做过解读，并以秦简的用字对该规定的实施情况进行了验证，得出"书同文"政策得到全面有效实行的结论。[①] 对二人的结论笔者完全赞同。这里要探讨的是木方残缺部分的规定以及前人关注较少的部分条目。

"县官"是一个具有时代性的称谓，在秦律令之中尤其如此。"县官"一般指公家、官府，然在睡虎地秦简中一律称为"公"，比如：

> 妾未使而衣食公，百姓有欲叚（假）者，叚（假）之，令就衣食焉，吏辄披事之。仓律[②]（48）
>
> 有责（债）于公及赀、赎者居它县，辄移居县责之。公有责（债）百姓未赏（偿），亦移其县，县赏（偿）。金布律[③]（76）
>
> 公甲兵各以其官名刻久之，其不可刻久者，以丹若纂书之。其叚（假）百姓甲兵，必书其久，受之以久。入叚（假）而（102）而毋（无）久及非其官之久也，皆没入公，以赀律责之。工[④]（103）

秦统一后改"公"为"县官"，这当是记录在秦"更名木方"上的内容

① 陈侃理：《里耶秦方与"书同文字"》，《文物》2014 年第 9 期。田炜：《论秦始皇"书同文字"政策的内涵及影响——兼论判断出土秦文献文本年代的重要标尺》，《"中央研究院"历史语言研究所集刊》第 89 本第 3 分。

② 陈伟主编《秦简牍合集 释文注释修订本（壹）》，武汉大学出版社，2016，第 71 页。

③ 陈伟主编《秦简牍合集 释文注释修订本（壹）》，第 88 页。

④ 陈伟主编《秦简牍合集 释文注释修订本（壹）》，第 100~101 页。

之一。现在未得见，是因为木方右上角有部分残缺。综合里耶秦简、睡虎地秦简和岳麓秦简相关记载，不仅可以洞悉秦改"公"为"县官"的过程，也可为考订"书同文"政策具体实施时间提供线索。

> 廿六年三月壬午朔癸卯，左公田丁敢言之：佐州里烦故为公田吏，徙属。事苔不备，分Ⅰ负各十五石少半斗，直钱三百一十四。烦冗佐署迁陵。今上责校券二，谒告迁陵Ⅱ令官计者定，以钱三百一十四受旬阳左公田钱计，问可（何）计付，署计年为报。敢言之。Ⅲ
>
> 三月辛亥，旬阳丞涝敢告迁陵丞主：写移，移券，可为报。敢告主。/兼手。Ⅳ
>
> 廿七年十月庚子，迁陵守丞敬告司空主，以律令从事言。/廮手。即走申行司空。Ⅴ（8-63）①

从文书可知，在秦始皇二十六年三月仍有"公田"这一称谓，之后当被"县官田"代替，里耶秦简"夫为县官田，芋当粟米"（9-563）②，"官田自食薄（簿）"（8-672）③。又岳麓秦简令篇有名为"县官田令"的，令文中也多次出现"县官田"：

> ·县官田者或夺黔首水以自澂（溉）其田∟，恶吏不事田，有为此以害黔首稼∟。黔首引水以澂（溉）田者，以水多少（1721）为均，及有先后次∟。县官田者亦当以其均，而不殹（也），直以威多夺黔首水，不须其次，甚非殹（也）∟。有如此者，（1808）皆当以大犯令律论之。·县官田令甲 廿二（1811）④

---

① 陈伟主编《里耶秦简牍校释（第一卷）》，第48页。
② 陈伟主编《里耶秦简牍校释（第二卷）》，武汉大学出版社，2018，第155页。
③ 陈伟主编《里耶秦简牍校释（第一卷）》，第199页。按：此件文书上呈时间为秦始皇三十年二月壬寅。
④ 陈松长主编《岳麓书院藏秦简（陆）》，上海辞书出版社，2020，第176~177页。

县官田与黔首同时出现在令文中，很能说明问题。"公"改为"县官"最为直观的材料来自《司空律》。睡虎地秦简《司空律》某些条文也见于岳麓秦简，只是部分称谓和用字有所不同：

> 《秦律十八种·司空律》：有辠（罪）以赀赎及有责（债）于公，以其令日问之，其弗能入及赏（偿），以令日居之，日居八钱；公食者，日居六钱。居官府公食者，男子参（133），女子驷（四）。（134）①
>
> 《岳麓秦简》：司空律曰：有辠（罪）以赀赎及有责（债）于县官，以其令日问之，其弗能入及偿，以令日居之，日居八（0350）【钱】，食县官者日居六钱，居官府食县官者男子参＜叁＞，女子驷（四）。（0993）②
>
> 《秦律十八种·司空律》：·凡（137）【不】能自衣者，公衣之，令居其衣如律然。其日未备而被入钱者，许之。（138）③
>
> 《岳麓秦简》：【凡】不能自衣者，县官衣之，令居其衣如律然。其日未备而被入钱者，许之。（J30）④

睡虎地秦简中的"公"到了岳麓秦简中全部更改为"县官"。一起更改的还有"赏"，不再以"赏"表示"偿还"之"偿"，正与里耶"更名木方"规定"赏如故更偿责（债）"相符。

秦更名木方还应有更"人臣"为"人奴"，"人妾"为"人婢"的规定。睡虎地秦简中私人奴婢一般称作"人臣妾"：

> 《法律答问》：人臣甲谋遣人妾乙盗主牛，买（卖），把钱偕邦

---

① 陈伟主编《秦简牍合集 释文注释修订本（壹）》，第112页。
② 陈松长主编《岳麓书院藏秦简（肆）》，上海辞书出版社，2015，第153页。按：个别字释读不同于整理报告。
③ 陈伟主编《秦简牍合集 释文注释修订本（壹）》，第113页。
④ 陈松长主编《岳麓书院藏秦简（肆）》，第155页。

亡，出徼，得，论各可（何）殹（也）？当城旦黥之，各畀主。（5）①

《日书甲种》"生子"篇：己巳生子，鬼，必为人臣妾。（145陆）②

《日书乙种》"生"篇：凡己巳生，勿举，不利父母，男子为人臣，女子为人妾。（247）③

《法律答问》："子告父母，臣妾告主，非公室告，勿听。"·可（何）谓"非公室告"？·主擅杀、刑、髡其子、臣妾，是谓"非公室告"，勿听。而行告，告者辠（罪）。辠（罪）已行，它人有（又）（104）袭其告告之，亦不当听。（105）④

睡虎地秦简中也有"人奴""人奴妾"等称谓，且多次出现，《法律答问》："人奴擅杀子，城旦黥之，畀主。"⑤"人奴妾治（笞）子，子以肚死，黥颜頯，畀主。■相与斗，交伤，皆论不殹（也）？交论。"⑥然到了里耶秦简、岳麓秦简律令中，不再见"人臣""人妾"等称谓，一般称作"人奴"、"婢"、"人奴婢"或"奴婢"。如：

《里耶秦简》：上人奴笞者，会七月廷。（8-1379）⑦

《岳麓秦简》：置吏律曰：有辠以耎（迁）者及赎耐以上居官有辠以废者，虏、收人、人奴、群耐子、免者、赎子，辄傅其（1389）计籍。（1378）⑧

《岳麓秦简·亡律》：奴婢亡而得，黥顈（颜）頯，畀其主。（2117）⑨

① 陈伟主编《秦简牍合集 释文注释修订本（壹）》，第183页。
② 陈伟主编《秦简牍合集 释文注释修订本（贰）》，第394页。
③ 陈伟主编《秦简牍合集 释文注释修订本（贰）》，第527页。
④ 陈伟主编《秦简牍合集 释文注释修订本（壹）》，第222页。
⑤ 陈伟主编《秦简牍合集 释文注释修订本（壹）》，第211页。
⑥ 陈伟主编《秦简牍合集 释文注释修订本（壹）》，第211~212页。
⑦ 陈伟主编《里耶秦简牍校释（第一卷）》，第318页。
⑧ 陈松长主编《岳麓书院藏秦简（肆）》，第138页。
⑨ 陈松长主编《岳麓书院藏秦简（肆）》，第71页。

《岳麓秦简》：……典老、伍人皆赎耐 L，挟舍匿者人奴婢殹（也），其主坐之如典老、（1122）伍人 L。（0965）①

秦统一后将"臣妾"改成"奴婢"，最为直接的证据来自《司空律》，相关条文如下：

《秦律十八种·司空律》：百姓有赀赎责（债）而有一臣若一妾，有一马若一牛，而欲居者，许。司（140）②

《岳麓秦简·司空律》：黔首有赀赎责（债）而有一奴若一婢，有一马若一牛，而欲居者，许之。（J28）③

秦这一更名被汉代继承，《二年律令》中只见"奴""婢""奴婢""人奴婢"等称谓，而不再称"臣妾"。

关于"诸官为秦尽更"，田炜先生似将其理解为六国官名与秦异者均要更改。"如马王堆汉墓帛书《阴阳五行》甲篇以楚选择术为主要内容，不可避免就会保留一些如楚国官名等特色词语，而不能执行'诸官为秦尽更'的规定。"④我们的理解略有不同。"诸官为秦尽更"，应理解为官名、官署名中出现"秦"字的，都要更改过来。这条规定与岳麓秦简中的一则令文当是同时推行的，岳麓秦简2026号载："·令曰：黔首、徒隶名为秦者更名之，敢有、有弗更，赀二甲。"⑤黔首、徒隶名中含有"秦"字的，均要更改过来。秦只可作为国名被使用，私名、职官等其他场合均不能再出现。核查里耶秦简材料后发现，二十七年以后形成的文献，人名、官名中的确找不到含有"秦"字的。地名中只有一处里名叫"寮秦"，二十七年十月辛卯旦，"胸忍寮秦士五（伍）状以来

---

① 陈松长主编《岳麓书院藏秦简（伍）》，上海辞书出版社，2017，第46页。
② 陈伟主编《秦简牍合集 释文注释修订本（壹）》，第113页。
③ 陈松长主编《岳麓书院藏秦简（肆）》，第156页。
④ 田炜：《论秦始皇"书同文字"政策的内涵及影响——兼论判断出土秦文献文本年代的重要标尺》，《"中央研究院"历史语言研究所集刊》第89本第3分。
⑤ 陈松长主编《岳麓书院藏秦简（伍）》，第200页。

（8-63）"①。我们推测，此文书当在"书同文"政策实施前形成。因为地名中含有"秦"字的亦在更改之列。

秦惠文王六年（前332年）魏纳阴晋于秦，秦改名宁秦，并置县，属内史。秦封泥中正有"宁秦丞印"②。汉高祖八年（前199年）以地处华山之北更名华阴县，属京兆尹。故治在今陕西华阴市区。《二年律令·秩律》正有"华阴县"③。笔者认为改"宁秦"为"华阴"是秦时所为，是"书同文政策"之一。《秦封泥汇考》有"华阳丞印""华阳禁印"④，当有"华阴丞印"存在，只是暂未发现。

陈侃理先生已指出"故皇今更如此皇"一句意在将上部从"自"的"皇"废除，统一改写为"皇"。⑤田炜先生认为睡虎地秦简《日书》乙种的一个"皇"似是从"自"的"皇"。⑥里耶秦简中除此木方外，还有一个"皇"字，云梦龙岗秦简中两见"皇"字，均写作"皇"，大致反映了规范后的写法。然书手个人习惯难以遽改，岳麓秦简《金布律》1301简中"皇帝"之"皇"写成"𪓷"⑦，从"自"从"王"。同批材料另有7处出现"皇"，写成"𪓷"（0587）或"𪓷"（0176），均从"白"，只是中间一笔或作一横画，或作一圆点，作圆点者也是故文字之孑遗。

谈到"皇"字，很容易联想到与之相关的"辠"字。《说文解字》"辠"字下，许慎解释道："秦以辠似皇字，改为罪。"⑧此说影响很大，直到今天仍有不少学者以文献中"辠""罪"的使用情况来判定其抄写年代的早晚。现在看来，许慎的说法不可尽信。秦统一后，并没有强行废弃"辠"而启用"罪"字，弃"辠"用"罪"的局面最终在汉代才确

---

① 陈伟主编《里耶秦简牍校释（第一卷）》，第49页。

② 周晓陆、路东之编著《秦封泥集》，三秦出版社，2000，第273页。

③ 彭浩、陈伟、〔日〕工藤元男主编《二年律令与奏谳书——张家山二四七号汉墓出土法律文献释读》，上海古籍出版社，2007，第264页。

④ 傅嘉仪编著《秦封泥汇考》，上海书店出版社，2007，第129页。

⑤ 陈侃理：《里耶秦方与"书同文字"》，《文物》2014年第9期。

⑥ 田炜：《论秦始皇"书同文字"政策的内涵及影响——兼论判断出土秦文献文本年代的重要标尺》，《"中央研究院"历史语言研究所集刊》第89本第3分。

⑦ 陈松长主编《岳麓书院藏秦简（肆）》，第134页。

⑧ （汉）许慎：《说文解字》，岳麓书社，2006，第309页。

定。秦统一之前抄写的文献一般用"辠"，统一后"辠""罪"并用，更多与书手个人书写习惯有关。如《岳麓秦简·亡律》只见"罪"，而有些卷册只使用"辠"，有些则二者兼用。"辠"字显然不属于"书同文字"规范对象，以下几个例子能更好地说明这一问题：

　　《里耶秦简》：廿七年十一月戊申朔癸亥，洞庭叚（假）守昌谓迁陵丞：迁陵上坐反适（谪）辠（罪）当均输郡中者六十六人。（9-23）①

　　廿八年正月辛丑朔丁未，贰春乡敬敢言之：从人城旦皆非智（知）篆田殹（也），当可作治县官府。谒尽令从人作官府及负土、佐甄，而尽遣故佐负土男子田。及乘城卒、诸黔首抵辠（罪）者皆智（知）篆田，谒上财（裁）自敦遣田者，毋令官独遣田者。谒报。敢言之。（9-22）②

　　《岳麓秦简》：·田律曰：有辠，田宇已入县官，若已行，以赏予人而有勿（物）故，复（覆）治，田宇不当入县官，复畀之其故田宇。（1276）③

　　《岳麓秦简》：司空律曰：有辠以赀赎及有责（债）于县官，以其令日问之，其弗能入及偿，以令日居之，日居八（0350）④

　　《岳麓秦简》：有能捕犯令者城旦辠一人，购金四两。捕耐辠一人，购金一两。新黔首已遗予之而能（1012）捕若告之，勿辠，有（又）以令购之。（1013）⑤

上引里耶秦简"辠"字均出自行政文书，文书的形成时间不早于秦始皇二十七年十一月至二十八年正月。9-22"黔首"与"辠"同时出现，表明"辠"并非"书同文"政策下需要规范的字体。岳麓秦简中所见"县

---

①　陈伟主编《里耶秦简牍校释（第二卷）》，第35页。
②　陈伟主编《里耶秦简牍校释（第二卷）》，第33~34页。
③　陈松长主编《岳麓书院藏秦简（肆）》，第105页。
④　陈松长主编《岳麓书院藏秦简（肆）》，第153页。
⑤　陈松长主编《岳麓书院藏秦简（伍）》，第52~53页。

官""偿""新黔首"均是贯彻里耶"更名木方"规定的表现，而"辠"却与之并存，亦可证"辠"不在更改之列。

　　通过上文论述可知，秦统一前形成的文献用"辠"，文献中若出现"罪"，则其抄写年代一定在秦统一后，而"辠"不能作为绝对断代依据，统一后"辠"继续被使用。但汉初的张家山汉简 247 号墓所见简书只见"罪"，不见"辠"，以"罪"替"辠"当在汉初完成。

　　"也""殹"同样不能作为判定秦文献抄录年代的标尺。《睡虎地秦简·秦律十八种》无疑是秦统一前抄写的，然"也""殹"混用。里耶秦简中也同时见到二字，"也"多出现在私信之中，"殹"多用在公文书中。岳麓秦简《为吏治官及黔首》一般认为是秦统一后抄写而成，"黔首""县官"等常见，"殹"仅出现 1 次，"也"出现 10 次。《梦书》当是秦统一前抄写的，通篇只见"也"而未见"殹"。律令卷册无疑均是秦统一后抄写，只见"殹"而不见"也"。可见"也"与"殹"亦非"书同文"政策规范的对象。汉初张家山汉简《二年律令》一律用"也"而不用"殹"，"也"完全替代"殹"当发生在汉代。

　　"曰产曰族"，在表示人之姓氏时不再称"产"，改称为"族"。《说文》："产，生也"，"姓，人所生也"。[①]产可指人之姓。以"族"指人之姓氏，秦简常见：

　　　《岳麓秦简》：·诸治从人者，具书未得者名族、年、长、物色、疵瑕，移谳县道，县道官谨以谳穷求，得辄以智巧谮（潜）（1021）讯。（1019）[②]
　　　《里耶秦简》：冗佐上造临汉都里曰援，库佐冗佐。ＡⅠ
　　　为无阳众阳乡佐三月十二日，ＡⅡ
　　　凡为官佐三月十二日。ＡⅢ
　　　年卅七岁。ＢⅠ
　　　族王氏。ＢⅡ

---

① （汉）许慎：《说文解字》，第 127、258 页。
② 陈松长主编《岳麓书院藏秦简（伍）》，第 45 页。

为县买工用，端月行。C Ⅰ（8-1555）

库六人。（8-1555背）①

《里耶秦简》：更戍卒城父公士西平贺长七尺五寸，年廿九岁，族苏☒（9-885）②

"名族"即名姓，"族王氏"即姓王氏。9-885为残简，所记戍卒信息有籍贯城父县西平里，身高七尺五寸，年龄为29岁，名为贺，姓苏，"名族、年、长"均在里面。

"王马曰乘舆马"，改称"王马"为"乘舆马"。传世文献中"王马"指周天子之马，《周礼·夏官·校人》："校人掌王马之政。"孙诒让《周礼正义》："'掌王马之政者'，官所畜之马，以给王事者，别于民马。谓之王马，亦即驭夫所谓公马也。"③春秋战国以后，各诸侯国相继僭越称王，王所乘之马自然也称作"王马"。"乘舆马"这一称谓在秦统一前就已出现，似乎指秦王乘坐的车马。《秦律杂抄》："·伤乘舆马，夬（决）革一寸，赀一盾；二寸，赀二盾；过二寸，赀一甲。"④秦国一直用"乘舆马"指代"王马"，统一后也一直沿用。此则更名或是针对东方各国吏民而言，他们习惯称最高统治者乘坐之马为"王马"。秦帝王乘坐之车马称为乘舆马，汉代沿袭之。《汉书·昭帝纪》："颇省乘舆马及苑马"，颜师古曰："乘舆马谓天子所自乘以驾车舆者。他皆类此。"⑤《汉书·张释之传》："顷之，上行出中渭桥，有一人从桥下走，乘舆马惊。"⑥

"王譜曰制譜"条，之前的学者少有讨论。"王譜曰制譜"即改"王譜"为"制譜"，"王"指"王命"，"制"乃"制书"。秦始皇更"王"为"皇帝"，更"命书"为"制书"，故须有相应改革。"譜"通"谴"，

---

① 陈伟主编《里耶秦简牍校释（第一卷）》，第357页。

② 陈伟主编《里耶秦简牍校释（第二卷）》，第220页。

③ （清）孙诒让：《周礼正义》，中华书局，1987，第2603页。

④ 陈伟主编《秦简牍合集 释文注释修订本（壹）》，第169页。

⑤ 《汉书》卷七《昭帝纪》，第228页。

⑥ 《汉书》卷五十《张释之传》，第2310页。

本义是责备、斥责，"王谴"尚未找到实例，"制谴"见于岳麓秦简：

> ·令曰：制所遣（谴）而当论者，皆赀二甲。辠重于遣（谴），囚律令论之。吏所举劾【以闻】及上书者，有言殹（也），其所劾、言者，节（即）（J27）当治论，皆毋以谴（谴）论。·廷甲第廿一（J52）①
>
> ·御史请𠄠：制所谴（谴）而当论者，皆赀二甲𠄠。罪重于谴（谴），以律论之。·制曰：吏所举劾以闻及上书者，有言殹（也），其（1993）所劾言者节（即）当治论皆毋以谴（谴）论。它如请。·廿三（J08）②

两则令文出自不同书手，分属不同卷册，但内容基本相同，"制所遣（谴）"即"制所谴（谴）"，在制书中加以责让，也即受到皇帝的斥责。皇帝斥责之事，或大或小，甚至触犯了法律，故需要制定令条分别加以处置。《史记·秦始皇本纪》："方士徐市等入海求神药，数岁不得，费多，恐谴，乃诈曰：'蓬莱药可得，然常为大鲛鱼所苦，故不得至，愿请善射与俱，见则以连弩射之。'"③徐市恐谴，害怕的应并非言语上的责备，而是其他惩罚。

更名木方规定"以大车为牛车"，意思是改称"大车"为"牛车"。"大车"在睡虎地秦简中共出现7次，均在律文中，然未见"牛车"这一称谓。《易·大有》："大车以载。"孔颖达《正义》："大车，谓牛车也。"④里耶秦简、岳麓秦简律令只见"牛车"而不见"大车"：

> 《里耶秦简》：卅二年三月丁丑朔朔日，迁陵丞昌敢言之：令曰上丨葆缮牛车薄（簿），恒会四月朔日泰（太）守府。·问之迁陵

---

① 陈松长主编《岳麓书院藏秦简（伍）》，第139页。
② 陈松长主编《岳麓书院藏秦简（陆）》，第154~155页。
③ 《史记》（点校本二十四史修订本）卷六《秦始皇本纪》，第335页。
④ （清）阮元校刻《十三经注疏·周易正义》，中华书局，2009，第59页。

毋Ⅱ当令者，敢言之。Ⅲ（8-62）①

《岳麓秦简》：为（1171）牛车 ∟若一轺车，数者皆为私利。
（1906）②

可知秦改称"大车"为"牛车"的政策同样实施得很到位。

（二）留白

留白是艺术创作中常见的表现手法，乃有意为之。卷册中的留白
分有意和无意两种。无意的留白最为常见，当抄完一则文书、一篇文
章，即使尚余有空间，甚至多达数枚简牍，也不再加写其他内容。如果
是先编后写的简册，是否有留白还可成为判定其真伪的依据之一。一般
而言，内容在简册最后一枚简处自然结止的情况极少见，故简册中有空
白简，则其多可判定为真。刻意留白的情况比较复杂，主要有以下几种
（见表1-1）。

1. 分栏书写者常大量留白，栏与栏之间常有距离不等的空白。如
睡虎地秦简《为吏之道》、岳麓秦简《为吏治官及黔首》《质日》《梦
书》等。

2. 编绳上下的留白。一般见于三道编卷册，第一道编绳以上和第三
道编绳以下均不书文字，如睡虎地秦简《秦律十八种》《秦律杂抄》以
及岳麓秦简《亡律》。这种留白在复原卷册时有一定参考价值，以岳麓
秦简为例，律令卷册数量多于10个，然除了《亡律》卷册是三道编以
外，其他都是天头地脚均书有文字的两道编卷册。若遇到一些只存半截
的残简，根据留白情况即可判定其是否应归入《亡律》。

3. 校雠刮削后的留白。抄写过程中难免有讹误，讹误或于书手校
勘时被发现，或在阅读过程中被察觉，校改时常用削刀刮去有错讹的地
方，再写上正确的字，但如果是衍文，就会出现空白，空白长度据衍文
数量而定。例如岳麓秦简2144号，"诸"与"窃"之间就有留白：

---

① 陈伟主编《里耶秦简牍校释（第一卷）》，第47~48页。
② 陈松长主编《岳麓书院藏秦简（伍）》，第117页。

表 1-1　岳麓秦简所见各种留白举隅

刮削留白	篇题留白	简端留白		分栏留白	空白简	正注文之间留白
（2144）	（1705）	（1974）	（2111）	（0006）	（1724）	（1280）

·诸　窃私宫屏及弃水宫屏浴者，皆黥为城旦舂·十六（2144）①

4. 正文与补充解释文字之间的留白。这种留白是为了区分正文与补充解释性文字。岳麓秦简中有一典型例子：

---

① 陈松长主编《岳麓书院藏秦简（陆）》，第109页。

·金布律曰：出户赋者，自泰庶长以下，十月户出刍一石十五斤；五月户出十六钱，其欲出布者，许（1287）之。十月户赋，以十二月朔日入之，五月户赋，以六月望日入之，岁输泰守。十月户赋不入刍而入钱（1230）者，入十六钱。　吏先为？印，敛，毋令典、老挟户赋钱。（1280）①

5. 为统一书写篇题而特意留白。睡虎地秦简、岳麓秦简不少律令篇名抄写在某则条文的结尾处，但篇名常不紧挨着正文。以二道编为例，若一则法令的正文在编绳以上位置结束，则不论空余部分长短，一律不再书写文字，篇名会统一书写在编绳以下，一般紧贴编绳。只有一种情况例外，即竹简无足够的空间以供留白时，篇名挨着正文书写。

（三）符号

学者们对简牍帛书中出现的符号多有讨论，一些成果已得到学界公认。在抄本时代，某些符号固然具有特定含义，但总体而言，符号的使用是比较随意的。同一个符号或有不同功用，不同符号也可能有相同的含义。下文就秦法律文献中一些比较有代表性的前人少有关注的符号略加探析，希望找出当时符号使用的某些规律。

1. 实心小黑点

实心小黑点常作"·"形，在《秦律十八种》《效律》以及《二年律令》律文部分并未见到，而在《秦律杂抄》《法律答问》《二年律令·津关令》和岳麓秦简律令中则频繁使用。其含义要据出现的位置而定。

"·"出现在一则条文正文之前时有提示作用，标示一则条文的开始。这种提示便于迅速确定一则条文的起始简，尤其是那些不以"令曰"或"某某律"起头的条文，在编连上有重要参照价值。例如：

《秦律杂抄》：·为听命书，灋（废）弗行，耐为侯（候）；不

---

① 陈松长主编《岳麓书院藏秦简（肆）》，第107页。

辟（避）席立，赀二甲，灋（废）。①

　　《岳麓秦简》：·县官田者或夺黔首水以自澨（溉）其田乚，恶吏不事田，有为此以害黔首稼乚。黔首引水以澨（溉）田者，以水多少（1721）囷均，及有先后次乚。县官田者亦当以其均，而不殹（也），直以咸多夺黔首水，不须其次，甚非殹（也）乚。有如此者，（1808）皆当囚大犯令律论之。·县官田令甲　廿二（1811）②

“县官田令甲”前的“·”同样有提示的作用，表示后面为律令篇名。这种用法在睡虎地秦简《秦律杂抄》中就能见到：

　　·臧（藏）皮革橐（蠹）突，赀啬夫一甲，令、丞一盾。·臧（藏）律（16）③
　　·敢深益其劳岁数（15）者，赀一甲，弃劳。·中劳律④

“·”若出现在律令条文中，则起间隔作用，符号前后或为两则不同条文，或表示同一则条文的不同层次，或为性质不同的文字：

　　《秦律杂抄》：任灋（废）官者为吏，赀二甲。·有兴，除守啬夫、叚（假）佐居守者，上造以上不从令，赀二（1）甲。·除士吏、发弩啬夫不如律，及发弩射不中，尉赀二甲。·发弩啬夫射不中，（2）赀二甲，免，啬夫任之。·驾驺除四岁，不能驾御，赀教者一盾；免，赏（偿）四岁徭（徭）戍。（3）除吏律。⑤
　　《岳麓秦简·卒令丙四》：用牍者，一牍毋过五行，五行者，牍广一寸九分寸八。（1718）四行者，牍广一寸泰半寸。·三行者，牍广一寸半寸。·皆谨调謹＜护＞好浮书之。尺二寸牍一行毋过廿

<hr>

① 陈伟主编《秦简牍合集 释文注释修订本（壹）》，第157页。
② 陈松长主编《岳麓书院藏秦简（陆）》，第176~177页。
③ 陈伟主编《秦简牍合集 释文注释修订本（壹）》，第165页。
④ 陈伟主编《秦简牍合集 释文注释修订本（壹）》，第164页。
⑤ 陈伟主编《秦简牍合集 释文注释修订本（壹）》，第155页。

六字。·尺（1729）牍一行毋过廿二字。书过一章者，章□之 L。
辥（辞）所当止皆眼之，以别易＜易＞智（知）为故。（1731）①

《岳麓秦简》：·县为矦（候）馆市旁，置给吏（事）具，令吏
徒守治以舍吏殹（也）。·自今以来，诸吏及 都 大夫行 往 来 者，皆
得舍（2103）焉，它不得 L。有不当舍［舍］而舍焉，及舍者，皆
以大犯令律论之，令、丞弗得，赀各一甲。·廿二（0769）②

《岳麓秦简》：·令曰：有发繇（徭）事（使），为官狱史者，
大县必遣其治狱冣（最）久者，县四人，小县及都官各二人，乃遣
其余，令到已前（1885）发（？）者，令卒其事，遣诣其县官，以
攻（功）劳次除以为叚（假）廷史、叚（假）卒史、叚（假）属
者，不用此令。·县盈万户以上为（1886）【大】，不盈万以下为
小。·迁吏归吏群除令丁廿八（1904）③

《秦律杂抄》中的四个"·"分隔了五则律文，这些律文均属于
《除吏律》。从内容来看，"·"前后跳跃性较大，定非同一则条文。

根据内在体例，"卒令丙四""三行""尺牍"前均有"·"，在"四
行"和"尺二寸牍"前也当有。1729 简简首残损，或本有"·"符；
"尺二寸牍"前的"·"当是书手漏抄。我们之所以能判定"·"是抄
写时加上的，是因为同一书手抄录的同一则令文中，"·"占有的空间
不一，且常大于一字所占空间，若是校读时留下，绝不会出现这种现
象。牍之宽度，因行数不同而有异，"尺二寸牍"和"尺牍"应是两行
书写，宽度当为一寸。现在看来，秦代对简和牍的区分已很明显，书写
两行文字以上的均称为牍，一行文字者为简。"卒令丙四"中的"·"
显然有分层作用，将同一则条文中涉及的不同方面加以区分。

"·"还有隔离不同性质内容的功用。"县为矦（候）馆市旁，置给
吏（事）具，令吏徒守治以舍吏殹（也）"，当是旧有条文，是律是令尚

---

① 陈松长主编《岳麓书院藏秦简（伍）》，第 106 页。按：句读有改动。
② 陈松长主编《岳麓书院藏秦简（陆）》，第 154 页。按：句读、释文略有改动。
③ 陈松长主编《岳麓书院藏秦简（伍）》，第 192 页。

不清楚，"自今以来"之后的内容显然是一则新令文，"·"起到隔断新旧条文的作用，当然也可理解为提示条文的起始，以"自今以来"起头的令文，正文前也常有"·"。

"·"有时用在正文与解释性文字之间，起到间隔作用，以防止注释混入正文。1886简上的"·"即属于此类型。令文内容到"不用此令"结束，"县盈万户以上为【大】，不盈万以下为小"是对大小县的解释。

2. 墨块

法律简中的墨块常出现在两处，一是篇名简简首，二是正文中。《秦律十八种》《效律》《秦律杂抄》《龙岗秦简》中尚未见到此符号，《法律答问》《二年律令》和岳麓秦简中则多见（如表1-2），常作"▇"形，或粗或细，或长或短。岳麓秦简、《二年律令》单独书写在一枚简上的篇名，简首均涂有"▇"。

表 1-2　秦法律简所见墨块举隅

岳麓秦简	岳麓秦简	岳麓秦简	岳麓秦简	法律答问	法律答问
（1521）	（1520）	（0558）	（1978）	（117）	（119）

而出现在正文中的"■"，或有隔断两种不同内容的功用：

（缺简）

　　丞、令、令史、官啬夫、吏主者【夺爵各一级。毋（无）爵】者以其官为【新地吏四岁，执灋令都吏循行案】（0391）举，不如令者，论之，而上夺爵者名丞相，丞相上御史 ∟。都官有购赏赀责（债）者，如县。兵事毕（0668）矣 ∟，诸当得购赏赀责（债）者，（0591）者，勿令巨（距）皋（罪）。令县皆亟予之。■丞相御史请：令到县，县各尽以见（现）钱不禁者亟予之，不足，各请其属（0558）所执灋，执灋调均；不足，乃请御史，请以禁钱贷之，以所贷多少为偿，久易（易）期，有钱弗予，过一金，（0358）赀二甲。（0357）■内史郡二千石官共令　第戊（0465）[①]

上引"内史郡二千石官共令　第戊"这一令篇下至少包含两则令文。第一则令文尚未找到起始处，到"如县"止；第二则令文从"兵事毕矣"开始，到"赀二甲"结束，首尾完整，且保留了请令格式。"■"前应为原有的规定，"丞相御史请"之后是后来制定的令条，"■"起到隔断新旧条文的作用。《法律答问》中的"■"功用同此，"■"前后所解答的问题不同。1978简中所见的"■"也起隔断两则律文的作用。

　　3. 钩识号

　　钩识号常出现在文字当停顿之处，是帮助理解的一种符号，一般作一短横或短折（见表1-3）。《说文解字》卷十二："∟，钩识也。"《史记·滑稽列传》："朔初入长安，至公车上书，凡用三千奏牍。公车令两人共持举其书，仅然能胜之。人主从上方读之，止，辄乙其处，读

---

① 陈松长主编《岳麓书院藏秦简（肆）》，第218、207、197、198页。按：编连方案遵照拙稿《〈岳麓书院藏秦简（肆）〉所收令文浅析》，邬文玲、戴卫红主编《简帛研究二〇一八》（春夏卷），广西师范大学出版社，2018，第66~70页。王可认为0668简前当接0391简，甚确，详见王可《读岳麓秦简札记一则》，简帛网，2019年5月8日，http://www.bsm.org.cn/?qinjian/8077。

之二月乃尽。"① 段玉裁《说文解字注》："此非甲乙字，乃正乚字也。今人读书有所钩勒即此。"② 岳麓秦简所见钩识号常写作"**乚**"形，而乙常写成"**乙、乚、乚**"等形，二者颇为相近。故《史记》言"止，辄乙其处"，似并无不妥。

钩识号或为抄写时依底本原样勾画，或是阅读时随手加上，然岳麓秦简律令条文所见钩识号多属于前一种情形。这可以从字距来判断，钩识号一般出现在字的右下方，所占空间少于半字，若是阅读时所加，则出自同一书手的同一枚简上的字，字距应当相等，否则即抄写时所加。

我们判断岳麓秦简所见钩识号是抄写时所为，除了从字距上考察，还有其他证据。岳麓秦简有一些内容基本相同、出自不同书手且分属不同卷册的令文，然在同一地方出现了钩识号：

·令曰：封书，毋勒其事于署乚，书以邮行及以县次传送行者，皆勒☒（1141）③

·封书毋勒其事于署乚，书以邮行及以县次传送行者，皆勒书郡名于署，不从令，赀一甲。·卒令丙四 重（1160）④

以上两则令文，内容完全一样，连钩识号的位置都相同，但出自不同书手（参表1-3附图易知），分属不同卷册。此种情况若非底本相同，两个书手在同一处书写同一种符号的可能性是很低的。当然，抄手也并非一直严格比照底本抄写，下面的例子可以很好地说明：

·治狱受人财、酒、肉、食，叚（假）、貣人钱金它物及有卖买舄【而故】少及多其贾（价），以其故论狱不直，不直罪（2100+2159）重，以不直律论之乚。不直罪轻，以臧（赃）论之

---

① 《史记》卷一百二十六《滑稽列传》，中华书局，1982，第3205页。
② （汉）许慎撰，（清）段玉裁注《说文解字注》，上海古籍出版社，1981，第633页。
③ 陈松长主编《岳麓书院藏秦简（伍）》，第104页。
④ 陈松长主编《岳麓书院藏秦简（陆）》，第170页。

∟。（0123）①

治狱受人财酒肉食、叚（假）貣人钱金它物及有卖（1732）
買焉而故少及多其貫（价），以其故论狱不直，不直辠重，以不直
律论之，不直辠轻，以臧（赃）论之。（1723）②

内容相同、书体差异明显的两组令文，一组有两种符号，而一组全无，
这当是由抄写者的态度决定的。抄本时代的文本面貌固然与底本有极大
关系，但抄写者个人因素的影响也不容小觑。

钩识号的一大功用与顿号相当，出现在几个并列的事物之间以便于
阅读，防止误读。例如：

《岳麓秦简·亡律》：郡及襄武∟、上雒∟、商∟、函谷关外
人及巻（迁）郡、襄武、上雒、商、函谷关外（2106）……啬夫
同罪。其亡居日都官、执灋属官∟、禁苑∟、园∟、邑∟、作务
∟、官道畍（界）中，其啬夫吏、典、伍及舍者坐之，如此律。
（2111）③

·叚（假）正夫言：得近＜从＞人故赵将军乐突弟∟、舍人詔
等廿四人，皆当完为城旦，输巴县盐。（1029）④

襄武、上雒、商和函谷关四个地名并列，执灋属官、禁苑、园、邑、作
务、官道在此均为处所名，用钩识号将其分开，可以有效防止误读。
"赵将军乐突弟舍人詔等廿四人"若不用钩识号分开，则会有另一种理
解，即廿四人均为乐突弟之舍人。

钩识号另一功用与分号相当，用于将不同层次的内容隔离开。
例如：

① 陈松长主编《岳麓书院藏秦简（陆）》，第 141~142 页。
② 陈松长主编《岳麓书院藏秦简（伍）》，第 150 页。
③ 陈松长主编《岳麓书院藏秦简（肆）》，第 56-57 页。
④ 陈松长主编《岳麓书院藏秦简（伍）》，第 43 页。

·令曰：郡及中县官吏千石下縣（徭）傅（使），有事它县官而行，闻其父母死，过咸阳者，自言□□□▨（1150）已，复之有事所，其归而已葬（葬）者，令居家五日，亦之有事所└。其不过咸阳者，自言过所县官，县官听书（1690）言亦遣归如令，其自言县官，县官为致书，自言丞相，丞相为致书，皆诣其居县，居县以案□▨（J41）①

·治狱受人财、酒、肉、食，叚（假）、贷人钱金它物及有卖买焉【而故】少及多其贾（价），以其故论狱不直，不直罪（2100+2159）重，以不直律论之└。不直罪轻，以臧（赃）论之└。（0123）②

第一则令文中，钩识号将"过咸阳者"与"其不过咸阳者"两种并立的情况分隔开。第二则令文中，"不直罪重"与"不直罪轻"面临的处罚不同，钩识号起到划分层次的作用。

钩识号还有提示下文的作用，与冒号用法相同。例如：

·御史请└：制所谴（谴）而当论者，皆赀二甲└，罪重于谴（谴），以律论之。·制曰：吏所举劾以闻及上书者，有言殹（也），其（1993）③

·县官田有令└：县官徒隶固故有所给为└，今闻或不给其故事而言毋（无）徒以田为辤（辞）及发▨（1800）徒隶└，或择（释）其官急事而移佐田，及以官威征令小官以自便其田者，皆非善吏殹（也），有如此者，以大犯（1788）令律论之。·县官田令甲十八（1803）④

---

① 陈松长主编《岳麓书院藏秦简（伍）》，第196~197页。
② 陈松长主编《岳麓书院藏秦简（陆）》，第141~142页。
③ 陈松长主编《岳麓书院藏秦简（陆）》，第154页。
④ 陈松长主编《岳麓书院藏秦简（陆）》，第175~176页。

1993 简有两个钩识号，第一个在"御史请"以后，提示后文均为御史请令的内容；第二个钩识号起到分层作用。"县官田有令"后的钩识号提示下文为旧有令文之内容。1800 简"给为"之后的钩识号起到隔断作用，将旧令与事实陈述分隔开，"徒隶"后钩识号起分层作用，其前后为并列的两种不同情况。

钩识号的功用或与"■"相同，如均有隔断作用；或与"·"相同，如有分层和提示功能。由此可见，抄本时代的符号用法有一定随意性，符号之间的功能多有交叉。

表 1-3　岳麓秦简律令条文所见钩识号举例

亡律	卒令丙		廷内史郡二千石官共令第甲		廷卒乙廿一
（2160）	（1141）	（1160）	（1723）	（0123）	（1792）

4. 校雠符

校雠符或称为校对符，古代核对物品时常使用此符号，简牍中常见者为遣册和簿籍。律令简中的校雠符前人少有论及，是否有一种特定的符号表示条文已经核校完毕，尚值得讨论。岳麓秦简部分律令简尾端留有一竖道，墨痕极浓，我们怀疑其为校雠符。校雠符出现有一定规律，首先均出现在一则条文尾简的末端；其次，集中出现在某些卷册里。

表 1-4 岳麓秦简所见校雠符举例

岳麓秦简	岳麓秦简	岳麓秦简	岳麓秦简	岳麓秦简
（1484）	（J40+J73-5）	（1435）	（1090）	（2079）

表 1-4 中所举校雠符来自两个不同卷册，其中 1484 简、J40+ J73-5 简、1435 简属同一卷册，1090 简和 2079 简属同一卷册。岳麓秦简律令卷册数量在 10 个以上，以此两个卷册中所见校雠符最为密集，有些卷册全无此符号。不同卷册的校雠符形状不尽相同，1484 简所在卷册的校雠符细长笔直，1090 简所在卷册的校雠符则粗大倾斜。若联系同简所见文字书体来看，其校雠符所呈现的风格与正文字体有一致性。字体倾斜者，校雠符也必不正直；字体方正者，校雠符也笔直挺俊。据此不难推测，校雠符是抄写者在完成一则条文后顺手为之，而非待整本卷册抄完后再作校雠，亦非事后阅读时留下。此种校雠符，除了表示此则条

文抄录完毕以外，尚无深意可探。

（四）讹误

简牍上常见的讹误有讹、脱、衍、倒四种，几乎所有文献中都会存在。其中后三种讹误比较容易鉴定，而对讹字的判定须更谨慎，有些可能只是当时的用字习惯，并非讹误，至少当时人认为是正确的。当然，古人抄错字的情况经常发生。

1. 讹字

简牍讹字的出现有一定时代性，也与汉字本身的演变有一定关系。例如有些字在古文字阶段区分是比较明显的，衍化成隶书后因形体相近而易混淆。本部分探讨秦律令文本中的讹字，正是基于隶书而言。

秦律令文本中常出现的讹混现象有："列"讹为"死"、"百"讹为"日"、"论"讹为"谕"、"输"讹为"轮"、"画"讹为"昼"、"母"讹为"毋"、"削"讹为"筋"、"波"讹为"汲"、"代"讹为"伐"、"壹"讹为"壶"、"冠"讹为"寇"、"贱"讹为"赋"、"易"讹为"易"、"赏"讹为"实"、"盈"讹为"盗"、"旬"讹为"包"、"铁"讹为"钱"、"冗"讹为"内"、"驰"讹为"驼"、"小"讹为"之"、"其"讹为"某"、"旱"讹为"旱"、"泉"讹为"不"、"皂"讹为"旱"、"甬"讹为"用"等。此外，互讹现象也较多，具有代表性的如"传"与"傅"、"私"与"和"、"逮"与"遝"、"宫"与"官"、"曰"与"日"、"率"与"衡"等。

除了常见的形近而讹，上下文也会使抄写者犯错，例如：

·金布律曰：市衡术者，没入其卖殴（也）于县官，吏循行弗得，赀一循＜盾＞。（1289）①

"循"虽然从"盾"得声，然二字少见通用例，故律文中后一个"循"字应为"盾"之讹字。前文出现的"循"字是导致书手犯错的主

---

① 陈松长主编《岳麓书院藏秦简（肆）》，第109页。

要原因，这种现象在日常书写中也很常见。

通假字本质上为音近音同而讹，我们之所以不把它当成讹误，是因为古人在此方面"犯错"太多，没办法也没必要——纠正。判断两个字是通假关系还是正误字，主要以当时的用字习惯为依据。以下就是典型的音近而讹：

> ·内史杂律曰：黔首室、侍（寺）舍有与詹、仓、库、实官补属者，绝之，毋下六丈。它垣属焉者，独高其侍＜置＞，不（1266）从律者，赀二甲。（1274）①

我们之所以能判定"侍"为"置"之讹，主要依据《秦律十八种·内史杂律》："有实官高其垣墙。它垣属焉者，独高其置刍詹及仓茅盖者。"②在传世古书中尚未发现二字通假的现象。

我们判定一个字是否为讹字，主要看该字用在句子中是否有碍于文意，如果讹字和正字放在文中均能讲通，在没有其他佐证的情况下，讹字是很难坐实的。岳麓秦简中有一条令文曰：

> ·新律令下，皆以至某县、都官廷日决。故有禁，律令后为皋名及减益皋者，以奏日决。·卒令乙卅二（1900）③

若单看此则令文，可能不易发现"某"为讹字。岳麓秦简中另有一则与之相关的令文：

> ·新律令下，皆以至其县、都官廷日决。故有禁，律令后为皋名及减益皋者，以奏日决。·卒令乙卅二（1888）④

---

① 陈松长主编《岳麓书院藏秦简（肆）》，第126页。
② 陈伟主编《秦简牍合集 释文注释修订本（壹）》，第139页。
③ 陈松长主编《岳麓书院藏秦简（陆）》，第169页。按：句读有所变更。
④ 陈松长主编《岳麓书院藏秦简（伍）》，第103页。

两相比较，易知 1900 简中的"某"是"其"之讹。此外，有一些讹字，若没有"他本"作为校勘依据，即使察觉了，也无法指出正字。

岳麓秦简 1086 简有"其及毋殹"一段文字，不知所云，其必有讹误无疑，然仅靠语法知识和本则令文内容无法纠正其讹。而通过与另外一则内容相同的令条进行比较可知，"及毋"乃"父母"之讹①：

> 母妻子同产，以告治者，治者虽弗为枉事，以所叚（假）赁费貣钱金它物其息之数，受者、治者与盗同灋，不（1098）【告】治者 L，受者独坐，与盗同灋。告治者，治者即自言吏，毋畀 L。受者，其及＜父＞毋＜母＞殹（也），以告┃子┃┃治┃☑（1086）②
>
> ☑【枉】事，以所叚（假）、赁、费、貣钱金它物（2067）┃其┃┃息┃之数，与盗同灋。不告治者 L，受┃者┃独坐，与盗同灋。告治者，治〚者〛即自言吏，毋罪。受者其父母殹（也），以告┃子┃（2119+2110）③

"母"讹为"毋"的例子秦简中常见，但"父"讹为"及"则比较少见，若无"他本"对照，无从纠其讹。以上所摘录条文均存在残断，但互相比勘之后能校正抄本时代常见的一些讹误。

2. 脱文

脱文一般指抄写、刊刻时遗失的文字，脱文现象在秦律令简中也比较常见：

> ·仓律曰：毋以隶妾为吏仆、养、官〚守〛府 L，隶臣少，不足以给仆、养，以居赀责（债）给之；及且令以隶妾为吏仆、（1370）养、官守府，有隶臣，辄伐＜代＞之 L，仓厨守府如故。

---

① 笔者加黑部分为内容相同者，标注下划线者乃"他本"脱文。【 】内之字，由于竹简残泐不能释读，乃据"他本"补释；〚 〛内为脱文，＜ ＞内为正字。
② 陈松长主编《岳麓书院藏秦简（伍）》，第 146~147 页。按："子治"二字据残存笔画补。
③ 陈松长主编《岳麓书院藏秦简（陆）》，第 138 页。

（1382）①

　　循行案举不如令〖者〗，论之，而上夺爵者名丞相，丞相上御史。都官有购赏贳责（债）不出者，如县。·内史官共（1662）②

　　冗隶妾二人当工一人，更隶妾四人当工〖一〗人，小隶臣妾可使者五人当工一人。工人程（109）③

脱文的确定一般根据上下文意，语法、术语、词语之间的固定搭配等也能作为判断的依据。如上面所引1370简，之所以能确定"官"后脱一"守"字，有以下依据：首先，与"仆""养"并列者必是一类从事贱役的人，"官府"显然不合适；其次，同一则律文后半部分出现"官守府"；最后，"守府"乃看守官府者，还干一些其他杂事，"官守府"乃"守府"之全称。"守府"频繁出现在秦简中，岳麓秦简："令曰：毋以隶妾及女子居贳赎者为吏仆、养、老、守府，及毋敢以女子为葆（保）庸。（1670）"④里耶秦简："十一月丙子旦食，守府定以来。（8-141背+8-668背）"⑤从里耶秦简可知，守府有时还担任传递文书的工作。

3.衍文

衍文指误增的文字，秦律令简中亦很常见：

　　·令曰：吏及黔首有贳赎万钱以下而调解爵一级以除，【及】当为疾死、死事者后，调毋受爵∟，以除贳赎，（1168+1192）皆许之。其所除贳赎[皆许之其所除贳赎]过万钱而调益【解】爵、【毋受爵者，亦许之，一级除贳赎毋过万】（1140）钱，其皆调以除亲及它人及并自为除，毋过三人。（C8-1-12+2130）⑥

　　·自今以来，吏及黔首有贳赎万钱以下而调解爵一级以除，及

①　陈松长主编《岳麓书院藏秦简（肆）》，第122~123页。
②　陈松长主编《岳麓书院藏秦简（伍）》，第187页。
③　陈伟主编《秦简牍合集 释文注释修订本（壹）》，第103页。
④　陈松长主编《岳麓书院藏秦简（伍）》，第182页。
⑤　陈伟主编《里耶秦简牍校释（第一卷）》，第81页。
⑥　陈松长主编《岳麓书院藏秦简（伍）》，第113~114页。

当为疾死、死事者后谒毋受爵以除（0378）赀赎，皆许之。其所【除】赀赎过万钱而谒益解爵、毋受爵者，亦许之。一级除赀赎毋过万钱。其（0581）皆谒以除亲及它人及并自为除，毋过三人。（J21）①

1140 简"皆许之其所除赀赎"八字重复出现，根据上下文意即可判定其为衍文。再则，根据岳麓秦简律令的抄写体例，若出现重文，一般会使用重文符号。最后，与此则令文内容相同、字体有别的另一则令文中，此八字并未重复出现，亦能坐实 1140 简出现了衍文。

"衍文"常出现于秦汉律简，字数以一二字居多，三五字者也可见，但衍文字数达四五十字者十分罕见。现举例于下：

以枉事，以盗律论 ∟。同居受人酒肉食，以告治者，治者弗为枉事，治者赀二甲，受者以盗律论。不告治者，受（1711）者独坐，与盗同灋。治狱者亲及所智（知）弗与同居，以狱事故受人酒肉食，弗为请而谩谓已为请，以盗律（1710）【论】。不告治者，受者独坐，与盗同灋。治狱者亲及所智（知）弗与同居，以狱事故受人酒肉食，弗为请而谩（1717）【谓】已为请，以盗律论 ∟。为请治者，治者为枉事，得，皆耐，其辠重于耐者，以重者论，以盗律论受者，其告（0833）治者，治者弗为枉事，受者赀二甲，不告治者及弗谩，毋辠 ∟。治狱受人财酒肉食，叚（假）貣人钱金它物及有卖（1732）②

其中字体加黑者为衍文，多达 45 字，内容与标下划线者完全一样。衍文一般是由于抄写者一时疏忽而多抄的文字，此段衍文的产生，与条文中反复出现相同的术语以及规范对象区别甚微有关。"同居受人酒肉食"为违法行为，但又可区分为"以告治者"、"不告治者"和"为请治

① 陈松长主编《岳麓书院藏秦简（柒）》，上海辞书出版社，2022，第 69~70 页。
② 陈松长主编《岳麓书院藏秦简（伍）》，第 149~151 页。

者"，三种情况所面临的处罚是有轻重之分的。"不告治者，受者独坐，与盗同灋。治狱者亲及所智（知）弗与同居，以狱事故受人酒肉食，弗为请而谩谓已为请"一段文字前后均有"以盗律论"四字，这或许是导致误衍最为直接的原因。

4. 倒乙

倒乙指文字次序颠倒，又被称为"错简"。《法律答问》中出现过典型的错简现象，相关简文如下：

可（何）谓"家辠（罪）"？父子同居，杀伤父臣妾、畜产及盗之，父已死，或告，勿听，是胃（谓）"家辠（罪）"。有收当耐未断，以当刑隶臣辠（罪）诬告人，是谓"当刑隶臣"。（108）

"葆子狱未断而诬告人，其辠（罪）当刑为隶臣，勿刑，行其耐，有（又）毄（系）城旦六岁。"·可（何）谓"当刑为隶臣"？·"葆子有辠（罪）未断而（109）诬告人，其辠（罪）当刑城旦，耐以为鬼薪鋈足"。耤葆子之谓殹（也）。（110）①

显然，方框内的两段文字需要互换位置，若依所录简文，一则无问自答，另一则有问无答，明显与体例不符。

（五）订补

上文列举了秦简所见诸类讹误，虽然称不上触目皆是，但错误率确实不低。需要强调的是，我们见到的文本大多经过抄写者或当时的阅读者校订，否则讹误毫无疑问会更多。时光流转，竹简穿过数千年的历史，形制变化颇大，有些信息也不可避免地被湮没在岁月的长河中，不少文字明知被削改过，但从竹简本身找不到物质证据。所幸，仍存有一些信息可以让我们看到古人在求真趋善方面做出的种种努力。

---

① 陈伟主编《秦简牍合集 释文注释修订本（壹）》，第224页。

表 1-5 古人订改秦简举隅

岳麓秦简 0643	岳麓秦简 0452	岳麓秦简 2132	岳麓秦简 1980	岳麓秦简 2107

通过表 1-5，我们能够更加直观地感知前人在订补简文方面的成绩与不足，同时订补本身也蕴藏了不少历史信息。例如 0643 简"此黔首大害殴（也）"[①]，"黔首"二字只占一字空间，显然是后来订补的结果。此外，后书二字字体有别于同简之字，可知有两人先后在简上书写过。联系到秦始皇二十六年改民为黔首的史实，加之岳麓秦简《为狱等状四种》所载奏谳文书中尚残有"民大害殴（也）"[②]（0427）之类的表达，可以推断 0643 简"黔首"二字乃秦始皇二十六年之后修订的结果。0452 简也可看到类似的努力，然仅仅将"民"字削去，却忘记补上"黔首"二字。2132 简"右司空"三字仅占两字空间，墨迹较淡，字体也与同简其他字有别，显然是后来修改所致。1980 简"投杀"、2107 简"之中县道官"也属此类情况。

秦律令简牍经过时人校雠，在岳麓秦简《亡律》中留下了最为直接的证据。岳麓秦简残片 C1-8-2+C1-8-3 背面书有"卅二年已雠"五字，正面内容为"道徼外蛮夷来诱，黥劓斩左止（趾），女子黥劓之，皆以

---

① 朱汉民、陈松长主编《岳麓书院藏秦简（叁）》，第 181 页。
② 朱汉民、陈松长主编《岳麓书院藏秦简（叁）》，第 190 页。

囚城旦舂"①。根据内容和字体可知,未收入《岳麓书院藏秦简(肆)》中的残简 C1-8-2+C1-8-3,当编入《亡律》卷册。从 C1-8-2+C1-8-3 背面文字可知《亡律》卷册在秦始皇三十二年经过校雠,这一点在《亡律》其他简文中也能得到证实,前文已略论之,此不赘述。

第二节　令文内容大量雷同问题

《睡虎地秦墓竹简》中内容完全一样的律文分别出现在《仓律》和《效律》之下,我们一般用官府各部门职能有交叉来解释之。岳麓秦简中有数十则令文出现了"准复本",二者内容几乎相同,只是字体存在差异。涉及的令篇有"卒令""尉郡卒令""廷内史郡二千石官共令""郡二千石官共令""内史郡二千石官共令"等。在此我们仅选取最具代表性的"卒令""廷内史郡二千石官共令""郡二千石官共令"三种加以讨论。

首先看两组《卒令》的对照情况(见表 1-6)。

表 1-6　重出《卒令》条文对照

令名	《岳麓书院藏秦简(伍)》令文	《岳麓书院藏秦简(陆)》令文
卒令乙五	·令曰:制书下及受制有问议者,皆为薄(簿),署初到初受所及上年日月、官别留日数、传留状,与对皆(偕)上。不(1679+1673)从令,赀一甲。·卒令乙五(1667)①	·制书下及受制有问议者,皆为薄(簿),署初到初受所及上年日月、官别留日数,傅<传>留状,与對(对)皆上,不从(1675)図,赀一甲。·卒令乙五(1681)②
卒令乙八	·令曰:御史、丞相、执灋以下有发征及为它事,皆封其书,毋以檄不从令,赀一甲。·卒令乙八(1877)③	·御史、丞相、执灋以下有发征及为它事,皆封其书,毋以儌<檄>,不从令,赀一甲。·卒令乙八·令辛∟(1872)④

---

① 陈松长主编《岳麓书院藏秦简(柒)》,第 179 页。按:"亡"字乃谢明宏据彩色照片增释,甚确。谢明宏:《〈岳麓书院藏秦简(柒)〉试缀(二十六)》,简帛网,2022 年 10 月 11 日,http://www.bsm.org.cn/?qinjian/8807.html。

续表

令名	《岳麓书院藏秦简（伍）》令文	《岳麓书院藏秦简（陆）》令文
卒令乙十一	·令曰：诸传书，其封毁，所过县官【辄复封以令、丞印】，封缠解，辄缠而封其上，毋去故封。不从令，赀丞、令、【令】（1755）史一甲。·卒令乙十一（1772）⑤	·囷佰囧，其封毁，所过县官復囷以令、丞印。封缠解辄缠□而封其上，毋去故封，不从令，赀丞、令、令（1610）【史一甲】。卒令乙十一［1770（2）］⑥
卒令乙廿三	·令曰：上事，散书，取急用者上，勿谓刺。不从令，赀一甲。·卒令乙廿三（1876）⑦	·上事，散书，取急用者上，勿谓刺，不从令，赀一甲。卒令乙廿三（1890）⑧
卒令乙卅二	·新律令下，皆以至其县、都官廷日决。故有禁，律令为为皋名及减益皋者，以奏日决。·卒令乙卅二（1888）⑨	·新律令下，皆以至某<其>县都官廷日决。故有禁律令，为为皋名及减益皋者，以奏日决。·卒令乙卅二（1900）⑩
卒令丙三	·令曰：书当以邮行，为检令高可以旁见印章，坚约之，书检上应署，令并负疾走。不从令，赀一甲。·卒（1162）令丙三（1169）⑪	书当以邮行，为检令高可以旁见印章；坚约之，书检上瘾（应）署，令并负以疾走，不从令，赀一甲。·卒令丙三（1175）⑫
卒令丙四	·令曰：封书，毋勒其事于署∟，书以邮行及以县次传送者，皆勒囷郡名署，不以令赀一甲。·卒令丙四□（1141+C7-2-13-2+C7-2-12-2+C7-2-2-2）⑬	·封书毋勒其事于署∟，书以邮行及以县次传送者，皆勒书郡名于署，不从令，赀一甲。·卒令丙四重（1160）⑭
卒令丙卅四	·令曰：诸军人、漕卒及黔首、司寇、隶臣妾有县官事不幸死，死所令县将吏勒<刻>其郡名槽及署送书，（1864）可以毋误失道回留。·卒令丙卅四（1790）⑮	·诸军人、漕卒及黔首、司寇、隶臣妾有县官事，不幸死，死【所令县将】吏刻其郡名槽及署送书，可（1145+1735）以毋误失道回留。·卒令丙卅四重（1144+1188）⑯
卒令丙五十	·令曰：邮人行书，留半日，赀一盾；一日，赀一甲；二日，赀二甲；三日，赎耐；过三日以上，耐。·卒令丙五十（1805）⑰	·邮人行【书】，留半日，赀一盾；一日，赀一甲；二日，赀二甲；三日，赎耐；过三日以上，耐。·卒令丙五十（C8-5-2+1726）⑱

注：①陈松长主编《岳麓书院藏秦简（伍）》，第101页。
②陈松长主编《岳麓书院藏秦简（陆）》，第167页。
③陈松长主编《岳麓书院藏秦简（伍）》，第101页。
④陈松长主编《岳麓书院藏秦简（陆）》，第168页。
⑤陈松长主编《岳麓书院藏秦简（伍）》，第102页。
⑥陈松长主编《岳麓书院藏秦简（陆）》，第168页。
⑦陈松长主编《岳麓书院藏秦简（伍）》，第102页。
⑧陈松长主编《岳麓书院藏秦简（陆）》，第169页。

⑨ 陈松长主编《岳麓书院藏秦简（伍）》，第 103 页。
⑩ 陈松长主编《岳麓书院藏秦简（陆）》，第 169 页。按：个别释文有异。
⑪ 陈松长主编《岳麓书院藏秦简（伍）》，第 104 页。按：个别释文有异。
⑫ 陈松长主编《岳麓书院藏秦简（伍）》，第 169 页。
⑬ 陈松长主编《岳麓书院藏秦简（伍）》，第 104 页。按：残片乃笔者所缀合。残片请参
看《岳麓书院藏秦简（柒）》附录部分。
⑭ 陈松长主编《岳麓书院藏秦简（陆）》，第 170 页。
⑮ 陈松长主编《岳麓书院藏秦简（伍）》，第 111 页。
⑯ 陈松长主编《岳麓书院藏秦简（陆）》，第 170 页。
⑰ 陈松长主编《岳麓书院藏秦简（伍）》，第 112 页。
⑱ 陈松长主编《岳麓书院藏秦简（陆）》，第 171 页。

　　两组《卒令》内容几乎一样，差异是次要的、非本质的。《岳麓书院藏秦简（伍）》所收《卒令》字体方正，常以"令曰"起首；《岳麓书院藏秦简（陆）》所收《卒令》字体倾斜娟秀，令文开始时并无"令曰"二字。

　　复本之间可以互相勘正。这也是复本存在的最大价值。例如 1755 简中部残泐，字迹模糊不清，"辄复封以令、丞印"数字完全是根据 1610 简补出。1900 简"至某县"之"某"乃"其"之讹，此讹误若无 1888 简作为参照是极难订正的。

　　其次是《卒令》的编排问题。笔者很早就注意到一个有意思的现象，那些内容几乎相同的《卒令》令条，字体不同，整理号却十分接近（见表 1-7）。

表 1-7　岳麓秦简《卒令》编号一览

令名	岳麓（伍）	岳麓（陆）
卒令乙·五	1679+1673	1675+1681
卒令乙八	1877	1872
卒令乙十一	1755+1772	1610+1770（2）
卒令乙廿三	1876	1890
卒令乙卅二	1888	1900
卒令丙三	1162+1169	1175
卒令丙四	1141	1160

续表

令名	岳麓（伍）	岳麓（陆）
卒令丙卅四	1864+1790	1145+1735
卒令丙五十	1805	1726

虽然岳麓秦简并非科学发掘之物，简号又变动过，但室内揭取时还是按照科学考古的标准程序进行的。在这之前，从摊在大盆里到被分成8大捆的过程，也应该是从上至下有序提取的，若胡乱抓取，软弱如煮熟面条的竹简早就不成样子，古董商当不会如此缺乏常识。故岳麓秦简中的整理号应当还是能说明一些问题的。岳麓秦简中内容能编连在一起的律令条文，简号常常很接近，甚至相连。这样的例子极多，应当不是出于偶然。

考古学常识告诉我们，揭取号相近的文物，出土前常常埋在一块。因此，岳麓秦简里内容重复的《卒令》条文，出土之前很可能原本就是编在同一卷册的。字体不同，当然是因为出自不同书手，而且二者的抄写年代也不同。

收录在第六卷的《卒令》条文抄写时代更晚。比如1872简尾书"·卒令乙八·令辛"，足以说明此则条文之后被调整到"卒令辛"。又1144+1188简、1160简均标有"重"字，但墨迹极淡，书体亦不同于令文正文，这必是阅读时标注以作为提示。若二者分属不同卷册，两次标注"重"字实在没有必要。

这就涉及一个新的问题，即卷册的再编连问题，或者说律令文本的稳定性问题。当有新问题需要解决，新的律令条文就应运而生了。秦统一前后律令的变换频率应该是极高的，基层官吏为了日常行政之便利，私下将新旧令条编在一起进行比照以供学习也是可以理解的。这就可以解释为什么字体不同、内容一样、抄写时间有异的令文会被编在同一个卷册。

"廷甲"乃"廷内史郡二千石官共令第甲"的省称，本书第二章有详细论证，此不赘述。收入《岳麓书院藏秦简（伍）》的"廷甲"令条，绝大多数重复出现在《岳麓书院藏秦简（陆）》所载"郡二千石官共令第甲"卷册中。为便于对照，现将两组令文胪列于表 1-8。

表 1-8 "廷内史郡二千石官共令第甲""郡二千石官共令第甲"对照 ①

廷内史郡二千石官共令第甲	郡二千石官共令第甲
诸当以赏免除**皋**人，狱已断盈六月而弗以免除人者，止，毋行其赏。·廷甲（1616）①	诸当以赏免**除****罪**人者，狱已断，盈六月而弗以免除人者，止，毋行其赏。☑（0106）②
【·】五年十一月戊寅，令耐皋以下狱已断而未过六包＜旬＞者，得以赏除。**过六旬不得除**。其成，虽已行，环（还）之。过六旬（1909）☑司寇，及有皋耐为司寇，狱已断过六旬不得以赏除者，或亡及有它**皋**耐为隶臣以（1891）【下】而因以狱断未过六旬以赏除免为庶人者，皆当各复故吏（事），不得为庶人，各以计楬籍逐之。·廷甲 四（1685）③	☑**圂**，得以赏除，**未过六旬而得赏**，其成虽已行，环（还）之。☑（0027）（缺简）**罪**耐为隶臣以下，而因以狱断未过六旬以赏除免为庶人者，皆当各复故吏（事），不得为庶人，（0133）各以**田橭**籍逐之。·五（0134）④
·黔首或事父母孝，事兄姊忠敬，亲弟（悌）兹（慈）爱，居邑里长老衙（率）黔首为善，有如此者，牒书☑（1165）（缺简）□别之，衙（率）之千户毋过上一人，上之必谨以**实**，当上弗上，不当上而上□□☑（1189+C4-1-9）（缺简）☑各**乡啬夫**、令史、里即为读令，布令不谨，吏主者赀二甲，令、丞一甲。已布令后 ∟，**更**☑（1085）☑善当此令者，辄**执**论。·后恒以户时复申令县乡吏治前及里治所☑（1796+1969）⑤	☑居邑里长老衙（率）黔首为善，有如此者牒书，人（0026）☑☑千户毋过上一人，上之必谨以**赏**＜**实**＞，当上弗上（1510）☑而上，典、**乡部啬夫**赀各二甲，有（又）**免乡部啬**夫，**閤**令、丞、尉各一甲。已上后而死及有☑（1407）☑**辄**言除其牒，而以当令者□。·今上**丞**相、**乡部啬夫**、令史、里**即**为读令，**布**令不谨，吏主（1379）【者赀二甲】，令、丞一甲，已布令后 ∟，吏、典、伍谦（廉）问不**圂**当此令者，辄**捕**论。后恒以户时复申令**圂**乡部吏治前及里治所（0136）⑥
·**黔****啬**有子而更取（娶）妻，其子非不孝殹（也），以其后妻故，告杀、罢（迁）其子。有如此者，尽传其所以告☑（1179）⑦（缺简）	**黔****啬****有****子****而更****取**（娶）**妻**，**囚****其****子**非不孝殹（也），以其后妻故告杀、罢（迁）其子，有如此者，尽传其所以告。（1943）⑧（缺简）
☑□废，弗智（知），典及父母、伍（2151 盒-7-3）【人】赀各二甲，**乡啬夫**及令、丞、尉赀各一甲，而免乡啬夫 ∟。或能捕死**皋**一人，购金七两。·廷甲 十（1889）⑨	·自今以来，有殴詈其父母者，辄捕以律论，典智（知）弗告，罢（迁）。**乡部啬夫智**（知）弗捕论，赀二甲（0178）**面**废，弗智（知），典及父母、伍人赀各二甲，**乡部啬**⑩**夫**及令、丞、尉赀各一甲，**面**免乡部啬夫 ∟。或能**捕**（0188）**死**罪一人，购金七两。·十（2104）⑪

---

① 两组令文内容有差异之处字体已加黑。

廷内史郡二千石官共令第甲	郡二千石官共令第甲
律曰：黔首不田作，市贩出入不时，不听父母笱若与父母言，父母、典、伍弗忍告乚，令**乡啬夫**数谦（廉）问，捕毄（系）（1686）【献廷】，其**辠**当完城旦以上，其父母、典、伍弗先告，赀其父若母二甲，典、伍各一甲。**乡啬夫**弗得，赀一甲，令、丞一盾。有（1621）【犯律者】辄以律论及其当坐者，**乡啬夫**弗得，以律论及其令、丞，有（又）免**乡啬夫**。·廷甲十一（1620）⑫	**律**曰：黔首不田作，市贩出入不时，不听父母，笱（苟）若与父母言，其父母、典、伍弗忍告乚，令**乡**（0770）**部啬夫**数谦（廉）问，捕毄（系）献廷，其罪当完城旦春以上，其父母、典、伍弗先告，赀其父若母二甲（1994）**典**、伍各一甲，**乡部啬夫**弗得，赀一甲，令、丞一盾。·**自今以来**，有犯律者辄以律论。及其当（2052）**坐者**，**乡部啬**夫弗**得**，**以律论及其**令、丞，有（又）免乡部啬夫。·十一（2134）⑬
【自】**今**以来，殴泰父母，弃市，臭訽詈之，黥为城旦春。殴主母，黥为城旦春，臭訽詈之，完为（1604）【春，臭】訽詈之，耐为隶妾乚。奴、外妻如妇。殴兄、姊、叚（假）母乚，耐为隶臣妾，臭訽（诉）詈之，赎黥。同居、典、伍弗告，**乡啬夫**（1598）【弗】得，城旦春皋以上，同居赀二甲，典、**伍**、**乡啬夫赀各一甲，耐皋**，同居、**乡啬夫**赀各一甲，典、伍赀各一盾。十二（1595）⑮	【自】**今**以来，殴泰父母，弃市，臭訽（诉）詈之，黥为城旦春。殴主母，黥为城**旦春**，**臭訽**（诉）**詈之**，完为城旦（2014）【春，殴威公，】**完为**春，**臭訽**（诉）**詈之**，耐为**隶妾**。······（1961）☑同居、**典**、**伍弗**告，**乡部啬夫**弗得，**城旦春**罪有【上】，同居赀二甲，典、伍、**乡部啬夫**赀各一甲，耐罪同（2068-1+2069）⑮
☑·廷甲·十三（1157）⑯	☑断，**囷**重罪殴（也）而轻断之，勿复论治乚。**轻罪殴**（也）而重断之，**复以律论之**，令复（1380）□□**校讂**审，**献**（谳）属所执瀗。·十三（0125）⑰
【令曰】：诸犯令者，其同【居】、典、伍或□告相除，除其当坐者；同居、典、伍弗□告，**乡啬夫**得之，除**乡啬夫**及令、丞，（1910）（缺简） □论其典、伍□□乚，乡【部啬夫】······论其**乡部啬夫**及同居、典、伍。·廷甲十四（1901）⑱	【诸】犯令者，其同、典、伍或偏告，相除，除吏当坐者乚，同居、典、伍弗告，**乡部啬夫**得之，除乡**部啬夫**。（0155）⑲
吏自佐以上毋敢罚黔首。不从令者赀二甲，免。十七（1694）⑳	·**吏**自**佐史**以上毋敢罚黔首，不从令者，赀二甲，免。它如律令。·十七（0104）㉑
·禁毋敢为旁钱，为旁〖钱〗者，赀二甲而废。县官可以为作【务产钱者，免，为上计如】**律**。徒隶轈禀以轈日出（1782+C-7-10-2）庸（佣）吏（事）收钱为取就（僦），不为旁钱。·廷甲　十九（1736）㉒	·禁毋敢为旁钱，为旁钱者，赀二甲而废。县道官可以为作**敄**（务）产钱**者**，免，为上计如律。·廿一（0179）㉓ ·徒隶轈禀以轈日出庸吏（事）收钱为取就（僦），不为旁。（0189）㉓

续表

廷内史郡二千石官共令第甲	郡二千石官共令第甲
·□县为候馆市旁，置给吏（事）具，令吏徒守治以舍吏殹（也）。·自今以来，诸吏及都大夫行往来者，皆得舍焉，它（1696）【不】得。·有不当舍而舍焉及舍者，皆以大犯令律论之乚。令、丞弗得，赀各一甲。·廷甲廿（1708）㉕	·县为矦（候）馆市旁，置给吏具，令吏徒守治以舍吏殹（也）。·自今以来，诸吏及都大夫行往来者，皆得舍（2103）焉，它不得乚。有不当舍[舍]而舍焉及舍者，皆以大犯令律论之。令、丞弗得，赀各一甲。·廿二（0769）㉖
·令曰：制所遣（谴）而当论者，皆赀二甲。辠重于遣（谴），以律令论之。吏所举劾【以闻】及上书者，有言殹（也），其所劾、言者，节（即）（J27）当治论，皆毋以謮（谴）论。·廷甲第廿一（J52）㉗	·御史请乚：制所谮（谴）而当论者，皆赀二甲乚。罪重于谮（谴），以律论之。·制曰：吏所举劾以闻及上书者，有言殹（也），其（1993）所劾言者节（即）当治论，皆毋以谮（谴），它如律。·廿三（J08）㉘
·令曰：吏徙官而当论者，故官写劾，上属所执灋，执灋令新官亟论之。执灋【课其留者，以】发征律论之。【不】（1661）上属所执灋而径告县官者，赀一甲。以为恒。□□□第廿二（1760）㉙	·自今以来，吏徙官而论者，故官写劾，上属所执灋，执灋令新官亟论之，执灋课其留者，以发（1948）㉚

注：①陈松长主编《岳麓书院藏秦简（伍）》，第131页。
②陈松长主编《岳麓书院藏秦简（陆）》，第143页。
③陈松长主编《岳麓书院藏秦简（伍）》，第131~132页。
④陈松长主编《岳麓书院藏秦简（陆）》，第144~145页。
⑤陈松长主编《岳麓书院藏秦简（伍）》，第134~135页。
⑥陈松长主编《岳麓书院藏秦简（陆）》，第146~147页。
⑦陈松长主编《岳麓书院藏秦简（伍）》，第137页。
⑧陈松长主编《岳麓书院藏秦简（陆）》，第146页。
⑨陈松长主编《岳麓书院藏秦简（伍）》，第132~133页。
⑩简中"部啬"二字书手不同。
⑪陈松长主编《岳麓书院藏秦简（陆）》，第148页。按："免乡部啬夫"前一字，整理时释为"捕"，当改释为"而"。
⑫陈松长主编《岳麓书院藏秦简（伍）》，第133~134页。
⑬陈松长主编《岳麓书院藏秦简（陆）》，第149~150页。
⑭陈松长主编《岳麓书院藏秦简（伍）》，第135~136页。按：1595简作为遗漏简归入第七卷，我们认为当系连在1598简之后。1598简标点有所调整。
⑮陈松长主编《岳麓书院藏秦简（陆）》，第150~151页。按：2068-1+2069简"以上"二字据1595简补。
⑯陈松长主编《岳麓书院藏秦简（伍）》，第136页。
⑰陈松长主编《岳麓书院藏秦简（陆）》，第152页。
⑱陈松长主编《岳麓书院藏秦简（伍）》，第136~137页。
⑲陈松长主编《岳麓书院藏秦简（陆）》，第152页。按："诸"据1910简补。
⑳陈松长主编《岳麓书院藏秦简（伍）》，第137页。

㉑ 陈松长主编《岳麓书院藏秦简（陆）》，第 153 页。

㉒ 陈松长主编《岳麓书院藏秦简（伍）》，第 138 页。按：1782+C-7-10-2"日之"当改释为"日出"。

㉓ 陈松长主编《岳麓书院藏秦简（陆）》，第 153 页。

㉔ 陈松长主编《岳麓书院藏秦简（陆）》，第 153 页。

㉕ 陈松长主编《岳麓书院藏秦简（伍）》，第 138~139 页。

㉖ 陈松长主编《岳麓书院藏秦简（陆）》，第 154 页。

㉗ 陈松长主编《岳麓书院藏秦简（伍）》，第 139 页。

㉘ 陈松长主编《岳麓书院藏秦简（陆）》，第 154~155 页。按：句读有改动。

㉙ 陈松长主编《岳麓书院藏秦简（伍）》，第 140 页。

㉚ 陈松长主编《岳麓书院藏秦简（陆）》，第 155 页。

通过表 1-8，不难发现相对应的令条之间在内容上的差异是细微的。然二者字体差异明显，必出自不同书手。两组令文均出现"泰父母""黔首"等秦始皇实行"书同文"政策之后才有的称谓[1]，可知它们均抄写在秦始皇二十六年以后。"郡二千石官共令第甲"抄写年代又略晚于"廷甲"。

用字乃判断简文抄写时代的重要依据之一，例如"罪"出现的时代要晚于"辠"，秦简中大量出现的"殹"在汉简中一般写作"也"。"廷甲"卷册中使用"辠"的地方，在"郡二千石官共令第甲"中全部写作"罪"。

"廷甲"卷册中出现的"乡啬夫"，在"郡二千石官共令第甲"中一律写作"乡部啬夫"，此种差异恐怕不是书手造成的，而是朝廷对乡啬夫这一称谓进行了调整。

"郡二千石官共令第甲"所收令条保留了更多请令程序方面的内容，有些信息比较重要。例如"·御史请 ㇄：制所譖（谴）而当论者，皆赀二甲 ㇄。罪重于譖（谴），以律论之。·制曰：吏所举劾以闻及上书者，有言殹（也），其（1993）所劾言者节（即）当治论，皆毋以譖（谴），囡囚圄。·廿三（J08）"通过"御史请"三字可知此令是通过御史请令而生成[2]，"制曰"二字揭示了令文来源于制书。"廷甲"卷册与之对应的

---

[1] "泰父母""黔首"在《睡虎地秦墓竹简》中写作"大父母""百姓"。

[2] 御史或为御史大夫之省，秦简律令条文中常见此省文。

一则令文在"御史请"的位置作"令曰"，后面没有出现"制曰"二字，据此我们无法判定令文究竟是如何产生的。

2052简"·自今以来"起到区分律令的作用，其前为一则律文，其后为一则新制定的令文。"廷甲"卷册无"自今以来"四字，新令开始处也无"·"符号，我们很难辨别旧律止于何处。

"郡二千石官共令第甲"虽然抄写年代晚些，也更多地保留了请令程序方面的内容，但"廷甲"也有胜于它的地方。如0769简"有不当舍［舍］而舍焉及舍者，皆以大犯令律论之"，"廷甲"对应的令文没有衍文"舍"。0027简"☐圄，得以赏除，未过六旬而得赏，其戍虽已行，环（还）之"。"未过六旬而得赏"一段令人疑惑，与"廷甲"1909简比勘后发现其或有讹误，对应的令文作："者，得以赏除。过六旬不得除。其戍，虽已行，环（还）之。"此种错误，若无复本比对，即使发现了，也很难更正。

两组令文互勘、互补并为系连提供依据处甚多，通过对照表可一目了然，此不赘述。

第三节　律令卷册的编连问题

（一）秦律令卷册编连问题概论

目前中国出土简牍已逾30万枚，然无论是墓葬简还是遗址简，出土时编绳绝大多数不存，为数不多的例外均出现在西北简牍中，其中尤以居延汉简《永元器物簿》最为著名。《永元器物簿》由77枚简组成，出土时两道编绳仍紧紧地系束在卷册上。就律令简而言，岳麓秦简出版之前整理的数批简牍均未考虑卷册复原问题，而是在致力于单则条文复原的基础上按照以类相从的方式编排。

《岳麓书院藏秦简（肆）》附录部分绘制了第一组、第二组卷册复原图。复原图是综合考虑了简文内容、反印文、背划线、字体、竹简形制等因素绘制而成，旨在恢复卷册埋藏之初的模样。复原图看似科学、严谨，有多种证据支持，但设想的成分不少，或称之为"想象图"

也不过分。

先谈谈背划线问题。背划线在卷册复原方面的价值，经孙沛阳先生阐释以后[①]越来越受到学术界的关注。然以背划线为编连依据有较大的不确定性，孙沛阳先生本人也发现岳麓秦简《质日》、清华简《金縢》等篇虽在内容上能够连读，但简背划线不连贯。背划线连续而简文内容风马牛不相及的情况亦比比皆是。陶安教授曾经"试过仅靠背划线复原《为狱等状四种》第一类第一案例《癸、琐相移谋购案》，结果一塌糊涂，据背面划线所排序的简几乎不存在一组能够连读的简文"[②]。

有不少学者认为背划线是事先刻划在竹简上的，笔者不敢苟同。首先，目前无确切的证据证明用来制作竹简的原材料均是大楠竹。相反，笔者认为秦汉时期很少采用楠竹来制作简册。道理很简单，目前所见竹简均有竹青面。楠竹越大，竹肉越厚，需要切去的竹黄部分就越多，既增大制作难度，又造成材料浪费。若是采用南方遍地可见的苦竹、刚竹为原料，加工简单，成本低廉。苦竹从中剖开，稍微刮治即成简形。笔者曾多次反复目测手验过岳麓秦简，知其应是苦竹制作而成。苦竹、刚竹呈柱状时，因其围度过小，是没有必要也不太方便在上面划线的。其次，就算偶尔使用大楠竹且事先划线，劈成块状后还需要进行刮皮、杀青、编连等多道工序，难保次序不被打乱。如此，背划线非但不能起到预定效果，反而会造成干扰。

背划线应是单简制作出来以后、尚未编连成册之前刻划出来的。

卷册常因编绳疏松而散乱，一般认为背划线是为了迅速恢复其原状而设计的，然并非所有的简牍均有背划线，同一批次甚至内容上完全相连的简，也会存在或有背划线或无背划线的情况。如此看来，制造卷册时是否一定要有背划线，应该并无强制规定，更多是出于个人习惯。

总之，背划线在我们复原卷册时，只能作为参照，不能当作可靠的依据。

---

① 孙沛阳：《简册背划线初探》，载复旦大学出土文献与古文字研究中心编《出土文献与古文字研究》第4辑，上海古籍出版社，2011，第456~457页。
② 〔德〕陶安：《岳麓秦简复原研究》，上海古籍出版社，2016，第65页。

字体是复原卷册的重要依据之一。但需要注意同一卷册甚至同一枚简或由不同书手共同完成的情形，《岳麓书院藏秦简（肆）》第一组、第二组律卷册均出现此类现象。此外，有些文字是校雠后留下的，常与之前的字体不同，也应注意区分。

笔者向来主张以内容为主要依据来复原律令卷册，做好每一则条文的编连工作至关重要，至于条文之间孰先孰后、令篇之间如何排列，虽与卷册制度极有关系，也能反映出编纂思想，却是相对次要的。墓葬所出律令，即使是成卷的，也非当时官府颁发法典（如果有的话）之原本，而是基层官吏自行抄录编排。这种节录本有极大的偶然性，如岳麓秦简所见《索律》《贼律》均只有一则，我们肯定不会据此认为当时这两种律原本数量就不多。此外，条文、篇章之间如何编排并不太影响我们对律令内容的解读。充分珍视这些年代久远的相对客观的残简断牍，多方面挖掘其字里行间蕴藏的历史信息，才是我们努力的主方向。

（二）从岳麓书院藏《司空律》看秦律文本的编纂与流变情况

岳麓书院藏秦简中有 2 则律文以"司空律"起首，另有 4 组简文据其内容与编连位置可判定亦当归为《司空律》。[①]此批《司空律》最大的特点是与《秦律十八种·司空律》内容大多能够相互对照，这就为研究秦律之编纂及其流变提供了绝佳材料。

岳麓书院藏秦简中目前可以确定为《司空律》的共有 6 组律文，计22 枚简。虽然这些简文大都与《秦律十八种·司空律》相同，但同中有异，如先后顺序、所用词语以及个别内容均有出入，仔细比较这些差异，探究其缘由，将有助于更好地把握秦律文本的流变过程。

岳麓秦简《司空律》位居于一卷大的简册中间[②]，此卷简册内容均为秦律，由 3 名书手抄录完成。篇名相同的律文或分别编连在同一简册的不同位置，以《司空律》为例，1375 组 2 枚简编连在《仓律》与《内史杂律》之间，其他 5 组 20 枚简则集中位于《徭律》与《索律》之

---

① 此 22 枚简内容大多与《睡虎地秦墓竹简·秦律十八种·司空律》相同或相近，详见正文。
② 史达博士根据反印文、字体和内容对此简册进行复原，指出此简册至少有 185 枚简，现在确定下来的是 175 枚。

间，二者字体风格也不一样，当出自不同书手。下面我们将逐组讨论这批律文，希望能总结出一些规律。

1375 组 2 枚简编连在《仓律》与《内史杂律》之间，这是一组带篇名的律，且可与《秦律十八种·司空律》中的一则律文对读：

·司空律曰：<u>城旦舂衣赤衣，冒赤毡，枸椟杕之</u> ∟。诸当衣赤衣者，其衣物毋（无）小大及表里尽赤之，其衣（1375）裞者，赤其里，□仗，衣之。<u>仗城旦勿将司</u>，<u>舂城旦出繇（徭）者，毋敢之市及留舍阓外，当行市中者，回，勿行</u>①（1412+C5-1-1）②。

《秦律十八种·司空律》：<u>城旦舂衣赤衣，冒赤𫞩（毡），枸椟檡杕之</u>。<u>仗城旦勿将司</u>；其名将司者，将司之。<u>舂城旦出繇（徭）者，毋敢之市及留舍阓外</u>；<u>当行市（147）中者，回，勿行</u>。城旦舂毁折瓦器、铁器、木器，为大车折辇（輮），辄治（笞）之。直（值）一钱，治（笞）十；直（值）廿钱以上，孰（熟）治（笞）之，出其器。弗辄（148）治（笞），吏主者负其半。司空（149）③

显而易见，以上两则律文同中有异④，通过比较可以得出以下几点信息：首先，《秦律十八种·司空律》149 尾所标注"司空"二字当为"司空律"的简称。之前有学者怀疑秦代是否存在《司空律》，如张建国先生曾认为，关市、工人程、均工、司空、行书、内史杂、尉杂、属邦等名称也许根本不是律名，而是其他法律形式的名称。⑤现在看来秦代存在《司空律》是毫无悬念了。其次，秦律有些律条有一定的稳定性，一经制定，可能沿用数十年，甚至更久。睡虎地秦律的下限是秦始皇三十

---

① "勿行"二字由于竹简残泐而模糊难辨，据《秦律十八种·司空律》相关律条补充。
② 陈松长主编《岳麓书院藏秦简（肆）》，第 123 页；陈松长主编《岳麓书院藏秦简（柒）》，第 199 页。
③ 陈伟主编《秦简牍合集 释文注释修订本（壹）》，第 121 页。
④ 内容相同部分已用黑横线标注，不同部分以波浪线标记，后文仿此。
⑤ 张建国：《秦令与睡虎地秦墓竹简相关问题略析》，《中外法学》1998 年第 6 期。后收入氏著《帝制时代的中国法》，法律出版社，1999，第 32 页。

年，这个时间是根据《编年纪》断定的；其上限则无法确定，但从律文内容来看①，有些律条产生于秦王政之前是没有疑问的。岳麓书院藏秦律均抄纂于秦统一天下后②，1375组律文与《秦律十八种·司空律》大体相同，也证明了秦律效力有一定持续性。再次，秦律某些条文在主体稳定的同时，局部会有所修订。以上引《司空律》为例，睡虎地秦简中多次出现的"枸椟櫺杕"词组在岳麓秦简中两次出现时均作"枸椟杕"③，这显然不能用书手不小心抄漏了来解释，而是二者所依据的法律文本有差异。当然，有些差异确是由于书手用字习惯不同而产生，如"幨"与"毡"、"蒙"与"蒙"，不应视作法律条文修订的结果。最后，二者的抄本性质均十分明显。"诸当衣赤衣者，其衣物毋（无）小大及表里尽赤之，其衣裘者，赤其里，□仗，衣之"一段文字不见于睡虎地秦简《司空律》，而"其名将司者，将司之"一段不见于岳麓秦简。以上互见文字的共同特点是均带有补充说明的意味，或是抄录者根据自己理解将某些其认为没有必要摘录的文字加以省略。

0350组共有5枚简，其中0350简以"司空律曰"开头，部分内容与《秦律十八种·司空律》相同。J30组律文共4枚简，其内容绝大部分与《秦律十八种·司空律》相同，由于不是以"司空律曰"起首，故不能判定前面原本是否还有简。能与0350组、J30组对读的《秦律十八种·司空律》内容恰好位于同一组律文中，为了便于比较，将这三组律文放在一起讨论，兹誊录简文于下：

司空律曰：有辠以赀赎及有责（债）于县官，以其令日问之，其弗能入及偿，以令日居之，日居八（0350）【钱】，食县官者日居六钱，居官府食县官者男子参＜叁＞，女子驷（四）；当居弗居者赀官啬夫、吏各一甲，丞、令、令（0993）【史】各一盾。黔首及

---

① 律文不避嬴政名讳，《秦律十八种·置吏律》157号简所载律文制定时秦国只有"十二郡"。

② 详细论证见拙稿《岳麓书院藏秦简〈田律〉研究》，武汉大学简帛研究中心主办《简帛（第十一辑）》，上海古籍出版社，2015，第101~110页。

③ "枸椟杕"词组又见于岳麓书院藏秦简1922号。

司寇、隐官、斁官人居赀赎责（债）或病及雨不作，不能自食者，贷食，以平贾（价）贾，令（0793）食（？）居作（？）为它县吏及冗募群戍卒有赀赎责（债）为吏县及署所者，以令及责（债）券日问其入，能入者（0795），令日入之若移居县入，弗能入者，以令及责（债）券日居之，如律。移居县，家弗能入而环（还）者，赀一甲。（J57）①

[凡]不能自衣者，县官衣之，令居其衣如律然。其日未备而被入钱者，许之。以日当刑而不能自衣食（J30）者，亦衣食而令居之。官作居赀赎责（债）L而远其计所官者，尽八月各以其作日及衣数告其计所官，毋过（1240）【九月】而觱（毕）到其官，官相近者，尽九月而告其计所官，计之其作年。黔首为隶臣、城旦、城旦司寇、鬼新（薪）妻而内＜冗＞作（1362）者，皆勿稟食。黔首有赀赎责（债）而有一奴若一婢，有一马若一牛，而欲居者，许之。（J28）②

《秦律十八种·司空律》：有辠（罪）以赀赎及有责（债）于公，以其令日问之，其弗能入及赏（偿），以令日居之，日居八钱；公食者，日居六钱。居官府公食者，男子参（133），女子驷（四）。公士以下居赎刑辠（罪）、死辠（罪）者，居于城旦舂，毋赤其衣，勿枸椟欙杕。鬼薪白粲，群下吏毋耐者，人奴妾居赎赀（134）责（债）于城旦，皆赤其衣，枸椟欙杕，将司之；其或亡之，有辠（罪）。葆子以上居赎刑以上到赎死，居于官府，皆勿将司。所弗问（135）而久毄（系）之，大啬夫、丞及官啬夫有辠（罪）。居赀赎责（债）欲代者，者弱相当，许之。作务及贾而负责（债）者，不得代。一室二人以上居（136）赀赎责（债）而莫见其室者，出其一人，令相为兼居之。居赀赎责（债）者，或欲籍（藉）人与并居之，许之，毋除繇（徭）戍。·凡（137）【不】能自衣者，公衣之，令居其衣如律然。其日未备而被入钱者，许之。以日当刑而不

---

① 陈松长主编《岳麓书院藏秦简（肆）》，第153~154页。按：个别字释读不同于整理报告。
② 陈松长主编《岳麓书院藏秦简（肆）》，第155~156页。按：个别释读有调整。

能自衣食者，亦衣食而（138）令居之。官作居赀赎责（债）而远其计所官者，尽八月各以其作日及衣数告其计所官，毋过九月而餐（毕）到（139）其官；官相斩（近）者，尽九月而告其计所官，计之其作年。百姓有赀赎责（债）而有一臣若一妾，有一马若一牛，而欲居者，许。　司（140）①

从上引材料可知，0350 组前 2 枚简的内容与《秦律十八种·司空律》133 简及 134 简的一部分几乎一样，只是个别称谓有所不同。这些细微的差别既可以证明岳麓秦简的抄纂年代，又能佐证秦律文本随着时代变迁而被不断修订。如《秦律十八种·司空律》"有责于公""公食者"，在岳麓秦简中称作"有责于县官""食县官者"。据里耶秦简 8-461 简，秦统一后改"公室"为"县官"，又里耶秦简行政文书称官府为"县官"而不再称"公"，如 5-1 简"狱佐辨、平、士吏贺具狱，县官食尽甲寅"②，8-793+8-1547 简"卅一年四月甲申，洞庭县官受巫司空渠良"③。通过以上分析可知秦统一后对袭用的律条进行过修订，以符合时代之需要。

J30 组 4 枚简的内容与《秦律十八种·司空律》138~140 简相当重合，只有"黔首为隶臣、城旦、城旦司寇、鬼新（薪）妻而内〈冗〉作者，皆勿禀食"一段内容不见于后者。一般来讲，这种差异可能有以下两种解释：一是此种规定是后来才成为律条的，在抄录《秦律十八种·司空律》时并没有这样的条文；二是抄录者有意不抄录或无意遗落了这部分内容。又个别称谓发生了变化，岳麓秦简《司空律》改"百姓"为"黔首"、改"臣"为"奴"、改"妾"为"婢"，这些差异极好地证明了秦统一后对法律条文进行过彻底的修订。据《史记·秦始皇本纪》，秦始皇二十六年（前 221 年）改称"民"为"黔首"，又在里耶秦代行政文书简中只见"黔首"而不见"百姓"和"民"，这足以证明史

---

① 陈伟主编《秦简牍合集 释文注释修订本（壹）》，第 112~113 页。
② 陈伟主编《里耶秦简牍校释（第一卷）》，第 1 页。
③ 陈伟主编《里耶秦简牍校释（第一卷）》，第 228 页。

书记载不诬。由此可以判定岳麓秦简《司空律》所在卷册抄录编连的时间上限为秦始皇二十六年。

从以上两批材料我们还可以得知：虽然某一特定时间内秦律文本是统一的，但是抄录者往往根据个人需要或喜好进行摘抄，故不同抄本所呈现的形态有很大差异。而这种差异不仅表现在内容上，还表现在抄录顺序和律文篇章上。以上引《司空律》为例，《秦律十八种·司空律》133~140简被抄在一起，于140简尾端标明一"司"字指明其当归属司空律。如果没有岳麓秦简《司空律》作参照，我们很可能认为这7枚简的内容是来自一则完整的律文。不少内容独立完整而在尾端标明律篇名的简之存在，更加佐证了这一判断。而实际情况是，抄录者将几则律文抄在一处，先抄录同一篇名律条中的哪一条均具有极大的偶然性。参之岳麓秦简相关内容，我们推测《秦律十八种·司空律》133~140这7枚简上的内容是摘录了至少4则律条而成。

虽然抄录者先摘录哪一条、后摘录哪一条律文具有一定的偶然性，但有一点是可以肯定的，即所依据律条之蓝本本身的顺序必然会影响摘录顺序，而抄录所据的蓝本之中律篇律条必是按照一定顺序编排的。两批《司空律》中"不能自衣者"至"计之其作年"一段内容均出现在"有一马若一牛"一段之前，当不是偶然，要么这些内容原本就来自一则完整律文，要么来自两则紧挨着编连在一起的律文，而这种状态应该持续了相当长的一段时间。

0118组《司空律》目前只发现3枚简，前后当有简与之系连，惜未能寻获，故具体枚数不得而知。简文内容散布在《秦律十八种·司空律》3组简之中，此情况与上文讨论的《秦律十八种·司空律》138~140简相似。为便于对照，兹录简文如下：

> 勿令居隐除。一室二人以上居赀赎责（债）莫视室者，出其一人，令更居之。隶臣妾、城旦舂之司寇、居赀赎责（债）（0118）
> 鬠（系）城旦舂者勿责衣食。其与城旦舂作者，衣食之如城旦舂。人奴婢鬠（系）城旦舂，责衣服县官，日未[备]（0173）而死

者，出其衣食。毄（系）城旦舂食县官当责者，石卅钱。泰匠有赀赎责（债）弗能入，辄移宫司空，除都廥（0060）[1]

居赀赎责（债）欲代者，耆弱相当，许之。作务及贾而负责（债）者，不得代。一室二人以上居（136）赀赎责（债）而莫见其室者，出其一人，令相为兼居之。居赀赎责（债）者，或欲籍（藉）人与并居之，许之，毋除繇（徭）戍。·凡（137）【不】能自衣者，公衣之，令居其衣如律然。其日未备而被入钱者，许之。（138）[2]

隶臣妾、城旦舂之司寇居赀赎责（债）、毄（系）城旦舂者，勿责衣食；其与城旦舂作者，衣食之如城旦舂。隶臣有妻妻更（141）及有外妻者，责衣。人奴妾毄（系）城旦舂，贳（贷）衣食公，日未备而死者，出其衣食。 司空（142）[3]

毄（系）城旦舂，公食当责者，石卅钱。司空（143）[4]

通过以上数则《司空律》内容可知，岳麓秦简0118组内容基本都在《秦律十八种·司空律》中出现过，这种现象当然是秦统一后继续沿用了前代律条的结果。需要解释的是为何原本分见于3则以上律条的内容会集中出现在同一组律文中。一种解释是抄录者凭个人意志而为之，另一种解释是后来秦官府对前代律条进行了整合。然若经过官府调整，其必遵循一定的准则，最为实用的原则就是以类相从。试观0118组律文内容，均与居赀赎债者、刑徒禀衣食有关，很有可能被整合成一则律文。后文要讨论的一组律文也是此类情况。

1434组律文由6枚简系连而成，其中1434简简首残缺，虽然找到一段小残片可与之缀合，但1434简本身尚不完整，所以我们无从知晓1434简之前是否还有竹简可系连到该组律文。此组律文约有一半内容

---

① 陈松长主编《岳麓书院藏秦简（肆）》，第157页。
② 陈伟主编《秦简牍合集 释文注释修订本（壹）》，第112~113页。
③ 陈伟主编《秦简牍合集 释文注释修订本（壹）》，第117页。
④ 陈伟主编《秦简牍合集 释文注释修订本（壹）》，第119页。

与《秦律十八种·司空律》相同或类似，然律条之先后顺序却有极大不同，颇值得研究，兹录相关律条如下：

《岳麓秦简·司空律》：☑□□□□□城旦∟。司寇勿以为仆、养，守官府及除有为殹（也）。有上令除之，必复请之∟。徒隶（残5+1434）豰（系）城旦舂、居赀赎责（债）而敢为人仆、养、守官府及视臣史事若居隐除者，坐日六钱为（1430）盗∟。吏令者，耐。城旦舂当将司者廿人，城旦司寇一人将，毋令居赀赎责（债）将城旦舂。城旦司寇（1421）不足以将，令隶臣妾将。居赀赎责（债）拾（给）日坐皋人（入）以作官府及当戍故徵有故而作居（1423）县者归田农，穜（种）时、治苗时、檴（获）时各二旬。（1306）①

《秦律十八种·司空律》：司寇勿以为仆、养、守官府及除有为殹（也）。有上令除之，必复请之。司空（150）②

毋令居赀赎责（债）将城旦舂。城旦司寇不足以将，令隶臣妾将。居赀赎责（债）当与城旦舂作者，及城旦傅坚、（145）城旦舂当将司者，廿人，城旦司寇一人将。司寇不蹉（足），免城旦劳三岁以上者，以为城旦司寇。 司空（146）③

居赀赎责（债）者归田农，穜（种）时、治苗时各二旬。司空（144）④

1434组与0118组均是摘录数则律条而成，不同之处是1434组的尾简1307号末端留白，当是此组律条的结尾，不像0118组不见首尾部分。另外尚有值得注意的地方，那就是两批材料内容相同部分排序不同的问题，岳麓秦简《司空律》"城旦舂当将司者廿人，城旦司寇一人将，

---

① 陈松长主编《岳麓书院藏秦简（肆）》，第158~159页。
② 陈伟主编《秦简牍合集 释文注释修订本（壹）》，第121页。
③ 陈伟主编《秦简牍合集 释文注释修订本（壹）》，第119页。
④ 陈伟主编《秦简牍合集 释文注释修订本（壹）》，第119页。

母令居赀赎责（债）将城旦舂。城旦司寇不足以将，令隶臣妾将"一段律文在《秦律十八种·司空律》中作"母令居赀赎责（债）将城旦舂。城旦司寇不足以将，令隶臣妾将。居赀赎责（债）当与城旦舂作者，及城旦傅坚、城旦舂当将司者，廿人，城旦司寇一人将"。比较可知，岳麓秦简《司空律》不仅少了"居赀赎责（债）当与城旦舂作者，及城旦傅坚"一段内容，且将其前后内容之顺序彻底颠倒过来了。我们认为岳麓秦简中的抄录顺序更为合理，相比之下，睡虎地秦简中的律文排列顺序显得有些混乱。《秦律十八种·司空律》首先抄录了"母令居赀赎责（债）将城旦舂。城旦司寇不足以将，令隶臣妾将"，若没有相应的后文，我们会很自然地将"将"理解为率领，而实际上此"将"是"将司"的省称。"将司"一词在睡虎地秦简中多次出现，更多地带有一种监视意味，与"将"有一定区别。岳麓秦简《司空律》首先抄录"城旦舂当将司者"一句，就不会引起理解上的歧义，由于前文出现"将司"一词，我们很自然地将后面四个"将"都理解为"将司"的省称。

　　在《秦律十八种·司空律》中，"居赀赎责（债）者归田农，租（种）时、治苗时各二旬"是独立的一则律文，无前后文，简尾标有"司空"二字。单从律文而言，我们无法知晓居赀赎债者服役的场所及离家远近，若离家甚远，耗费在路途上的时间恐怕也不止20天，那么此类律文之制定又有多少实际作用呢？又，既然播种和治苗时都给予20天假，为何在收获时不给？这么浅显的道理，法律制定者岂能不晓？故只有一种解释，抄录者节取不当而使律条令人费解。岳麓秦简《司空律》相关律条的发现极好地佐证了上面的推测，相似的内容在岳麓秦简中抄作"居赀赎责（债）拾（给）日坐皋人（人）以作官府及当戍故徼有故而作居县者归田农，租（种）时、治苗时、穫（获）时各二旬"。岳麓秦简《司空律》明确了服役的地方在本县官府，同时又多了收获时归家二旬的规定，显然更为合理，当是秦律的本来面目。以上给予我们一个启示，面对出土法律条文时，要充分认识其作为节录本的性质。正因为是节选，所以有一定的随意性；倘若雇用了一个不太明晓律法且责任心欠缺的书手，里面的错误就可能会更多些。

综上可知，在抄本时代，即使是像朝廷律令这样严肃的文本，在抄录、编纂后也会在一定程度上与"蓝本"存在差距，随着社会变革，律令文本也会作出相应的修订。

（三）误入卷册与编连有误的简

《岳麓书院藏秦简（肆）》包括 3 个卷册，《亡律》卷册、其他近 20 种律构成的卷册和令卷册。令卷册共收简 108 枚，我们整理时认为这些令文都属于"内史郡二千石官共令"。相对于前两个律卷册而言，此卷册所收简多残缺，故给编连增大了难度。另一个让人困惑的地方在于简背划线大都不能支持正面简文的系连，故在系连方面存在一些困难。

我们整理时将 0081+0932、J70+J71+J67 和 1131 三枚篇名简收入令卷册，史达博士根据背划线信息将其剔出并移到适宜的位置。我们在后续整理过程中多方面验证了这一重要发现的可信性。J70+J71+J67 简本残，之后又发现了可与之缀合的一个残片 J66-3，而且根据简牍缀合和编号的一般规则，此简应重新编号为 J67-3+J70-2+J71-2+J66-3+J74-1。[1] 误收三枚篇名简简文如下：

■ 廷内史郡二千石官共令 ・戊・今庚（J67-3+J70-2+J71-2+J66-3+J74-1）[2]

■ 廷内史郡二千石官共令 ・第己・今辛（0081+0932）[3]

■ 廷内史郡二千石官共令 ・第庚・今壬（1131）[4]

"廷内史郡二千石官共令"不宜放入此卷册的理由，除了史达博士依据的背划线线索以外，还可以从以下几个方面来考虑。首先，从字体来判断，这三枚简与其他简迥异。其次，见于该卷册的篇名，大部分

---

① J67 简包括 4 个残片，按照从上往下的顺序，"■ 廷内"位列第三，故将其标号为 J67-3。其他残片也遵循此编号原则。由 2 个以上残片缀合的简，按照残片所在的位置遵循先上后下、先左后右的排列顺序。

② 陈松长主编《岳麓书院藏秦简（伍）》，第 68 页。

③ 陈松长主编《岳麓书院藏秦简（伍）》，第 59 页。

④ 陈松长主编《岳麓书院藏秦简（伍）》，第 72 页。

为"内史郡二千石官共令"。"廷内史郡二千石官共令"与"内史郡二千石官共令"虽然只有一字之差，二者所涵括的范围却有大小之分，甚至有某些本质性的差异。此外，岳麓秦简中尚可见"廷内史郡二千石官共令　第丙"和"☐郡二千石官共令　第甲"两个篇名，这两个篇名下的令条抄录形式有一个显著特点：均不以"令曰"起首，一则令文抄完后，只标记数字序号，并不冠以任何令名。例如：

入者云，令可先智（知）殹（也）。·廿四（1148-1+1148-2）[1]

·禁毋敢为旁钱，为旁钱者，赀二甲而废。县道官可以为婺（务）产钱者，免，为上计如律。·廿一（0179）[2]

"廷内史郡二千石官共令　第丙"统辖下的简有100枚左右，无论是竹简尺寸还是字体特征，与其他律令简均有极大差异。这些简应属于一个卷册，可简称为"廷令丙"卷册。巧合的是"☐郡二千石官共令第甲"这一篇名下的令文，其书体也是极为独特的，这为编连提供了极大便利。

以此推论，所有以单枚简书写的"廷令"篇名，其所属的令条都应该只以数字序号标序。而《岳麓书院藏秦简（肆）》所见令文，均是没有数字序号的。由此也可证明3枚"廷令"篇名简不应收入。

接下来要讨论的是1918简的归属问题。我们认为此简要从卷册中移出，为了便于讨论，先把相关简文移录于下：

·制诏丞相、御史：兵事毕矣∟，诸当得购赏赍责（债）者，令县皆亟予之。令到县，县各尽以见（现）钱，不禁（1918）者，勿令巨（距）皐。令县皆亟予之。■丞相御史请：令到县，县各尽以见（现）钱不禁者亟予之，不足，各请其属（0558）所执灋，执

---

[1] 隶属"廷内史郡二千石官共令　第丙"卷册，该卷册整简长度约22.7厘米，字体均向右下倾斜。陈松长主编《岳麓书院藏秦简（柒）》，第147页。

[2] 陈松长主编《岳麓书院藏秦简（陆）》，第153页。

> 瀍调均；不足，乃请御史，请以禁钱贷之，以所贷多少为偿，久易（易）期，有钱弗予，过一金，（0358）赀二甲。（0357）■ 内史郡二千石官共令　　第戊（0465）[①]

核查图版可知1918简的书体比较方正，风格与同一则令文其他字完全不同，而且简的尺寸也略长些。此外，从文法上考虑，“县各尽以见（现）钱，不禁者，勿令巨（歫）辠”一句显然缺少句子成分，“不禁者”之后要接“予之”一类的词语才能使此句语意完整。综上可知，我们当初将1918简与0558简系连成一则令文是不合适的，1918简当另寻归属，0558组简缺起首简。

笔者在后续整理过程中注意到以下简文：

> 【者亟予之】，不足，各请其属所执瀍，执瀍调均，不足，乃请御史，请以禁钱贷之，以所贷多少为偿，久易（易）期，有（J33+J62-1）[②]

不难发现，以上简文也出现在0558简和0358简中，所抄文字完全一样，但字体迥异，这应当是三则内容相同而由不同书手抄写的令条，分属不同卷册。

J33+J62-1与1918简字体相同，内容有关，可以系连在一起：

> ·制诏丞相、御史：兵事毕矣∟，诸当得购赏贳责（债）者，令县皆亟予之。令到县，县各尽以见（现）钱，不禁（1918）【者亟予之】，不足，各请其属所执瀍，执瀍调均，不足，乃请御史，请以禁钱贷之，以所贷多少为偿，久易（易）期，有

① 陈松长主编《岳麓书院藏秦简（肆）》，第197~198页。按：个别释文有调整。

② 陈松长主编《岳麓书院藏秦简（陆）》，第70页。按：简首“者亟予之”四字据岳麓秦简0558号补。

（J33+J62-1）[1]

虽然 1918 组令文后文缺失，但其为 0558 组令条的复原提供了重要
线索：

> 者，勿令巨（距）皋。令县皆亟予之。█丞相御史请：令到
> 县，县各尽以见（现）钱不禁者亟予之，不足，各请其属（0558）
> 所执濡，执濡调均；不足，乃请御史，请以禁钱贷之，以所贷多
> 少为偿，久易（易）期，有钱弗予，过一金，（0358）赀二甲。
> （0357）█内史郡二千石官共令　　　第戊（0465）
> ·制诏丞相、御史：兵事毕矣 ∟，诸当得购赏赍责（债）者，
> 令县皆亟予之。令到县，县各尽以见（现）钱，不禁（1918）【者
> 亟予之】，不足，各请其属所执濡，执濡调均，不足，乃请
> 请御史，请以禁钱贷之，以所贷多少为偿，久易（易）期，有
> （J33+J62-1）

笔者将两则令文内容雷同部分加黑，通过比较不难发现，1918 组
令文与 0558 组令文大同小异，前者应为后者的节录本，抑或二者源于
同一"底本"而摘录时各有侧重。总之，二者可以互补缺文。故 0558
简之前当缺"兵事毕矣 ∟，诸当得购赏赍责（债）者"一段内容，而
就在同一卷册 0668 简和 0591 简出现了这样的文字，试将其系连如下：

> 举，不如令者，论之，而上夺爵者名丞相，丞相上御史 ∟。都
> 官有购赏赍责（债）者，如县。兵事毕（0668）矣 ∟，诸当得购
> 赏赍责（债）者，（0591）[2]者，勿令巨（距）皋。令县皆亟予之。
> █丞相御史请：令到县，县各尽以见（现）钱不禁者亟予之，不

---

[1]　岳麓书院藏秦简整理小组已采纳笔者此意见，将两支简系连在一起，见《岳麓书院藏
　　秦简（陆）》。
[2]　陈松长主编《岳麓书院藏秦简（肆）》，第 207 页。

足，各请其属（0558）所执瀜，执瀜调均；不足，乃请御史，请以禁钱贷之，以所贷多少为偿，久易（易）期，有钱弗予，过一金，（0358）赀二甲。（0357）▌内史郡二千石官共令　　第戊（0465）①

0591 简完整，字体与 0558 简完全一样，但是在抄完"者"之后有大段的留白。这种现象多次出现在岳麓秦简之中，很可能是发现简文重复后被刮削。同时不难发现 0591 简与 0558 简系连后，出现衍文"者"，笔者认为是 0591 简刮削未尽所致。虽然增入了两简，令文仍然不完整。在后续整理过程中，发现 1662 简，其文如下：

　　循行案举不如令〖者〗，论之，而上夺爵者名丞相，丞相上御史。都官有购赏赍责（债）不出者，如县。·内史官共（1662）②
　　举，不如令者，论之，而上夺爵者名丞相，丞相上御史 ∟。都官有购赏赍责（债）者，如县。兵事毕（0668）③

不难发现 1662 简所抄内容与 0668 简几乎一样，所不同者 0668 简"赍责（债）"后漏抄"不出"二字，1662 简以"如县"二字结束。通过比较，还可以得出以下结论：0668 简之前至少缺 1 枚简。完整的 0668 组令文应当包括 1662 组令文和 1918 组令文。从 1662 简、0465 简尾部书写的篇名可知 1662 组条文属于"内史官共令"，而 0668 组属于"内史郡二千石官共令"，二者内容相同而归属有异，这种现象同样出现在律条归类之中。④ 这是因为"内史官共令"与"内史郡二千石官共令"所规范的对象有交叉，"内史官共令"是适用于内史所有官吏的令条，其中自然包括二千石官。

---

① 陈松长主编《岳麓书院藏秦简（肆）》，第 197~198 页。
② 陈松长主编《岳麓书院藏秦简（伍）》，第 187 页。
③ 陈松长主编《岳麓书院藏秦简（肆）》，第 207 页。
④ 详细讨论见笔者《岳麓书院藏秦简〈田律〉研究》与《岳麓书院藏秦简〈金布律〉研究》。

接下来的问题是1918组令文的归属问题，从字体来看不应归入"内史郡二千石官共令"，但其字体与1662简相同，前面提到0668组简文包括了1918组和1662组的内容，故令文虽然缺失后文，仍可根据1662简断定1918组简属于"内史官共令"。三组令文最终编连释文如下：

丞、令、令史、官啬夫、吏主者【夺爵各一级。毋（无）爵】者以其官为【新地吏四岁，执灋令都吏循行案】（0391）①举，不如令者，论之，而上夺爵者名丞相，丞相上御史∟。都官有购赏赍责（债）者，如县。兵事毕（0668）矣∟，诸当得购赏赍责（债）者，（0591）者，勿令巨（距）皋。令县皆亟予之。▋丞相御史请：令到县，县各尽以见钱不禁者亟予之，不足，各请其属（0558）所执灋，执灋调均；不足，乃请御史，请以禁钱贷之，以所贷多少为偿，久易（易）期，有钱弗予，过一金，（0358）赀二甲。（0357）▋内史郡二千石官共令　　第戊（0465）

□□坐一□，丞、令、令史、官啬夫吏主者夺爵各一级，无爵者以（？）官为新地吏四岁，执灋令都吏（J38）循行案举不如令〖者〗，论之，而上夺爵者名丞相，丞相上御史。都官有购赏赍责（债）不出者，如县。·内史官共（1662）

·制诏丞相、御史：兵事毕矣∟，诸当得购赏赍责（债）者，令县皆亟予之。令到县，县各尽以见（现）钱，不禁（1918）【者亟予之】，不足，各请其属所执灋，执灋调均，不足，乃请御史，请以禁钱贷之，以所贷多少为偿，久易＜易＞期，有（J33+J62-1）

———————

① 陈松长主编《岳麓书院藏秦简（肆）》，第218页。按：王可认为0668简前当接0391简，甚确，详见王可《读岳麓秦简札记一则》，简帛网，2019年5月8日，http://www.bsm.org.cn/?qinjian/8077。

第二章　岳麓秦简"共令"研究

第一节　"共令"的性质

《岳麓书院藏秦简（伍）》所刊令文之中，有十几枚简简尾书有"廷+天干"一类的篇名，如"廷甲""廷丁""廷戊"和"廷己"等，我们姑且称之为"廷令"。尤其值得注意的是其中"廷甲""廷戊"的内容与《岳麓书院藏秦简（陆）》中所收的令文大量重复。此外，这些令文所规范的内容也涉及颇广，对了解秦代律令产生、赏罚制度、基层治理、候馆制度、诉讼制度、刑徒管理等颇有帮助。笔者在本章试对"廷令"的性质、内容稍加探析，并对内容基本雷同、字体相同或有异的"廷令"令文加以比较研究。

岳麓秦简中含有"廷"的律令篇名有"廷内史郡二千石官共令""廷卒令""廷律"，虽然都含有"廷"，但其所指是否相同值得探讨。又"廷甲""廷丁""廷戊"和"廷己"之"廷"究竟是哪种篇名的省称也需仔细斟酌。

判断篇名和令名的依据主要看其统摄下的条文规范对象是否单一，比如岳麓秦简所见"祠令""备盗贼令""给共令""县官田令""迁吏令""辟式令""内史仓曹令""内史户曹令"等无疑都是令名。而篇名之下通常包括2种或多种令，如"尉郡卒令"可视为"尉卒令"与"郡卒令"复合而成的篇名。"廷内史郡二千石官共令"显然是一个令篇名，且是一个复合式篇名，即大篇名套着小篇名。"内史郡二千石官共令""郡二千石官共令"本身都是篇名，又都被"廷内史郡二千石官共令”涵盖。“廷内史郡二千石官共令”篇名常常单独书写在一枚简上，简首被涂成黑方块，例如：

■ 廷内史郡二千石官共令　　·第己　　·今辛（0081+0932）①
■ 廷内史郡二千石官共令　　·第庚　　·今壬（1131）②

以上两个令篇名之前被错误地放置在《岳麓书院藏秦简（肆）》第三组，后来整理小组根据史达博士意见将其移到第五卷第一组，甚确。《岳麓书院藏秦简（肆）》第三组简文大多为“内史郡二千石官共令”条文，二者虽然只差了一个“廷”字，但性质和内涵却发生了变化。仅从“廷内史郡二千石官共令”这一篇名所见三类行政机构名称的前后排序来看，“廷”的重要性要大于“内史”和“郡”，“廷”显然指朝廷中枢机构，具体而言丞相、御史大夫、九卿等都当被涵括在内。“内史郡二千石官共令”实际上是针对地方最高行政长官及其下属而制定的令文：

·东郡守言：东郡多食，食贱，徒隶老、瘏（癃）病毋（无）赖，县官当就食者，请止，勿遣就食。它有等比。·制曰：可。（0319）③

昭襄王命曰：置酒节（即）征钱金及它物以赐人，令献（谦），丞请出；丞献（谦），令请出，以为恒。·三年诏曰：（0519）复用。（0352）④

以上两则令文均出自“内史郡二千石官共令”，0319 简还保留了令条产生的某些程序，此则令文之制定缘于东郡太守的请托，但适用的范围是各个郡县，“它有等比”的确切意思是其他各郡县碰到类似情况参

---

① 陈松长主编《岳麓书院藏秦简（肆）》，第212页。
② 陈松长主编《岳麓书院藏秦简（肆）》，第224页。
③ 陈松长主编《岳麓书院藏秦简（肆）》，第214页。按：句读略有变更。0319 简红外图版已残缺数字，彩色图版完整，见《岳麓书院藏秦简（肆）》第22页整版图片。
④ 陈松长主编《岳麓书院藏秦简（肆）》，第209页。

照此执行。0519 简记载了秦昭襄王时的一份命书，到了秦二世三年时，此命书再次以诏书的名义被重新启用，其适用的对象显然是境内所有的郡县。

"廷内史郡二千石官共令"所适用的对象更广、级别更高，因为其包括中央权力核心的一些职官在内。为便于比照，现摘录几则"廷内史郡二千石官共令"条文如下：

> ·制诏丞相斯 ∟：所召博士得与议者 ∟，节（即）有逮告劾 ∟，吏治者辄请之，尽如宦显大夫逮 ∟。斯言：罢（1129）博士者，请辄除其令。（1130）①

> ·受制诏以使者或下劾吏，吏治之，劾节（即）不雠，或节（即）征遝使者 ∟，请：自今以来受制诏以使，其所举劾（0899）②（缺简）

> ·**监御史**下劾郡守 ∟，县官已论，言夬（决）郡守，郡守谨案致之，不具者，辄却，道近易具，具者，郡守辄移（0963）御史，以齍（赍）使及有事咸阳者，**御史掾平之如令**，有不具不平者，**御史却郡而岁郡课，郡所移（2059）（缺简）**并筭而以夬（决）具到御史者，狱数衔（率）之，嬰筭多者为殿，十郡取殿一郡 ∟，奇不盈十到六亦取一[郡]。【郡】（2097）亦各课县 ∟，御史课中县官，取殿数如郡。殿者，赀守、守丞、卒史、令、丞各二甲，而令狱史均新地（0831）（缺简）☑□如此其热狱不□有少费。·廿五（0910）③

1129 简、0899 简所在卷册的篇名为"廷内史郡二千石官共令·第庚·今壬"，0963 组令文篇名为"廷内史郡二千石官共令·第己·今辛"。

---

① 陈松长主编《岳麓书院藏秦简（伍）》，第 68 页。
② 陈松长主编《岳麓书院藏秦简（伍）》，第 59 页。
③ 陈松长主编《岳麓书院藏秦简（伍）》，第 54~56 页。按：2097 简尾之"郡"，据上下文及简牍容字数补。

博士官之设置是为了供皇帝咨询，秦二世曾就关东群盗叛乱之事咨询过诸博士，秦始皇就是否实行分封制问题征询过博士们的意见。博士虽然没有正式的品秩和执掌，但由于其能直接面见皇帝，赢得皇帝青睐后或可被委以重任，故博士若涉狱事，恐并非普通的地方行政长官可以处置。"吏治者辄请之，尽如宦显大夫逮"，一般的官吏无法直接处置涉案的博士，要请示上级，比照处置涉案的宦者、显大夫的程序来办。"宦显大夫"指在帝王身边当差者和品秩达六百石以上官吏，这些人犯罪要由中央下发处置意见。1129 简令文所规范的对象虽然是博士，但有权处置涉案博士的为中央大员，甚至是皇帝，故显然不是"内史郡二千石官共令"所能涵括。

"受制诏以使者或下劾吏"，代表皇帝出使、劾举非法者至少是御史，甚至是御史大夫或丞相，这些人显然不是内史或郡一级行政机构可以涵涉。0963 组令文出现的"监御史""御史"专门负责督察郡守和中县的狱案处置情况，直接对中央负责。这些规则自然不会出现在"内史郡二千石官共令"之中。

"廷卒令"这一令篇仅见于岳麓秦简简尾，常省写为"廷卒"，如1618 简"廷卒甲二"，1684 简"廷卒乙廿一"，但也有不省者，如 1116 简"廷卒令甲"。"廷卒令"与"廷令"性质有别，关于其异同，笔者将在第三章进行详细讨论，此不赘述。

"廷律"这一称谓两次出现在岳麓秦简中：

> ·十三年六＜三＞月辛丑以来，明告黔首：相贷资缯者，必券书吏 ∟，其不券书而讼，乃勿听，如廷律。前此（0630）令不券书讼者，为治其缯，毋治其息，如内史律。（0609）[1]
>
> ·十三年三月辛丑以来，取（娶）妇嫁女必参辨券 ∟。不券而讼，乃勿听，如廷律 ∟。前此令不券讼者，治之如内史（1099）律。·谨布令，令黔首明智（知）。·廷卒□（1087）[2]

---

① 陈松长主编《岳麓书院藏秦简（肆）》，第 194~195 页。
② 陈松长主编《岳麓书院藏秦简（伍）》，第 130~131 页。

以上两则令文颁布的时间同为秦王政十三年（前234年）三月辛丑[①]，条文中均出现"廷律""内史律"。"廷律"与我们要讨论的"廷令"关系密切。律令篇名常常成对出现，如史书中提及"金布令"，而秦汉简中多次出现"金布律"，又如"田令"与"田律"、"仓令"与"仓律"、"户令"与"户律"、"迁吏令"与"置吏律"等。[②]从令文内容中似乎可推知"廷律"可以修正"内史律"的条文规定。又可推测出在秦代当有与"内史律"相对的"内史令"。《秦律十八种》有"内史杂律"，令文中出现的"内史律"或为"内史杂律"之省。又岳麓秦简中有"内史郡二千石官共令""内史官共令"，二者均可简称为"内史令"，而"内史郡二千石官共令"与"内史官共令"的性质显然有别，前者所适用的范围要远大于后者。"廷卒令"和"廷令"都可以转化为廷律，这一点是可以肯定的。

接下来讨论"廷甲""廷丁""廷戊"和"廷己"之"廷"究竟是哪种篇名的省称问题。从理论上讲"廷"可以是"廷卒"的省略，但是出自同一书手且位于同一卷册的令条，其简尾的篇名省称应当有一定体例，不会任意变动。又"廷甲十一"与"廷卒甲十一"同时出现却内容有异：

> 勿更。· 廷卒甲十一（1739）[③]
>
> 【犯律者】辄以律论及其当坐者，乡啬夫弗得，以律论及其令、丞，有（又）免乡啬夫。· 廷甲 十一（1620）[④]

以上两枚简可以直接证明"廷甲"与"廷卒甲"不是一回事。但是也有将一枚完整的条文析成数则令文并分别冠以相同令篇名的情况，如

---

① 若依饶尚宽《春秋战国秦汉朔闰表》，秦王政十三年三月丁酉朔，辛丑为五日，张培瑜《根据新出历日简牍试论秦和汉初的历法》一文推算同；六月乙丑/丙寅朔，无辛丑日。我们据朔闰和律文内容推测0630简"六月"乃"三月"之讹。

② 《岳麓书院藏秦简》有"内史旁金布令""内史仓曹令""内史户曹令""迁吏令"。

③ 陈松长主编《岳麓书院藏秦简（伍）》，第121页。

④ 陈松长主编《岳麓书院藏秦简（伍）》，第134页。

“廷卒乙廿一”这一篇名在岳麓秦简中出现过五次。所以不能完全排除1739简与1620简原本属于同一则令文的可能性，被析割后的篇名不同，或是书手失误造成的。

能够彻底揭开“廷令”性质，主要依靠那些内容雷同却分属不同卷册的令文：

> ·诸当衣赤衣冒擅（毡），枸椟枳及当钳及当盗戒（械）而擅解衣物以上弗服者，皆以自爵律论之，其皋鬼（1922）薪白粲以上，有（又）驾（加）皋一等。以作暑故初及卧、沐浴而解其赤衣擅（毡）者，不用此令，敢为人解去此一物，及吏徒（1764）主将者擅弗令傅衣服，及智（知）其弗傅衣服而弗告劾论，皆以纵自爵皋论之，弗智（知），赀二甲。告劾，除。徒出（1671）
> （缺简）
> 将吏坐之，居吏弗坐。诸当钳枸椟枳者，皆以钱＜铁＞当（铅）盗戒（械），戒（械）者皆胶致桎梏，不从令，赀二甲。 ·廷戊十七（1797）①

> ·诸当衣赤衣冒擅（毡），【枸椟枳及当钳及当盗戒（械），而擅解衣物以上弗服者，皆以自爵律】（0165）②论之，其皋鬼薪白粲以上，有（又）驾（加）其皋一等。以作暑故初及卧、沐浴而解其赤衣擅（毡）者，不用（J29+J64-3）此令。·敢为人解去此一物及吏徒主将者擅弗令傅衣服及智（知）其弗傅衣服而弗告劾论，（1477）皆以纵自爵皋论之，弗智（知），赀二甲。告劾论之，除。徒出繇（徭），将吏弗坐。有能捕犯令而当刑为城旦（1444）春者一人，购金二两，完城旦春、鬼薪白粲皋一人，购金一两∟。诸当钳枸椟枳者，皆以铁，当盗戒（械），（1451）戒（械）者皆胶致其桎梏。不从令者，赀二甲。·十五（1435）③

---

① 陈松长主编《岳麓书院藏秦简（伍）》，第141~142页。
② 简文漫漶，缺字据1922简补出。
③ 陈松长主编《岳麓书院藏秦简（陆）》，第59~61页。

以上两则令文内容相同，字体也无差异，但序号不同，且分属不同卷册。据1797简可知前者为"廷令"第十七则令文。而0165简所在的令条尾简没有抄录篇名，但根据反印文和背划线信息，可知其属于"廷内史郡二千石官共令 第戊"卷册。该卷册之令条尾简都只抄录数字序号，不录篇名。令篇名单独抄写在J67-3+J70-2+J71-3+J66-3+J74-1简，格式为：

　　■ 廷内史郡二千石官共令 ·戊 今庚[①]

不难发现，此种将令篇名单独书写在一枚竹简上且将简首涂成墨块的现象，又见于张家山汉简《津关令》，此应为秦汉时期摘录律令时常用的一种格式。

通过上述分析，可知1797简"廷戊"乃"廷内史郡二千石官共令 第戊"之省写。以此类推，"廷甲"为"廷内史郡二千石官共令 第甲"之省写。"廷甲"与1116简"廷卒令甲"显然不是一回事。

"廷"本为君王接受朝拜和处理政事的地方，《说文》解释为"朝中也"[②]，后来词义扩大，郡县处理政事的地方也称为"廷"：

　　《法律答问》："辞者辞廷。"·今郡守为廷不为？为殹（也）。（95）[③]

　　《秦律十八种·田律》：禾、刍稾勶（撤）木、荐，辄上石数县廷。勿用，复以荐盖。（10）[④]

　　《秦律十八种·徭律》：县毋敢擅坏更公舍官府及廷，其有欲坏更殹（也），必瀌（121）之。（122）[⑤]

---

① 陈松长主编《岳麓书院藏秦简（陆）》，第68页。
② （汉）许慎：《说文解字》，第44页。
③ 陈伟主编《秦简牍合集 释文注释修订本（壹）》，第218页。
④ 陈伟主编《秦简牍合集 释文注释修订本（壹）》，第46页。
⑤ 陈伟主编《秦简牍合集 释文注释修订本（壹）》，第105页。

《史记·高祖本纪》：（刘邦）为泗水亭长，廷中吏无所不狎侮。[①]

"廷内史郡二千石官共令"中的"廷"当取其本意，指君王处理政事的地方，都城的公卿能够常与君王一起议政，故亦在"廷"所涵盖的范围内。

综上可知"廷甲""廷戊"中的"廷"乃"廷内史郡二千石官共令"的省称，"廷令"与"廷卒令"是两回事。"廷律"或为"廷内史郡二千石官共律"的简称，"内史律"或为"内史郡二千石官共律"的简称。"内史郡二千石官共律"与"内史杂律"关系密切。然而在汉初所见多批法律简出现的数十种律篇中，并未见称作"内史律"或"廷律"的。秦汉律篇的命名和分类当有一定差异，尚需作进一步研讨。

"共令"之"共"有多种解释。首先可解释为提供，表示令文的来源为臣下请令。岳麓秦简所见"共令"多为"二千石官共令"，这是因为只有品秩达二千石的官吏才有请令之权。"给共令"则是例外，"给共令"之"共"也可解释为供给，但与令文产生程序无关，"给共令"是关于物资供给方面的规定。但此种解释显然不适合"四司空共令"和"安台居室居室共令"，司空和居室主管官吏的品秩显然达不到二千石，没有直接向朝廷请令的权限。若将"共"解释为"共同"，所有含有"共"的令篇均可得到较为合理的解释。"共令"指供两个以上官府共同使用的令。"食官共令"可理解成诸食官共同使用的法令。"四司空共令"是一个令人颇为费解的令文，首先是"四司空"的理解问题，鲁家亮先生认为确指四个司空，分别为宫司空、左司空、右司空和泰匠。[②]鲁先生的推测可备一说，让我们一起等待更直接的证明材料。"四司空共令"之"共"，解释为共用似乎也可通。若按照此理路，"四谒者令"也应理解为四种谒者共用之令。我们认为岳麓秦简中令篇名中的"共"，除了"给共令"外，都可当作共同来理解。"给共令"之"共"，可视为"供"的假字，表"提供"。然"给共令"乃令名，并非篇名。

---

① 《史记》卷八《高祖本纪》，第437页。

② 鲁家亮：《岳麓书院藏秦简〈亡律〉零拾之一》，简帛网，2016年3月28日，http://www.bsm.org.cn/?qinjian/6663.html。

《岳麓书院藏秦简（伍）》收录了一枚残简，编号为1134，释文为"☐第丁∟戊∟己∟庚四篇"，我们整理时将其编排在1131简"廷内史郡二千石官共令·第庚·今壬"之后。① 根据竹简外部形态相似性以及内容上的关联性，笔者认为此编排十分合理，甚至可以在此基础上进一步推测出残缺部分乃"廷内史郡二千石官共令"数字。"█ 廷内史郡二千石官共令·戊　今庚"抄录在J67-3+J70-2+J71-2+J66-3+J74-1简上，"█ 廷内史郡二千石官共令第己　·今辛"抄录在0081+0932简上。"█ 廷内史郡二千石官共令　戊"所收竹简数量不少，整理者已经对卷册进行复原，详见《岳麓书院藏秦简（陆）》。"廷内史郡二千石官共令　第丁"这一篇名尚未见到，不过1923简结尾处标写"·廷丁廿一"，据体例，当为"廷内史郡二千石官共令　第丁廿一"之省。

第二节　"共令"内容及相关问题研究

岳麓秦简所见共令有"廷内史郡二千石官共令""内史郡二千石官共令""郡二千石官共令""四司空共令""安台居室居室共令"，就数量而言，前两种最多，所涉范围颇广，限于篇幅，笔者在此只能挑选其中一部分稍加解析。

（一）"共令"在婚姻伦理方面的新规定

婚姻家庭是社会史研究的重要方向，而要更加清晰地了解秦代婚姻和家庭的具体情况，不得不依据新材料。因为传世文献往往记载一些重大历史事件、帝王将相和豪富权贵生活，至于一般人的婚姻和家庭情况则鲜有记叙。岳麓秦简中有一些律令条文，能够帮助我们进一步认识秦代的婚姻家庭法。

1. 对夫权、父权、夫产的维护

岳麓秦简中有一则令文，涉及母改嫁、财产分割、伦理规范、同居共财等诸多问题。为了便于研讨，兹录简文如下：

---

① 陈松长主编《岳麓书院藏秦简（伍）》，第31页。

·廿六年十二月戊寅以来，禁毋敢谓母之后夫叚（假）父，不同父者，毋敢相仁（认）为兄、姊、弟∟。犯令者耐隶臣妾而（1025）毋得相为夫妻，相为夫妻及相与奸者，皆黥为城旦舂。有子者，毋得以其前夫、前夫子之财嫁及入姨夫及予（1107）后夫、后夫子及予所与奸者，犯令及受者，皆与盗同灋。母更嫁，子敢以其财予母之后夫、后夫子者，弃（1108）市，其受者，与盗同灋。前令予及以嫁入姨夫而今有见存者环（还）之，及相与同居共作务钱财者亟相（1023）与会计分异相去。令到盈六月而弗环（还）及不分异相去者，皆与盗同灋∟。虽不身相予而以它巧诈（诈）（1024）相予者，以相受予论之。有后夫者不得告辠其前夫子∟。能捕耐辠一人购钱二千，完城旦舂辠（1027）一人购钱三千∟，刑城旦舂以上之辠一人购钱四千。女子寡，有子及毋（无）子而欲毋稼（嫁）者，许之。谨布令，令黔首尽（1026）☒【智（知）之，毋】巨（距）辠。有□□除，毋用此令者，黥为城旦。·二（0916）[1]

据里耶秦简可知，秦始皇二十六年十二月癸丑朔[2]，戊寅为二十六日。二十六年十二月戊寅日即为此则令文的颁布时间，然其生效时间却因地而异，因为各郡县与咸阳距离不一，令文传达时间有早晚。而秦令明确规定，"新律令下，皆以至其县、都官廷日决"[3]，即以律令抵达各县、都官日断狱。

从简牍形制和整条令文内容来看，有以下几个方面值得注意。一是1026简前后两段文字字体迥异，"购钱四千"之后的文字当为另一位书手抄写，或是阅读时校雠所致。二是1027简的后半部分和1026简对购赏进行规定，乍看似乎与整则令文内容不协调，细察以后发现其当置于此处。例如"能捕耐辠一人"，可与前文"犯令者耐隶臣妾""皆与盗同

---

① 陈松长主编《岳麓书院藏秦简（伍）》，第39~41页。
② 里耶秦简8-67+8-652与8-1516均载"廿六年十二月癸丑朔"。
③ 陈松长主编《岳麓书院藏秦简（伍）》，第103页。

濞"相应，购赏旨在鼓励民众与此类非法现象作斗争。

（1）"禁毋敢谓母之后夫叚（假）父"解析①

"假父"这一称谓在秦汉文献中数见：

> 《史记·秦始皇本纪》：车裂以徇，灭其宗。【正义】：《说苑》
> 云："……焦曰：'陛下车裂假父，有嫉妒之心；囊扑两弟，有不
> 慈之名；迁母咸阳，有不孝之行；蒺藜谏士，有桀纣之治。天下闻
> 之，尽瓦解，无向秦者。'王乃自迎太后归咸阳，立茅焦为傅，又
> 爵之上卿。"②

> 《史记·吕不韦列传》：始皇九年，有告嫪毐实非宦者，常与
> 太后私乱，生子二人，皆匿之。与太后谋曰"王即薨，以子为后"。
> 【集解】：《说苑》曰："毐与侍中左右贵臣博饮酒，醉，争言而斗，
> 瞋目大叱曰：'吾乃皇帝假父也，窭人子何敢乃与我亢！'所与斗
> 者走，行白始皇。"③

> 《法律答问》："父盗子，不为盗。"·今叚（假）父盗叚（假）
> 子，可（何）论？当为盗。（19）④

据《秦始皇本纪》，秦王政九年（前238年），嫪毐作乱，次年，吕
不韦因为嫪毐事件而被免相，齐人茅焦说服秦王迎夏太后于雍。茅焦的
说辞被简化为一句："秦方以天下为事，而大王有迁母太后之名，恐诸

---

① 关于秦始皇禁用"假父"称谓问题，杨振红先生也有类似的看法，而论述的角度有别。
详参杨振红《〈岳麓书院藏秦简（伍）〉有关女子重组家庭的法令与嫪毐之乱》，载杨振
红主编、西北师范大学历史文化学院等《简牍学研究（第八辑）》，甘肃人民出版社，
2019，第175~186页。按：此节初稿完成于2016年11月前后，时李开元先生在湖南
大学简帛文献研究中心访问，在参与阅读岳麓秦简活动中敏锐意识到禁用这一称谓与
秦始皇个人经历有关，并进一步询问"如果不使用假父，那么使用什么来代替？"在李
先生的启发和鼓励下，笔者对相关问题做了些思索。

② 《史记》卷六《秦始皇本纪》，第294、296页。

③ 《史记》卷八十五《吕不韦列传》，第3048~3049页。按：嫪毐欲攻蕲年宫为乱发生在
秦王政九年，嬴政立皇帝名号在二十六年，《说苑》言嫪毐醉酒后自称皇帝假父，《说
苑》所载显系后人附会，不可全信。

④ 陈伟主编《秦简牍合集 释文注释修订本（壹）》，第189~190页。

侯闻之，由此倍秦也。"①《史记》中完全未提及嫪毐为秦王假父之事，而晚出的《说苑》一书却两次提及。《说苑》相当于故事集，所载之事或有一定真实性，然细节往往不可靠。就夏太后私通嫪毐一事而言，秦王杀弟迁母之事为真，而《说苑》载嫪毐以秦王假父自居可能靠不住。

就嫪毐是否为秦王假父的问题，当有民间认同与官方认同之别。夏太后与嫪毐私通并生二子，二子乃秦王异父弟，嫪毐在事实上成为秦王的假父。然夏太后与嫪毐的结合是秘密非法的，并没有得到官方和众人的认可，事实上也不可能被允许。

同样与夏太后有私情的吕不韦被秦王政称为"仲父"，文献上却未载吕不韦为秦王"假父"之说。看来是否与夏太后有私情与其是否被称为"假父"没有必然关系。"仲父"乃尊称，类似于项羽称范增为"亚父"，被称为"仲父"者与自己不必有血缘姻亲关系。而"假父"则不同，母改嫁，不管是否生子，母之后夫即为"假父"。

民间和东方六国言嫪毐为秦王假父，是基于嫪毐与夏太后生有二子，而不仅是因为他们有私情。利用宫闱私情大做文章以打击政治对手，史书上屡见不鲜。可以想见，东方六国必然大肆宣扬嫪毐事件，并津津乐道于秦王政乃宦者嫪毐假子之事，这应为秦王政制定"禁毋敢谓母之后夫叚（假）父"令文的缘由。

通过史书和里耶秦简可知秦在统一六国后立即采取了一系列的"同一"和"更名"举措。"禁毋敢谓母之后夫叚（假）父"当是秦统一后"更名"举措中的一项。从此令文或可反推秦统一六国的下限是秦始皇二十六年十二月二十六日。若此推测不错，则填补了史书上的一大空白。《史记》只载秦灭齐的年份，并未具体到月。

从《法律答问》可知秦法律文献中原本就有"假父"这一称谓，"'父盗子，不为盗。'·今叚（假）父盗叚（假）子，可（何）论？当为盗"。整理者将"假父""假子"分别解释为"义父""义子"②，恐怕是不太妥当的。"义"一般指因抚养或者拜认而成为亲属，并无婚姻家庭方

---

① 《史记》（点校本二十四史修订本）卷六《秦始皇本纪》，第294页。

② 陈伟主编《秦简牍合集 释文注释修订本（壹）》，第189~190页。

面的联系。"义父"盗取"假子"财物，因其并非"家罪"①，当据盗赃值论处，这应当是毫无疑问的。栗劲先生已经指出"家罪"仅限于有血缘关系的父母与子女之间的犯罪行为以及主人对奴婢的侵犯行为。②"义父"与"义子"并无血缘关系，也无所属关系，发生在他们之间的盗窃行为当视为"公室告"，这应当是一般人都知晓的，而《法律答问》专门针对疑难法律术语和难以决断的狱案作出裁定，故"假父"当另有所指。

《二年律令》中出现"假大母""假母"，关于"假"，学者多有讨论。李均明先生认为"假母"即"养母"或"继母"③；朱绍侯先生认为"父之偏妻"为"假母"④；王子今、范培松先生认为战国秦汉称谓前置"假"字者，往往取代理或非正式之义，"假母"就是"后母"。⑤笔者认为将"假母"解释为"后母"比较合适。"假父"是与"假母"相对的称谓，当指后父、继父。因母再嫁而有了姻亲关系，故会对假父盗假子是否应归为"公室告"产生疑问。

从以上论述可知秦原本称"母之后夫"为假父，正是由于民间尤其是东方六国常大肆宣扬嫪毐乃秦王假父，以"抹黑"攻击秦王政。只要"假父"这一称谓存在，秦王政就难免会闻见，从而联想到让秦国蒙耻的嫪毐与其母之私情，故索性运用手中至高无上的权力，让天下禁用"假父"这一称谓。

接下来的问题是，既然明令禁止称母之后夫为假父，那么究竟该如何称呼母之后夫呢？从此则令文本身得不到答案，只能从其他相关材料来推测。睡虎地秦简《魏户律》载：

·廿五年闰再十二月丙午朔辛亥，○告（16伍）相邦：民或弃

---

① "家罪"与"公室告"相对而言，指家庭内部的犯罪行为，官府一般不予受理。关于"家罪"，秦律有严格界定，并非所有家庭内部的犯罪均可被视为"家罪"。

② 栗劲：《秦律通论》，第315页。

③ 李均明：《张家山汉简所见规范继承关系的法律》，《中国历史文物》2002年第2期。

④ 朱绍侯：《论汉代的名田（受田）制及其破坏》，《河南大学学报》（社会科学版）2004年第1期。

⑤ 王子今、范培松：《张家山汉简〈贼律〉"叚大母"释义》，《考古与文物》2003年第5期。

邑居壄（野），入人孤寡，徼（17伍）人妇女，非邦之故也。自今以来，叚（假）门逆（18伍）吕（旅），赘婿后父，勿令为户，勿鼠（予）田宇。（19伍）三枼（世）之后，欲士（仕）士（仕）之，乃署其籍曰：故（20伍）某虑赘婿某叟之乃（仍）孙。（21伍）[1]

"赘婿后父"与"假父"有一定关联性。"后父""假父"均可指称母之后夫，从"后父"不可立户可知，"后父""假父"的差异应在于母是否出户，"后父"特指寡母招婿上门者，"后父"乃"假父"之一种，母出户另嫁之夫亦称作"假父"。又"后父"实际上也是一种"赘婿"。笔者认为秦始皇二十六年以后或以"后父"取代"假父"这一称谓，但不得不承认前者的涵括性不如后者。

既然规定"毋敢谓母之后夫叚（假）父"，则必然同时规定"不同父者，毋敢相仁（认）为兄、姊、弟"，否则前者将成为摆设。这二者是相互依存的关系。"不同父者，毋敢相仁（认）为兄、姊、弟"令文的出台，或与嫪毐事件息息相关，却又不仅限于此。秦王政扑杀二弟，从人伦方面而言，是"不友"，为了减少内心的愧疚，故制定此种令文。

不允许与异父的兄弟姐妹相认，或许还有以下两个方面的考虑。一是避免东方各诸侯攀附亲戚。《秦始皇本纪》载："秦每破诸侯，写仿其宫室，作之咸阳北阪上……所得诸侯美人钟鼓，以充入之。"[2]诸侯美人中不排除之前已生子者。二是防止异父同产者干政。在秦国历史上，昭襄王就是凭借宣太后异父弟魏冉襄助而取得王位，之后魏冉与宣太后、芈戎等长期把持秦国朝政，秦王在很长一段时期内并无实权。

（2）同母异父相为夫妻及相与奸问题

令文虽然不允许同母异父者相认为兄弟姐妹，但由于他们之间存在天然的血亲关系，故又明令其不得结为夫妻，并严惩相与奸者。同产相与奸或结为夫妻的记载在传世史籍中屡见不鲜，秦汉出土律简中有不少材料涉及此种伦理犯罪问题。对于此类犯罪，每一代的法律均予以严

---

[1] 陈伟主编《秦简牍合集 释文注释修订本（壹）》，第321页。

[2] 《史记》卷六《秦始皇本纪》，第308页。

惩，但具体的处罚措施略有不同。

> 《法律答问》：同母异父相与奸，可（何）论？弃市。（一七二）①
> 《岳麓秦简》：不同父者，毋敢相仁（认）为兄、姊、弟乚。犯令者耐隶臣妾而（1025）毋得相为夫妻，相为夫妻及相与奸者，皆黥为城旦舂。（1107）②

关于同产问题，学界有不同看法，大致可分为以下四种：一是同母所生之兄弟③；二是同父母所生之兄弟姐妹④；三是同父所生之兄弟姐妹⑤；四是广义的同产包括同母异父的兄弟姐妹⑥。笔者认为凡同父或同母所生之兄弟姐妹都可称为同产。虽然同母异父所生兄弟姐妹称为同产的材料极少见，但并非没有，比如：

> 《史记·扁鹊仓公列传》：师光喜曰："公必为国工。吾有所善者皆疏，同产处临菑，善为方，吾不若，其方甚奇，非世之所闻也。"⑦
> 《旧五代史·慕容彦超传》：（慕容）彦超即汉高祖之同产弟也。⑧

"光"指公孙光，公孙光之"同产"指阳庆，二人异姓，当是同母异父兄弟。五代后汉高祖刘知远，与慕容彦超为同母异父兄弟。朱红林先生认为《二年律令》"同产相与奸，若取（娶）以为妻，及所取（娶）皆弃市"与《法律答问》"同母异父相与奸，可（何）论？弃市"的规定相类似，故推测"汉律此处的'同产'应当也包括'同母异父'的兄

---

① 睡虎地秦墓竹简整理小组编《睡虎地秦墓竹简》，第134页。
② 陈松长主编《岳麓书院藏秦简（伍）》，第39页。
③ 《后汉书·明帝纪》注："同产，同母兄弟也。"
④ 〔日〕古贺登：《汉长安城与阡陌·县乡亭里制度》，雄山阁，1980，第321页。
⑤ 〔日〕冨谷至：《秦汉刑罚制度研究》，柴生芳、朱恒晔译，第174页。
⑥ 朱红林：《张家山汉简〈二年律令〉集释》，社会科学文献出版社，2005，第7页。
⑦ 《史记》卷一百五《扁鹊仓公列传》，第3402页。
⑧ 《旧五代史》卷一百三十《慕容彦超传》，中华书局，1976，第1716页。

弟姐妹”①。朱先生的推论是颇有见地的。从《法律答问》对“同母异父相与奸”处以弃市来看，其当是比照同产奸者处置的。

值得注意的是，同为和奸罪，处置起来却有不同。从《为狱等状四种》二一“田与市和奸案”可知秦律对一般的和奸者处以耐隶臣妾刑。②汉初张家山汉简《奏谳书》案例引律：“奸者，耐为隶臣妾。捕奸者必案之校上。”③汉初对和奸罪的量刑同于秦律。“同母异父相与奸”秦始皇二十六年令文规定处以黥城旦舂刑。“同母异父相与奸”涉及伦理风化，故加重论处，这也是秦律维护伦理道德的表现。当然相对于秦统一前同母异父相与奸者弃市而言却又变轻了。汉人更重视风化，惩罚奸罪者的力度逐渐大于秦代：

《二年律令》：同产相与奸，若取（娶）以为妻，及所取（娶）皆弃市。其强与奸，除所强。（一九一）④

《二年律令》：诸与人妻和奸，及所与皆完成城旦舂。其吏也，以强奸论之。（一九二）⑤

《敦煌悬泉汉简》：·诸与人和奸，及所与□为通者，皆完为城旦舂；其吏也以彊（强）奸论之。其夫居官……⑥

汉律对奸罪的惩处比秦统一后的法律更重，或与秦统一前的律条相符，从完为城旦舂到死刑差两个刑罚等级，耐为隶臣妾到黥为城旦舂，刑等同样相差两级。《二年律令》规定“强与人奸者，府（腐）以

---

① 朱红林：《张家山汉简〈二年律令〉集释》，第7页。

② 朱汉民、陈松长主编《岳麓书院藏秦简（叁）》，第210~211页。

③ 彭浩、陈伟、〔日〕工藤元男主编《二年律令与奏谳书——张家山二四七号汉墓出土法律文献释读》，第374页。

④ 彭浩、陈伟、〔日〕工藤元男主编《二年律令与奏谳书——张家山二四七号汉墓出土法律文献释读》，第166页。

⑤ 彭浩、陈伟、〔日〕工藤元男主编《二年律令与奏谳书——张家山二四七号汉墓出土法律文献释读》，第166页。按：据图版，“完成”当为“完为”之讹。

⑥ 胡平生、张德芳编撰《敦煌悬泉汉简释粹》，上海古籍出版社，2001，第9页。

为宫隶臣"[1]，由此或可推论秦统一后，对于一般的强奸罪处以完为城旦舂刑。

秦汉律对同产"相为夫妻"是严令禁止的，并比照"相与奸"论处，这种规定显然是出于伦理道德方面的规范，然其起源相当久远，当与"同姓不婚"的习俗有关。

（3）对夫产的坚决维护

离婚必然涉及财产分割问题，而传世文献中未见到具体的处置措施，岳麓秦简中对此有十分详细的规定。

岳麓秦简令条规定更嫁者不可携走前夫家的财产，否则按照盗窃财物论罪，接收者同论。"姨夫"或指赘婿。[2] 更嫁者能带走的只有嫁妆之类，这从一些材料中可以推测出来：

> 《礼记·杂记》：有司官陈器皿，主人有司亦官受之。郑玄注：器皿，其本所赍物也。律："弃妻畀所赍。"[3]
>
> 《法律答问》："夫有辠（罪），妻先告，不收。"妻媵（滕）臣妾、衣器当收不当？不当收。（170）[4]
>
> 《法律答问》：妻有辠（罪）以收，妻媵（滕）臣妾、衣器当收，且畀夫？畀夫。（一七一）[5]

从以上材料可知，女子之随嫁物品属本人所有，不当视为户主（一般是夫）之财产，更嫁者可以带走。

秦令对子将自己或父亲的财产予更嫁者之后夫、后夫子的行为处以弃市之刑，这的确让人愕然，其中的法理依据暂时无法确知。秦代对犯

---

① 彭浩、陈伟、〔日〕工藤元男主编《二年律令与奏谳书——张家山二四七号汉墓出土法律文献释读》，第167页。

② 张以静：《秦汉再婚家庭的财产权——以简牍材料为中心》，《河北学刊》2019年第4期。

③ 李学勤主编《十三经注疏·礼记正义》卷四十三《杂记下》，北京大学出版社，1999，第1231页。

④ 陈伟主编《秦简牍合集 释文注释修订本（壹）》，第247页。

⑤ 睡虎地秦墓竹简整理小组编《睡虎地秦墓竹简》，第133页。

有不孝罪者一般处以弃市之刑，如岳麓秦简1604"殴泰父母，弃市"。子妄自予他人财产或比照不孝罪论处。

若仅从字面意思来看，"同居共作务钱财者"有两种不同的理解，一种是同居包括共作务钱财者与不共作务钱财者；另一种是"同居作务钱财者"视为"同居"的全称，凡是同居者，必定是共作务钱财的。关于同居与共财的关系，唐律规定："'同居'，谓同财共居，不限籍之同异，虽无服者并是。"①唐代法律文本界定的同居，必须同时满足同居与共财两个条件。就秦汉"同居共财"而言，韩树峰先生认为"异居必然异财，同居未必同财"②。韩先生的断定是正确的。"及相与同居共作务钱财者亟相与会计分异相去"一段针对的应当是寡母招赘入户的情况，若是外嫁，不存在"分异"情况。

（4）"有后夫者不得告皋其前夫子"试析

秦令规定"有后夫者不得告罪其前夫子"，此乃从司法层面割断妻与前夫子之间的联系，也是出于对夫权、夫产的维护。接下来的问题是有后夫者在何种情况下不得告罪其前夫子。令文既然规定了改嫁者不得携走前夫的任何财产，改嫁者与前夫子之间因经济问题而产生纠纷的可能性很小。令文接下来应当是针对家庭伦理方面作出规范，即改嫁者不能再以"不孝"为缘由告发前夫子。以情理揣之，并非在任何情况下改嫁者均不能告发前夫子。秦律规定父母可以"不孝"罪告子，如《封诊式》"告子"爰书：

爰书：某里士五（伍）甲告曰："甲亲子同里士五（伍）丙不孝，谒杀，敢告。"即令令史己往执。令史己（50）爰书：与牢隶臣某执丙，得某室。丞某讯丙，辞曰："甲亲子，诚不孝甲所，毋（无）它坐皋（罪）。"（51）③

---

① 刘俊文：《唐律疏议笺解》，中华书局，1996，第466页。
② 韩树峰：《汉魏法律与社会——以简牍、文书为中心的考察》，社会科学文献出版社，2011，第196页。
③ 陈伟主编《秦简牍合集 释文注释修订本（壹）》，第283页。

又从《二年律令》中可知，"不孝"罪一般处以死刑：

> 子牧杀父母，殴詈泰父母、父母、叚（假）大母、主母、后
> 母，及父母告子不孝，皆弃市。（三五）[1]
> 贼杀伤父母，牧杀父母，欧（殴）詈父母，父母告子不孝，其
> 妻子为收者，皆锢，令毋得以爵偿、免除及赎。（三八）[2]

有后夫者以"不孝罪"告发前夫子又可分为两种情况，因为"前夫子"
有己出与他出之别。未找到不孝敬"庶母"（或"嫡母"）该如何处置
的相关律令条文，但毫无疑问是重罪。令文规定"有后夫者不得告皋
其前夫子"，防止了有后夫者通过伦理血亲这条纽带来损害前夫家族的
利益。

2. 关于殴詈直系尊长的处置问题

儒法两家均十分重视家长权威的树立，只是出发点和实现途径有
别。儒家从礼制和家庭伦常方面论述，而法家着眼于国家治理层面，强
调绝对的尊卑秩序：

> 《韩非子·忠孝》：臣之所闻曰："臣事君，子事父，妻事夫，
> 三者顺则天下治，三者逆则天下乱，此天下之常道也，明王贤臣而
> 弗易也。"则人主虽不肖，臣不敢侵也。[3]

由此可见，与儒家相比，在维护尊长权威方面，法家更为积极有力。这
一点从秦汉律令条文在处置殴詈尊长者这一问题上的差异可以看出。在
"法家法"[4] 时代，法律对殴詈尊长者的处罚有逐渐加重的趋势：

---

[1] 彭浩、陈伟、〔日〕工藤元男主编《二年律令与奏谳书——张家山二四七号汉墓出土法
律文献释读》，第104页。

[2] 彭浩、陈伟、〔日〕工藤元男主编《二年律令与奏谳书——张家山二四七号汉墓出土法
律文献释读》，第105页。

[3] 陈奇猷校注《韩非子新校注》，第1151页。

[4] "法家法""儒家法"的概念最早由瞿同祖先生在《中国法律与中国社会》一书中提出。

《法律答问》：“殴大父母，黥为城旦舂。”今殴高大父母，可（何）论？比大父母。（78）①

《岳麓秦简》：[自]今以来，殴泰父母，弃市，臾詢（诟）詈之，黥为城旦舂。殴主母，黥为城旦舂，臾詢（诟）詈之，完为城旦舂。殴威公，完为（1604）[舂，臾]詢（诟）詈之，耐为隶妾ㄴ。奴外妻如妇殴兄妹叚（假）母ㄴ，耐为隶臣妾，臾詢（诟）詈之，赎黥。同居、典、伍弗告，乡啬夫（1598）②

《岳麓秦简》：·自今以来，有殴詈其父母者，辄捕以律论，典智（知）弗告，耐（迁）。乡部啬夫智（知）弗捕论，赀二甲（0178）③

《岳麓秦简·亡律》：子杀伤、殴詈、投（殳）杀父母，父母告子不孝及奴婢杀伤、殴、投（殳）杀主、主子父母，及告杀，其奴婢及（1980）子亡已命而自出者，不得为自出。（2086）④

《二年律令》：子牧杀父母，殴詈泰父母、父母、叚（假）大母、主母、后母，及父母告子不孝，皆弃市。（三五）⑤

《敦煌悬泉汉简·贼律》：殴亲父母及同产，耐为司寇，作如司寇。其谩詢（诟）詈之，罚金一斤。（Ⅱ0115③：421）⑥

殴太（泰）父母，《法律答问》处以黥为城旦舂刑，而秦统一以后抄录的岳麓秦简对同样的行为处以弃市之刑，《二年律令》与岳麓秦简条文处置方式一样，而从《敦煌悬泉汉简·贼律》对殴亲父母的处置可以推测其时殴泰父母应当也是处以耐司寇刑。由此可见，从秦到汉，在处置殴泰父母此类行为上，量刑有一个逐渐加重而又忽然减轻的过程。

---

① 陈伟主编《秦简牍合集 释文注释修订本（壹）》，第213页。
② 陈松长主编《岳麓书院藏秦简（伍）》，第135~136页。
③ 陈松长主编《岳麓书院藏秦简（陆）》，第148页。
④ 陈松长主编《岳麓书院藏秦简（肆）》，第43页。
⑤ 彭浩、陈伟、〔日〕工藤元男主编《二年律令与奏谳书——张家山二四七号汉墓出土法律文献释读》，第104页。
⑥ 胡平生、张德芳编撰《敦煌悬泉汉简释粹》，第8页。按：此条律文疑有讹误，殴父母与同产处置不宜相同，"父母"之后或脱"同产"二字。

然此与其他记载不符,《敦煌悬泉汉简》当有讹误。

具体而言,秦统一后到汉武帝之前,针对家庭伦理犯罪问题,处罚逐渐加重。从律令条文可知,秦统一后对詈骂秦父母者处以黥为城旦舂刑,而《二年律令》中是弃市之刑。《二年律令》对殴父母处以弃市之刑而《敦煌悬泉汉简》所载《贼律》仅仅处以耐为司寇刑。《敦煌悬泉汉简》的抄写年代大多在汉宣帝、成帝时代[1],距瞿同祖先生所说的“法律儒家化”的肇始期[2](汉武帝时)已有数十年之久,何以“儒家法”在处置涉及家庭伦理犯罪时反而比“法家法”轻?其实有不少学者质疑“法律儒家化”的提法,如韩树峰先生认为,“学界所说武帝以后法律的儒家化,毋宁视为汉初以来儒学法家化的延续,而其间接渊源则来自秦代乃至战国时期法家在法律上对君权、父权、夫权的固化”[3]。“殴父也,当枭首”,“加殴兄姊至五岁刑,则汉律当仅四岁刑以下”[4],殴父母处以死刑,终汉一朝未有变更。

3. 吏民丧假规定

岳麓秦简 1150 组令文亦与官吏告假有关,尾简缺失致篇名无存,但笔者认为其当归属《迁吏令》,其简文如下:

> ·令曰:郡及中县官吏千石【以】下繇(徭)傳(使),有事它县官而行,闻其父母死,过咸阳者,自言【丞相】,【葬】(1150)已,复之有事所,其归而已葬(葬)者,令居家五日,亦之有事所└。其不过咸阳者,自言过所县官,县官听书(1690)言亦遣归如令,其自言县官,县官为致书,自言丞相,丞相为致书,皆诣其居县,居县以案□☑(J41)[5]

---

① 据张德芳先生《〈长罗侯费用簿〉及长罗侯与乌孙关系考略》,悬泉汉简最早纪年简为汉武帝元鼎六年(前111年),最晚为东汉安帝永初元年(107)。

② 瞿同祖:《中国法律之儒家化》,载氏著《中国法律与中国社会》,中华书局,2003,第357~358页。

③ 韩树峰:《汉魏法律与社会——以简牍、文书为中心的考察》,第264页。

④ 程树德:《九朝律考》,商务印书馆,2010,第142页。

⑤ 陈松长主编《岳麓书院藏秦简(伍)》,第196~197页。按:个别字词据己意增补。

"中县"与"郡"并列，表明"中县"地位之特殊性，"中县"最高行政长官为内史，其所辖区域已有不少讨论[①]，此不赘述。徭使在外的官吏，听到父母去世的消息，在中县者必须向丞相请假，在其他郡县者向当地官府请假，由丞相或其他县官与官吏前往徭使的官府对接。此种做法，可以有效防止官吏谎报丧情而获取休假。

将以上规定与 1884 简对读可知，徭使在外的官吏更难获得假期，只有在父母去世的情况下才准许归家，且停留的时间很短。一般而言，父母去世，允许归宁一月，《奏谳书》引律曰："诸有县官事，而父母若妻死者，归宁卅日；大父母、同产十五日。"[②] 此律条在汉初行用，其或承用秦律但略有不同。

从 1884 简文可知，亲人不幸去世，为吏者可以告假奔丧，假期长短根据亲疏关系和距离官府远近而定。此可佐证维系家庭正常的伦理道德，同样为法家所注重。需要注意的是有人为了其他目的而谎报丧情：

> ·令曰：吏及宦者、群官官属凵、冗募群戍卒及黔首繇（徭）使、有县官事，未得归，其父母、泰父母不死而（1668）谓吏曰死以求归者，完以为城旦；其妻子及同产、亲父母之同产不死而谓吏曰死及父母不病而（1665）【谓吏】曰病以求归，皆罴（迁）之。·令辛（1660）[③]

"宦者"指帝王身边的侍奉者，相当于《二年律令》中屡屡提及的"宦皇帝者"。秦汉简中"吏"与"宦者"常常并举，如岳麓秦简 2108"吏废官，宦者出宦"[④]，《二年律令·置吏律》"吏及宦皇帝者、中从骑，岁

---

① 关于秦代"中县"辖区问题，相关代表性论著有：邹水杰《岳麓秦简"中县道"初探》，载《第七届出土文献与法律史研究学术研讨会论文集》（长沙，2017 年 11 月），第 251~276 页；周海锋《岳麓书院藏秦简〈亡律〉研究》，载杨振红、邹文玲主编《简帛研究二〇一六》（春夏卷），第 171 页。

② 彭浩、陈伟、〔日〕工藤元男主编《二年律令与奏谳书——张家山二四七号汉墓出土法律文献释读》，第 374 页。

③ 陈松长主编《岳麓书院藏秦简（伍）》，第 193 页。

④ 陈松长主编《岳麓书院藏秦简（伍）》，第 50 页。

予告六十日"①。"群官官属"指各个官府的杂役，如仆、养、走之类。

"冗募群戍卒"又见于里耶秦简，而"冗募"一词见于《秦律杂抄》："冗募归，辞曰日已备，致未来，不如辞，赀日四月居边。"睡虎地秦墓竹简整理小组云："冗募，意即众募，指募集的军士。"②孙言诚先生认为"冗"与"募"指两类人，冗指冗边者，募是应募而从军戍边者。孙先生又据《秦律十八种·司空律》简文认为冗边者一种是有谪罪的，一种是赎身的③。笔者认为"冗募群戍卒"指应募而戍边者，但冗募卒有相当的自由，并非全年服役，享有告假权。据岳麓秦简1668组令文亦可知，"冗募群戍卒"与一般的黔首、官吏一样，亲人死亡或生病可以获得假期。由此可见，"冗募群戍卒"是自由民，绝非有谪罪者。"冗"一般作分散解，与全职、全天候相对。"冗募群戍卒"为了酬劳而参加戍边，但作为国家编户齐民，必须承担一定徭役，又或有田地需要打理，故不能保证每天都能戍边。

"父母、泰父母不死而谩吏曰死以求归"，不但欺骗了官府，而且是对至亲之大不敬，故处以"完城旦"之刑。"妻子及同产、亲父母之同产不死而谩吏曰死及父母不病而【谩吏】曰病以求归"皆处以迁刑。

（二）"共令"所见防治官吏腐败方面的举措④

岳麓书院藏秦简中，有一则由数十枚简构成的令文是针对治狱者及其亲属的受贿行为而制定的，目的是防止官吏以权谋私、贪赃枉法。这些律令条文又可分成两组，两组条文内容雷同，字体有别，分属不同卷册。岳麓书院藏秦简整理小组将其中一组收入第五卷，另一组收入第六卷，本部分重点对前者加以探讨，并顺便论及后者。

收入第五卷者计有25枚（22支），可见两道编痕，编痕处无字，字体比较方正，内容围绕一个中心而展开。我们根据相关信息将这25

---

① 张家山二四七号汉墓竹简整理小组编著《张家山汉墓竹简［二四七号墓］（释文修订本）》，文物出版社，2006，第38页。

② 睡虎地秦墓竹简整理小组编《睡虎地秦墓竹简》，第88页。

③ 孙言诚：《简牍中所见秦之边防》，中国社会科学院硕士学位论文，1981，第30页。

④ 此节文字曾刊布于《秦官吏法研究》（西北大学出版社，2021，第107~122页），这次刊布时有所修订。

枚简编连在一起，但此组条文依旧不完整。为了便于讨论，将条文移录于下：

　　自今以来，治狱以所治之故，受人财及有卖买焉而故少及多其贾（价），虽毋（无）柾殿（也），以所受财及其贵贱贾（价），与【盗】（1605+1617）【同】赇乚。叚（假）乚、貣贱＜钱＞金它物其所治、所治之亲、所智（知），【虽毋柾殿（也），以所】叚（假）赁费貣贱＜钱＞金它物其息之数，与盗同赇乚。叚（假）貣（1603-1+1603-3）钱金它物其所治之室人，所治之室〖人〗父母、妻、子、同产，虽毋（无）柾殿（也），以所叚（假）赁费貣钱金它物其息之数，与盗（1597）〖同〗赇乚。吏治狱，其同居或以狱事故受人财及有卖买焉，故少及多其贾（价），以告治者，治〖者〗弗【言吏，受者、治】（1146）者以所受财及其贵贱贾（价），与盗同赇乚。叚（假）貣钱金它物【其所治、所治之亲、所智（知）】，为告治者，治〖者〗为柾事，以所叚（假）赁费貣钱金它物（1167）其息之数，受者、【治者】与盗同赇乚。不告治者乚，受者独坐，与盗同赇乚。叚（假）貣钱金【它物其所治之室人、室人父】（1164）母、妻、子、同产，以告治者，治者虽弗为柾事，以所叚（假）赁费貣钱金它物其息之数，受者、治者与盗同赇乚。不（1098）【告】治者乚，受者独坐，与盗同赇乚。告治者，治者即自言吏，毋辠乚。受者其及＜父＞毋＜母＞殿（也），以告子治？▨（1086）

（缺简）

▨以所受财及其贵钱＜贱＞贾（价），与盗同（1750）赇乚。为请治者，【治者】为·柾事，得，皆耐，其辠重于耐者，以重者论乚，【以】盗律论受者。其告治者，治者弗为柾事，治者（1695）毋辠。治狱者亲及所智（知）弗与同居，以狱事故受人财及有卖买焉【而故少及多其贾（价），弗为请而谩】▨（1783）谓已为请乚，受者赀二甲。不告治者及弗谩，毋辠。治狱以所治故受人酒▨（1793+1801）

（缺简）

以枉事及其同居或以狱事故受人酒肉食，以告治者，治者为枉事，治者、受者皆与盗同灋。受人酒肉食，弗（1697）以枉事，以盗律论∟。同居受人酒肉食，以告治者，治者弗为枉事，治者赀二甲，受者以盗律论。不告治者，受（1711）者独坐，与盗同灋。治狱者亲及所智（知）弗与同居，以狱事故受人酒肉食，弗为请而谩谓已为请，以盗律（1710）【论】，不告治者，受者独坐，与盗同灋。治狱者亲及所智（知）弗与同居，以狱事故受人酒肉食，弗为请而谩（1717）【谓】已为请，以盗律论∟，为请治者，治者为枉事，得，皆耐，其辠重于耐者，以重者论，以盗律论受者，其告（0833）治者，治者弗为枉事，受者赀二甲；不告治者及弗谩，毋辠∟。治狱受人财酒肉食，段（假）贳人钱金它物及有卖（1732）买焉而故少及多其贾（价），以其故论狱不直，不直辠重，以不直律论之。不直辠轻，以臧（赃）论之。有狱论，有狱论（1723）亲、所智（知）以狱事故，以财酒肉食遗及以钱金它物段（假）贷治狱、治狱者亲、所智（知）及有卖买焉而故少及多（1815）【其】贾（价），已受之而得，予者毋（无）辠。有狱者，有狱者亲、所智（知）以财酒肉食遗治狱者，治狱者亲、所智（知）∟，弗受而告吏，以盗（1847）律论遗者，以臧（赃）赐告者，臧（赃）过四千钱者，购钱四千，勿予，臧（赃）入县官。予人者，即能捕所予及它人或能捕之，（1851）①

（缺简）

以上简文之系连，缺字之补释②，主要依据另一组字体迥异、内容相同的条文，两组不能对读之处，则依据文意将其置于相应位置。故以上系连

---

① 陈松长主编《岳麓书院藏秦简（伍）》，第 144~151 页。按：释文、句读已在整理报告的基础上有所修订。

② "【 】"内之字据文意或另一组内容相同字体有异的令文补释，"□"内之字据残存笔画释出。

方案或与原简册有一定出入，这是需要事先交代的。因为可作为编连重要参照的简背划痕、反印文等信息在此组简中十分有限。

仅从条文内容本身，不易分辨"受财枉事"组条文究竟是律还是令文，但通过其他信息可以证明这确是一则令文。因为与之内容雷同、字体迥异的那组条文属于"郡二千石官共令　第甲"（岳麓秦简2076号），令篇名是单独书写在一枚简上的。又"郡二千石官共令　第甲"卷册中的令文与第五卷简尾标注"廷甲"的条文内容雷同者不少，有10则以上，据此可基本判定"受财枉事"组条文属于"廷内史郡二千石官共令"或"郡二千石官共令"。

1134简上半截不存，下半截释文为"第甲 └戊 └己 └庚"，1134简位于卷册末端，其前一枚1131简为篇名简"廷内史郡二千石官共令·第庚　·今壬"。据此可知岳麓秦简尚存廷内史郡二千石官共令第甲和第戊。故收入《岳麓书院藏秦简（伍）》的"受财枉事"组条文应属于"廷内史郡二千石官共令　第甲"。其不应编排在第二组J49之后，而应置于《岳麓书院藏秦简（伍）》第一组最前面。

条文冗长，但远非全部，所缺失的简牍不少。初读之，或疑其反复啰唆，然仔细研读后发现，整则律令条文除了一处因为大意而抄写重复之外，实际上均有细微区别。这也是秦法细密严谨的表征。下文将逐简分析此则令文，着眼于写本形态、语词蕴意、立法精神等方面的考察。

1. 令条文本形态的复原及"他本"的重要校勘价值

由于有"他本"可资对勘，可以有效地校正文本的讹误，并为令文的系连提供有力的参照。不得不承认，有些脱、讹现象，若无"他本"作为参照，是极难发现的。又由于缺简较多，反印文、背划线信息过少，律条较长且表述上繁复拖沓，若无可资对校之本，很难确认一些竹简在整则令文中的位置。

（1）讹、衍、脱

起首简由1605简与1617简左右缀合而成，"自今以来"常作为令文起始标志，然据此四字并不能知晓令文确切制定时间。起首三枚简正好可与另一卷册的三枚简对读：

> ·自今以来，治狱以所治之故·，受人财及有卖买焉而故少
> 及多其贾（价），虽毋枉殹（也），以所受财及其（0177）贵赋
> <贱>①贾（价），与盗同灋∟。叚（假）∟、貣钱金它物其所治、
> 所【治】之亲、【所智（知）】，【虽毋以枉殹（也）】，以所叚（假）
> 赁、费、贳、钱金它物其息之数（0181）与盗同灋∟。叚（假）
> ∟、貣钱金它物其所治之室人、所治之室人父母、妻子、同产，虽
> 毋枉殹（也），以所叚（假）、赁、费、貣钱金它物（2105）②

两组简对读后发现 0181 简存在漏抄、误抄现象，漏抄"所智"二字，
误衍"以"字。1603-1+1603-3 简中断残泐，据前后文意可补"虽毋枉
殹以所"六字，因三枚简的内容均是针对受贿而未枉法的情况。

1086 简"其及毋殹"，三个虚词连用，且文意不通，其必有讹误无
疑。然仅靠文法知识和本则令文内容，无法纠正其讹。而通过另外一则
与之内容相同的令条可知，"及毋"乃"父母"之讹，前文已论，此不
细叙。

"衍文"常出现于秦汉律简，衍文字数以一二字居多，三五字者也
可见，但衍文字数达四五十字者十分罕见。第一章已论之，此不赘述。

（2）"内证法"与残简编连

收入岳麓书院藏秦简第五卷有关惩治治狱官吏徇私枉法的令条计有
22 枚，竹简经缀合后完整或基本完整；而另一则可与之对读的令文只
有 17 枚简，且含 3 枚残断简（10 字以下）。很显然，两组令文所蕴藏
的信息量是不对等的。在进行竹简文本复原时，当没有"他本"可对照
时，只能根据文本的内部结构来开展复原工作。例如 1783 简残断，而
可作为补释参照的"他本"在此处也恰好残断：

---

① 彩色图版有"贵贱"两个字，写作"贵赋"。
② 陈松长主编《岳麓书院藏秦简（陆）》，第 137 页。按：句读、释字有所改动。

☒以所受财及其贵钱＜贱＞贾（价），与盗同（1750）瀺。为请治者，〖治者〗为・枉事，得，皆耐，其鼻重于耐者，以重者论 L，〖以〗盗律论受者，其告治者，治者弗为枉事，治者（1695）**毋鼻。治狱者亲及所智（知）弗与同居，以狱事故受人财及有卖买焉【而故少及多其贾（价），弗为请而谩】**☒（1783）谓已为请 L，受者赀二甲。不告治者及弗谩，毋鼻。治狱以所治故受人酒☒（1793+1801）①

☒治者，治者弗为柱＜枉＞事 L，治者毋罪。**治狱者亲及所智（知）弗与同居，以狱事故受人财及有卖买焉而故（1963）【少】及多其贾（价），**以☒（C10.3-6-5）②

字体加黑者是可以对读的部分。1783 简简尾残断部分，可据 1963 简与 C10.3-6-5 简补释“而故少及多其贾”七字，而后面的“弗为请而谩”五字是笔者根据本则令文的叙述逻辑补释的。补释之后发现其正好可与 1793+1801 简系连，系连依据来自后文：

治狱者亲及所智（知）弗与同居，以狱事故受人酒肉食，弗为请而谩谓已为请，以盗律（1710）【论】。不告治者，受者独坐，与盗同瀺。**治狱者亲及所智（知）弗与同居，以狱事故受人酒肉食，弗为请而谩（1717）谓已为请，以盗律论 L。为请治者，治者为枉事，得，皆耐，其鼻重于耐者，以重者论，以盗律论受者。其告（0833）治者，治者弗为枉事，受者赀二甲；不告治者及弗谩，毋鼻 L。**（1732）

前文已经提及“不告治者……以盗律论”一段为衍文，兹不予讨论。以上令文是针对“治狱者亲及所智（知）”非法接受涉案者或其亲属酒肉食而制定的，又可细分为“弗为请而谩谓已为请”“为请治者，治者

① 陈松长主编《岳麓书院藏秦简（伍）》，第 147~148 页。按：句读有改动。
② 陈松长主编《岳麓书院藏秦简（陆）》，第 141 页。

为枉事""告治者，治者弗为枉事"和"不告治者及弗谩"数种情况，分别面临不同的处置方式。据此叙述顺序，可推测"治狱者亲及所智（知）弗与同居，以狱事故受人财及有卖买焉【而故少及多其贾（价）】"之后也应该接"弗为请而谩谓已为请"之类的内容。

需要补充的是 1793+1801 简"以为请"之后直接言"受者赀二甲"，过于突兀，中间似有脱文。因为接受钱财数额和贸易过程中故意超出平价的部分，多少不一，若一律以"赀二甲"论处，不仅有失公允，也与秦法一贯的细密性不符。据此并参照 1710~1732 简的叙述程序，可知脱文部分为"以盗律论。为请治者，治者为枉事，得，皆耐，其皋重于耐者，以重者论，以盗律论受者。其告治者，治者弗为枉事"，加上两处重文，正好42字，恰为此组令文一枚简所能容纳的字数。当然这只是笔者根据自己的理解作出的判断，由于没有其他文本作为依据，不可直接将以上文字补入。

2. 令条所见术语释义

所研讨的令条对官吏及其亲属的各类贪赃枉法行为做了十分细致的规范，不仅为探究秦官吏法提供了极好的材料，也为重新解释秦汉简牍中常见的某些术语创造了契机。

整则条文围绕"受财枉事"而展开，中间又可细分为多个层次。依据受贿对象不同可划分为治狱者、治狱者亲、治狱者所知、治狱者同居和治狱者弗与同居等。依据行贿对象可区分为有狱者、有狱者亲、有狱者所知、有狱者室人以及有狱者室人之父母、妻子、同产等。依据行贿方式不同，可分以钱财行贿、遗以酒肉食、"叚（假）貣钱金它物"、买卖故意贵贱其价等。而治狱者本人是否知晓行贿之事、是否检举非法、受贿后是否枉法，所给予的处罚也各不相同。此外，条文还规定给予告劾、检举"受财枉事"行为者奖赏。

条文涉及对象有所智、亲、同居、室人、同产，这几个称谓之间有一定联系，也有比较严格的区分，要完全读懂条文内容，有必要先对它们进行考释。

（1）所智、亲、同居、室人

"所智"一词见于 1603-1+1603-3，"叚（假）∟貣贱＜钱＞金它物其所治、所治之亲、所智（知）"，"所智"乃"所治之所智"之省，"所智"应是与"亲"并列的一种亲属称谓。"叚貣钱金它物其所治"，即把钱财、其他物品借给涉狱者。狭义的"亲"特指父亲和母亲，秦汉简或称为"亲父母"：

> 《秦律十八种·军爵律》：欲归爵二级以免亲父母为隶臣妾者一人，及隶臣斩首为公士，谒归公士而免故妻隶妾一（155）人者，许之，免以为庶人。（156）①
>
> 《岳麓秦简·戍律》：……繇（徭）发，亲父母、泰父母、妻、子死，遣归葬。已葬，辄聂（躡）以平其繇（徭）。（1238）②
>
> 《二年律令·贼律》：殴兄、姊及亲父母之同产，耐为隶臣妾。其奊訽（诟）詈之，赎黥。（四一）③
>
> 《二年律令·金布律》：有赎买其亲者，以为庶人，勿得奴婢。（四三六）④

秦汉文献中的"亲"常指父亲、母亲，后代以"亲"代指所有亲属乃词义扩大的结果。

"亲"与"所智"常一起出现，故"亲所智"易被误理解为一词。"亲所智（知）"这一称谓在睡虎地秦简、张家山汉简中均出现过：

> 《法律答问》：将司人而亡，能自捕及亲所智（知）为捕，除毋（无）辠（罪）；已刑者处隐官。（125）⑤
>
> 《二年律令·亡律》：奴婢亡，自归主，主亲所智（知），及

---

① 陈伟主编《秦简牍合集 释文注释修订本（壹）》，第124页。
② 陈松长主编《岳麓书院藏秦简（肆）》，第129页。
③ 张家山二四七号汉墓竹简整理小组编著《张家山汉墓竹简［二四七号墓］（释文修订本）》，第14页。
④ 张家山二四七号汉墓竹简整理小组编著《张家山汉墓竹简［二四七号墓］（释文修订本）》，第68页。
⑤ 陈伟主编《秦简牍合集 释文注释修订本（壹）》，第231页。

主、主父母、子若同居求自得之，其当论畀主，或欲勿诣吏论者，皆许之。（一六〇）①

《二年律令·亡律》：☒□頯畀主。其自出殹（也），若自归主、主亲所智（知），皆笞百。（一五九）②

睡虎地秦简整理者均将"亲所知"解释为"亲属朋友"③。徐世虹先生认为"主亲"指"主父母、子若同居"，"主亲所知"可释作"主人、亲属所知之人"。④据岳麓秦简 1710 简"治狱者亲及所智（知）"，1783 简"治狱者亲及所智（知）弗与同居"，可确定"亲"与"所智（知）"所指不同，不宜视为一物。"亲"指父亲、母亲，前文已经论及。那么"所知"究竟包括哪些人呢？

既然确定了"亲"与"所知"为两个不同的概念，则秦汉简中"亲所知"均宜断读为"亲、所知"，《二年律令》一六〇简应重新句读如下：

《二年律令·亡律》：奴婢亡，自归主、主亲、所智（知），及主、主父母、子若同居求自得之，其当论畀主，或欲勿诣吏论者，皆许之。

以上律文主要讲了两层意思，一是奴婢逃亡之后自己回到主人、主人父母或所智（知）那里；二是主、主父母、子或同居抓获了逃亡的奴婢。不难发现"主、主亲、所智（知）"与"主、主父母、子若同居"是一一对应的，则"所智（知）"当包括子与同居。

① 张家山二四七号汉墓竹简整理小组编著《张家山汉墓竹简 [二四七号墓]（释文修订本）》，第 30 页。
② 彭浩、陈伟、〔日〕工藤元男主编《二年律令与奏谳书——张家山二四七号汉墓出土法律文献释读》，第 154 页。
③ 彭浩、陈伟、〔日〕工藤元男主编《二年律令与奏谳书——张家山二四七号汉墓出土法律文献释读》，第 154~155 页。
④ 徐世虹：《"主亲所知"识小》，载中国文物研究所编《出土文献研究（第六辑）》，上海古籍出版社，2004，第 135 页。

据《法律答问》"'同居',独户母之谓殹(也)"①,可知"同居"指位于同一户籍之下的兄弟姐妹,且必须是一母所出。然《法律答问》又曰"户为同居"②,即同一户籍。高恒先生综合两则材料,认为"同居"指同一户籍同母之人。③彭年先生认为"同居"包括"同籍"与"同财"两项。秦汉时期,父母妻子属于"同居",没有分异的兄弟及兄弟之子亦包括在"同居"之列④。可见,关于"同居",学界尚无统一意见。

关于"室人",学界同样未达成共识。《法律答问》解释为:"一室,尽当坐罪人之谓殹(也)。"⑤睡虎地秦墓竹简整理小组引用《礼记·昏义》注:"谓女姑女叔诸妇也。"⑥陈玉璟先生认为"室人"指"一家人"。⑦蔡镜浩先生认为"室人"似指妻子、儿女。⑧高恒先生认为"室人"即房屋内的人。同一室的人,不一定是亲属,更非"诸妇也"。⑨张世超先生认为"室人"指"同室而居"之人,亦即"同居"。⑩冨谷至教授认为"一室尽当坐罪之人"并不是确定缘坐范围的必要条件,奴婢并不包括在内。⑪

据上引岳麓秦简令文可知,"所治之亲""所智"和"所治之室人"三者是并列关系。前文已经确认"亲"指"父母亲","所智"包括子女与同居。据令文"叚(假)貣钱金它物其所治之室人、室人父母妻子同产"一段,可知"室人"一般拥有"父、母、妻、子、同产",则"室

---

① 睡虎地秦墓竹简整理小组编《睡虎地秦墓竹简》,第 141 页。
② 陈伟主编《秦简牍合集 释文注释修订本(壹)》,第 190 页。
③ 高恒:《秦简中的私人奴婢问题》,载中华书局编辑部编《云梦秦简研究》,第 140~151 页。
④ 彭年:《秦汉"同居"考辨》,《社会科学研究》1990 年第 6 期。
⑤ 睡虎地秦墓竹简整理小组编《睡虎地秦墓竹简》,第 141 页。
⑥ 睡虎地秦墓竹简整理小组编《睡虎地秦墓竹简》,第 142 页。
⑦ 陈玉璟:《秦简语词札记》,《安徽师大学报》(哲学社会科学版)1985 年第 1 期。
⑧ 蔡镜浩:《〈睡虎地秦墓竹简〉注释补正》(二),《文史》第 29 辑,中华书局,1988。
⑨ 高恒:《读秦汉简牍札记》,载李学勤主编《简帛研究(第一辑)》,法律出版社,1993,第 40~47 页。
⑩ 张世超:《秦简中的"同居"与有关法律》,《东北师大学报》(哲学社会科学版)1989 年第 3 期。
⑪ 〔日〕冨谷至:《秦汉刑罚制度研究》,柴生芳、朱恒晖译,第 154 页。

人"只能指代男性。然此涉案者之"室人"甘冒风险与治狱者进行不正当的借贷往来，以此来影响治狱者的行为，可见"室人"与涉案者必然关系密切，不可能仅仅指在空间上同居一室之人。排除各种可能后，我们认为"室人"指异户的兄、弟、侄、孙。

又令文常将"同居"与"亲及所智（知）弗与同居"并列，此"同居"只能当同户解，不能作"独户母"解。既然确定了岳麓秦简中的"同居"确指位于同一户籍之下者，那么与之抄写年代相近的《二年律令》中的"同居"的内涵当相同。需要指出的是父母、子女、兄弟姐妹未必属于"同居"，现在看来只有"妻"是始终属于"同居"的，父母、子女、兄弟、姐妹并非理所当然的"同居"者。

从令文"亲及所智（知）弗与同居"推测出"亲、所智"可能"同居"，也可能非"同居"，而"妻子"是始终属于"同居"行列的，故"所智"不包括妻。又奴婢虽然为主人的私产，但常出现在户籍簿上，与一般的物什有别。奴婢也是必然的"同居"者，不当在"所智"范围内。

> 《二年律令·亡律》：奴婢亡，自归主、主亲、所智（知），及主、主父母、子若同居求自得之，其当论畀主，或欲勿诣吏论者，皆许之。

秦汉律文中的"主"既可指男主人，亦可指女主人，如"主奴奸"的记载数见，"主"显然指女主。故知"所智"包括子女（含异户、出嫁者）和同居（位于同一户籍之下者，妻、奴除外）。

从"治狱者亲及所智（知）弗与同居"可知"所智"与治狱者可能是同居关系，也可能异户。秦汉简中"亲""所智"常并列，是两个按照血缘关系划分的概念，"所智"与"同居"无必然联系。"所智"指除父母以外的血亲，包括子、孙、兄弟、侄等。"同居"指位于同一户籍之下者，妻和奴婢恒为"同居"者，其他血亲则未必是。

综上可知，"所智"与"同居"划分标准不同，前者以血缘，后者以户籍。所智未必同居，同居也未必是所智。"室人"是一个既考虑血亲又考虑户籍关系的概念，指异户的兄、弟、侄、孙。"所智"包括子女（含异户、出嫁者）和同居（位于同一户籍之下者，妻、奴除外）。同居指位于同一户籍之下者。

（2）叚（假）贳

"叚（假）贳钱金它物""叚（假）赁费贳钱金它物其息之数"在令文中反复出现，其所指需要加以辨析。

"叚（假）"在令文中并非一般意义上的借，而是一种有条件或需要支付一定酬金的租借；"贳"指放贷，以收取利息为盈利手段。"叚（假）"与"贳"虽均以牟利为目的，但二者以钩识号断开，表明它们有所区别。"叚（假）"即后文的"假赁"，"贳"即"费贳"。"叚（假）"与"贳"的区别在于：所"叚（假）"之物为一般的物品，所"贳"者为金钱。"费贳"实际上应理解为"贳费"，即贷款。"叚（假）"与"贳"的区别，还可从以下简文看出：

> ·新地吏及其舍人敢受新黔首钱财酒肉它物，及有卖买叚（假）赁贳于新黔首而故贵赋＜贱＞（0895）其贾（价），皆坐其所受及故为贵赋＜贱＞之臧＜赃＞、叚（假）赁费、贳息，与盗同灋。（1113）[1]
>
> ·十三年六＜三＞月辛丑以来，明告黔首：相贷资缗者，必券书吏乚，其不券书而讼，乃勿听，如廷律。前此（0630）令不券书讼者，为治其缗，毋治其息，如内史律。（0609）[2]

从 0895 简、1113 简可知，新地吏及其舍人不得接受新黔首的馈赠，买卖时不能随意抬高或压低价钱，借贷时不可随意调整利率。"叚（假）赁贳于新黔首"本身不违法，若"故贵赋＜贱＞其贾（价）"，则要根据"叚（假）赁费、贳息"，比照盗赃论处。"贳"为"费贳"之省。

---

① 陈松长主编《岳麓书院藏秦简（伍）》，第 51~52 页。
② 陈松长主编《岳麓书院藏秦简（肆）》，第 194~195 页。按："六月"乃"三月"之讹。

0630 简 "相贷资缗" 即 "貣","相贷" 以 "资缗" 为目的。"缗"在传世文献中常见,《汉书·武帝纪》载 "初算缗钱"[①],李斐注:"丝也,以贯钱也。" 简文中的 "缗" 指本金,与 "息" 相对。"资" 可与 "滋"相通,"资缗" 即滋长本金。贷款均以获得利息为目的,秦代民间借贷是十分普遍的行为,但借贷行为只有当着官吏之面立下券书,才具有合法性。只有立下券书,今后借贷双方发生经济纠纷对簿公堂时官府才会受理。据以上令文还可知,秦代官吏可以进行放贷,只要不故意 "贵贱其价",均是合法的。如此看来,秦对民间私自放贷的利率也有所规范。

"其息之数" 指租贷所得利息金额,被视为赃款,比照 "盗赃" 论处。正常的民间租贷行为是允许的,但作为治狱的官吏,秦令禁止其与涉案者及涉案者亲属发生任何经济行为。秦令此举在于防患于未然,以期阻止权钱交易,保证司法的公正。

(3)受者、治者、所治

"受者" 指接受贿赂之人,"治者" 指治狱的官吏,"所治" 指狱案当事人。"受者" 有可能即为 "治者",也可能是与 "治者" 关系密切之人。治狱者没有接受贿赂,且对自己亲属的受贿行为一无所知时,治狱者无罪,受贿者 "与盗同灋"。治狱者若知晓涉案者或其亲属向自己的亲属行贿,即使没有因此而徇私枉法,也会获罪。据秦律,官民均有 "告奸" 义务,知情不报者会根据情节轻重给予相应惩罚。令文中出现的 "有狱论""有狱者" 均指犯案者,即 "所治"。

治狱者本人受人钱财或在与涉案者及其亲属贸易过程中故意抬高或压低价钱,即使未因此而出现不公正的审判,亦是违法行为,其所受赃款、贸易超出平价部分均要比照盗赃论处。治狱者接受涉案者及其亲属所赠酒肉食,即使没有因此枉法,亦 "以盗律论"。由此可见,负责狱案的官吏是不允许与涉案者及涉案者亲属发生经济关系的。

治狱者接受贿赂及获得其他不正当收入以后,因此而出现枉法行为,如果情节很严重,将面临更为严厉的处罚:

---

① 《汉书》卷六《武帝纪》,中华书局,1962,第178页。按:据岳麓秦简 "缗" 之用法,可知汉武帝 "初算缗钱" 之 "缗" 指资产,"算缗钱" 即收取资产税。

　　治狱受人财酒肉食，叚（假）貣人钱金它物及有卖买焉而故少及多其贾（价），以其故论狱不直，不直辠重，以不直律论之。不直辠轻，以臧（赃）论之。

　　《二年律令·盗律》：受赇以枉法，及行赇者，皆坐其臧（赃）为盗。罪重于盗者，以重者论之。（六〇）[1]

关于"论狱不直"，《法律答问》和《二年律令》均有解释：

　　《法律答问》：辠当重而端轻之，当轻而端重之，是谓"不直"。当论而端弗论，及伤其狱，端令不致，论出之，是谓"纵囚"。（九三）[2]

　　《二年律令·具律》：劾人不审，为失；其轻罪也而故以重罪劾之，为不直。（一一二）[3]

相比《二年律令》，《法律答问》对"不直"的解释更为全面。治狱的官吏不按律令从事，故意加重或减轻犯罪嫌疑人罪等，被称作"不直"。应当论罪而故意不论罪，或掩盖犯罪事实，使犯人够不上判罪标准，于是判其无罪，称为"纵囚"。"不直"常常与"纵囚"连用，但二者有别。里耶秦简行政文书中引用一则秦令中也有关于"不直"和"纵囚"的记录：

　　凡（讯）敬：令曰：诸有吏治已决而更治（8-1832）者，其罪节（即）重若（8-1418）益轻，吏前治者皆当以纵、不直论。今酋等当赎（8-1133）耐，是即敬等纵弗论殹。何故不以纵论？（8-1132正）

<hr>

[1] 张家山二四七号汉墓竹简整理小组编《张家山汉墓竹简 [二四七号墓]（释文修订本）》，第16页。
[2] 睡虎地秦墓竹简整理小组编《睡虎地秦墓竹简》，第115页。
[3] 张家山二四七号汉墓竹简整理小组编《张家山汉墓竹简 [二四七号墓]（释文修订本）》，第24页。

赎（8-1132 背）①

通过《法律答问》和里耶秦简，我们已经清楚"不直"的确切含义。官吏犯"不直"罪，究竟当如何处理，《史记·秦始皇本纪》载："（秦始皇）三十四年，適治狱吏不直者，筑长城及南越地。"②同为"不直"罪，轻重不同，不可能面临相同的惩处，《史记》中所言当针对情节比较恶劣者。汉初抄写的《二年律令·具律》规定：

> 鞫（鞫）狱故纵、不直，及诊、报、辟故弗穷审者，死罪，斩左止（趾）为城旦，它各以其罪论之。（九三）③

汉初之制多承秦朝，秦律对官吏"不直"者之惩处当与《二年律令》近似，"適治狱吏不直者，筑长城，及南越地"，当针对罪行比较严重者。需要补充的是，以上规定是在秦始皇三十三年平定南越、击退匈奴以后，由于王朝疆域空前广阔，需要大量官吏进行管理，只好起用那些政绩有污点的墨吏。岳麓秦简律令条文中频繁出现的"新地吏"，其中就包括不少因犯罪而谪往者。将治狱不直之吏发配到新地为吏，既可以弥补新地吏员之不足，又可以充分利用人力资源，毕竟培养一名合格的官吏需要比较漫长的时间。

（4）以臧论

令文中多次出现的"以臧（赃）论""以盗律论""与盗同法"，实际是一回事，指根据其赃款金额，比照盗窃财物罪论处。目前所见材料，以《二年律令·盗律》对"盗罪"的规范最为完备：

> 盗臧（赃）直（值）过六百六十钱，黥为城旦舂。六百六十到

---

① 陈伟主编《里耶秦简牍校释（第一卷）》，第281页。
② 《史记》卷六《秦始皇本纪》，第323页。
③ 张家山二四七号汉墓竹简整理小组编《张家山汉墓竹简 [二四七号墓]（释文修订本）》，第22页。

二百廿钱，完为城旦舂。不盈二百廿到百一十钱，耐为隶臣妾。不
（五五）盈百一十钱到廿二钱，罚金四两。不盈廿二钱到一钱，罚
金一两。（五六）①

汉初律条与秦律关系密切，以上规定对探究秦律对"盗罪"的规范有一
定参考价值。例如《二年律令》根据赃值多少将盗罪分为五等，与秦代
的情形类似。尤其是金额均是十一的倍数，袭用秦律的痕迹极为明显，
《秦律十八种·金布律》载："钱十一当一布"，此举本是为了钱布兑换
的方便，但对秦汉整个刑罚体系的影响极为深远。

　　睡虎地秦简、龙岗秦简和岳麓秦简中均有关于"盗罪"的惩罚条
款，但均不如《二年律令》中所见有体系。即便如此，笔者还是希望综
合三批材料所提供的信息复原秦律中有关"盗罪"的处罚原则。

　　笔者多次在文章中提及秦律文本是流动多变的，不仅仅表现在条文
增减或更替，即使对同一事项，不同时期的规范也可能不一样。具体到
"盗罪"的处罚规定也是如此。为了更加直观地体现这种变动，现将有
关材料摘引于下：

　　1. 士五（伍）甲盗，以得时直（值）臧（赃），臧（赃）**直
百一十**，吏弗直（值），狱鞠乃直（值）臧（赃），臧（赃）直
（值）**过六百六十，黥甲为城旦**，问甲及吏可（何）论？甲当耐
为隶臣，吏为失刑罪。甲有罪，吏智（知）而端重若轻之，论可
（何）殹（也）？为不直。（三六）②

　　2. 司寇盗**百一十钱**，先自告，可（何）论？当耐为隶臣，或曰
赀二甲。（八）③

　　3. 或盗采人桑叶，臧（赃）**不盈一钱**，可（何）论？赀徭

①　张家山二四七号汉墓竹简整理小组编《张家山汉墓竹简 [二四七号墓]（释文修订本）》，
　　第 16 页。
②　睡虎地秦墓竹简整理小组编《睡虎地秦墓竹简》，第 102 页。
③　睡虎地秦墓竹简整理小组编《睡虎地秦墓竹简》，第 95 页。

（徭）三旬。①

4.二百廿钱到百一十钱，耐为隶臣妾；□☒（40）②

5.赀二甲；不盈廿二钱到一钱，赀一盾；不盈一钱，□☒（41）③

6.达等叔冢，不与猩、敞谋，【得】衣器告；猩、敞受分，臧（赃）过六百六十钱。得。猩当黥（0008/0037）城旦，敞耐鬼薪。（0193-1/残033）（"猩、敞知盗分赃案"）④

7.·诸物之有程而当入县官者，其恶不如程而请吏入，其受请者及所请，皆坐恶不如程者，（1457）与盗同灋，臧（赃）不盈百一十钱者，皆耐以为司寇。·卅七（1483）⑤

8.工隶臣妾及工当隶臣妾者亡，以日六十钱计之。隶臣妾、宫隶、收人（2002）及诸当隶臣妾者亡，以日六钱计之，及司寇冗作及当践更者亡，皆以其当冗作及当践（1981）更日，日六钱计之，皆与盗同灋。（1974）不盈廿二钱者，赀一甲。其自出殹（也），减罪一等 L。亡日钱数过六百六十而能以钱数物告（0169）者，购金二两，其不审，如告不审律。六百六十钱以下及不能审钱数而告以为亡，购（0180）金一两，其不审，完为城旦舂到耐罪，赀二甲；赀罪，赀一甲。（2036）⑥

材料1、2、3均取自睡虎地秦简《法律答问》，其抄写年代当在秦统一之前。从材料1可知盗赃值百一十钱以上，耐为隶臣妾；盗赃值六百六十钱以上，黥为城旦舂。从材料2可知盗赃值百一十钱以上，本当耐为隶臣妾，但考虑其有"自告"行为，或有官吏认为当罚二甲。根

---

① 睡虎地秦墓竹简整理小组编《睡虎地秦墓竹简》，第95页。
② 陈伟主编《秦简牍合集 释文注释修订本（叁）》，武汉大学出版社，2016，第36页。
③ 陈伟主编《秦简牍合集 释文注释修订本（叁）》，第37页。
④ 朱汉民、陈松长主编《岳麓书院藏秦简（叁）》，第124页。
⑤ 陈松长主编《岳麓书院藏秦简（陆）》，第62~63页。按：两简乃笔者据己意编连，整理小组另有编连意见。
⑥ 陈松长主编《岳麓书院藏秦简（肆）》，第44~45页。按：2002简原本漏收，笔者在后续整理过程中发现其当编连在1981简之前。

据秦律的量刑规则，当犯罪人有自首行为时，会减罪一等。这从侧面说明，盗赃不满百一十钱者，赀二甲。

4、5 两则材料来自《龙岗秦简》，一般认为此批律条抄录时代为秦统一以后。任仲赫先生认为以上两简可以遥缀，推测中间残缺为"不盈百一十钱到廿二钱"诸字[①]，笔者认为可信。秦及汉初量刑的标准数额均为十一钱的倍数，廿二、百一十、二百廿、六百六十是重要的节点。又以龙岗秦简 39 简为例，满简的容字数为 24 字，40 简补释之后正好是 24 字。与 40 简编连的前简一定是以"不盈"结尾，且是针对"不盈六百六十钱到二百廿钱"以及"六百六十钱以上"之处罚。

6、7、8 三则材料摘自岳麓秦简，其中 6 为秦统一前的狱案卷宗摘录，7、8 为秦统一后抄录的律令条文，需要指出的是岳麓秦简中的令文有晚至秦二世时期者。据材料 6，盗赃过六百六十钱者，黥为城旦，上造爵以上者，耐为鬼薪。从材料 7 可知，盗赃值不满百一十钱者，耐为司寇。《法律答问》和《龙岗秦简》中对同等级别的盗罪均是罚赀二甲，这当是秦对盗罪刑等进行调整的结果。"赀二甲"以上尚有"赎耐"，可见秦法对盗罪的惩处力度在不断加大。这从材料 8 也能看出，逃亡者以每日六钱计为盗赃，不盈廿二钱者，赀一甲，比《龙岗秦简》中的"赀一盾"同样重了一个等级。让人疑惑的是，赀一甲与耐为司寇之间，隔了赀二甲、赎耐两个刑等。里耶秦简中有官吏由于某种原因被处以耐为司寇之刑者：

> 卅四年六月甲午朔乙卯，洞庭守礼谓迁陵丞：Ⅰ丞言徒隶不田，奏曰：司空厌等当坐，皆有它罪，Ⅱ（8-755）耐为司寇。有书，书壬手。Ⅱ（8-756）[②]

为便于比较，秦汉简中对盗罪的相应处罚情况如表 2-1 所示。

---

① 〔韩〕任仲赫、朴美玉：《秦汉律的罚金刑》，《湖南大学学报》（社会科学版）2008 年第 3 期。

② 陈伟主编《里耶秦简的校释（第一卷）》，第 217 页。

表 2-1　秦汉盗罪相应处罚一览

赃值（钱）	睡虎地秦简处罚	岳麓秦简处罚	龙岗秦简处罚	二年律令处罚
X ≥ 660	黥为城旦舂	黥为城旦舂		黥为城旦舂
660 > X ≥ 220	完为城旦舂	完为城旦舂		完为城旦舂
220 > X ≥ 110	耐为隶臣妾	耐为隶臣妾	耐为隶臣妾	耐为隶臣妾
110 > X ≥ 22	赀二甲	耐为司寇	赀二甲	罚金四两
22 > X ≥ 1	赀一盾	赀一甲	赀一盾	罚金一两
X < 1	赀徭三旬			

3. 秦法处置受贿罪的原则问题

通过上文分析可知，秦代在处置官吏受贿枉法之罪时，总体中遵循以下原则："不直罪"轻，以盗罪论处；"不直罪"重，以不直论。但在具体处置时，情况远比此复杂。"人是一切社会关系的总和"，官吏作为社会中的一员，与外界必然发生各种联系，与亲属之间的关联尤其重要。秦法制定者在拟定律令条文时，既要防范官吏的亲属利用血亲关系侵蚀公权力，阻碍司法的公正性；又要充分考虑官员的社会属性，不能只让他们感受到冰冷严酷的律条，而没有感受到一丝暖人心房的脉脉温情。"刚柔相济"的原则在秦代律令条文中表现得十分明显。下面将着重谈谈这一点。

前文已经论述了官吏本人受贿的处罚情况，官吏亲属受贿情况更为复杂些。亲属同居还是异户，处罚措施不同。又亲属在受贿后是否请托，请托后官吏是否枉法，均会有不同的处置。

治狱者的同居由于狱事的缘故接受他人钱财或不正当的收入，并将此事告知治狱者，而治狱者未将此事上报官府，同居与治狱者均要根据具体的赃值，按照盗罪论处。"同居连坐"是秦法中一条比较重要的原则，《法律答问》引秦法曰："盗及者（诸）它罪，同居所当坐。"[①]

治狱者同居受人酒肉食，并将此事告知治狱者，治狱者未因此而枉

---

① 睡虎地秦墓竹简整理小组编《睡虎地秦墓竹简》，第98页。

法，同居以盗律论，治狱者赀二甲。治狱者父母、兄弟、子侄未与同居者，受人酒肉食，并将此事告知治狱者，治狱者未因此而枉法，受贿者赀二甲，治狱者无罪。

同居者必共产，同居者受贿所得，计入家庭总财产中，故就此而言，治狱者同居受贿，与治狱者本人接受区别不大。我们姑且称治狱者亲属接受贿赂为"间接受贿"，其与治狱者本人直接受贿有别，故秦法对直接受贿与间接受贿分别处理。

亲属受人酒肉食并将此事告知治狱者，治狱者因此而枉法，同居亲属与弗与同居者所面临的惩罚不同，治狱者接受非同居者的请托而枉法所受到的惩罚更为严厉：

> 以枉事及其同居或以狱事故受人酒肉食，以告治者，治者为枉事，治者、受者皆与盗同灋。（1697）
>
> 治狱者亲及所智（知）弗与同居，以狱事故受人酒肉食……为请治者，治者为枉事，得，皆耐，其罪重于耐者，以重者论，以盗律论受者。（1710-0833）

前文已经论及，盗罪按照赃值课刑，最高为黥城旦舂，最低为赀一甲。同居受人酒肉食，"以告治者，治者为枉事，治者、受者皆与盗同灋"，若以"盗罪"论，最重黥为城旦舂、最轻赀一甲。"治狱者亲及所智（知）弗与同居"受人酒肉食而为涉案者请托，治狱者因此而枉法，"不直"之罪在耐罪以下者，受贿者、治狱者均要以耐罪论。"不直"之罪在耐罪以上者，治狱者以"不直罪"论处，受贿者根据受贿金额以盗罪论处。

不难发现，同居者请托，治狱者枉法，治狱者之罪等根据受贿物赃值而定；父母、所智（知）非同居者请托，治狱者枉法，治狱者之罪按照不直罪大小而定，即与涉案者罪等相关联，而与受贿赃值无直接关系。

以上是治狱者因亲属请托而枉法的情况，下面再谈谈虽请托而未枉法的情况：

同居受人酒肉食，以告治者，治者弗为枉事，治者赀二甲，受者以盗律论。（1711）

治狱者亲及所智（知）弗与同居，以狱事故受人酒肉食……其告治者，治者弗为枉事，受者赀二甲。（1710-1732）

母妻子同产，以告治者，治者虽弗为枉事，以所叚（假）赁费貣钱金它物其息之数，受者、治者与盗同灋。（1098）

1098 简之前有缺文，可推测大致内容是治狱者同居"叚（假）貣钱金它物"给涉案者的亲属，以从中牟利，并为涉案者请托。治狱者即使未因此枉法，也要与受贿者一道按盗罪论处。在同样的情况下，如果同居受贿物品为酒肉食，治狱者将赀二甲，受贿者同样以盗罪论。父母、所智（知）非同居者受人酒肉食而为涉狱者请托，治狱者弗为枉法，受贿者赀二甲，治狱者无罪。

从上可见，治狱者同居无论是受人酒肉食还是通过"叚（假）赁费貣"等获得非法收入，只要向治狱者请托，即使治狱者未因此而枉法，受贿者均以盗罪论。

治狱者即使本人没有受贿，也没有枉法，只要知晓亲属受贿而未向官府报告，就会被治罪。只有一种情况例外，亲属非同居者受人酒肉食而为涉狱者请托，弗为枉法，治狱者无罪。令文中提及治狱官吏无罪的情况还有以下几种：

不告治者，受者独坐。告治者，治者即自言吏，无辠。（1098、1086）

不告治者及弗谩，毋辠。（1732）

治狱者在不知亲属受贿或知情而上报官府的情况下，可以免受处罚。

关于受人酒肉食，岳麓秦简令文中也有规定：

·里人令军人得爵受赐者出钱酒肉歙（饮）食之，及予钱酒肉

者，皆赀戍各一岁。（0634）①

·材官、趋发、发弩、善士敢有相责（债）入舍钱酉（酒）肉及予者，捕者尽如此令，士吏坐之，如乡啬夫。赀丞、令（0525）[令]史、尉、尉史各一甲。丞相下，尉布，御史议，吏敢令后入官者出钱财酒肉，入时共分歙（饮）食及出者，皆【赀】二甲，责费。（0529）②

"军人"当指里人服兵役者，里人获得军功爵，本是可喜可贺之事，秦法却严禁以酒肉、钱财道贺，违者罚充为戍卒一岁。旧吏让新入职视事的同事出钱财、酒肉或分享其食物，索取者和给予者均罚二甲，并罚没相应费用。可见，同样是索取钱酒肉食，不同场合、不同目的，所面临的惩罚是不一样的。

整则令文大部分内容是针对受贿者以及治狱者的，只有后半部分对行贿者的处罚问题作了大致规范：

有狱论，有狱论（1723）亲、所智（知）以狱事故，以财酒肉食遗及以钱金它物叚（假）贷治狱、治狱者亲、所智（知）及有卖买焉而故少及多（1815）【其】贾（价），已受之而得，予者毋（无）辠。有狱者，有狱者亲、所智（知）以财酒肉食遗治狱者，治狱者亲、所智（知）乚，弗受而告吏，以盗（1847）[律]论遗者，以臧（赃）赐告者，臧（赃）过四千钱者，购钱四千，勿予，臧（赃）入县官。予人者，即能捕所予及它人或能捕之，（1851）

涉案者、涉案者父母以及其亲属因狱事，赠予治狱者、治狱者父母及其亲属钱财、酒肉食或借贷钱财、物品给他们，买卖时故意抬高或压低价钱，对方接受了贿赂，被官府侦破检举后，行贿者均无罪。如果治狱者及其亲属不但没有接受贿赂，而且将行贿者的行为如实上告官府，

---

① 陈松长主编《岳麓书院藏秦简（肆）》，第220页。
② 陈松长主编《岳麓书院藏秦简（肆）》，第221页。

行贿者据赃值按照盗罪论处。作为奖赏，官府将赃物赐予举报者，但如果赃物所值超过四千钱，赃物充公，将奖赏检举者四千钱。

1851 简之后本当有简与之系连，但已无法找到。据文意当是规范行贿者无罪的又一种情况，即赃物已经送出，本人或他人若能捕获受贿者，行贿者无罪，以赃物予抓捕者。

通过以上论述，我们对秦代惩治、防范官吏受贿枉法行为有了更为深刻的认识，也更为直观地感受到秦法的严密细致、符合情理又切于实用，寓灵活性与原则性于一体。

第三章　岳麓秦简"卒令"研究

第一节　律令篇名中的"卒"释义

目前所见秦律令篇名中含有"卒"字者有尉卒律、廷卒令、郡卒令、尉郡卒令、卒令、四司空卒令和安台居室四司空卒令等。笔者先前认为《尉卒律》中的"卒"当读为"萃"，当聚、集讲。[①] 陈松长师认为秦律令中的"卒"可读为本字，并认为"卒令"是郡一级官署的卒所应遵守的令文。然在同一篇文章中又称"'卒令'很可能是给郡一级的卒史们在各类官府事物＜务＞运作中所颁布的令文"[②]。很显然，陈师并未对律令中的"卒"作出明确的解释，在郡中服役的普通"士卒"和"卒史"地位差别极大。又朝廷专门针对某个特定的职官制定一系列律令也不多见，尽管卒史地位的确不低，但也谈不上很高。朝廷三公九卿自不待言，地方上的郡守、郡尉甚至郡丞的地位都比卒史高。我们目前见到的秦汉律令名，绝大多数是以事项或官府衙署名命名的，还未见过以具体的职官命名的。前者有如盗律、徭律、贼律、囚律、亡律、捕律、复律、治水律、奔命律、行书律、传食律和均输律等，后者有如金布律、户律、司空律、仓律、田律和厩苑律等。

邢义田先生认为《尉卒律》中的卒可读为"倅"。《说文》："倅，副也。"《尉副（附）律》顾名思义是从属、旁附或附加于《尉律》，以

---

① 周海锋：《岳麓秦简〈尉卒律〉研究》，载中国文化遗产研究院编《出土文献研究（第十四辑）》，中西书局，2015，第79~86页。

② 陈松长等：《岳麓秦简与秦代法律制度研究》，经济科学出版社，2019，第265页。

补《尉律》所不及者，类似汉初所谓的《傍章》。①邢先生又将"卒"与岳麓秦简所见"内史旁金布令"结合起来考虑，富有启发意义，但二者究竟有无关联，值得深入研讨。为便于比较，现将相关简文抄录于下：

> ·令曰：遣吏市者必遣真官啬夫吏、令史，不从令，赀各二甲。·内史旁金布令乙四（1768）②

> ·令曰：叚（假）廷史、廷史、卒史覆狱乘传（使）马乚，及乘马有物故不备，若益骖驷者乚。议：令得与书史、仆、走乘，毋得（1924）骖乘乚。它执灋官得乘传（使）马覆狱、行县官及它县官事者比。·内史旁金布令第乙九（1920）③

> ·令曰：叚（假）廷史、诸传（使）有县官事给叚（也），其出县昕（界）者，令乘传（使）马，它有等殹（也）。卒史、属、尉佐☒（1917）乘比叚（假）廷史、卒史覆狱乘传（使）马者，它有等比。·内史旁金布令第乙十八（1899）④

> ·令曰：毋以隶妾及女子居赀赎者为吏仆、养、老、守府，及毋敢以女子为葆（保）庸，令炊养官府、寺舍，不从令，（1670）赀二甲，废。丞、令、令史、官啬夫弗得，赀二甲。·内史仓曹令弟（第）乙六（1780）⑤

邢义田先生将"内史旁金布令"中的"旁"与"旁章"结合起来考虑，笔者却有不同想法。"内史旁金布令"中的"旁"或是"旁曹"之省。"内史旁金布令"乃"内史旁曹令"和"内史金布曹令"的合称。金布曹一般省称为金布，如"署金布发"（里耶秦简9-756）；当然也有不省的，如"廷金布曹"（里耶秦简9-741）。"旁曹"数见于里耶秦简：

---

① 邢义田：《〈尉卒律〉臆解——读岳麓书院藏秦简札记之一》，简帛网，2016年3月23日，http://www.bsm.org.cn/?qinjian/6650.html。
② 陈松长主编《岳麓书院藏秦简（伍）》，第184页。
③ 陈松长主编《岳麓书院藏秦简（伍）》，第184页。
④ 陈松长主编《岳麓书院藏秦简（伍）》，第185页。
⑤ 陈松长主编《岳麓书院藏秦简（伍）》，第182页。

行先道旁曹始，以坐次相属。（8-138+8-174+8-522+8-523）[①]

宛、新野、比阳、阳成（城）、雉各言书到，署旁曹发。以邮行。（9-2076）[②]

申移旁曹☐（9-2964）[③]

"行先道旁曹始"，《里耶秦简牍校释（第一卷）》将其解释为 "似指位置临近的令史"[④]，显然是将 "旁" 解释为旁边、附近。"书到，署旁曹发"之 "旁曹"，《里耶秦简牍校释（第二卷）》则将其释为 "郡县诸曹之一"[⑤]。可见，随着资料的增多，学者对旁曹的认识加深了。旁曹确为郡县诸曹之一，与金布、户曹、吏曹、仓曹、令曹等并列。岳麓秦简《兴律》规定：

兴律曰：诸书求报者，皆告，令署某曹发 ∟，弗告曹 ∟，报者署报书中某手，告而弗署，署而环（还）及弗告 ∟，及（0798）不署手，赀各一甲。（0794）[⑥]

文书需要对方回复的，均要事先告知，并 "署某曹发"，这一规定得到里耶秦简的印证，如 9-756 "署金布发"、8-263 "廷户曹发"、8-778 "廷令曹发"、8-978 "守府户曹发"、8-2550 "覆曹发"、9-713 "署兵曹发"、9-1613 "狱东曹发" 以及 9-1738 "迁陵尉曹发"[⑦] 等。根据《兴律》规定以及里耶秦简大量实例可知 "书到，署旁曹发"之 "旁" 必为具体的曹署名称，而非表修饰的泛指。

"旁章" 确为正律之补充，但秦律令中的 "卒" 若当作 "附" "副"来解，与当前见到的材料不符。近期发布的湖北荆州胡家草场西汉墓发

---

① 陈伟主编《里耶秦简牍校释（第一卷）》，第78页。
② 陈伟主编《里耶秦简牍校释（第二卷）》，第414页。
③ 陈伟主编《里耶秦简牍校释（第二卷）》，第538页。
④ 陈伟主编《里耶秦简牍校释（第一卷）》，第79页。
⑤ 陈伟主编《里耶秦简牍校释（第二卷）》，第416页。
⑥ 陈松长主编《岳麓书院藏秦简（肆）》，第161页。
⑦ 引用材料出自陈伟主编《里耶秦简牍校释（第一、二卷）》。

掘报告中，列出了大量律篇名，并自题为"□律""旁律甲""旁律乙"，详见表3-1。

表 3-1 　胡家草场汉简所见律篇一览 ①

□律	旁律甲	旁律乙
告、盗、贼、亡、捕、囚、具、复、兴、关市、杂、钱、厩、效	朝、田、户、置吏、赐、市贩、置后、秩、均输、仓、爵、徭、行书、金布、傅、尉卒、奔命	腊、祠、司空、治水、工作课、传食、外乐、葬、蛮夷复除、蛮夷士、蛮夷、蛮夷杂、上郡蛮夷间

胡家草场汉简自题"□律"，"□"内之字可补一"正"字。"正律""旁律"见于睡虎地77号汉墓。胡家草场汉墓与睡虎地77号汉墓埋葬时代相近。睡虎地77号汉墓"正律"共有15种律，分别为告、盗、贼、亡、捕、囚、具、复、兴、关市、杂、钱、厩、校和迁律。"旁律"24种，依次为金布、均输、户、田、徭、仓、司空、尉卒、置后、傅、爵、市贩、置吏、传食、赐、史、奔命、治水、工作程、腊、祠、赍、行书、葬等律。② 胡家草场汉简自题"□律"者共有14种，其中13种见于睡虎地77号汉墓"正律"。胡家草场汉简有"效律"，睡虎地77号汉墓则无。睡虎地77号汉墓所见"校律""迁律"不见于胡家草场汉简。"效""校"通假的例子古书多见，此不赘举。"效律"即"校律"。

不难发现，一种律若入"正律"，必不见于"旁律"，"正律""旁律"是互补关系。相对而言，入"正律"的律篇多与刑罚有关，入"旁律"者则多为事务性的规定。岳麓秦简令篇中的"卒"若依照邢义田先生所解，则与汉律"旁章"性质类似，显然与事实不符。岳麓秦简所见卒令常与共令成对出现，比较有代表性的有四司空卒令与四司空共令、"廷卒令"与"廷共令"。又汉律分正律和旁章可能是汉景帝之后的事。以秦律为蓝本的汉初律，如《二年律令》和印台汉律，尚不见分正、旁

---

① 所列律篇依据李志芳、蒋鲁敬《湖北荆州市胡家草场西汉墓M12出土简牍概述》，《考古》2020年第2期。

② 熊北生、陈伟、蔡丹：《湖北云梦睡虎地77号西汉墓出土简牍概述》，《文物》2018年第3期。

的迹象。此外，令之命名分篇未必与律一致。胡家草场所见令典，未见分正、旁的迹象，其中一卷自题为"令散甲"，从其所辖令篇名可知当时"令典"并无严格的分类标准。

胡家草场汉简"旁律甲"有"尉卒律"，睡虎地 77 号汉墓简"旁律"之中也有"尉卒律"，而《二年律令》中未见此律篇。考虑到岳麓秦简已有"尉卒律"，抄写《二年律令》之时必有此律，只是未被人摘录而已。《户律》一直被视为"九章"之一，且与萧何有一定关系，乃"正律"无疑。然胡家草场汉简、睡虎地 77 号汉墓简均将其列入"旁律"，或许是萧何以后又有人对它进行了调整。

胡家草场令典两卷皆有目录，目录有小结，分别记作"凡十一章""凡廿六章"。第 1 卷"令散甲"包括令甲、令乙、令丙、令丁、令戊、壹行令、少府令、功令、蛮夷卒令、卫官令、市事令共 11 种令。其中令甲、令乙、令丙三种令名又见于传世典籍，一般认为乃根据令文制作先后依次编序，并无多少深意可寻。我们也赞同这一论断，"令甲""令乙"中的"令"并非某令的省称，而是对令条的总称。总体而言，秦汉律令的编排虽有一定规则，但体例不精，杂糅重出亦比较突出，而令条因其数量巨大且与日俱增，故此类弊端表现得尤为突出。

第 2 卷令典没有篇名，包括户令甲、户令丙、厩令甲、金布令甲、金布令乙、诸侯共令、禁苑令、仓令甲、尉令乙等 26 种令。①

其中"户令甲""户令丙"当与岳麓秦简"内史户曹令"性质相近，"金布令甲""金布令乙"与岳麓秦简"内史旁金布令"或有承袭关系，"仓令甲"与岳麓秦简"内史仓曹令"的规范应大致相同。"禁苑令"应与龙岗秦简所见禁苑管理方面的律文颇有渊源。我们又怀疑"尉令乙"中的"尉"乃"尉卒"之省。武威旱滩坡东汉墓简亦有此令，"代户父不当为正夺户，在尉令第五十五"②。据旱滩坡汉简《尉令》内容可知其与户籍管理有关，而岳麓秦简《尉卒律》所规范的内容多与人口户籍相

---

① 李志芳、蒋鲁敬:《湖北荆州市胡家草场西汉墓 M12 出土简牍概述》,《考古》2020 年第 2 期。

② 钟长发:《甘肃武威旱滩坡东汉墓》,《文物》1993 年第 10 期。

关。"尉"极有可能是"尉卒"之省。"诸侯共令"乃新见令名，当是供西汉初期各个分封的诸侯国使用的令条，诸侯国没有单独制定法令的权力，必须尊用汉法。

回到"卒"在律令篇名中的释义问题，如遵笔者意见将其看作"萃"的通假，的确失之笼统。我们认为"卒"或可视为"卒人"之省。"卒人"见于睡虎地秦简、里耶秦简、《论衡》等文献：

> ☑未朔己未，巴叚（假）守丞敢告洞庭守主：**卒人可令县论**☑Ⅰ**卒人，卒人已论**，它如令。敢告主。不疑手。·以江州印行事。Ⅱ六月丙午，洞庭守礼谓迁陵啬夫：□署迁陵丞论言央（决），署中曹发，它Ⅲ如律令。/和手。Ⅳ（8-61+8-293+8-2012）①

> **卒【人】可令县官有辟**、吏卒衣用及卒有物故当辟征遝（8-657）②

> 《秦律十八种·传食律》：御史、**卒人使者**，**食粺米半斗**，酱驷（四）分升一，采（菜）羹，给之韭葱。其有爵者，自官士大夫以上，爵食之。**使者（179）之从者，食粝米半斗**；仆，少半斗。传食律（180）③

> 《二年律令·传食律》：丞相、**御史及诸二千石官**使人，若遣吏、新为官及属尉、佐以上征若迁徙者，及军吏、县道有尤急言变事，皆得为传食。车大夫粺米半斗，参食，**从者粝米**，皆给草具。车大夫酱四分升一，盐及从者人各廿二分升一。食马如律，禾之比乘传者马。使者非有事其县道界中也，皆毋过再食。其有事焉，留过十日者，稟米令自炊。以诏使及乘置传，不用此律。④

---

① 陈伟主编《里耶秦简牍校释（第一卷）》，第 46 页。按："论言央"原释作"论言史"。

② 陈伟主编《里耶秦简牍校释（第一卷）》，第 193 页。按："卒"后脱一"人"字，此从陈伟先生意见，见陈伟《"令史可"与"卒人可"》，简帛网，2015 年 7 月 4 日，http://www.bsm.org.cn/?qinjian/6438.html。

③ 陈伟主编《秦简牍合集 释文注释修订本（壹）》，第 131 页。

④ 彭浩、陈伟、〔日〕工藤元男主编《二年律令与奏谳书——张家山二四七号汉墓出土法律文献释读》，第 184 页。

　　《论衡·谢短》："两郡移书曰敢告卒人，两县不言，何解？"[①]

　　秦简的"卒人"相当于汉简的"诸二千石官"。睡虎地秦律抄写于秦统一之前。"卒人"或许是秦郡长官在称"守""泰（太）守"之前的称述。在"守""泰（太）守"流行以后，"卒人"作为文书用语保留下来，继续指称郡级长官，并流传到汉代。[②]陈伟先生的意见颇有见地，我们进一步认为"卒人"还包括朝廷的二千石官。"廷卒令""郡卒令""尉郡卒令"中的"卒"正可视为"卒人"之省。

　　据《二年律令·秩律》，品秩为二千石的职官有御史大夫、廷尉、内史、典客、中尉、车骑尉、大（太）仆、长信詹事、少府令、备塞都尉、郡守、尉、卫将军、卫尉、汉中大夫令、汉郎中和奉常。[③]

　　"卒令"即"卒人之令"，适用于所有二千石官的令文。"廷卒令"指适用于朝廷诸二千石官的令文。"郡卒令"指适用于各郡守的令文。"尉郡卒令"指适用于各郡尉、郡守的令文。这种解释的可行性能得到具体令文佐证：

　　　　·十三年六＜三＞月辛丑以来，明告黔首：相贷资缗者，必券书吏⌐，其不券书而讼，乃勿听，如廷律。前此（0630）令不券书讼者，为治其缗，毋治其息，如内史律。（0609）[④]

　　　　·十三年三月辛丑以来，取（娶）妇嫁女必参辨券⌐。不券而讼，乃勿听，如廷律⌐。前此令不券讼者，治之如内史（1099）律。·谨布令，令黔首明智（知）·廷卒□（1087）[⑤]

---

①　（汉）王充著，张宗祥校注《论衡校注》第十二《谢短篇》，上海古籍出版社，2010，第260页。

②　陈伟：《"令史可"与"卒人可"》，简帛网，2015年7月4日，http://www.bsm.org.cn/?qinjian/6438.html。

③　彭浩、陈伟、〔日〕工藤元男主编《二年律令与奏谳书——张家山二四七号汉墓出土法律文献释读》，第258页。

④　陈松长主编《岳麓书院藏秦简（肆）》，第194~195页。按：据朔闰0630简，"六月"当为"三月"之讹。

⑤　陈松长主编《岳麓书院藏秦简（伍）》，第130~131页。

以上二则令文颁布生效的时间一致，规范的内容均为券书的置立，然一则纳入"内史郡二千石官共令"篇下，另外一则自题"廷卒乙"，只有将"卒"解释为"卒人"，才可以勉强解释清楚。而"廷卒令"之"廷"或许还包括"内史"。

不过，"四司空卒令"中的"卒"不能以"卒人"解释，若将其解释为"徒隶"或许更为妥当。司空负责土木工程建设，控制着大量的徒隶，管理难度颇大。卒之本义，当如《说文解字》和《玉篇》所解，指"隶人给事者"，即从事劳作的徒隶。"四司空卒令"的性质亦可根据秦简所见《司空律》来推定。可见，一个字出现在不同的律令篇名中，其含义不必尽同，又如"廷郡内史二千石官共令"与"给共令"，"共"的含义有别。

综上，岳麓秦简律令篇名中的"卒"大多可当成"卒人"的省称来解释，卒人乃二千石官的总称，而这种称谓早在秦统一前就出现，或许在秦统一后的"书同文"政策实施之后被慢慢废除。"四司空卒令"中的"卒"当徒隶解释或更为妥当。

第二节 "卒令"的性质

（一）"廷卒令"篇名臆解

秦汉律令篇名含有"廷"者有"廷内史郡二千石官共令""廷卒令""廷律""廷尉挈令"，除"廷尉挈令"见于《史记·酷吏列传》以外，其他仅见于岳麓秦简中。岳麓秦简中含有"卒"字的令篇有"卒令""廷卒令""尉郡卒令""郡卒令""四司空卒令""安台居室四司空卒令"。又据令律转化的一般途径，岳麓简有"尉卒律"，可知必有"尉卒令"存在。

"廷卒令"篇名常出现在简尾，常省写为"廷卒"，如1618简"廷卒甲二"，1684简"廷卒乙廿一"，但也有不省者，如1116简"廷卒令甲"。

笔者认为"卒"是与"共"相对的概念，如果说"共"是指供两个以上官署使用的律令，那么"卒"就是仅供某一个系统使用的律令。

岳麓秦简中有"四司空卒令""安台居室四司空卒【令】"（C10-3-6-3+C10-3-4），同时有"四司空共令""安台居室居室共令"。"廷卒令"与"廷共令"相对，"廷卒令"指适用于中央二千石官的令条。

分别见于1685简、1797简简尾的"廷甲"和"廷戊"中的"廷"乃"廷内史郡二千石官共令"之省写。第二章已论及，此不赘述。

"廷甲"为"廷内史郡二千石官共令　第甲"之省写。"廷甲"与1116简"廷卒令甲"显然不是一回事。

"廷内史郡二千石官共令"适用范围包括廷、内史和郡的二千石官，岳麓秦简1926简简尾书"内史官共令第戊卅一"，1662简简尾书有不完整的篇名"内史官共"，"内史官共令"的适用范围包括内史管辖区域内所有官员。《岳麓书院藏秦简》刊布了以下令篇，均单独书写在一枚简上，简首涂一墨方块：

■内史郡二千石官共令　第甲（0355）

■内史郡二千石官共令　第乙（0690）

■内史郡二千石官共令　第丙（0522）

■内史郡二千石官共令　第丁（0351）

■内史郡二千石官共令　第戊（0465）

■内史郡二千石官共令　第己（0316）

■内史郡二千石官共令　第庚（0617）[1]

■内史郡二千石官共令　·凡七篇☑（1520+C1-4-3）[2]

《岳麓书院藏秦简（陆）》收录一卷令文，其字体比较有特点，简长29.8厘米左右，内容多与《岳麓书院藏秦简（伍）》"廷甲"相同，[3]其篇名为：

---

①　陈松长主编《岳麓书院藏秦简（肆）》，第196、198、201、203、205、207页。

②　陈松长主编《岳麓书院藏秦简（柒）》，第200页。

③　周海锋、雷毅露：《岳麓秦简〈廷卒令〉初探》，载杨振红主编、西北师范大学历史文化学院等编《简牍学研究（第十二辑）》，甘肃人民出版社，2022，第9~24页。

【■】郡二千石官共令　第甲（2076）①

篇名简长 28.8 厘米，首尾均残，据体例，此类令篇名单独书写在一枚简上的，简首当涂一黑方块，故"郡"之前无足够的空间来书写其他文字，只能补一方块。

"廷甲""内史郡二千石官共令　第甲""郡二千石官共令　第甲"同时出现在岳麓秦简中，又从上文知"廷甲"乃"廷内史郡二千石官共令　第甲"之省。以常理度之，品秩同为二千石官者，廷、内史与郡吏所适用的法令不当有异。秦代必有"廷二千石官共令"存在。"廷二千石官共令"虽不见于岳麓秦简，然据"共令"与"卒令"成对出现的规律可知秦应有此令。岳麓秦简令条以"廷甲"命名者，在"郡二千石官共令　第甲"卷册中均能找到内容几乎相同者。适用于所有二千石官的令条被收录在"廷内史郡二千石官共令"，故"内史郡二千石官共令"和"郡二千石官共令"中所收令条或与之相同则不足为奇。"廷内史郡二千石官共令""内史郡二千石官共令""郡二千石官共令"篇名之下的令条，同中有异，同多于异，这是因为它们之间是包含与被包含关系。

（二）"尉郡卒令"性质臆解

前文已经论及"卒令"与"共令"成对出现，"卒令"当对应"廷内史郡二千石官共令"，"廷卒令"对应"廷二千石官共令"，"郡卒令"对应"郡二千石官共令"。

如果前文关于"尉卒令"存在于秦代的推测成立，则表明"尉"官系统在秦代占据特有的重要地位，这应与战国连年征战，秦重视武力的传统有关。即使在秦统一以后，新纳入统治范围的地区也不得不依靠武力来维系秩序、推行秦政。从里耶秦简所见行政文书以及岳麓秦简律令来看，各级"尉"官在爵位授予、徭役征发、户籍管理、戡平动乱等方面发挥了重要作用。郡尉与郡守品秩均为二千石，互相制衡；县尉品秩低于县令、县长，但不受令、长节制，只对郡尉负责。

---

① 陈松长主编《岳麓书院藏秦简（陆）》，第 155 页。

"郡卒令""尉郡卒令"条文大量存在于岳麓秦简之中，并非出于抄录者的个人喜好，而是出于实用，不得不摘录。从令文内容可知，"郡卒令""尉郡卒令"所涉颇广，解爵除罪、公车配备、兵器管理、徭役复除等均在其中。

（三）"卒令"性质臆解

我们还可以从具体的令文中判定令篇中的"卒"包括品秩为二千石的郡守：

> ·令曰：守以下行县，县以传马、吏乘给不足，毋赁黔首马。犯令及乘者，赀二甲，废。·郡卒令己十二（1674）[①]
> ·令曰：郡守有覆治及县官事当案行及尉事不□者，□□□□□及给（？）。·郡卒令己十三（1680）[②]

我们知道秦律中的"以下"常包括"以下"之前的部分在内，"守以下行县"自然包括郡守在内。郡守循行辖内各县，考察其行政情况，在秦汉两代都极为常见。如《奏谳书》案例十六载"淮阳守行县掾新郪狱"[③]，淮阳郡守亲自到新郪县核查其断狱情况。1680简直接提及"郡守有覆治及县官事当案行"，覆治指覆狱，案行指外出视察工作。

然而，我们说令篇中的"卒"指"卒人"，并不意味着篇下的条文均是针对二千石官这个群体。据"卒令""廷卒令"条文可知，其所规范的对象不限于二千石高官，一般的官吏乃至士卒、黔首和徒隶也在其内：

> ·令曰：邮人行书，留半日，赀一盾；一日，赀一甲；二日，赀二甲；三日，赎耐；过三日以上，耐。·卒令丙五十（1805）[④]

---

① 陈松长主编《岳麓书院藏秦简（伍）》，第113页。
② 陈松长主编《岳麓书院藏秦简（伍）》，第113页。
③ 彭浩、陈伟、〔日〕工藤元男主编《二年律令与奏谳书——张家山二四七号汉墓出土法律文献释读》，第354页。
④ 陈松长主编《岳麓书院藏秦简（伍）》，第112页。

·令曰：诸军人、漕卒及黔首、司寇、隶臣妾有县官事不幸死，死所令县将吏劾＜刻＞其郡名楮及署送书，（1864）可以毋误失道回留。·卒令丙卅（卅）四（1790）①

·制曰：吏上请∟、对∟、奏者，皆傅牒牍数。节（即）不具而却，复上者，令其牒牍毋与前同数。以为恒。·廷卒乙（1737）②

·十三年三月辛丑以来，取（娶）妇嫁女必参辨券∟。不券而讼，乃勿听，如廷律∟。前此令不券讼者，治之如内史（1099）律。·谨布令，令黔首明智（知）。·廷卒□（1087）③

1805 简的规范对象明确单一，整条令文只与"邮人"有关。1864 简中"军人、漕卒"大多是普通的黔首，上战场者称为军人，委输传送者称为漕卒，司寇、隶臣妾均是徒隶，这四种人均处于社会底层，因替官府办事，故殉职后会得到一定抚恤。1737 简中的"吏"表面上看是指所有官吏，其实大多数时候指有上请、对、奏资格的高级官吏。1087 简"令黔首明智（知）"已指明了此令的适用范围。

第三节 "卒令"内容及相关问题研究

（一）"廷卒令"内容试析

1. 都官治狱权限之规范

睡虎地秦简材料公布后，不少学者对"都官"之性质进行了比较深入的研究，取得了一些共识。兹录岳麓秦简中关于都官治狱权限的令文如下：

令曰：都官治狱者，各治其官人之狱，毋治黔首狱，其官人亡若有它论而得，其官在县畍（界）中（1894）而就近自告都官，

① 陈松长主编《岳麓书院藏秦简（伍）》，第111页。
② 陈松长主编《岳麓书院藏秦简（伍）》，第129页。
③ 陈松长主编《岳麓书院藏秦简（伍）》，第130~131页。

都官听，书其告，各移其县。县异远都官旁县者，移旁县。其官人之狱有与黔首连者，移（1683）黔首县，黔首县异远其旁县者，亦移旁县，县皆亚治论之。有不从令者，赀二甲∟。其御史、丞相、执灋所下都（1613）官，都官所治它官狱者治之。·廷卒甲二（1618）①

以上令条对都官治狱对象以及其他治狱细节加以规范，是了解秦代都官性质的重要材料。为了读懂此则令文，先对以下语词加以考释。

"官人"即"都官人"，"都官人"是与"都官吏"相对的概念，《秦律十八种·仓律》："宦者、都官吏、都官人有事上为将，令县贷之，辄移其稟县，稟县以减其稟。已稟者，移居县责之。"②"都官人"包括徒隶、居赀赎债、庸作者等，既有刑徒，又有黔首，故以"人"统称。"官在县畍（界）中"之"官"指"都官"，"官在县畍（界）中"指设置在县内的都官，相似的表达方式见于里耶秦简8-649"邦尉、都官军在县界中者各☐"③。

"都官旁县"一词又见于《为狱等状四种》案例十"魋盗杀安、宜等案"：

即各日夜别薄谱（潜）讯都官旁县中、县中城旦及牒书其亡☐☐【☐☐☐☐☐☐☐☐☐☐☐☐☐☐☐☐】（153）不智（知）盗及死女子可（何）人。毋（无）音（意）殴（也）。④

整理者将"都官"解释为"设于地方的中央直属机构"⑤，然并未将"都官旁县中"作为一个整体来看待。"都官旁县中"指依附于县中的都官，"旁"通"傍"，表示依附，传世文献中多见此用法。"都官旁县中"与

---

① 陈松长主编《岳麓书院藏秦简（伍）》，第119~120页。
② 陈伟主编《秦简牍合集 释文注释修订本（壹）》，第69页。
③ 陈伟主编《里耶秦简牍校释（第一卷）》，第190页。
④ 朱汉民、陈松长主编《岳麓书院藏秦简（叁）》，第186页。
⑤ 朱汉民、陈松长主编《岳麓书院藏秦简（叁）》，第192页。

《秦律十八种》186 简 "都官在其县者" 意思相同。"都官旁县中、县中城旦" 指都官城旦与县城旦。

令文中出现的 "旁县" 均为 "都官旁县" 的省称，即都官。

"县异远都官旁县者"，指在都官服役者户籍所在之县远离都官所依附之县。这条令主要是规定都官治狱权限的。在都官服役者，既有官徒隶，又有被雇用的自由民，还有黔首服徭役者，"官人之狱" 中的 "官人" 指官徒隶。

汉初律简中的 "都官" 或为 "中都官" 之省，指京师诸官府。《二年律令·置吏律》："都官自尉、内史以下毋（勿）治狱，狱无轻重关于正，郡关其守。"[1] 律文中的 "尉" 当指廷尉。

从秦令可知，秦代都官普遍拥有治狱权，在这一点上与一般的县廷无异，只是都官所针对的狱案一般仅限于 "都官人"：

> ·新律令下，皆以至其县、都官廷日决。故有禁，律令后为皋名及减益皋者，以奏日决。·卒令乙卅（卅）二（1888）[2]

据以上简文可知，秦代都官有一定的治狱权，而相比之下，汉代一般的都官均无治狱权，只有廷尉正、内史、郡守及以上职阶的官吏有此权力，《二年律令·置吏律》："都官自尉、内史以下毋（勿）治狱，狱无轻重关于正，郡关其守。"秦令还规定御史大夫、丞相和执法指定让受理的狱案，即使是本该由其他官署受理的，都官也可以受理。

秦卒令对都官治狱权限的规范与睡虎地秦律一则关于都官到县抄写律条的简文可以相呼应，《秦律十八种·内史杂》：

> 县各告都官在其县者，写其官之用律。内史杂（一八六）[3]

---

[1] 彭浩、陈伟、〔日〕工藤元男主编《二年律令与奏谳书——张家山二四七号汉墓出土法律文献释读》，第 174 页。

[2] 陈松长主编《岳麓书院藏秦简（伍）》，第 103 页。

[3] 睡虎地秦墓竹简整理小组编《睡虎地秦墓竹简》，第 61 页。

从以上规定可知，中央政府下发的律条直接传送到县廷，然后由县廷通知辖区内的都官，都官派遣相关人员前去抄录所需法律条文。都官之所以要抄录法律条文，恐怕不仅限于了解和规避违法行为，"用律"或可解读为都官治狱时所使用之律。据此又可知都官在秦统一之前就有治狱权。

都官须前往县誊抄所需律条的规定后来发生了改变，岳麓秦简1888号载"新律令下，皆以至其县、都官廷日决"，很显然，中央颁布的律令条文是同时下发到县与都官的。这一细微的改变似乎表明都官的地位在逐渐提升。

> ·诸吏有治它官者，皆去其家毋下三百里乃治焉。有覆治者，非其所都治殹（也），去其家虽不（1458）盈三里赏……□□皆……（1482）赀二甲，废 L。其家居咸阳中及去咸阳不盈三百里者，其所当治咸阳中、咸阳中都官殹（也），得治咸（1475）阳中。前令治居县及旁县去家不盈三百里者，令到以从事。御史、丞相、执【灋】☑（J67-1+J76-12+J71-1+J64-1+J66-6）[1]

"诸吏有治它官者"指治理其他官府的狱案，"咸阳中"乃"咸阳县中"，即咸阳县所管辖的区域中；"咸阳中都官"实际上是"都官旁咸阳县者"，即设置在咸阳县境内的都官。

2. 以习俗禁忌入律令

《日书》在秦简中常见，乃古人择日禁忌之书，此类典籍对了解当时的习俗信仰和民众心理颇有裨益。在今人看来近乎迷信的择日禁忌，秦汉时期或被纳入律令条文之中，民众不得不遵守之。《岳麓书院藏秦简（伍）》中就有这样一则令文：

> ·自今以来，禁毋以壬、癸哭临，葬（葬）以报日。犯令者，赀二甲。·廷卒乙十七（1706+1784）[2]

---

① 陈松长主编《岳麓书院藏秦简（陆）》，第65~67页。
② 陈松长主编《岳麓书院藏秦简（伍）》，第123页。

"报日"，陈伟先生以为是"报囚"之讹①，今仔细核对图版并参照令文前后意思，知其必为"报日"无疑。为便于对比，将令文所见之字与岳麓秦简律令所见之"日""囚"并列于表3-2。

表3-2　岳麓秦简所见"日""囚"字

岳麓秦简 1706+1784	岳麓秦简 1438 "日"	岳麓秦简 1456 "囚"

1706+1784简虽有残缺，但所存之字保留的笔画过半，仍未见有交叉笔画，其为"囚"的可能性不大。又"报囚"乃狱案办理的程序之一，即给拘押的囚犯定罪，与令文提及的"哭临""窆（葬）"关联性不大。陈伟先生将令文断读为"自今以来，禁毋以壬、癸哭临、窆（葬）、以报囚"，若依此，"报囚"前的"以"必视为衍文，文意才能通顺。

其实令文只规定了两个事项，一是不要在壬日、癸日哭临，二是不要在"报日"举行丧礼。哭临即临丧而泣，以表哀思，乃丧礼礼仪之一。《史记·秦始皇本纪》："十二年，文信侯不韦死，窃葬。其舍人临者，晋人也逐出之；秦人，六百石以上夺爵，迁；五百石以下不临，迁，勿夺爵。"②《汉书·高帝纪下》："汉王为（项羽）发丧，哭临而去。"③同一事件，《史记·项羽本纪》叙述为："鲁最后下，故以鲁公礼葬项王谷城。汉王为发哀，泣之而去。"④随州孔家坡汉墓简牍《日书》"嫁女"篇："入月二旬齿爪死日也，不可哭临、聚众、合卒。"⑤

"报日"又称为"复日"，《日书》多见：

①　陈伟：《岳麓书院藏秦简（伍）校读（续五）》，简帛网，2018年4月12日，http://www.bsm.org.cn/?qinjian/7784.html。

②　《史记》卷六《秦始皇本纪》，第298页。

③　《汉书》卷一《高帝纪下》，第50页。

④　《史记》卷七《项羽本纪》，第426~427页。

⑤　湖北省文物考古研究所、随州市考古队编《随州孔家坡汉墓简牍》，文物出版社，2006，第151页。

岳山秦牍《日书》：[毋]以辛亥、卯、壬午问病者。以宁人，人必宁之。以贺人，人必贺之。（44号）①

周家寨汉简《日书》：辛亥、辛卯、壬午不可以宁人（简三三）及问疾，人必反代之。利以贺人，人（简一六二）必反贺之，此报日也。（简二二四）②

孔家坡汉简《日书》：辛亥、辛卯、壬午不可以宁人及问疾，人（三〇五叁）必反代之。利以贺人，人必反贺之，此报日也。（三〇六叁）③

从上文可知"报日"不可"宁人""问疾"，《汉书·高帝纪》颜师古注曰"因凶丧告假称为'宁'"，"宁人"或指参加他人葬礼。某日接触某些凶丧不祥之人事，不祥之事会再次发生在自己身上，故称之为"报日"。孔家坡汉简《日书》"忌日"篇："辰不可举丧，出入三月，必复有丧。"④

以择日禁忌入律令，《二年律令·田律》亦见之，律文为"毋以戊己日兴土功"，相似的文字又见于睡虎地秦简《日书甲种》"土忌"篇："土忌日，戊、己及癸酉、癸未、庚申、丁未。"⑤

综上可知，禁忌习俗和律令在影响民众日常行为方面并无二致，所不同者在于前者多出于约定俗成，后者带有强制性。之所以要将习俗禁忌编入律令之中，或与地域习俗差异有关。睡虎地秦简《语书》称："今灋（法）律令已布闻，吏[民]犯灋（法）为间私者不止，私好、乡俗之心不变"⑥，所述正是楚地百姓不遵从秦法而奉行旧俗之情形。当新占领地区的习俗与秦不同时，统治者就会以法令的形式强行推广秦

---

① 杨芬：《岳山秦牍〈日书〉考释八则》，简帛网，2009年6月2日，http://www.bsm.org. cn/?qinjian/5263.html。
② 湖北省文物考古研究所、随州市曾都区考古队：《湖北随州市周家寨墓地M8发掘简报》，《考古》2017年第8期。
③ 湖北省文物考古研究所、随州市考古队编《随州孔家坡汉墓简牍》，第171页。
④ 湖北省文物考古研究所、随州市考古队编《随州孔家坡汉墓简牍》，第178页。
⑤ 陈伟主编《秦简牍合集 释文注释修订本（贰）》，第464页。
⑥ 陈伟主编《秦简牍合集 释文注释修订本（壹）》，第29页。

俗、改变旧俗，这或是禁忌习俗被纳入律令的直接原因，当然终极目的是维系统治。

3. "秦急法不赦"问题

《史记·秦始皇本纪》载秦始皇兼并六国后，称始皇帝，"更名河曰德水，以为水德之始。刚毅戾深，事皆决于法，刻削毋仁恩和义，然后合五德之数。于是急法，久者不赦"[1]。翻检史书，秦始皇二十六年到三十七年确未见有免赦罪人的记载，纵观嬴政一生，其所实施的免赦举措似乎也屈指可数。然嬴政当政期间是否真的吝于免赦罪人，先来看岳麓秦简中的一则令文：

> ·数言赦，不便。请：自今以来，节（即）为令若有议为殹（也），而当以赦为根者，皆以其赦令出之明日为根，曰：某年某月某（1786）日以来。·廷卒乙廿（1713）[2]

"数言赦"之"数言"可理解为多次提及、总是说起，史书中多见此用法，《史记·陈涉世家》："广故数言欲亡，忿恚尉，令辱之，以激怒其众。"《史记·秦始皇本纪》："（赵）高前数言'关东盗毋能为也'。"[3] "数言赦，不便"并不是说臣子多次请求下赦令，虽然《史记》载秦始皇"于是急法，久者不赦"，也不是说赦这一行为有不妥当之处，而应当是各级官吏在征引朝廷赦令时比较随意，没有统一的程序，产生不少误会，导致不良后果出现。故有必要制定一则新令文，以确定使用赦令时的范式。从《为狱等状四种》中所引赦令的实际情况可知，秦统一前治狱官征引赦令时并未具体到年月日，而是采用"遝＋干支＋赦"的形式：

> 遝戊午赦（赦）……敞为庶人。（0193-1/残033）（"猩、敞知

---

① 《史记》卷六《秦始皇本纪》，第306页。
② 陈松长主编《岳麓书院藏秦简（伍）》，第123页。
③ 《史记》卷六《秦始皇本纪》，第346页。

盗分赃案")①

　　遷己巳故（赦）。（0435）（"田与市和奸案"）②

"戊午""己巳"既可以表示年，也能表示日，而且干支记时法六十一轮回，一般人见此常不知所云，极容易产生误解。以上两个奏谳案件均发生在秦始皇二十六年之前，从案例中可知案发地均为秦故地。秦自商鞅变法以后，极力推崇"法治"，境内官吏对法令极为熟悉，即便碰到"戊午故（赦）""己巳故（赦）"这样的术语，也马上知其所指，不会影响日常行政。但随着统一战争的结束，疆域不断扩大，而秦原有的官吏数量有限，广大的新地不得不选纳东方六国人为吏。新任用的东方六国的官吏未必熟悉秦国的政令，若碰到缩写、省略样式的术语，必然不知所云，他们或去翻阅相关法律条文，或咨询秦吏，或置之不理，给日常行政带来不便。或正是基于以上考虑，秦代不得不规范官吏引用赦令时的程序。

　　嬴政于公元前246年即秦王位，"戊午""己巳"若表年份，分别为秦始皇四年和十五年。"猩、敞知盗分赃案"发生在秦始皇二十一年，可知"戊午赦"之"戊午"不表年份，而是表日。汉代的干支赦令也是指具体那一天，当是承袭前代而来。

　　从"戊午故（赦）""己巳故（赦）"可知，嬴政在秦始皇二十六年前发布过赦令，而这两次赦令不见于传世文献。这就引发了一个新的问题，嬴政在秦统一之后颁布过赦令的记载同样不见于史书，这似乎并不能说明这种行为没有发生过。

　　岳麓秦简所见律令条文是秦统一之后抄录的，虽然某些条文制定时间无法推定，但摘录条文是为了便于日常行政使用，故其时效性较强。简文称"黔首"而非"百姓"，见"泰守"而不见"大守"，称"县官"而不称"公"，这些均为条文在秦统一后抄录的有力证据。某些简的空白部分留有校雠符号，不少地方校改文字的痕迹明显，一枚《亡律》简

---

① 朱汉民、陈松长主编《岳麓书院藏秦简（叁）》，第124页。
② 朱汉民、陈松长主编《岳麓书院藏秦简（叁）》，第210页。

简背写有"卅二年觯"字样，这些都表明这批律令简乃其所有者经常使用之物。"廷卒乙廿"条文的制定，契合秦统一前后的大背景。考虑到新占领区域，必任用一批旧吏，他们对秦之法律缺乏了解，故在提及赦令时，要把年月日都写清楚，以免误解。当然，这一举措也可以降低不法分子钻法律空子的概率。

4. 从"廷卒乙廿一"看秦令条文的分合与编序

岳麓秦简中"廷卒乙廿一"这一篇序名出现过5次，这种现象在出土秦汉简牍中是极少见的，其具体内涵值得探究，为了便于讨论，先将所有"廷卒乙廿一"令文移录于下：

（缺简）

□□□□□。有不从律令者，都吏监者□举劾，问其人，其人不亟以实占吏其名吏（事）官∟，吏三问之而不以请（情）（1728）实占吏者，行其所犯律令辠，有（又）驾（加）其辠一等。·廷卒乙廿一（1730）①

·捕以城邑反及非从兴殴（也），而捕道（导）故塞徼外蛮夷来为间，赏毋（无）律∟。今为令∟：谋以城邑反及道（导）故塞徼外（1792）蛮夷来欲反城邑者，皆为以城邑反。智（知）其请（情）而舍之，与同辠。弗智（知），完为城旦舂∟。以城邑反及舍者之室人（1813）存者，智（知）请（情），与同辠，弗智（知），赎城旦舂∟。典、老、伍人智（知）弗告，完为城旦舂，弗智（知），赀二甲。·廷卒乙廿一（1855）②

·能捕以城邑反及智（知）而舍者一人，揬（拜）爵二级，赐钱五万，诇吏，吏捕得之，购钱五万。诸已反及与吏卒战而（1849）

（缺简）

受爵者毋过大夫∟，所□虽多□□□□□□□□□□□□□及不欲受

---

① 陈松长主编《岳麓书院藏秦简（伍）》，第124页。
② 陈松长主编《岳麓书院藏秦简（伍）》，第124~125页。

爵，予购级万钱，当赐者，有（又）行（1892）其赐。 ·廷卒乙廿一（1684）[①]

·吏捕告道徼外来为间及来盗略人、谋反及舍者，皆勿赏。·隶臣捕道（导）徼外来为间者一人，免为司寇，司寇为（1596）庶人。道（导）故塞徼外蛮夷来盗略人而得者，黥劓（劓）斩其左止（趾）以为城旦。前令狱未报者，以此令论之ㄴ。斩为城（2151）旦者，过百日而不死，乃行捕者赏。县道人不用此令。·廷卒乙廿一（1166）[②]

·隶臣捕道（导）故徼外来诱而舍者一人，免为司寇，司寇为庶人。其捕数人者，以□☐（1156）[③]

（缺简）

·数人共捕道（导）故塞徼外蛮夷来为间及来盗略人ㄴ、以城邑反及舍者若诇告，皆共其赏ㄴ。欲相移，许之。（1908）[④]

（缺简）

·告道（导）故塞徼外蛮夷来为间及来盗略人ㄴ、以城邑反及舍者，令、丞必身听其告辤（辞），善求请（情），毋令史（1615）

（缺简）

治道（导）故塞徼外蛮夷来为间及来盗略人ㄴ、以城邑反及舍者，死辠不审，耐为司寇；城旦舂辠不审，赀（1606+1619）

（缺简）

鬼薪白粲辠、耐若𨒄（迁）□☐（0934）☐𨒄（迁）辠不审论。·廷卒乙廿一（1602-1+1602-2）[⑤]

上引令文均与“以城邑反”“道（导）故塞徼外蛮夷来为间”有关，全部归属于“廷卒乙廿一”。除了简尾抄有令篇名和序号的5则以外，

① 陈松长主编《岳麓书院藏秦简（伍）》，第125~126页。

② 陈松长主编《岳麓书院藏秦简（伍）》，第126~127页。

③ 陈松长主编《岳麓书院藏秦简（伍）》，第127页。

④ 陈松长主编《岳麓书院藏秦简（伍）》，第128页。

⑤ 陈松长主编《岳麓书院藏秦简（伍）》，第128~129页。

1156 简和 1908 简也应当归属于"廷卒乙廿一"，虽然与之系连的简已缺失，但根据简的内容与抄写体例可以推断出来。完整的条文均是以"·"标识起首，简尾抄录令名和序号。1156 简和 1908 简上端均有"·"符号，其为起首简无疑，两简内容与捕获徼外蛮夷有关，其缺失之简必有以"廷卒乙廿一"结尾者。1156 简"隶臣捕道（导）故徼外来诱而舍者一人，免为司寇，司寇为庶人"一段重复出现在 1596 组令文，有力地证明了 1156 简必然属于"廷卒乙廿一"。如此看来，岳麓秦简中，至少有 7 则令文是以"廷卒乙廿一"结尾的。那么，它们之间是什么关系呢？这么多重复篇序的出现，是否意味着有抄写失误的存在？

岳麓秦简中有 3 则令文在结尾处均冠以篇序"卒令丙四"字样，现将其录于此：

> ·封书毋勒其事于署 ∟，书以邮行及以县次传送行者，皆勒书郡名于署，不从令，赀一甲。卒令丙四重（1160）①
> ·令曰：封书，毋勒其事于署 ∟，书以邮行及以县次传送行者，皆勒 书 郡 名 于 署，不 从 令 赀一甲。·卒令丙四▨（1141+C7-2-13-2+C7-2-12-2+C7-2-2-2）②
> 请：自今以来，诸县官上对、请书者，牍厚毋下十分寸一 ∟，二行牒厚毋下十五分寸一，厚过程者，毋得各过（1848）其厚之半。为程，牍牒各一 ∟。不从令者，赀一甲 ∟。御史上议：御牍尺二寸 ∟，官券牒尺六寸。·制曰：更尺一寸牍（1852）牒。·卒令丙四（1702）③

1169 简规范了封检文书时该如何署名的问题，而 1848 组令文规定了所上对书、请书的形制程序。二者均与官文书使用制度有关，不同点

---

① 陈松长主编《岳麓书院藏秦简（陆）》，第 170 页。
② 陈松长主编《岳麓书院藏秦简（伍）》，第 104 页。按：《岳麓书院藏秦简（伍）》只刊布了 1141 简，残片乃笔者缀合。
③ 陈松长主编《岳麓书院藏秦简（伍）》，第 107~108 页。

在于一个涉及封检制度，一个涉及官文书形制。这两则令文从不同层面规范了官文书制度，抄录者据己意将其析为两则，并将原来的篇序号抄录在每则令文末尾。此种情形又见于岳麓秦简"廷内史郡二千石官共令第辛"卷册：

> ·段（假）正夫言：得近＜从＞人故赵将军乐突弟∟、舍人袑等廿四人，皆当完为城旦，输巴县盐。请：论轮＜输＞袑等（1029）【廿四人，故】代、齐从人之妻子、同产、舍人及其子已傅嫁者，比故魏、荆从人。·御史言：巴县盐多人，请（1028）令夫轮＜输＞袑【等廿四人，故】代［代］、齐从人之妻子、同产、舍人及其子已傅嫁不当收者，比故魏、荆从人之（0960）【妻】子、同产、舍人及子已傅嫁者∟，已论轮＜输＞其完城旦舂洞庭，洞庭守处难亡所苦作，谨将司，令终身（0921）毋得免赦，皆盗戒（械）胶致桎传之。其为士五（伍）、庶人者，处苍梧，苍梧守均处少人所，疑亡者，戒（械）胶致桎传（0898）之，其夫妻子欲与，皆许之∟。有等比。·十五（1111）①
>
> ·诸治从人者，具书未得者名族、年、长、物色、疵瑕，移谳县道，县道官谨以谳穷求，得辄以智巧谮（潜）（1021）讯。其所智（知）从人、从人属、舍人，未得而不在谳中者，以益谳求，皆捕论之∟。敢有挟舍匿者，皆与同皋。（1019）同居、室人、典老、伍人见其挟舍匿之，及虽弗见∟，人或告之而弗捕告，皆与挟舍匿者同皋。其弗（1016）见及人莫告，同居、室人，皋减焉一等∟。典老、伍人皆赎耐∟，挟舍匿者人奴婢殹（也），其主坐之如典老、（1122）伍人∟。所求在其县道官畍（界）中而脱，不得，后发觉，乡官啬夫、吏及丞、令、令史主者，皆以论狱失（0965）皋人律论之∟。执灋、执灋丞、卒史主者，皋减焉一等，当坐者或偏捕告，其所当坐者皆相除，或能（0961）捕若诇告从人、从人属、

---

① 陈松长主编《岳麓书院藏秦简（伍）》，第43~44页。

舍人及挟舍匿者，死皋一人若城旦舂、鬼薪白粲皋二人，购钱五千
ㄴ。捕城旦舂、（2053+2050）【鬼薪白粲皋一人若毄（迁）耐皋二
人】，购钱二千五百ㄴ。捕毄（迁）耐皋一人，购钱千二百。皆先
予，毋以次。·从人（1119）之属、【舍】人或能枸（拘）捕，捕从
人死皋一人若城旦舂、鬼薪白粲皋二人者，除其皋以为庶人ㄴ。捕
城旦舂、（0897）鬼薪白粲皋一人若毄（迁）耐皋二人，皆减其皋
一等ㄴ。谨布令，令黔首、吏、官徒隶、奴婢明智（知）之，毋
（1112）巨（距）皋。·十五（1038）①

　　1029组与1021组令文可以前后系连在一起，这一点能够得到反印
文的支撑；两组令文均以序号"十五"结尾不是巧合，也并非抄写有误，
而是抄录者将一则长令文一分为二的结果。单从内容上考虑，1029组令
文对如何处置从人、从人之妻子、同产和舍人作了规定，而1021组令文
对如何抓捕、讯问从人、从人属和舍人进行规范。两则令文都是围绕"从
人"问题而制定的，各有侧重，相辅相成，可构成一个有序的"整体"。

　　5. "廷卒乙廿一"内容解析

　　通过上文论证得知岳麓秦简中至少有7则令文是以"廷卒乙廿一"
结尾的，下面分别对其内容加以解析。这7则令文均围绕"城邑反"这
个中心而制定，原先必然按照一定的顺序排列，抄录者在析离条文时，
并非任意抄录，而是考虑了每则条文表意的完整性。鉴于不能借助竹简
的背划线或反印文复原7则令文在简册中的位置，笔者只能根据令文内
容之间的逻辑关系加以排列，并逐一加以讨论。1792组令文交代了制
令的缘由，理应排在最前：

　　·捕以城邑反及非从兴殹（也），而捕道故塞徼外蛮夷来为
间，赏毋（无）律ㄴ。今为令ㄴ：谋以城邑反及道（导）故塞徼外
（1792）蛮夷来欲反城邑者，皆为以城邑反。智（知）其请（情）

---

　　① 陈松长主编《岳麓书院藏秦简（伍）》，第45~48页。

而舍之，与同皋。弗智（知），完为城旦舂∟。以城邑反及舍者之室人（1813）存者，智（知）请（情），与同皋，弗智（知），赎城旦舂∟。典、老、伍人智（知）弗告，完为城旦舂，弗智（知），赀二甲。 ·廷卒乙廿一（1855）

"从兴"之"兴"指"吏所兴"，"从兴"指所兴吏之随从。"吏所兴"者及其随从即使捕获罪犯，因为本职工作所在，常不会得到购赏。然"非从兴"者捕获罪犯理应得到购赏，而之前无律文加以规范，故有必要制定新的令条加以规范，此为以令补律最为直接的例证。又《岳麓书院藏秦简（肆）》载：

> 嚻园宣深有斗食啬夫、史各一人，毋与相杂稍廪月食者卖□息子。所以为耗□物及它（0639）当卖买者∟，令相监，毋（无）律令。议：令嚻园宣深啬夫若史相杂监，坐，如监令史，它有等比。（0680）[1]

上则令文同样交代了令条制定的缘由，议之后的内容才是正式的令文，之前没有律令规范嚻园宣深的啬夫与史应当如何相互监督，故需要制定新的令条。

"谋以城邑反及道（导）故塞徼外蛮夷来欲反城邑者，皆为以城邑反。智（知）其请（情）而舍之，与同皋。弗智（知），完为城旦舂∟。"引诱塞外蛮夷攻打城邑，也视为"以城邑反"。秦简牍中尚未见到如何处置"以城邑反"者，但通过《二年律令》与传世材料可以推测出"以城邑反者"将处以腰斩之刑，且被"夷三族"。

《二年律令·贼律》：以城邑亭障反，降诸侯，及守城亭障，诸侯人来攻盗，不坚守而弃去之，若降之，及谋反者，皆（一）要

---

[1] 陈松长主编《岳麓书院藏秦简（肆）》，第208页。

（腰）斩。其父母、妻子、同产，无少长皆弃市。（二）①

"父母、妻子、同产，无少长皆弃市"即史书上常见的"夷三族"，嫪毐作乱失败后本人被腰斩，夷三族。

在笔者所见的秦简材料中，出现过"赎死""赎黥""赎耐""赎迁"，尚未见"赎城旦舂"这一刑名，岳麓秦简中也仅此一见。此"赎城旦舂"属于本刑，而非代替刑。张家山汉简中有关于"赎城旦舂"缴纳赎金的规定：

> 《二年律令·具律》：赎死，金二斤八两。赎城旦舂、鬼薪白粲，金一斤八两。赎斩、府（腐），金一斤四两。赎劓、黥，金一斤。赎耐，金十二两。赎辔（迁），金八两。有罪当府（腐）者，移内官，内官府（腐）之。（一一九）②

秦代赎刑缴纳罚金情况，目前尚不能确知，因为所见秦简律令条文中尚未见各个等级的赎刑分别应当缴纳多少黄金的记载，但在岳麓秦简《数》中有部分材料可以参照：

> 赀一甲直（值）钱千三百卌四，直（值）金二两一垂∟，一盾直（值）金二垂。赎耐，马甲四∟，钱一千六百八十。（0957）
> 马甲一，金三两一垂，直（值）钱千九百廿∟，金一朱（铢）直（值）钱廿四，赎死，马甲十二∟，钱二万三千卌。（0970）③

通过岳麓秦简《数》所载材料，可知金一铢值廿四钱，一两为廿四铢，故金一两为五百七十六钱。赎死需缴纳二万三千卌钱，计卌两，合二斤

---

① 彭浩、陈伟、〔日〕工藤元男主编《二年律令与奏谳书——张家山二四七号汉墓出土法律文献释读》，第88页。

② 彭浩、陈伟、〔日〕工藤元男主编《二年律令与奏谳书——张家山二四七号汉墓出土法律文献释读》，第140页。

③ 朱汉民、陈松长主编《岳麓书院藏秦简（贰）》，上海辞书出版社，2012，第78页。

八两；赎耐缴纳一千六百八十钱，约为金 2.917 两。

《数》中材料有假设成分，但又有一定的真实性，如赏一甲值钱千三百卅四，与里耶秦简材料所载相同[①]，赎死所需缴纳的黄金数亦与《二年律令》的规定相同，但赎耐只需缴纳 2.917 两，而《二年律令》中需缴纳 12 两，二者差距较大，这可能与刑罚制度变革有关。

虽然 1792 组令文开头就提及了"赏毋（无）律，今为令"，但直到结尾也未能见到购赏的内容，而是交代了如何处罚"以城邑反者"，引诱徼外蛮夷造反者、知情不报者、为谋反活动提供住宿者以及典、老、伍人。按照叙事逻辑，接下来应当出现购赏的规定：

> ·能捕以城邑反及智（知）而舍者一人，捼（拜）爵二级，赐钱五万，诇吏，吏捕得之，购钱五万。诸已反及与吏卒战而（1849）
>
> （缺简）
>
> 受爵者毋过大夫 ⌐，所诇虽多□□□□□□□□□□□及不欲受爵，予购级万钱，当赐者，有（又）行（1892）其赐。
>
> ·廷卒乙廿一（1684）

"拜爵二级、赐钱五万"是很丰厚的赏赐，足见秦打击境外谋反者的力度甚大。秦王政九年，嫪毐叛乱，相国昌平君、昌文君发卒攻打嫪毐，"战咸阳，斩首数百，皆拜爵，及宦者皆在战中，亦拜爵一级"[②]。同样是平叛，购赏力度却相距甚远，或许在立法者看来，域外谋反的危害更大，平叛的难度也更大。"受爵者毋过大夫"意味着捕获谋反者与士卒在战场上因斩敌首立功而拜爵有所不同。军功爵共二十级，而秦始皇时民爵的顶点或是大夫爵。故一般的黔首即使立了大功，拜爵也不能超过大夫。不能再接受爵位者，爵一级折算万钱。爵钱兑换比值，秦汉相当一致。

---

① 里耶秦简 8-60+8-656+8-748 载："少内啻言冗佐公士燹道西里亭赍三甲，为钱四千卌二。"

② 《史记》卷六《秦始皇本纪》，第 294 页。

《二年律令·捕律》：捕从诸侯来为间者一人，捧（拜）爵一级，有（又）购二万钱。不当捧（拜）爵者，级赐万钱，有（又）行其购。[1]

以上是对一般黔首捕获"以城邑反及智（知）而舍者一人"的购赏，那么，官吏、刑徒又当如何赏赐呢？令文亦有明确规定：

· 吏捕告道徼外来为间及来盗略人、谋反及舍者，皆勿赏。· 隶臣捕道（导）徼外来为间者一人，免为司寇，司寇为（1596）庶人。道（导）故塞徼外蛮夷来盗略人而得者，黥劓（劓）斩其左止（趾）以为城旦。前令狱未报者，以此令论之ㄴ。斩为城（2151）旦者，过百日而不死，乃行捕者赏。县道人不用此令。· 廷辛乙廿一（1166）

"告"指诇告，即向官府提供消息。"舍者"指为徼外来从事间谍活动、盗窃劫掠和谋反者提供住宿的人，故意为以上几类人提供住宿，遭受的处罚会更重。秦令规定职责所在之官吏捕获罪犯或提供抓捕线索不能得到购赏，这与汉律有所不同。《二年律令》有一则条文规范了类似情况下"吏所兴"该如何购赏：

《二年律令·盗律》：徼外人来入为盗者，要（腰）斩。吏所兴能捕若斩一人，捧（拜）爵一级。不欲捧（拜）爵及非吏所兴，购如律。（六一）[2]

令文中的"隶臣"和"司寇"特指跟随官吏一起参与捕获行动者。"隶

---

① 张家山二四七号汉墓竹简整理小组编著《张家山汉墓竹简［二四七号墓］（释文修订本）》，第29页。

② 彭浩、陈伟、〔日〕工藤元男主编《二年律令与奏谳书——张家山二四七号汉墓出土法律文献释读》，第114页。

臣""司寇"身份虽为刑徒，但常作为随从，参与官吏统领的活动，这些活动要么特别繁剧，要么比较危险。例如《为狱等状四种》"盗杀安宜等案"中狱史触带领司寇晦追捕杀人贼安。又《二年律令·捕律》"兴吏徒追盗贼，已受令而逋，以畏愞（愞）论之"①，"徒"或包括刑徒，但具体而言，只能是司寇和隶臣等轻刑犯，尚未见到鬼薪、城旦参与此类事宜。

"道"通"导"，引导。在已知秦汉文献中，徒刑名称中含有"城旦春"的有"系城旦春""完城旦春""黥城旦春""斩城旦春""黥劓城旦春"和"斩黥城旦春"，又"黥劓（劓）斩左止（趾）以为城旦春"首见于岳麓秦简。此刑极少施于初犯者身上，既可视作"黥为城旦春"的加刑，也可视为腰斩之减刑。②在所见材料中，此种刑罚似乎只适用于勾结徼外蛮夷从事犯罪活动者，"黥劓（劓）斩左止（趾）以为城旦春"见于岳麓秦简"亡律"卷册漏收残简 C1-8-2+C1-8-3：

☐道（导）徼外蛮夷来诱，黥劓（劓）斩左止（趾），女子黥劓（劓）之，皆以为城旦春。☐☐③

从上可知比"黥劓（劓）斩左止（趾）以为城旦春"刑轻一等级的刑罚为"黥劓（劓）城旦春"。而"黥劓（劓）城旦春"又可视为"黥为城旦春"的加刑：

《岳麓秦简·亡律》：道（导）徼中蛮夷来诱者，黥为城旦春。其从诱者，年自十四岁以上耐为隶臣妾 L，奴婢黥颜（颜）䫖，畀其主。（0187）④

① 彭浩、陈伟、〔日〕工藤元男主编《二年律令与奏谳书——张家山二四七号汉墓出土法律文献释读》，第149页。
② 韩树峰先生认为："斩黥城旦春、黥劓城旦春、斩城旦春并不是正式刑名，而是一种加刑。它们主要作为黥城旦春向死刑的过渡形式，存在于秦汉律令中，适用于罪行特别严重的罪犯或累犯。"详见《汉魏法律与社会——以简牍、文书为中心的考察》，第65页。
③ 陈松长主编《岳麓书院藏秦简（柒）》，第179页。按：个别释文处理方式有异。
④ 陈松长主编《岳麓书院藏秦简（肆）》，第72页。

"黥劓（劓）斩左止（趾）以为城旦舂"刑名的存在，打破了先前学者为秦代刑罚等级所设的框架，同时也让我们看到立法者在提升法律适用性方面所做的努力，使罚之轻重尽量符合罪之小大。

"斩为城旦者，过百日而不死，乃行捕者赏"，此段文字蕴含的信息也比较丰富。首先，据此可知被施以斩城旦之刑者，由于流血过多或伤口感染等原因而死亡的现象比较普遍。其次，购赏并非马上兑现，有一定滞后性。

在令文中"县道人"并非与"徼外蛮夷"相对的概念，而是与隶臣、司寇相对的概念。"县道人"指除隶臣、司寇以外所有的自然人，包括官吏、黔首和其他刑徒等。"不用此令"，指不适用于此令，岳麓秦简多见，例如：

> ·狱史、令史、有秩吏及属、尉佐以上，二岁以来新为人赘壻（婿）者免之。其以二岁前为人赘壻（婿）而（0559）能去妻室者勿免，其弗能行者免之∟。二岁以来家不居其所为吏之郡县，而为舍室即取（娶）妻焉▢（0359）官，免之。家不居咸阳而取（娶）妻咸阳及前取（娶）妻它县而后为吏焉，不用此令。（0353）①
>
> 令曰：吏岁归休卅日，险道日行八十里，易＜易＞道百里。诸吏毋乘车者，日行八十里，之官行五十里∟。吏∟告当行及择（释）（1903）归居家，皆不用此令。·卒令丙五十一（1905）②

"不用此令"一般是针对同类事项的特殊情形而言，与秦令中常见的"它有等比"立意正好相反。既言"不用此令"，则必有它令对此情形作了规范，否则必让人无所适从。若言"它有等比"，类似的情形即可照此执行，不必再一一加以明确，徒增纷扰。

"隶臣捕道（导）徼外来为间者一人，免为司寇，司寇为庶人。"捕一人，隶臣可免为司寇，司寇免为庶人。若捕多人，隶臣是否能直接免

---

① 陈松长主编《岳麓书院藏秦简（肆）》，第205~206页。按：个别释文处理方式有异。
② 陈松长主编《岳麓书院藏秦简（伍）》，第112页。

为庶人，司寇又能否进入有爵者行列？这是一个涉及阶层流动的重要问题。吏、黔首、徒隶三者身份转换的方向和缘由值得细细梳理。"廷卒令廿一"本有相关令文可供我们寻绎，可惜因竹简残断遗失了关键信息：

> ·隶臣捕道（导）故徼外来诱而舍者一人，免为司寇，司寇为庶人。其捕数人者，以□▨（1156）[1]

徒隶的身份无须反复免除，而可将购赏移用到他人身上，为其免去刑徒身份；或者将购赏折算为金钱。毕竟购赏移用，秦汉律中颇为常见：

> 《秦律十八种》：欲归爵二级以免亲父母为隶臣妾者一人，及隶臣斩首为公士，谒归公士而免故妻隶妾一（155）人者，许之，免以为庶人。工隶臣斩首及人为斩首以免者，皆令为工。其不完者，以为隐官工。　　　军爵（156）[2]
>
> 《二年律令·捕律》：数人共捕罪人而当购赏，欲（一五〇）相移者，许之。（一五一）[3]

"隶臣斩首为公士"让我们知道刑徒也可以通过立军功成为自由民，并获得爵位，可知徒隶上升为黔首的通道是畅通的。"谒归公士而免故妻隶妾一人者，许之，免以为庶人"，将军功移用至妻子身上，如此，两人均获得庶人身份。

从上文的论述可知，秦在打击域外谋反势力方面力度极大，这是由当时的社会大背景决定的。首先，东方六大国虽然被灭，但残余势力仍在负隅顽抗，或有勾结外族反秦的举动。其次，北方的匈奴一直对秦的边防造成极大的压力，以至于蒙恬常年带领数十万人的军队布防。再

---

① 陈松长主编《岳麓书院藏秦简（伍）》，第 127 页。

② 陈伟主编《秦简牍合集 释文注释修订本（壹）》，第 124 页。

③ 彭浩、陈伟、〔日〕工藤元男主编《二年律令与奏谳书——张家山二四七号汉墓出土法律文献释读》，第 151 页。

次，南方的瓯越也一定不愿被秦人统治，会渗入内地从事谋反活动，借此来表达自己的立场。为防止内外势力互相勾连，秦除了严惩参与谋反者以外，还用诱人的赏金鼓励黔首、徒隶与敌对势力作斗争。

（二）"尉郡卒令"内容试析

鉴于岳麓秦简《尉郡卒令》究竟有几则令文尚不清楚[①]，故本部分只针对其中 2 则令文略加探析。

秦汉简关于"居赀赎债"方面的记载比较丰富，但对解爵以除赀赎方面的规定，以岳麓秦简"尉郡卒令"最为详细：

> ·令曰：吏及黔首有赀赎万钱以下而谒解爵一级以除，【及】当为疾死、死事者后，谒毋受爵 ㄥ，以除赀赎，（1168+1192）皆许之。其所除赀赎 [皆许之其所除赀赎] 过万钱而谒益【解】爵、【毋受爵者，亦许之。一级除赀赎毋过万】（1140）钱，其皆谒以除亲及它人及并自为除，毋过三人。赀赎不盈万钱以下，亦皆【许之。其年过卅五以上者，不得解】（C8-1-12+2130）爵、毋受爵，毋免以除它人。年睆老以上及罢癃（癃）不事、从睆老事及有令终身不事、畴吏解爵而当复（1692）畴者，皆不得解爵以自除、除它人。鼎者劳盗＜盈＞及诸当拜（拜）爵而即其故爵如鼎及拜（拜）后爵者，皆不（1862）得解其故爵之当即者以除赀赎。为人除赀赎者，内史及郡各得为其畍（界）中人除，毋得为它郡人除 ㄥ。【中】县、（1863）它郡人为吏它郡者，得令所为吏郡黔首为除赀赎。属邦与内史通相为除。为解爵者，独得除赀（1789+1804）赎。令七牒。 ·尉郡卒令第乙七十六（1878）[②]

以上令文缺字补释及编连均有赖于另外一则与之内容相同而字体有异的令文，其末简为：

---

① 《岳麓书院藏秦简（柒）》公布了 5 枚 "尉郡卒令" 篇名简，其究竟统摄多少令文，尚待进一步研究。
② 陈松长主编《岳麓书院藏秦简（伍）》，第 113~116 页。按：个别释文和句读有变动。

除赀赎。令七牒 ∟。请之。·三（0476）[1]

二者在内容上的差异极小，后者保留了更多的请令格式，例如"请之"，未见于前一则令文。秦奏谳文书及其他行政文书常在结尾处记录文书所用简牍数目（或是为了防伪），但在岳麓秦简所见令条中，只有1878简、0476简标明简数，这应是抄录者个人选择的结果。秦代下发给各级官府的律令原件，应该保留了应有的格式，如制定者、制定缘由、使用简牍数、法令形式等，但抄录者常常只截取正文。岳麓秦简中保留的部分请令、制令和布令信息，为深入了解秦代法律条文的产生过程提供了绝佳材料，此问题有待专文进行探讨。

两则《尉郡卒令》之间最大的差异在序号，一个为"七十六"，一个为"三"，序号变动绝非抄手所为，亦非读者校改，而是朝廷对律令重新进行了编定。换句话说，在一个特定的时期，每一则令文只对应一个序号，境内所有官府都须遵从。若官府或个人可随意对律令进行命名和编序，势必引起混乱，这在任何一个运转正常的政权中都是不容发生的事。

回到令文正文，开头即点明条文的规范对象为官吏与黔首。秦汉时期，当一则律令条文没有出现特定规范对象时，我们可以认为其对所有人都适用（最高统治者除外）。秦代将臣民分为吏、黔首、官徒隶和奴婢数种，岳麓秦简1112简"谨布令，令黔首、吏、官徒隶、奴婢明智（知）之"[2]。笔者认为，先秦四民中的"士"与秦代的"吏"相当，"农工商"与"黔首"相当。

"吏及黔首有赀赎万钱以下而谒解爵一级以除，【及】当为疾死、死事者后，谒毋受爵 ∟，以除赀赎，皆许之"，吏及黔首被赀罚、触犯赎刑而无力缴纳罚金时，可以用爵位抵偿。然在出土材料中，常见到的是以"居作"的方式来偿还罚金，如"居赀""居赎""居赀赎债"等。在

---

① 陈松长主编《岳麓书院藏秦简（柒）》，第71页。
② 陈松长主编《岳麓书院藏秦简（伍）》，第48页。

官府居作一日可抵八钱（若由官府提供食宿，可抵六钱）[①]，此并非当时劳动力价值的真实体现，更具惩罚的意味。

之所以两次强调解爵抵罚金的数额须在万钱以下，是因为秦代爵位一级正好值万钱：

> ·能捕以城邑反及智（知）而舍者一人，撻（拜）爵二级，赐钱五万，诇吏，吏捕得之，购钱五万。诸已反及与吏卒战而（1849）
>
> （缺简）
>
> 受爵者毋过大夫 ∟，所□虽多□□□□□□□□□□□□及不欲受爵，予购级万钱，当赐者，有（又）行（1892）其赐。　　·廷卒乙廿一（1684）[②]

汉初之制常承袭秦，《二年律令·爵律》规定，"诸当赐受爵，而不当撻（拜）爵者，级予万钱"[③]，此律亦可证秦一爵值万钱。

仅从字面意思理解，"疾死死事者"指因疾病或其他事故而死亡者，关于疾病死亡者爵位承袭问题，《二年律令·置后律》有详细规定：

> 疾死置后者，彻侯后子为彻侯，其毋（无）适（嫡）子，以孺子子、良人子。关内侯后子为关内侯，卿侯〈后〉子为公乘，五大夫后子为公大夫，公乘后子为官（三六七）大夫，公大夫后子为大夫，官大夫后子为不更，大夫后子为簪裹，不更后子为上造，簪裹后子为公士，其毋（无）适（嫡）子，以下妻子、偏妻子（三六八）[④]。

---

① 详见《秦律十八种·司空律》、岳麓秦简《亡律》。
② 陈松长主编《岳麓书院藏秦简（伍）》，第125~126页。
③ 彭浩、陈伟、〔日〕工藤元男主编《二年律令与奏谳书——张家山二四七号汉墓出土法律文献释读》，第242页。
④ 彭浩、陈伟、〔日〕工藤元男主编《二年律令与奏谳书——张家山二四七号汉墓出土法律文献释读》，第235页。

从上引律文可知，彻侯、关内侯是原等承袭，从第十八等大庶长到第三等簪裹均是降等继承。据此可推测上造、公士后子为士伍。秦代爵位继承制度究竟如何尚无可靠文献可参，但肯定也存在原等和降等继承的做法。"当为疾死、死事者后，谒毋受爵"中的"毋受爵"似应理解为"毋受爵一级"，并非完全不承袭爵位，而是降一等承袭。

"其所除赀赎 [皆许之其所除赀赎] 过万钱而谒益【解】爵、【毋受爵者，亦许之。一级除赀赎毋过万】钱，其皆谒以除亲及它人及并自为除，毋过三人"，若罚金超过万钱，允许解爵二级以上；解爵以替父母或他人偿还罚金者，总人数不能超过三人。爵位一级值万钱是固定的，而个人被赀罚的钱数并不确定，二者不对等时，可解爵多级或替他人偿还罚金以达到平衡。

秦汉简牍多见"小上造""小簪裹"之类，是对拥有爵位的未傅籍者的称呼。看来授予爵位时，并未设定年龄下限。同时，也未见到因年龄太大而不允许接受爵位的记载。那么，我们姑且可以判定，在其他条件均满足时，秦代授爵并不考虑受爵者的年龄。然年龄大小却影响爵位的利用效率，"年过卌五以上者，不得解爵、毋受爵，毋免以除它人"，年龄超过 45 岁，不能通过解除爵位和不接受爵位的方式来抵偿罚金，也不能以此来免除他人徒隶身份或为他人抵偿罚金。

一般的吏、民，爵位不能超过某个等级①，爵位至顶者若再立新功，不能再授予爵位，只能赐予钱物。但是，如果某人知道自己将获得爵位，趁机解除旧有爵位以免赀赎，如此则可以顺利接受新赐爵位。如此一来，势必造成爵位被私下买卖的现象盛行，这显然不利于统治。故统治者要采取措施，防止爵位滥用，从岳麓简秦令可见一斑。

首先得弄清"不得解其故爵之当即者以除赀赎"针对三种情形，之间用"及"来连接，分别为"鼎者劳盗 < 盈 >""诸当撩（拜）爵而即其故爵如鼎"和"撩（拜）后爵者"。"鼎者劳盗 < 盈 >"当指爵位已到

---

①　《后汉书·百官志》引刘劭《爵制》："吏民爵不得过公乘者，得贳与子若同产。然则公乘者，军吏爵最高者也，虽非临战，得（乘）公卒车，古曰公乘也。"秦代一般吏民的爵位似不可超过大夫。

公乘，劳绩盈满。"诸当撵（拜）爵而即其故爵如鼎"，旧有爵位加上新受爵位后达到公乘爵。"撵（拜）后爵者"，以"后子"身份承袭的爵位，考虑到"后子"本来拥有爵位，而后又有新的爵位可以承袭，此时不能够利用之前的爵位来免除赀赎。

"罢癃（癃）不事"与"从睆老事"是两种情况，中间当顿开。"罢癃（癃）不事"指身体残疾而不服役者。"从睆老事"当是一种优待，按照"睆老"的标准服役，睆老役事减半。"有令终身不事"即终身被免除各种役使的人。世代从事某种职业者称为"畴人"，《二年律令·傅律》："畴官各从其父畴，有学师者学之。"[1] "畴吏解爵而当复爵者"，畴吏原本解除过爵位，后来又获爵，此种情况，不能再解爵免除自己或他人的赀赎。

就除赀赎而言，不仅有年龄上的限制，在籍贯上也有规定。"为人除赀赎者，内史及郡各得为其畔（界）中人除，毋得为它郡人除"，替人除赀赎者，双方必须是同一郡，内史与郡分别言之，因二者地位有高下，然"毋得为它郡人除"之"郡"显然包括内史。如此看来，秦代内史本质上亦为一郡，因国都所在而显得特别。需要指出的是，秦简中还常以"中县"指代内史：

> 【中】县、它郡人为吏它郡者，得令所为吏郡黔首为除赀赎。属邦与内史通相为除。为解爵者，独得除赀赎。

黔首可以替本郡的官吏除赀赎，这一点是我们先前不能想象的。"属邦"与"内史"可以互相除赀赎。据《汉书·百官公卿表》属邦为掌管归义蛮夷的官署，其长官亦称属邦。里耶秦简 8-657 简"琅邪叚（假）【守】□敢告内史、属邦、郡守主"[2]，内史、属邦与郡守并列，属邦为职官名称无疑。上引令文中的"属邦"当指属邦管辖下的民众。

---

① 彭浩、陈伟、〔日〕工藤元男主编《二年律令与奏谳书——张家山二四七号汉墓出土法律文献释读》，第 234 页。
② 陈伟主编《里耶秦简牍校释（第一卷）》，第 193 页。

"为解爵者，独得除赀赎"，此规定当适用于令文所提及吏、黔首以及属邦，无论是为自己还是他人，解除爵位只可免除赀赎，这是对爵位功用的重新限制。据其他材料可知，秦爵之功用是多方面的，《秦律十八种·军爵律》规定以爵位免除父母徒隶身份，此外，通过解除爵位可以减刑或免刑：

> 《奏谳书》：令：吏盗，当刑者刑，毋得以爵减、免、赎，以此当恢。（七三）[1]
>
> 《二年律令·贼律》：贼杀伤父母，牧杀父母，欧（殴）詈父母，父母告子不孝，其妻子为收者，皆锢，令毋得以爵偿、免除及赎。（三八）[2]

收录在第五卷的另外一则《尉郡卒令》是关于官吏与士卒之间贸易问题的，为便于讨论，录其内容如下：

> ·令曰：吏从军治粟将漕长輓者，自敦长以上到二千石吏，居军治粟漕长輓所 ∟，得卖（买）所歓（饮）食衣服物及所以歓（饮）（1880）食、居处及给事器兵 ∟，买此物而弗歓（饮）食衣服用给事者，皆为私利。毋重车者，得买以给事，舍，毋过□（1879）□□人。丞相、御史言：前军军吏治粟将曹（漕）长輓，吏或不给吏事而务为私利，侵苦卒 ∟。吏已请行其罚。为（1171）牛车 ∟若一轺车数者，皆为私利。与卒、官属同舍，同舍者蔺（卤）、所歓（饮）食物 ∟、得与歓（饮）食之及得傳（使）为所以给舍事（1906）者物 ∟，非此物，皆为私利。诸不在此令中而买为之，及虽在令中，买为而□□，皆为私【利】。□□□钱以上，

---

[1] 彭浩、陈伟、〔日〕工藤元男主编《二年律令与奏谳书——张家山二四七号汉墓出土法律文献释读》，第353页。

[2] 彭浩、陈伟、〔日〕工藤元男主编《二年律令与奏谳书——张家山二四七号汉墓出土法律文献释读》，第105页。

皆毋（1769）行其劳论凵、赐。其毋劳论而有赐及毋劳论、赐者，皆罚戍故徼四岁，有（又）毋行其赐而皆没入其所为私利（1669）县官。为私利，私利者与同辠凵。军初到，车军治粟曹（漕）长輓到官治粟，皆用此令凵。军罢去，车军治粟曹（漕）长（1666）

（缺简）

　　□军□为令。奏。制曰：可。布以为恒令。·尉郡卒令乙（1163）[1]

"从军治粟将漕长輓"显然是"吏"的限制语。同一则令文中与"从军治粟将漕长輓"类似的表达尚有"军吏治粟将曹（漕）长輓"、"车军治粟曹（漕）长輓"。"治粟将漕长輓"似乎是对吏所从事工作的描述，不妨将其分解为"治粟"和"将漕长輓"两个层面来理解，"治粟"即管理粟；"将漕长輓"即率领漕卒长挽者。"长挽"见于《战国策·魏策四》："秦自四境之内执法以下至于长挽者。"高诱注："长挽者，长为挽车之人。"岳麓秦简又见"长輓（挽）粟徒"：

　　·内史言：黢卒从破赵军凵，长輓（挽）粟徒壹夫身贷毋（无）粮，貣县官者，死军，为长（0749）[2]

"长輓（挽）粟徒"当为"长挽者"的异称，即从事运输工作的士卒，岳麓秦简令文中或称"漕卒"：

　　·令曰：诸军人、漕卒及黔首、司寇、隶臣妾有县官事不幸死，死所令县将吏劾<刻>其郡名樓及署送书，（1864）可以毋误失道回留。·卒令丙丗（卅）四（1790）[3]

---

① 陈松长主编《岳麓书院藏秦简（伍）》，第 116~118 页。按：个别句读有变动。
② 陈松长主编《岳麓书院藏秦简（肆）》，第 205 页。
③ 陈松长主编《岳麓书院藏秦简（伍）》，第 111 页。

当然，运输之物不限于粟，此以粟代指一切转输之物。在令文中，"吏从军治粟将漕长挽者"可以理解为率领士卒从事军资运输的官吏。

"得卖（买）所歓（饮）食衣服物及所以歓（饮）食、居处及给事器兵"，从事军资运输的官吏能够出售食物、衣物及服役时需要使用的器械，并且能够租售炊具、餐具及住所。"买此物而弗歓（饮）食衣服用给事者，皆为私利"，所购之物若非食物、衣服或服役必需之器具，均视为牟取私利。

秦代服兵役者所耗衣食器用等费用均需自己承担，从事运输工作的漕卒也不例外，故官吏与士卒之间会发生买卖关系。这种贸易行为虽是私人所为，但从令文可知其是被法令允许的，然必须限制在一定范围内。官吏盈利是否需要上交官府，或者按比率抽取，目前尚无更多的材料来证实。

"重车"即运载辎重的车。岳麓秦简 1394 简："繇（徭）律曰：委输传送，重车负日行六十里，空车八十里，徒行百里。"①《二年律令·徭律》："委输传送，重车、重负日行五十里，空车七十里，徒行八十里。"②《孙子·作战》："驰车千驷，革车千乘"，曹操注："驰车，轻车也，驾驷马；革车，重车也，言万骑之重。"杜牧注："轻车，乃战车也。古者车战，革车、辎车，重车也，载器械、财货、衣装也。"③"毋重车者，得买以给事"，据此可知服役的士卒还需自己准备运输物资的"重车"。秦代徭役繁重，此为最好脚注。

1171 简"丞相、御史言"之前是一则旧令，它规定了军吏可以向士卒出售一些必需品。由于旧令有不尽合理处，故丞相、御史大夫请求增补一些细则，对它进行纠改。新令文是基于"吏或不给吏事而务为私利，侵苦卒"这一状况而制定。新令对私利重新进行界定，并制定新的处罚措施。

---

① 陈松长主编《岳麓书院藏秦简（肆）》，第 150 页。
② 彭浩、陈伟、〔日〕工藤元男主编《二年律令与奏谳书——张家山二四七号汉墓出土法律文献释读》，第 248 页。
③ 杨丙安校理《十一家注孙子校理》，中华书局，1999，第 36 页。

整理小组将 1171 简与 1906 简系连在一起，"为牛车"只能理解为出售牛车，"为牛车 └ 若一辄车数者，皆为私利"，多次向同一人出售牛车或辄车，视为非法牟取私利。

关于士卒"劳论"及"赐"的规定，又见于睡虎地秦简：

> 从军当以劳论及赐，未拜而死，有辠（罪）灋耐毳（迁）其后；及灋耐毳（迁）者，皆不得受其爵及赐。其已拜（一五三），赐未受而死及灋耐毳（迁）者，鼠（予）赐。　军爵律（一五四）[1]

睡虎地秦墓竹简整理者将"劳"解释为"劳绩"，"论"解释为"论功授爵"，"赐"解释为"赏赐财物"。[2]高敏先生认为以上律文应断读为"从军当以劳、论及赐"，"劳"指"摆功劳大小"；"论"指"评定、议论、论定功劳大小"；而"赐"指"赐爵、赐田宅财物等"，是赐爵的具体程序和具体做法。[3]朱绍侯先生采纳了高敏先生的断读意见，并对律文重新标点如下：

> 从军当以劳、论及赐。未拜而死，有辠（罪）灋（废），耐毳（迁）其后，及灋（废），耐毳（迁）者，皆不得受其爵及赐。

依据简文的断读，朱先生进一步认为："颁行军功爵的三道手续，即劳、论、赐。劳，指从军后所建立的功劳；论，即因功论赏或因罪论罚；赐，就是评议之后，国家根据功劳和罪过的大小而颁赐给不同的爵位、土地和财物，或给予一定的处罚。"[4]柳春藩先生认为"劳"即斩敌首多少的功劳；论，是评论、论定功劳的大小；赐，主要是赐爵，也包

---

① 睡虎地秦墓竹简整理小组编《睡虎地秦墓竹简》，第 55 页。
② 睡虎地秦墓竹简整理小组编《睡虎地秦墓竹简》，第 55 页。
③ 高敏：《秦的赐爵制度试探》，载氏著《秦汉史论集》，中州书画社，1982，第 14~15 页。
④ 参见朱绍侯《军功爵制考论》，商务印书馆，2008，第 53-64 页；朱绍侯《军功爵制研究》（增订版），商务印书馆，2017，第 57~58 页。

括其他内容，不然就不会"爵及赐"并提了。① 此外，徐富昌教授也认为："军功爵制的手续和程序牵涉到三个层面，其一是'劳'，其二是'论'，其三是'赐'。"并指出"论"在军功爵制方面都作"论功行赏"解，"赐"就是赐爵。②

齐继伟先生根据新刊布的岳麓秦简材料推断秦代军爵颁赐的程序分"劳论"和"赐"两个阶段。"劳论"的评定由尉官执行，内容包括对有功者功劳大小的校验及其对应之赏赐的论定。具体而言，在军队中，由校尉及以上将领校验功劳，以"尺籍书下县及郡"，县尉、郡尉根据尺籍书上的功劳大小及有功者的身份、已有爵级等，论定赏赐，或赐爵，或购赏，或解爵赎亲及所知者罪，或除赀赎，并最终论定结果，报与相关部门受理。③

笔者认为以上说法均有值得商榷之处。首先，"劳论"与"赐"是互不包含的两类事物，因令文的表述为"毋行其劳论∟、赐。其毋劳论而有赐及毋劳论、赐者"，"∟"及"而"同时出现足以表明"劳论"与"赐"是两个并列且有区别的事物。其次，"劳论"是"论劳"的结果，因为功劳大小只有经过相关部门评定才能最终认定，而不是听任本人申报。功劳评比一般包括予夺两方面，此外还要考虑以爵抵罪、免除徒隶的情况。一般而言，士卒的爵位只能通过立军功获得，这在《商君书》《史记》中都有相关记载。令文中的"劳论"显然是按照功劳大小授予的爵位。那么，"赐"当包括除爵位之外的所有东西，也自然包括劳，赐劳在西北汉简中也很常见。需要指出的是，如果原来拥有的爵位被褫夺或被使用而现有的功劳达不到授爵的要求，自然会出现"毋劳论"的情况。"毋劳论"并非没有劳绩可以评比，而是现有劳绩过少，不足以得到爵位。最后，具体到令文中的"赐"，因为整条令文是针对官吏和士卒的，"赐"的依据也应当是功劳，与史书中针对天下臣民的大赏赐不同。

第四章　秦律令条文中所见的奖赏制度

韩非子认为明主驾驭臣民，有刑、德两种利器，杀戮之谓刑，庆赏之谓德。[1]赏与罚乃治国理政的两大手段，本不应分轻重厚薄。然在商鞅的治国理念里，罚是第一位的，赏是处于辅助地位的。商鞅虽死，然其拟定的治国方略被后继秦君奉为圭臬，故我们今天见到的秦律令条文，罚罪的内容确实远远多于赏功。秦刑罚制度方面的研究成果颇众，不胜枚举；而奖赏制度的研究成果却相对较少。研究成果的丰瘠首先和研究者的关注点有关系，同时也受限于材料多寡。睡虎地秦简以及新刊岳麓秦简中有不少律令条文涉及赏赐，为我们研究秦代的奖赏制度提供了可贵材料。其次，里耶秦简有一些行政文书，正可用之验证律令条文实施与否。又，汉初《二年律令》有关奖赏的条文沿袭秦律的痕迹颇为明显，但局部又有所不同，此间异同值得玩味。

第一节　奖赏内容及成效

（一）赐爵

秦国二十等爵制是基于奖励军功而设立的，故又称为"军功爵制"。《商君书·赏刑》言："圣人之为国也：壹赏，壹刑，壹教。壹赏则兵无敌，壹刑则令行，壹教则下听上。……所谓壹赏者，利禄官爵，

---

[1]　（战国）韩非著，陈奇猷校注《韩非子新校注》，第120页。

抟出于兵，无有异施也。"[1]商鞅学派主张"利禄官爵"获得的途径只能有一条，即军功。《商君书·境内》："能得爵首一者，赏爵一级，益田一顷，益宅九亩，一除庶子一人，乃得人〈人〉兵官之吏。"[2]缴获铠甲一副或取敌人首级一枚者，能得爵位一级、田一顷，宅九亩，获得成为军吏的资格。由此可见，在秦国获取爵位不易。秦律令所载赐爵仅见于岳麓秦简：

> ·能捕以城邑反及智（知）而舍者一人，撰（拜）爵二级，赐钱五万，诇吏，吏捕得之，购钱五万。诸已反及与吏卒战而（1849）
>
> （缺简）
>
> 受爵者毋过大夫∟，所□虽多□□□□□□□□□□□及不欲受爵，予购级万钱，当赐者，有（又）行（1892）其赐。　·廷卒乙廿一（1684）[3]

"以城邑反"即据城而反，与一般呼啸山林的反寇群盗不同。"智（知）而舍者"，知晓某人以城邑反而为其提供住所，此乃同犯。捕获谋反者及协助者，赐爵二级，另加钱五万，提供消息线索而吏捕得者，赐钱五万。赏赐力度颇大，应是比照战场上斩首一级的标准实行。此种赏赐与军功爵最大的不同在于：受赏者本爵加上赐爵，爵级不可过大夫。若超过，只能折算成钱，爵一级抵万钱。或可据此判定，秦民爵的顶峰为大夫，而汉代为公乘。

之所以认定上引令文中赐爵标准是比照军功爵制而行，是因为《史记·秦始皇本纪》所记一事与令文规定颇相合：

> 王知之，令相国、昌平君、昌文君发卒攻毐。战咸阳，斩首

---

① 蒋礼鸿:《商君书锥指》，中华书局，1986，第96页。
② 蒋礼鸿:《商君书锥指》，第119页。
③ 陈松长主编《岳麓书院藏秦简（伍）》，第125~126页。

数百，皆拜爵，及宦者皆在战中，亦拜爵一级。毒等败走。即令国中：有生得毒，赐钱百万；杀之，五十万。尽得毒等。①

始皇平定嫪毐叛乱时，凡参加战斗的宦官，均赐爵一级；故易知斩杀叛乱者所获爵当不止一级，斩首一枚者当得爵二级以上。

秦爵之可贵，在于难得亦难失。吏民因罪过将被夺去爵位者，需上呈最高权力者定夺：

> □□坐一□，丞、令、令史、官啬夫吏主者夺爵各一级，毋（无）爵者以（？）官为新地吏四岁，执灋令都吏（J38）循行案举不如令〖者〗，论之，而上夺爵者名丞相，丞相上御史。（1662）②

"上夺爵者名丞相，丞相上御史"，"御史"当指侍御史或御史大夫，侍御史品秩远低于丞相，显然不能决定爵位之予夺，他们只负责将相关情况转呈到皇帝处，最终由皇帝来定夺。

爵位不仅可以兑换成金钱，也可用来改变一个人的身份地位：

> 《秦律十八种》：欲归爵二级以免亲父母为隶臣妾者一人，及隶臣斩首为公士，谒归公士而免故妻隶妾一（155）人者，许之，免以为庶人。工隶臣斩首及人为斩首以免者，皆令为工。其不完者，以为隐官工。　　军爵（156）③

隶臣妾为官徒隶，无固定的服役期限，若无特殊机缘，此种身份将永不会改变。隶臣可以通过斩敌首立军功豁免其徒隶身份。隶臣妾要成为庶人，需亲人归还爵位二级。正因为秦人之身份常通过爵位高低来体现，

---

① 《史记》卷六《秦始皇本纪》，第293~294页。按：我们认为此时昌平君尚未任丞相，丞相依然是吕不韦，故similar与修订版《史记》不同。
② 陈松长主编《岳麓书院藏秦简（伍）》，第187页。按：个别释字与整理报告不同。
③ 陈伟主编《秦简牍合集 释文注释修订本（壹）》，第124页。

而爵高者能获得更多权利，故谎报爵位的现象时有发生：

> 廿七年八月丙戌，迁陵拔讯欧。辤（辞）曰：上造，居成固畜
> 园，为迁陵丞。故为启☒
> ☒狱。欧坐男子毋害詐（诈）伪自爵弗得。狱史角曹。·六月
> 丙子论☒（9-2318 正）
> ·鞫：欧失捬（拜）大男子赏横爵。有它论，赀二甲。与此同
> 事相遝。审。☒（9-2318 背）①
> 廿七年【八月丙戌，迁陵拔】讯欧，辤曰：上造，居成固畜
> □□☒ I
> □狱，欧坐男子毋害詐（诈）伪自☒ II（8-209 正）
> ·鞫欧：失捬（拜）骀奇爵，有它论，赀二甲□□□☒（8-209
> 背）②

以上两封文书生成日期相同，为秦始皇二十七年八月丙戌。涉案者均为欧，所犯失职之罪均与爵位有关。毋害谎报爵位未能被及时发觉，其罪一；授予赏横和骀奇的爵位不当，其罪二。由于此二罪均与爵位有关，符合“同事相遝”原则，二罪不累加，欧只需被赀罚二甲。“自爵”者当如何处置，秦律尚未见明文，《二年律令》规定：“诸詐（诈）伪自爵免、爵免人者，皆黥为城旦舂。吏智（知）而行者，与同罪。”③汉初之律多承袭秦代，秦代对自爵者的处置当近之。又徒隶若未按照规定戴上刑具、穿上囚服，也会以自爵论处：

> ·诸当衣赤衣冒擅（毡），枸椟杕及当钳及当盗戒（械）而擅
> 解衣物以上弗服者，皆以自爵律论之。（1922）④

---

① 陈伟主编《里耶秦简牍校释（第二卷）》，第 471 页。
② 陈伟主编《里耶秦简牍校释（第一卷）》，第 114 页。
③ 彭浩、陈伟、〔日〕工藤元男主编《二年律令与奏谳书——张家山二四七号汉墓出土法律文献释读》，第 242 页。
④ 陈松长主编《岳麓书院藏秦简（伍）》，第 141 页。

（二）赐金钱

用金钱作为奖赏物，秦律中最为常见，金指黄金，钱为铜钱。爵位主要给予有军功者，金钱的用处广泛得多，不宜拜爵时，似均可以金钱进行奖赏。举凡抓捕罪犯、举报非法、提供信息、俘获野兽等，均可获得金钱：

1. 律曰：产捕群盗一人，**购金十四两**。有（又）曰：它邦人（1342）【产捕群】盗，非吏所兴，毋（无）什伍将长者捕之，**购金二两**。（1339）①

2. 工隶臣妾及工当隶臣妾者亡，以日六十钱计之。隶臣妾、宫隶、收人（2002）及诸当隶臣妾者亡，以日六钱计之，及司寇冗作及当践更者亡，皆以其当冗作及当践（1981）更日，日六钱计之，皆与盗同灋。（1974）不盈廿二钱者，赀一甲。其自出殹（也），减罪一等∟。亡日钱数过六百六十而能以钱数物告（0169）者，**购金二两**，其不审，如告不审律。六百六十钱以下及不能审钱数而告以为亡，**购**（0180）**金一两**，其不审，完为城旦舂到耐罪，赀二甲；赀罪，赀一甲。（2036）②

3. 《岳麓秦简·金布律》：有贩殹（也），旬以上必于市，不者令续＜赎＞覂（迁），没入其所贩及贾钱于县官。典、老、伍人见及或告之（1288）而弗告，赀二甲。有能捕告赎覂（迁）皂一人，**购金一两**∟。（1233）③

4. 《岳麓秦简》：·新地吏及其舍人敢受新黔首钱财酒肉它物，及有卖买叚（假）赁贷于新黔首而故贵赋＜贱＞（0895）其贾（价），皆坐其所受及故为贵赋＜贱＞之臧（赃）、叚（假）赁费、赁息，与盗同灋。其赏买新黔首奴婢畜产（1113）及它物盈三月以

---

① 朱汉民、陈松长主编《岳麓书院藏秦简（叁）》，第114~115页。按："产捕群"三字乃笔者据上下文意径补。

② 陈松长主编《岳麓书院藏秦简（肆）》，第44~45页。按：2002简原本漏收，在后续整理过程中发现其当编连在1981简之前。

③ 陈松长主编《岳麓书院藏秦简（肆）》，第109页。

上而弗予钱者坐所赟贾<买>钱数，亦与盗同灋。学书吏所年未盈十五岁者（1037）不为舍人。有能捕犯令者城旦皋一人，购金四两。捕耐皋一人，购金一两。（1012）①

5.《岳麓秦简》：捕犯令者黥城旦舂皋一人，购金四两，耎（迁）皋一人，购金二两，免其婢以为妻，有子其主所而不为訾（赀）者勿（1738）②

6.《岳麓秦简》：城旦，已论输巴县盐，有能捕黥城旦皋一人，购金二两，令臣史相伍，伍人犯令，智（知）而弗告，与同皋，弗智（知），赀（1766）③

7.《岳麓秦简》：……灋，耐皋以下耎（迁）之，其臣史殴（也），输县盐，能捕若诇告犯令者，刑城旦皋以下到耎（迁）皋一人，购金二两。（1928）④

8.《岳麓秦简》：有能捕犯令而当刑为 城旦 （1444）舂者一人，购金二两，完城旦舂、鬼薪白粲皋一人，购金一两 L。（1451）⑤

9.《岳麓秦简》：·自今以来，有殴詈其父母者，辄捕以律论，典智（知）弗告，耎（迁）。乡部啬夫智（知）弗捕论，赀二甲（0178）而 废，弗智（知），典及父母、伍人赀各二甲，乡部啬⑥夫及令、丞、尉赀各一甲，而 免乡部啬夫 L。或能 捕 （0188）死 罪一人，购金七两。·十（2104）⑦

10.《法律答问》：捕亡完城旦，购几可（何）？当购二两（135）⑧。

---

① 陈松长主编《岳麓书院藏秦简（伍）》，第51~52页。
② 陈松长主编《岳麓书院藏秦简（伍）》，第209页。
③ 陈松长主编《岳麓书院藏秦简（伍）》，第201页。
④ 陈松长主编《岳麓书院藏秦简（伍）》，第202页。
⑤ 陈松长主编《岳麓书院藏秦简（陆）》，第60-61页。
⑥ 简中"部啬"二字书手不同。
⑦ 陈松长主编《岳麓书院藏秦简（陆）》，第148页。按："免乡部啬夫"前一字，整理者释为"捕"，当改释为"而"。
⑧ 陈伟主编《秦简牍合集 释文注释修订本（壹）》，第235页。

11.《岳麓秦简》：能捕耐皐一人购钱二千，完城旦舂皐（1027）一人购钱三千㇄，刑城旦舂以上之皐一人购钱四千。（1026）①

12.捕若诇告从人、从人属、舍人及挟舍匿者，死皐一人若城旦舂、鬼薪白粲皐二人，购钱五千㇄。捕城旦舂、（2053+2050）【鬼薪白粲皐一人若鄹（迁）耐皐二人】，购钱二千五百㇄。捕鄹（迁）耐皐一人，购钱千二百。（1119）②

13.·南阳、南郡有能得虎者，一虎赐千钱。·御史移曰：入皮肉县官，其不欲受钱，欲除繇（徭）戍，如律令。（0563）岁上得虎数御史，别受钱及除繇（徭）戍数。·二（0506）③

14.·簪褭（袅）妻缇得虎狗一，为缇夫除一岁繇（徭）戍㇄，不[欲]除繇（徭）戍，赐五百钱㇄，有等比焉。（0653）④

15.·诸　黔首繇（徭）给其行事，以其故眔（雁）㇄，厌（壓）、隋（堕）、流死，为（0335）盗贼若虫兽杀者，皆以死事为置后㇄。其伤折伎（肢）、肤体者，赐之各千钱。·廿二（0345）⑤

购赏分购金和购钱两种，钱与金可按照一定比率换算，故表面上看来，二者并无本质区别。然秦汉律令条文中多见以金而少见以钱购赏者，这并非偶然。功大者赏多，以抓捕罪犯为例，同样一个人，被捕捉者所犯罪过越大，官府付给抓捕者的赏金就越多。也就是说，购赏金额并非任意制定，赏金发放数额与刑罚等级有密切关系。这一点，我们从上引律令条文中不难窥知。条文在讲具体的购金数额之前，必须说明罪等及人数。为便于观察刑罚等级与购赏数额之间的关系，兹据相关秦汉律令条文制表4-1。

---

① 陈松长主编《岳麓书院藏秦简（伍）》，第40~41页。
② 陈松长主编《岳麓书院藏秦简（伍）》，第47页。
③ 陈松长主编《岳麓书院藏秦简（柒）》，第81页。按：句读有所调整。
④ 陈松长主编《岳麓书院藏秦简（柒）》，第81页。
⑤ 陈松长主编《岳麓书院藏秦简（柒）》，第86页。

表 4-1　秦汉律令所见购赏情况一览

授赏缘由	购赏金钱数额	规定出处	备注
产捕群盗一人	14 两	奏谳案件引秦律	
	10000 钱（爵一级）	二年律令	
捕死罪一人	7 两 /5000 钱	岳麓秦简令文	7 两折合 4032 钱
	7 两	二年律令	
捕黥 / 刑城旦舂罪一人	4/2 两、4000 钱	岳麓秦简令文	4 两折合 2304 钱
	4 两	二年律令	
捕完城旦舂、鬼薪白粲罪一人	2/1 两、2500 钱、3000 钱	岳麓秦简令文	
	2 两	二年律令	
捕迁罪一人	2 两、1200 钱	岳麓秦简令文	2 两折合 1152 钱
捕赎迁一人	1 两	岳麓秦简令文	1 两折合 576 钱
捕耐罪一人	1 两、1200 钱、2000 钱	岳麓秦简令文	

先谈谈购金。购金数额从一两到十四两不等。活捉群盗一人，赏金十四两，《为狱等状四种》"尸等捕盗疑购案"中引用了具体的律文。岳麓秦简令文明确规定"捕死罪一人，购金七两"。捕死罪一人所得赏金正好是捕群盗的一半，这并非巧合，而与刑罚等级有关。《为狱等状四种》"癸、琐相移谋购案"中士五（伍）琐等捕获一个 10 人组成的犯罪团伙，若以捕获死罪者的标准奖赏，可得 40320 钱；若按群盗杀人标准购赏，则多达 80640 钱。[①]

通过计算可知捕死罪一人，购赏为 4032 钱；捕群盗一人，购赏为 8064 钱，前者正好是后者的一半。又岳麓秦简《数》简 0957 载"赀一甲直（值）钱千三百卌四，直（值）金二两一垂，一盾直（值）金二垂"[②]。金 1 两值 576 钱，《数》所载金与钱的兑换比值正好可与《为狱等状四种》相关信息契合。

---

① 朱汉民、陈松长主编《岳麓书院藏秦简（叁）》，第 100 页。
② 朱汉民、陈松长主编《岳麓书院藏秦简（贰）》，第 78 页。

《二年律令·盗律》："盗五人以上相与功（攻）盗，为群盗。"[1]群盗构成要素有二，一是五人以上，二是有暴力行为。东周以来的局势特点可大致概括为"众暴寡，强凌弱"，这是周天子失去权威，无法掌控局面所致。群盗的行为就是典型的"众暴寡，强凌弱"，是对现有秩序的公然挑战，任何一位统治者都难以容忍这种行为。常见的打击群盗最为直接的方法有两种：一是施加重刑以威慑之，二是以奖赏激励民众踊跃与群盗抗争。《二年律令·盗律》：

> 群盗及亡从群盗，殴折人枳（肢），……若缚守、将人而强盗之，及投书、县（悬）人书，恐猲人以求（六五）钱财，盗杀伤人，盗发塚，略卖人若已略未卖，桥（矫）相以为吏、自以为吏以盗，皆磔。（六六）[2]

刑罚可分死刑、肉刑、耻辱刑、罚金罚役和夺爵等数种，若细分，死刑虽均以结束人的自然生命为目的，但根据施刑方式的不同，又有磔、腰斩、弃市和绞等数种。秦汉时期，弃市是最为常见的死刑实行方式，即在闹市将人处死，或认为陈尸于市为弃市。腰斩一般用于谋反者身上，与其配套使用的连坐刑是夷三族，如李斯、新垣平等。磔刑也是不常使用的，只施加在罪大恶极者身上。《二年律令·具律》规定：

> 女子当磔若要（腰）斩者弃市，当斩为城旦者黥为舂，当赎斩者赎黥，（八八）当耐者赎耐。（八九）[3]

不难看出，从磔到赎耐，刑罚等级是依次递减的，弃市较磔轻。群盗及

---

① 彭浩、陈伟、〔日〕工藤元男主编《二年律令与奏谳书——张家山二四七号汉墓出土法律文献释读》，第114页。

② 彭浩、陈伟、〔日〕工藤元男主编《二年律令与奏谳书——张家山二四七号汉墓出土法律文献释读》，第115页。

③ 彭浩、陈伟、〔日〕工藤元男主编《二年律令与奏谳书——张家山二四七号汉墓出土法律文献释读》，第126页。

追随群盗殴击人而使其骨折、脚瘸，绑架看守者而强盗其物，均处以磔刑。《二年律令·贼律》：

> 斗而以釰（刃）及金铁锐、锤、椎（锥）伤人，皆完为城旦春。其非用此物而盯人，折枳（肢）、齿、指，胅体，断决（决）鼻、耳者，（二七）耐。（二八）[1]

可知，只要不使用武器，致人骨折、脚瘸，只施以耐刑，与群盗处以磔刑相比，其惩罚力度要小得多。需要补充的是，被施以磔刑者，其妻、子当连坐，"劫人、谋劫人求钱财，虽未得若未劫，皆磔之；罪其妻子，以为城旦春"[2]。

群盗的界定，关键点在一个"攻"上，并非五人以上团伙有过不法行为均可视为群盗，但五人以上团伙犯罪所面临的惩罚重是不争的事实。

> 《法律答问》：五人盗，臧（赃）一钱以上，斩左止，有（又）黥以为城旦；不盈五人，盗过六百六十钱，（1）黥劓（劓）以为城旦；不盈六百六十到二百廿钱，黥为城旦；不盈二百廿以下到一钱，迁（迁）之。（2）[3]

团伙行窃，五人以上者，哪怕赃物只值一钱，罪犯要被斩左趾，并黥为城旦春；不足五人的团体犯罪，所面临的惩处也比个人犯罪要重。据此可知，五人以上的团伙盗窃，在秦律中未被视作群盗。另两则材料也可证明之：

> 《法律答问》：夫、妻、子五人共盗，皆当刑城旦，今中＜甲＞

---

[1] 彭浩、陈伟、〔日〕工藤元男主编《二年律令与奏谳书——张家山二四七号汉墓出土法律文献释读》，第100页。

[2] 彭浩、陈伟、〔日〕工藤元男主编《二年律令与奏谳书——张家山二四七号汉墓出土法律文献释读》，第118页。

[3] 陈伟主编《秦简牍合集 释文注释修订本（壹）》，第181页。

尽捕告之，问甲当购〇几可（何）？人购二两。（136）①

　　《法律答问》：夫、妻、子十人共盗，当刑城旦，亡，今甲捕得其八人，问甲当购几可（何）？当购人二两。（137）②

捕群盗一人购金十四两，而此处只有二两，犯罪团伙显然不是群盗。又据表4-1可知，捕获刑城旦舂罪一人，购金四两或二两。同一行为，而购金数相差一倍，这当然可能是法律规则发生变化所致。然比勘相关材料后发现，罪犯之前的身份直接影响购赏金额。为了讨论之便，再次摘录相关材料于下：

　　《岳麓秦简》：捕犯令者黥城旦舂皋一人，购金四两，毚（迁）皋一人，购金二两，免其婢以为妻，有子其主所而不为訾（赀）者勿（1738）③

　　《岳麓秦简》：城旦，已论输巴县盐，有能捕黥城旦皋一人，购金二两。令臣史相伍，伍人犯令，智（知）而弗告，与同皋，弗智（知），赀（1766）④

　　·诸当 衣 赤 冒 擅 （毡），【枸椟枚及当钳及当盗戒（械），而擅解衣物以上弗服者，皆以自爵律】（0165）论之，其皋鬼薪白粲以上，有（又）驾（加）其皋一等，以作署故初及 卧 、 沐 浴 而解其赤衣擅（毡）者，不用（J29+J64-3）此令。·敢为人解去此一物及吏徒主将者擅弗令傅衣服及智（知）其弗傅衣服而弗告劾论，（1477）皆以纵自爵皋论之，弗智（知），赀二甲，告劾论之，除。徒出繇（徭），将吏弗坐。有能捕犯令而当刑为 城 旦 （1444）舂者一人，购金二两，完城旦舂、鬼薪白粲皋一人，购金一两 L。（1451）⑤

----

　　① 陈伟主编《秦简牍合集 释文注释修订本（壹）》，第235页。
　　② 陈伟主编《秦简牍合集 释文注释修订本（壹）》，第235页。
　　③ 陈松长主编《岳麓书院藏秦简（伍）》，第209页。
　　④ 陈松长主编《岳麓书院藏秦简（伍）》，第201页。
　　⑤ 陈松长主编《岳麓书院藏秦简（陆）》，第59~61页。

"捕犯令者黥城旦舂皋一人，购金四两"是通常情况。购金数额减半有以下两种情况：一是被捕获者本来就是刑徒，后又因犯黥城旦舂罪被抓获；二是刑徒抓获犯黥城旦舂罪者。

由1451简可知，捕"完城旦舂、鬼薪白粲皋一人，购金一两"，犯罪主体显然也是刑徒。若非刑徒而犯有完城旦舂、鬼薪白粲罪，捕获者当购金二两，与《二年律令·捕律》的规定一致：

> ☐亡人、略妻、略卖人、强奸、伪写印者弃市罪一人，购金十两。刑城旦舂罪，购金四两。完城（一三七）[旦舂罪，购金]二两。（一三八）[1]

正如整理者指出的那样，简首残断处必有一个"捕"字。整条律文是关于捕获犯罪者该如何购赏的规定。"购金十两"当是"购金七两"之讹。首先，"十"与"七"在秦汉时期极容易混淆，二者的区别仅在于竖笔的长短，例子极多，此不赘举。最重要的一点在于，从秦律可知，捕死罪购之金额为群盗的一半，汉初之情形当类此。《二年律令·捕律》："捕群盗一人若斩二人，撰（拜）爵一级。"[2] 汉初爵一级，与秦一样，均值钱一万，"捕从诸侯来为间者一人，撰（拜）爵一级，有（又）购二万钱。不当撰（拜）爵者，级赐万钱，有（又）行其购"[3]。而岳麓秦简令文明载："捕若诇告从人、从人属、舍人及挟舍匿者，死皋一人若城旦舂、鬼薪白粲皋二人，购钱五千。"[4] 捕死罪购钱五千，正好是汉初捕群盗购钱数的一半。购赏之物可以在钱与金之间变换，但比值始终未变。故汉初死罪购，若以金，当为七两；以钱，当为五千。群盗

---

① 彭浩、陈伟、〔日〕工藤元男主编《二年律令与奏谳书——张家山二四七号汉墓出土法律文献释读》，第147页。

② 彭浩、陈伟、〔日〕工藤元男主编《二年律令与奏谳书——张家山二四七号汉墓出土法律文献释读》，第150页。

③ 彭浩、陈伟、〔日〕工藤元男主编《二年律令与奏谳书——张家山二四七号汉墓出土法律文献释读》，第151页。

④ 陈松长主编《岳麓书院藏秦简（伍）》，第47页。

购，以金当为十四两，以钱当为万钱。这种情况，当是金价发生变化的结果。据此也可推断，秦统一后到汉初，金十四两值万钱，一两约值七百一十四钱[1]。金价上涨当与连年战乱有关。

在秦的购金体系内，捕获触犯完城旦舂罪者与捕获迁罪所得赏金一样多，均是二两。《法律答问》："捕亡完城旦，购几可（何）？当购二两。"[2]《岳麓秦简》1738简："捕犯令者黥城旦舂皋一人，购金四两，曑（迁）皋一人，购金二两。"[3] 1928简："能捕若诇告犯令者，刑城旦皋以下到曑（迁）皋一人，购金二两。"[4] "刑城旦皋以下到曑（迁）皋"包括完城旦舂、鬼薪白粲和迁罪。据此可以反推，在某些特定的情形下，完城旦舂、鬼薪白粲与迁罪或处于同等的位置，并无轻重之分。

为了尽快抓获罪犯，除了政府给予购赏钱金外，罪犯随身携带的财物也常被作为赏金，《法律答问》："'捕亡，亡人操钱，捕得取钱。'所捕耐罪以上得取。"[5] 耐罪以上的逃犯，其随身所带之钱财可作为购赏之物。这种举措无疑能够提高追捕逃犯的效率。类似的办法也用来鼓励检举贪腐：

> 有狱者、有狱者亲所智（知）以财酒肉食遗治狱者、治狱者亲所智（知）∟，弗受而告吏，以盗（1847）【律】论遗者，以臧（赃）赐告者，臧（赃）过四千钱者，购钱四千，勿予臧（赃）入县官。（1851）[6]

检举行贿者可得"赃款"，这也是一项值得肯定的举措。

再来谈谈购钱。前面说过，黄金与铜钱均是自由流通的货币，可按照一定比率兑换，故无论以何物进行购赏，并无本质区别。问题是岳麓

---

① 金 1 两 =714.285714 钱。
② 陈伟主编《秦简牍合集 释文注释修订本（壹）》，第 235 页。
③ 陈松长主编《岳麓书院藏秦简（伍）》，第 209 页。
④ 陈松长主编《岳麓书院藏秦简（伍）》，第 202 页。
⑤ 陈伟主编《秦简牍合集 释文注释修订本（壹）》，第 233 页。
⑥ 陈松长主编《岳麓书院藏秦简（伍）》，第 151 页。

秦简令条中所见购钱数，有 5000、4000、3000、2500、2000 和 1200 等，均不是 576 的整数倍。既然《数》中的算题、《为狱等状四种》发生在秦王政二十五年的"癸、琐相移谋购案"都证实了金 1 两值 576 钱，则秦统一前的一段时间内金钱之间的兑换比值当是固定的。又里耶秦简载：

> ☑☑出钱千一百五十二购隶臣于捕戍卒不从☑。（8-992）[①]
>
> 令佐华自言：故为尉史，养大隶臣竖负华补钱五百，有约券。竖捕戍卒☑☑事赎耐罪赐，购千百五十Ⅰ二。华谓出五百以自偿。Ⅱ
>
> 卅五年六月戊午朔戊寅，迁陵守丞衔告少内问：如辤（辞），次竖购当出畀华，及告竖令智（知）之。／华手。Ⅲ（8-1008+8-1461+8-1532）[②]

捕赎耐罪一人，购 1152 钱，正好是 576 的 2 倍，折合成黄金 2 两。此文书产生时间为秦始皇三十五年。这至少可以证实从秦王政二十五年到秦始皇三十五年的金钱比价是固定的。之所以会出现购钱数为 100 的整数倍，而非 576 的倍数，可能并非钱金兑换比率发生了变化。

在抄写时代稍晚的《二年律令》中，也见到不少赐钱数额，均是 100 的整数倍：

> 《赐律》：赐棺享（椁）而欲受赍者，卿以上予棺钱级千、享（椁）级六百；五大夫以上棺钱级六百、享（椁）级三百；毋爵者棺钱三百。（二八九）[③]

当然，我们也发现有时购赏钱数并非 100 的整数倍，例如：

---

① 陈伟主编《里耶秦简牍校释（第一卷）》，第 258 页．

② 陈伟主编《里耶秦简牍校释（第一卷）》，第 261 页。

③ 彭浩、陈伟、〔日〕工藤元男主编《二年律令与奏谳书——张家山二四七号汉墓出土法律文献释读》，第 211 页。

钱三百五十。卅五年八月丁巳朔癸亥，少内沈出以购吏养城父士五（伍）得。得告戌卒赎耐罪恶。（8-811+8-1572）[①]

看来以钱为购赏物时，数额较为灵活，或无特定的标准；而以金为购赏物时，数额常与刑等相关。

（三）赐物

物品均有一定价值，所赐之物都能折算成钱金，既然如此，为何不将所有的赏赐都改成钱金呢？首先，秦代货币经济尚不够发达，货币不能至之处尚多，例如实物赋税仍占有不小比重。其次，所赐之物或是身份和地位的象征，非金钱所能衡量，比如刀剑服饰之类。最后，直接以赃物为赏赐便于操作，既减少行政成本，又提高效率。因此，以实物来赏赐，有其历史必然性和现实可行性。

秦始皇三十一年（前216年），"赐黔首里六石米，二羊"[②]，秦始皇赏赐每一个里米六石，羊两头。里是最小的基层行政单位，人口一般在100户左右。当时1石为120斤，1斤约合今天0.5市斤，6石即360斤。若是百户人口的大里，一户按五口计，共500人，平均每人0.72斤，约为成人一天的口粮。羊有大小，不便细究，且以100斤一头计算，平均每户2斤。此种天下百姓均能享用的赏赐，对受赐者而言，并不能解决多少实质问题。此种形式的赏赐不绝于史书，乃统治者为了彰显自己的仁惠而施的小伎俩。

本部分要讨论的赐物与上面有本质不同，并非人人可得，所赐之物也各有不同。常见用来赏赐有功之人的物品有酒食和衣物，至于马匹和戟、刃、弓、弩等兵器，恐非日常赏赐之物，或是因时而定的。

先来看赏赐酒食的情况。酒看似平常，却并不易得，有些时候在特定场合，酒被列为违禁品。睡虎地秦简、岳麓秦简均有禁酒的律文：

《秦律十八种·田律》：百姓居田舍者毋敢酤（酤）酉（酒），

① 陈伟主编《里耶秦简牍校释（第一卷）》，第231页。
② 《史记》卷六《秦始皇本纪》，第321页。

田啬夫、部佐谨禁御之，有不从令者有辠（罪）。[1]

《岳麓秦简》：·田律曰：黔首居田舍者毋敢醯＜醢（酤）＞酒，有不从令者羀（迁）之，田啬夫、士吏、吏部弗得，赀二甲。·第乙（0994）[2]

《岳麓秦简》：黔首居田舍者毋敢醯＜醢（酤）＞酒，不从令者羀（迁）之，田啬夫、吏、吏部弗得，赀各二甲。丞、令、令史各一甲。（1400）[3]

对比以上律文可知，三则条文主要内容都是禁止在田舍沽酒之事，但是同中有异。相对于睡虎地秦简《田律》，岳麓秦简《田律》的规则更加细致，称谓上也有些变化。岳麓秦简改"百姓"为"黔首"，此乃律文在秦统一之后作过修订之力证。据《史记·秦始皇本纪》，秦始皇二十六年"更名民曰'黔首'"[4]。又在里耶秦简中，只见"黔首"而不见"百姓"。又睡虎地秦简《田律》只规定田啬夫和部佐要严加制止百姓在田舍沽酒，但是并未给予违犯律令者以惩处，只是讲"不从令者有罪"。到底有何罪，我们不得而知。然到了岳麓秦简《田律》之中，清楚地规定黔首违犯此令，则"迁之"；负责监督的田啬夫、士吏、吏部若监管不力，要罚二甲，甚至县丞、县令和令史也要连带罚一甲。"前修未密，后出转精"的规律在律文的编纂过程中也体现出来了。当然，前者也可能是抄录时节取不当所致。

田舍是一种临时性住所，为了劳作方便，一般就搭建在农田内，农忙时入住，闲时撤离，或被称作庐舍。田舍不让饮酒，是怕黔首因饮酒误了农事。这是特殊情形，不可据此来推断秦代禁止百姓饮酒。秦代并未禁酒：

---

① 睡虎地秦墓竹简整理小组编《睡虎地秦墓竹简》，第22页。
② 陈松长主编《岳麓书院藏秦简（肆）》，第161页。
③ 陈松长主编《岳麓书院藏秦简（肆）》，第106页。
④ 《史记》卷六《秦始皇本纪》，第307页。

　　吏敢令后入官者出钱财酒肉，入时共分歙（饮）食及出者，皆【赀】二甲，责费。（0529）①

　　·令曰：吏及臣史有教女子辝（辞）上书即为书而受钱财酒肉焉，因反易＜易＞其言，不用其请（情）实而令其▨（1761）②

　　有狱论、有狱论（1723）亲、所智（知）以狱事故，以财酒肉食遗及以钱金它物叚（假）贷治狱、治狱者亲、所智（知）及有卖买焉而故少及多（1815）【其】贾（价），已受之而得，予者毋辠。（1847）③

"吏敢令后入官者出钱财酒肉"，有压榨新人之嫌，且容易滋长腐败之风，故为律法不允。1761简是针对"反易＜易＞其言"，即翻供而言，"受钱财酒肉"是诱因，并非"钱财酒肉"本身为禁物。1815简以"财酒肉食"行贿，更加证明酒并非违禁之物。

　　酒并非违禁之物，也不难得，官府常用来赏赐：

　　《秦律十八种·厩苑律》：以四月、七月、十月、正月肤田牛。卒岁，以正月大课之，最，赐田啬夫壶酉（酒）束脯。（14）④

　　《岳麓秦简》：·致赐人酒食者或留乚。议：吏将赐酒食留臧（藏）致者乚，酒食臭败不可致者，更盛·致者留八分日一到过五日（0130）▢以行制书不署急而留之律论之乚。赎罪以下，有（又）以其败不可致者直（值）钱负留者。·官遣致者留及官（0114）遣赐遟（迟）而留致者乚，皆以此令论之·致者未到乚，将赐吏径致之，赀二甲。·致者留乚，将赐吏弗举（0175）▢遣赐遟（迟）留致者，致者弗举劾乚，以纵罪人律论之·十六（2152）⑤

　　① 陈松长主编《岳麓书院藏秦简（肆）》，第221页。
　　② 陈松长主编《岳麓书院藏秦简（伍）》，第200页。
　　③ 陈松长主编《岳麓书院藏秦简（伍）》，第150~151页。按：句读有调整。
　　④ 陈伟主编《秦简牍合集 释文注释修订本（壹）》，第49页。
　　⑤ 陈松长主编《岳麓书院藏秦简（陆）》，107~108页。

《厩苑律》规定牛养得肥胖，在评比中获得头名的，田啬夫可得酒一壶、腊肉一条。以上岳麓秦简令文制定的目的在于让赏赐的酒食等物及时送达得赐者手中。致者是负责宣布赏赐的人，应当随身携带了文书；将赐吏是具体负责物品发放的人。发放赏赐物时，二者均要求在场。赏赐的酒食变质不可食用时，要重新准备。由于致者的原因而赏赐之物未能及时送达的，要根据实际情况分别处理。"致者留八分日一到过五日，以行制书不署急而留之律论之。赎罪以下，有（又）以其败不可致者直（值）钱负留者。"致者耽搁八分之一日到超过五日的，要按照制书不署急而使其留迟之罪论处。制书是颁布皇帝法制命令的专用文书，是官文书中地位最高的一种。据此可见，统治者十分重视赏赐的时效性，希望尽快送至获赏者手中。考虑到车马运输的速度，朝廷若以酒肉赐人，身处边郡者接到赏赐当在数月以后，若碰上气温稍高的季节，酒肉势必腐败变质。所以，用作赏赐的食物应当是由最近的官府调拨的。

以赃物为奖赏不可视为常例，这种碰上什么赃物就赐什么的做法，是一种权宜之计。比如岳麓秦简《金布律》中所见的"赐马"：

> ・金布律曰：禁毋敢以牡马、牝马高五尺五寸以上，而齿未盈至四以下，服辇车及狠（垦）田、为人（1229）就（僦）载，及禁贾人毋得以牡马、牝马高五尺五寸以上者载以贾市及为人就（僦）载，犯令者，皆（1279）赀各二甲，没入马县官。有能捕告者，以马予之。（1410）[1]

不遵朝廷马政者，马匹没收充公，能抓捕、揭发违法者的，将得到作为赃物的马匹。相信有这种激励措施，非法使用马匹者将大大减少。

以兵器赐人颇见于史书，汉高祖为了彰显萧何的地位，赐他剑履上殿，之后不少位高权重者也享有此特权。兵器可用来杀敌防卫，同时也是身份地位的象征。早年落魄至极的韩信，靠寄食为生，宝剑却未曾离

---

[1]　陈松长主编《岳麓书院藏秦简（肆）》，第110页。

身。佩剑是士一级男子的必需品，楚国佩剑之风尤甚。韩信剑不离身，就是要表明自己乃贵族，人虽穷而志不可短。从秦简可知，一般百姓不可私自持有官府制造的兵器，否则会受到不同程度的惩处。然兵器若是赏赐而得，则不在禁令之内。

> ·十四年四月己丑以来，黔首有私挟县官戟、刃没＜及＞弓、弩者，亟诣吏。吏以平贾（价）买，辄予钱。令到盈二月弗（1357）诣吏及已闻令后敢有私挟县官戟、刃、弓、弩及卖买者，皆与盗同灋。挟弓、弩殊折，折伤不□（1433）◿戟、弓、弩殹（也），勿买，令削去其久刻 ∟。赐于县官者得私挟。·臣欣与丞相启、执灋议曰：县（1464）官兵多与黔首兵相类者，有或赐于县官而传（转）卖之，买者不智（知）其赐及不能智（知）其县官（1454）兵殹（也）而挟之，即与盗同灋。诣吏有为自告，减辠一等。黔首以其故泰抵削去其久刻，（1307+C5-3-2+C9-9-1+C9-3-1）折毁以为铜若弃之。不便，被更之。诸挟县官戟、刃、弓、弩诣吏者，皆除其辠，有（又）以平贾（价）予钱。（0198+2189）①

以上令文包括新旧两则令文，"臣欣与丞相启、执灋议曰"之前是一则旧令，颁布的时间为秦始皇十四年（前233年）。旧令有不妥当之处，故丞相启与其他大臣商议对它进行修订。"议曰"之后是新修订的新令。丞相有督造、管理兵器之责。《文物》2008年第5期公布了一件铜戈，铜戈内部背面刻有两行铭文，第一行为"十二年，丞相启、颠"②，十二年为器物制造时间，即秦始皇十二年（前235年），启、颠为督造者，二人均为丞相。《文物》1986年第3期公布一件铜戈，铭文有"十七年，丞相启、状造"③，十七年即公元前230年。铜器铭文中的丞相启与岳麓秦简中的丞相启当为同一人。启至迟在秦始皇十二年就成为秦国的

---

① 陈松长主编《岳麓书院藏秦简（陆）》，第48~50页。
② 彭适凡：《秦始皇十二年铜戈铭文考》，《文物》2008年第5期。
③ 田凤岭、陈雍：《新发现的"十七年丞相启状"戈》，《文物》1986年第3期。

丞相，当是吕不韦的后任。

所引用旧令颁布时间为十四年四月己丑，而令文中多次出现"黔首"这一称谓，"黔首"二字在字体和墨迹上与同简其他字无异，竹简本身亦无刮削痕迹，可知"黔首"二字并非削改而成。据此可以证明以上所引令文是秦统一后抄录而成。律令的时效性较强，抄录它基本上是为日常行政参照使用。丞相启与大臣商定后的新令，在秦统一后的一段时间仍然在使用。之所以要强调这一点，是因为它与史书上所载秦始皇"销锋镝，铸以金人十二"的事实颇有关系。从令文可知，黔首禁止私藏县官兵器，兵器若非来自县官，则不在禁止之列，"黔首兵"一词即为明证。秦统一后并未禁止一般百姓拥有武器的另一重要证据如下：

> ·新黔首或不勉田作、缮室屋而带剑挟兵曹藕（偶）出入，非善谷（俗）殹（也），其谨禁御（禦）之。公大夫以上乃得带剑，（0562）而不得挟它兵及大刀长尺五寸以上者，官大夫以下不得带剑挟兵长刀。县令、令史、乡啬夫里<吏>即赘（0654）新黔首以此令告，有挟剑兵长刀者，亟诣吏，辄入县官∟。已布令，丞、令、令史、有秩吏分曹索（索）之，有挟剑（0644）兵长刀弗诣吏者，辄捕迁（迁）其郡恒迁（迁）所，皆辄行之。迁（迁）未行，其人及亲、所智（知）能为捕坐此物当迁（迁）者二人，（0585）除其家迁（迁）。其毋（无）迁（迁）除殹（也），而能捕坐此物当迁（迁）者二人，购钱五千，其典、田典、伍人见，若虽弗见，人或告之【而弗】（0599）捕告，赎迁（迁），其弗见、莫告，赀一甲。前此令断，传已入关及阴密□环（还），诣江胡而未出关及其留在咸（0480+C10.4-5-4）阳司空者，皆传诣阴密，阴密处如等。传未入关者，皆环（还），各诣其郡恒迁（迁）所。丞相今遣丞相史若卒史一人往。（0463）①

---

① 陈松长主编《岳麓书院藏秦简（柒）》，第77~79页。按：句读有改动。

（缺简）

·新黔首禁不得挟兵 ∟。今其[能]……剑以自[卫]殹（也），[令]得[带]剑，其□☑（0056）若告罪人，死罪二人若城旦罪四人，[令][得][剑]，其为人□盗伤殹（也）而自捕，若告人死罪四人若[城][旦]（0348）罪八人以上，亦令得带剑。前令[捕]若告罪人，应此数者，以此令从事，它如律令 ·七（0677）[①]

在解读令文之前，有必要对一处编连方案加以说明。0562 简和 0654 简均长 29.7 厘米，0599 简长 28.3 厘米，可知 0599 简尚残去 1.4 厘米左右，正好可以容纳两字。据前后文意，残去两字可补为"而弗"，相同的用法见：

……同居、室人、典老、伍人见其挟舍匿之，及虽弗见 ∟，人或告之而弗捕告，皆与挟舍匿者同皋。（1016）[②]

……故黔首见犯此令者，及虽弗见或告之而弗捕告者，以纵皋人（1013）论之。·廿一（1004）[③]

0654 简"赘"作会聚解，《汉书·武帝纪》"毋赘聚"，颜师古注引如淳曰："赘，会也。"[④]《说苑·奉使》："梁王赘其群臣而议其过。"[⑤]"赘新黔首"，即将新黔首会聚在一起。"分曹索（索）之"，分批逐次搜索。《史记·魏其武安侯列传》："劾灌夫骂坐不敬，系居室。遂按其前事，遣吏分曹逐捕诸灌氏支属，皆得弃市罪。"[⑥]《史记·平准书》："乃分遣御史廷尉正监分曹往。"《索隐》引如淳云："曹，辈也。谓分曹辈而出

---

① 陈松长主编《岳麓书院藏秦简（柒）》，第 79~80 页。
② 陈松长主编《岳麓书院藏秦简（伍）》，第 45 页。
③ 陈松长主编《岳麓书院藏秦简（伍）》，第 53 页。
④ 《汉书》卷六《武帝纪》，第 174 页。
⑤ 向宗鲁校证《说苑校证》，中华书局，1987，第 299 页。
⑥ 《史记》卷一百七《魏其武安侯列传》，第 3446~3447 页。

为使也。"①

被处以迁刑者，由官府强制迁徙到它郡，每一个地方都有对应的郡作为迁者的接收之所，即律令中所说的"恒毚（迁）所"。边远的郡县以及矿产资源丰富之地常成为迁罪者的收容之处，例如蜀巴、严道、洞庭等。从令文可知阴密也是罪犯的迁徙地之一。翻检史书发现阴密早在秦昭王时就是流放罪人的处所。《史记·白起王翦列传》："应侯请之，不起。于是免武安君为士伍，迁之阴密。"阴密之地望，《集解》裴骃引徐广曰："属安定。"《正义》："（阴密）故城在泾州鹑觚县城西，即古阴密国，密康公国也。"②晋安定阴密县、唐泾州鹑觚县，即今甘肃灵台县，灵台县位于咸阳西北。若将令文中的关看成函谷关或其他关隘的省称，则前后文意颇有抵牾不通之处。此处之关，泛指关中地区，并非指具体的关隘。岳麓秦简律令中单独言关时常如此解，比如0325简："·郡及关外黔首有欲入见亲、市中县【道】,【毋】禁锢者殹（也），许之。入之，十二月复，到其县，毋后田。"③令文是针对新黔首制定，秦令中尚有"故黔首"之称，一般而言秦故地（关中蜀巴）的百姓在秦统一后称为"故黔首"，新占领区的百姓为新黔首。

"传"指被传输的罪人，犯有迁罪者由官府统一运送到指定地方。岳麓秦简有相关规定：

> ·诸有皋当毚（迁）输蜀巴及恒毚（迁）所者，皋已决，当传而欲有告及行有告，县官皆勿听而亟传诣（1123）毚（迁）轮＜输＞所，勿留。　　　·十九（0966）④
>
> 诸书当传者勿漕乚，断皋输毚（迁）蜀巴者乚，令独水道漕传。（0589）⑤

① 《史记》卷三十《平准书》，第1731页。
② 《史记》卷七十三《白起王翦列传》，第2837~2838页。
③ 陈松长主编《岳麓书院藏秦简（肆）》，第216页。
④ 陈松长主编《岳麓书院藏秦简（伍）》，第49~50页。
⑤ 陈松长主编《岳麓书院藏秦简（肆）》，第200页。

整则令是针对新黔首非法持有兵器而制定的，值得注意的是中间有将剑作为购赏物的规定。令条的制定时间当在秦统一后。新黔首这一称谓不见于传世文献和睡虎地秦简，岳麓秦简律令条文中却多见。新黔首不努力耕作、修缮房屋，却喜欢私藏兵器，摆弄刀剑，结伙出入，这些行为与朝廷推行的国策相左，必须加以制止。故规定只有爵位在公大夫以上者才能带剑，但不能私藏其他兵器，刀长度超过一尺五寸的也不能私藏。官大夫以下爵位者不能带剑、私藏兵器长刀。私藏兵器者要被处以迁刑。捕获因私藏兵器而获迁罪者二人，可免除一名亲属的迁罪，或获得五千钱。"若告罪人死罪二人若城旦罪四人，令得带剑"，非法持有兵器者，如果检举获死罪二人或城旦罪四人，不仅可以免罪，还能获得佩剑权。"其为人□盗伤殹（也）而自捕，若告人死罪四人若 城旦 罪八人以上，亦令得带剑"，同样是以功抵罪并获得佩剑权的规定。

（四）除罪减罪

秦奖励机制中除了赐金钱、物品，还有除罪和减罪。罪犯有自首或立功行为，罪重者常会减罪，轻者免罪，刑徒或可免为庶人。先看减罪的情形：

> 《岳麓秦简·亡律》：工隶臣及工当隶臣妾亡，以日六十钱计之，隶臣妾、宫隶、收人（2002）及诸当隶臣妾者亡，以日六钱计之，及司寇冗作及当践更者亡，皆以其当冗作及当践（1981）更日，日六钱计之，皆与盗同灋。（1974）不盈廿二钱者，赀一甲。其自出殹（也），减罪一等。（0169）[①]

> 《岳麓秦简》：☑戟、弓、弩殹（也），勿买，令削去其久刻∟。赐于县官者得私挟。·臣欣与丞相启、执灋议曰：县（1464）官兵多与黔首兵相类者，有或赐于县官而传（转）卖之，买者不智（知）其赐及不能智（知）其县官（1454）兵殹（也）而挟之，即

---

① 陈松长主编《岳麓书院藏秦简（肆）》，第44~45页。

与盗同灋。诣吏有为自告，减辠一等。（1307）①

《岳麓秦简》：·工隶臣妾及工当隶臣妾者亡，以六十钱计之，与盗同灋，其自出殹（也），减辠一等。（1005）②

《岳麓秦简》：·从人（1119）之属、舍人或能构（拘）捕，捕从人死辠一人若城旦舂、鬼薪白粲辠二人者，除其辠以为庶人∟。捕城旦舂、（0897）鬼薪白粲辠一人若臲（迁）耐辠二人，皆减其辠一等∟。（1112）③

减罪一等适用于隶臣妾自出、罪犯自我检举、罪犯助力抓捕行动等情况。从理论上讲，所有的自首和立功行为都应得到奖赏，然所立之功有大小而罪犯的身份有别，故减罪一等适用的范围也有限。不足以减罪一等则以其他方式奖赏，这必须借助用以调节刑等的附加刑，比如笞。"城旦舂司寇亡而得，黥为城旦舂，不得，命之，其狱未鞫而自出殹（也），治（笞）五十，复为司寇。（1976）"④城旦舂司寇逃亡，本当黥为城旦舂，在狱案未断之前自首，获得减刑，只需笞五十，身份从城旦舂司寇降为司寇。

除罪大致分两种情况，依照施用对象而别，若针对一般的官吏和黔首，除罪、勿罪即免除一切罪行，不再追究；若针对刑徒或因大逆以上罪而连坐者，除罪只是从名义上免除其刑徒身份，法律术语称"免为庶人"：

·吏捕告道徼外来为间及来盗略人、谋反及舍者，皆勿赏。·隶臣捕道徼外来为间者一人，免为司寇，司寇为（1596）庶人。（2151）⑤

① 陈松长主编《岳麓书院藏秦简（陆）》，第49页。
② 陈松长主编《岳麓书院藏秦简（伍）》，第70页。
③ 陈松长主编《岳麓书院藏秦简（伍）》，第47-48页。
④ 陈松长主编《岳麓书院藏秦简（肆）》，第47~48页
⑤ 陈松长主编《岳麓书院藏秦简（伍）》，第126~127页。

司寇和庶人地位均比士伍更低，能分到一定数量的田宅①，但并未脱离官府的监管，仍要如刑徒一般劳作，可称为"半徒隶"或"半黔首"。比较而言，庶人地位高于司寇，司寇尚属于刑徒之一种，而庶人相对自由。

与"除其皋以为庶人""免为庶人"性质类似的尚有"免为士伍"：

> 佐弋隶臣、汤家臣，免为士五（伍），属佐弋而亡者，论之，比寺车府。内官、中官隶臣（0782）妾、白粲以巧及劳免为士五（伍）、庶人、工、工隶隐官而复属内官、中官者，其或亡（2085）☑……□□论之，比寺车府。（0796）②

若为婢，尚有"免其婢为妻"一说：

> 《岳麓秦简》：捕犯令者黥城旦舂皋一人，购金四两，羼（迁）皋一人，购金二两，免其婢以为妻，有子其主所而不为訾（赀）者勿（1738）③

秦统一前私人奴婢称为"人臣妾"，统一后改臣为奴，改妾为婢。"免其婢为妻"的全部含义为：免婢为庶人后以之为妻。免婢为妻的实例见于岳麓秦简"识劫婉案"：

> 婉曰：与藗（义）同居，故大夫沛妾。沛御婉，婉产藗（义）、女娣。沛妻危以十岁时死，沛不取（娶）妻。居可二（1326）岁，沛免婉为庶人，妻婉。（1325）④

---

① 《二年律令·户律》规定了各等爵级者可拥有的田宅数："公卒、士五（伍）、庶人各一顷，司寇、隐官各五十亩。""公卒、士五（伍）、庶人一宅，司寇、隐官半宅。"

② 陈松长主编《岳麓书院藏秦简（肆）》，第41页。

③ 陈松长主编《岳麓书院藏秦简（伍）》，第209页。

④ 朱汉民、陈松长主编《岳麓书院藏秦简（叁）》，第154页。

·卿（乡）唐、佐更曰：沛免婉为庶人，即书户籍曰：免妾。沛后妻婉，不告唐、更。今籍为免妾。不智（知）它。（1200）①

"识劫婉案"发生在秦始皇十八年（前229年），沛免婉为庶人的时间在秦王政十年，故当时户籍登录为"免妾"。

以赏免除罪人有一定期限，这是我们之前无从得知的信息：

诸当以赏免除辠人，狱已断盈六月而弗以免除人者，止，毋行其赏。　　·廷甲（1616）②

【·】五年十一月戊寅，令耐辠以下狱已断而未过六包<旬>者，得以赏除。过六旬不得除。其戍，虽已行，环（还）之。过六旬（1909）☐司寇，及有辠耐为司寇，狱已断过六旬不得以赏除者，或亡及有它辠耐为隶臣以（1891）【下】而因以狱断未过六旬以赏除免为庶人者，皆当各复故吏（事），不得为庶人，各以计楬籍逐之。　　·廷甲　四（1685）③

以赏除罪的期限有"六月"和"六旬"二说。据岳麓秦简1616简，获罪后又有立功表现，可以使用自己的购赏来免罪和除罪的，必须在六个月内执行，否则奖赏作废。而1909简和1891简又明确记载耐罪以下以赏除罪者，必须在六旬内完成，过期不得除。岳麓秦简0106简载："诸当以赏免除罪人者，狱已断盈六月而弗以免除人者，止，毋行其赏。"④内容与1616简完全一样，只是"罪"字的写法不同而已，故"六月"不太可能是"六旬"的讹写。某一特定历史时期，以赏除罪的期限应当是确定的，这种差异当是律令修订造成的。孰先孰后尚不可判断，有待更多相关材料的发现。

①　朱汉民、陈松长主编《岳麓书院藏秦简（叁）》，第159页。
②　陈松长主编《岳麓书院藏秦简（伍）》，第131页。
③　陈松长主编《岳麓书院藏秦简（伍）》，第131~132页。
④　陈松长主编《岳麓书院藏秦简（陆）》，第143页。

以赏除罪还会遇到一些比较特殊的情况。从 1891 简和 1659 简得知：有罪耐为司寇者，未在规定的时间内以赏除罪，而后逃亡或犯耐隶臣妾以下罪，狱断六十天内依旧可以赏除为庶人，但这种庶人的自由度受到限制，要如司寇一般在官府服役，不是真正意义上的自由人。这是以赏除罪的特殊情形，也是对累犯者的惩罚手段之一。

以赏除罪有时限，范围上也有界限，如刑罚列入"不赦"之罪的，一般不可以赏除。《二年律令·贼律》："贼杀伤父母，牧杀父母，殴（殴）詈父母，父母告子不孝，其妻子为收者，皆锢，令毋得以爵偿、免除及赎。"[1]又如某些特定历史阶段，为了强行推行国策，触犯法律者亦不能以赏免除。张家山汉简《奏谳书》案例引汉初令曰："诸无名数者，皆令自占书名数。令到县道官盈卅日，不自占书名数，皆耐为隶臣妾，锢，勿令以爵、偿（赏）免，舍匿者与同罪。"[2]此则令当与汉初为了尽快让流民回原籍以恢复生产的国策有关。

（五）除徭戍、赐日

秦之奖励措施中又有免除徭戍、赏戍和罚戍：

> ·令曰：诸从者有卖买而绐（诒）人，与盗同灋，有（又）驾（加）其辠一等，耐辠以下有（又）毚（迁）之，从而奸，皆以强与人奸律论之。（1806）耐女子为隶妾。有能捕若诇告一人，为除赏戍若罚戍四岁以下一人，欲以除它人，许之。其舍人、同食，见其绐（诒）人（1873）[3]
>
> ·行书律曰：有令女子、小童行制书者，赏二甲。能捕犯令者，为除半岁繇（徭），其不当繇（徭）者，得以除它（1384）人繇（徭）。（1388）[4]

---

[1] 彭浩、陈伟、〔日〕工藤元男主编《二年律令与奏谳书——张家山二四七号汉墓出土法律文献释读》，第 105 页。

[2] 彭浩、陈伟、〔日〕工藤元男主编《二年律令与奏谳书——张家山二四七号汉墓出土法律文献释读》，第 351 页。

[3] 陈松长主编《岳麓书院藏秦简（伍）》，第 195 页。

[4] 陈松长主编《岳麓书院藏秦简（肆）》，第 132 页。

·南阳、南郡有能得虎者，一虎赐千钱。·御史移曰：入皮肉县官。其不欲受钱，欲除繇（徭）戍，如律令。（0563）岁上得虎数御史，别受钱及除繇（徭）戍数。·二（0506）[1]

·簪裹（褭）妻缇得虎狗一，为缇夫除一岁繇（徭）戍L，不欲除繇（徭）戍，赐五百钱L，有等比焉。（0653）[2]

六月，其女子作居县，以当戍日。戍告犯令者一人以上，为除戍故繇一岁者一人。（0671）[3]

秦代赀戍和罚戍是区分得很清楚的，1873 号简文将"赀戍"和"罚戍"并列，显示二者本有区别。赀戍在本质上是一种经济处罚，其立法本意是让犯法者缴纳一定数额的金钱以抵罪，但是如果在财力上无法承受，则可戍边抵偿，如此就与罚戍者无别。而罚戍是一种刑罚，犯法者必须前往边境戍边以抵罪。从 1873 简"有能捕若诃告一人，为除赀戍若罚戍四岁以下一人"可知，赀戍四岁和罚戍四岁所面临的惩罚是相同的，均是充当戍卒四岁，只是二者性质不同而已。

除繇戍的对象主要针对爵位在不更以下的黔首，本人若无须服繇役，也可替别人除繇戍。不欲除繇戍的，可改为赐钱，这表明繇戍一日所值，可用钱来计算。成年男子一岁所服繇役，若折算为钱，当是五百钱左右。捕获幼虎赐五百钱，成年老虎获千钱，千钱可抵二年繇戍。

与赐繇戍类似的是"赐日"，二者的差异在于，前者的受赐者为黔首，后者为官吏。睡虎地秦简《厩苑律》：

以四月、七月、十月、正月肤田牛。卒岁，以正月大课之，最，赐田啬夫壶酉（酒）束脯，为旱＜皂＞者除一更，赐牛长日三旬；殿者（13），诤田啬夫，罚冗皂者二月。其以牛田，牛减絜，治（笞）主者寸十。有（又）里课之，最者，赐田典日旬；殿，治

---

① 陈松长主编《岳麓书院藏秦简（柒）》，第 81 页。按：句读有改动。

② 陈松长主编《岳麓书院藏秦简（柒）》，第 81 页。

③ 陈松长主编《岳麓书院藏秦简（肆）》，第 220 页。

（笞）卅。厩苑律（14）①

牛长、田典属于基层官吏，不需服徭役，与皂不同，所赐之日应算作官吏的劳绩。秦代劳绩正是以日为单位计算的：

> 资中令史阳里釦伐阅：A Ⅰ
>
> 十一年九月隃为史。A Ⅱ
>
> 为乡史九岁一日。A Ⅲ
>
> 为田部史四岁三月十一日。A Ⅳ
>
> 为令史二月。A Ⅴ
>
> □计。B Ⅰ
>
> 年卅六。B Ⅱ
>
> 户计。C Ⅰ
>
> 可直司空曹。D Ⅰ（8-269）②

（六）购奴婢

早期的奴隶多来自战俘，后来罪犯成为官奴隶的主要来源，私奴主要由购买而得。从商周到秦汉，奴隶的来源发生变化，但其属性未改，一直被视为财产，而非一个独立的人。正常人拥有的很多权利，奴隶都没有。奴婢和牛马一样，可以明码标价进行买卖，也可以作为赏赐品。《法律答问》："有投书，勿发，见辄燔之；能捕者购臣妾二人，毄（系）投书者鞫审㵞（谳）之。"③岳麓秦简一则残断的令文写道："☑罪一人，购奴婢二人，完城旦舂、耐罪，购一人。"④简文虽残断，但不难推测这是一则关于捕获罪犯如何赏赐的令文。一般而言捕获刑城旦罪所得购赏正好是完城旦的两倍，岳麓秦简和《二年律令》有相关规定。

---

① 陈伟主编《秦简牍合集 释文注释修订本（壹）》，第49页。
② 陈伟主编《里耶秦简牍校释（第一卷）》，第125~126页。
③ 陈伟主编《秦简牍合集 释文注释修订本（壹）》，第202页。
④ 陈松长主编《岳麓书院藏秦简（陆）》，第145页。

（七）赏赐田宅

秦自商鞅起实行军功爵制，常赐予有军功者以田宅爵禄，《商君书·境内》："能得爵首一者，赏爵一级，益田一顷，益宅九亩，一除庶子一人，乃得人＜入＞兵官之吏。"①又《史记·白起王翦列传》载王翦前往攻打楚国时向秦始皇"请美田宅园池甚众"②。岳麓秦简《田律》曰："有皋，田宇已入县官，若已行，以赏予人而有勿（物）故，复（覆）治，田宇不当入县官，复畀之其故田宇。"③若一个人犯罪，其田地和宅宇已被没入官府，或者已经被授予、赏赐他人而遇到其他变故，再次审理案件时发现的田地和宅宇不应该没收，则应该将其返还。

第二节　奖赏制度的特点

通过上文论述可知秦法并不吝于赏功，有军功者、助官府打击犯罪分子者和业绩突出者均会得到奖赏。奖赏形式多样，包括改变有功者身份地位，如赐爵和将徒隶除为庶人等，奖赏之物既有金钱、酒肉、马匹、衣物等实物，也有徭计、劳绩等。捕获罪犯可得购赏的条文在秦律令中最为常见，可以说，赏功与罚罪犹如鸟之两翼，合则两美，分则两伤，缺一不可。

奖赏制度虽不如刑罚制度那样有严密的体系，但也有自己的标准，这个标准有时又与刑罚体系有极大的关联性。购赏金额与被捕者所犯之罪成正比，罪越重，金额越高。此外，秦奖赏制度尚有其他特点：并非所有的自首行为都能得到谅解和减刑，购赏不可任意移用，作为奖赏的钱物由当地官府拨付，请赏者和予赏者不能是同一人，曾受赏赐者或可获得"议罪"权。

（一）自首或不减刑

一般情况下，自首者会减罪，但秦法却有例外。首先，犯有不赦之

---

① 蒋礼鸿：《商君书锥指》，第 119 页。
② 《史记》卷七十三《白起王翦列传》，第 2841 页。
③ 陈松长主编《岳麓书院藏秦简（肆）》，第 105 页。

罪者，虽有自首情节，仍不能减罪：

> 子杀伤、殴詈、投（殳）杀父母，父母告子不孝及奴婢杀伤、殴、投（殳）杀主、主子父母，及告杀，其奴婢及（1980）子亡已命而自出者，不得为自出。（2086）[1]

子杀死、伤害、殴打、詈骂父母，子女不孝而被父母告发者；奴婢杀死、伤害、殴打主人、主人的子女、主人的父母，主人请求将奴婢杀掉，奴婢及其子女因以上情况而逃亡的，论罪以后，即使确有自首行为，也不当以自首论。罪犯逃亡而有自首情节者，一般会减罪，《二年律令·亡律》："诸亡自出，减之；毋名者，皆减其罪一等。"[2]《二年律令·具律》："其自出者，死罪，黥为城旦舂；它罪，完为城旦舂。"[3] 岳麓秦简《亡律》："城旦舂亡而得，黥，复为城旦舂；不得，命之，自出殴（也），笞百。（2009）"[4] 子杀死、伤害、殴打、詈骂父母，奴婢杀死、伤害、殴打主人突破伦理底线，罪大恶极，属于不赦之列，所以即使有自首情节，也不能减罪。汉初律法同此，《二年律令·告律》："杀伤大父母、父母及奴婢杀伤主、主父母妻子，自告者皆不得减。"[5]

其次，狱案已经核验完毕，罪犯才自首的，也不减罪。岳麓秦简《亡律》："有罪去亡，弗会，已狱及已劾未论而自出者，为会，鞫，罪不得减。（2087）"[6]

（二）购赏不可任意移用

购赏由数人一起获得，理应平分；若有人愿意将自己的份额让渡

---

① 陈松长主编《岳麓书院藏秦简（肆）》，第43页。
② 彭浩、陈伟、〔日〕工藤元男主编《二年律令与奏谳书——张家山二四七号汉墓出土法律文献释读》，第157页。
③ 彭浩、陈伟、〔日〕工藤元男主编《二年律令与奏谳书——张家山二四七号汉墓出土法律文献释读》，第132页。
④ 陈松长主编《岳麓书院藏秦简（肆）》，第54页。
⑤ 彭浩、陈伟、〔日〕工藤元男主编《二年律令与奏谳书——张家山二四七号汉墓出土法律文献释读》，第145页。
⑥ 陈松长主编《岳麓书院藏秦简（肆）》，第43页。

给他人，法律是允许的，岳麓秦简"卒令乙廿一"规定："数人共捕道故塞徼外蛮夷来为间及来盗略人∟、以城邑反及舍者若诇告，皆共其赏∟。欲相移，许之。"[1]购赏允许让渡，但让渡对象不是任意的，必须是一起建立功劳之人。事实上，为了防止冒功和随意将购赏移给他人，秦律有针对性措施。《秦律杂抄》："捕盗律曰：捕人相移以受爵者，耐。"[2]将捕获罪犯所获得的爵位移给他人，将被处以耐刑。秦律禁止"捕人相移以受爵"应有其他考虑，因为官吏捕获罪犯一般没有赏金，即使有，也要打折扣。有些官吏抱着侥幸心理，把捕获的罪犯交给百姓，再由百姓扭送到官府领赏，最后一起瓜分奖金。当然，也有官吏从百姓手中巧取罪犯以邀功的情况。

校长、求盗等负责缉拿盗贼维持治安的基层小吏，若抓获了罪犯，一般没有奖赏，因为这些是其本职工作，即"吏所兴"，但也不可一概而论。如果罪犯犯了死罪，或是群盗，无论是吏还是民拿获了，赏金都是一样的。这一点，我们是从岳麓秦简所载具体狱案中得知的：

> 癸、行、柳、轿、沃，群盗治等盗杀人，癸等追，琐、渠、乐、得、潘、沛巳（已）共捕。沛等令（1491/0923）琐等诣，约分购，未诣。癸等智（知）治等群盗盗杀人，利得其购，绐琐等约死皋（罪）购。琐等（1343）弗能告，利得死皋（罪）购，听请相移，绐券付死皋（罪）购。先受私钱二千以为购，得公购备。行弗（1345）诇告，约分购。沛等弗诣，约分购，不智（知）弗诣、相移受钱。狱未断，未致购，得。死皋（罪）购四（1346）万三百廿（二十）；群盗盗杀人购八万六百卌（四十）钱。绾等以盗未有取吏赀澽（法）戉律令论癸、琐等；不论（1031）【沛等……。】（缺简）[3]

案件涉及三拨人，一拨是群盗，治是其中一员；一拨是追捕群盗

① 陈松长主编《岳麓书院藏秦简（伍）》，第128页。

② 陈伟主编《秦简牍合集 释文注释修订本（壹）》，第176页。

③ 朱汉民、陈松长主编《岳麓书院藏秦简（叁）》，第100~102页。

的官吏，癸、行、柳、轿、沃等；一拨是一般百姓，他们成功将群盗捕获，有琐、渠、乐、得、潘、沛等。群盗一共有十人，群盗并未向琐等言明自己杀了人，其中四人说来自秦地，未得官府允许逃离到荆地，视为"邦亡"罪。捕获邦亡者可以获得赏金，这应当是常识。在琐等将犯人扭送到官府的途中，追捕群盗的官吏癸等追了上来，癸等动了邪念，说服琐等将捕获的犯人交给自己，条件是按照捕获死罪付予赏金，并签订契约，预付了两千钱。琐等并不知晓自己捕获的是群盗，甚至对捕获群盗一人或死罪一人究竟能得到多少赏金也不太清楚，所以在见有利可图的情况下将人犯交给癸等。作为校长的癸，经常缉捕犯人，当然知道群盗购是死罪购的两倍。可到了最后，阴谋被暴露，癸等不但没有获得非分之利，还落得"坐赃为盗"的罪名。

（三）赏金原则上由当地政府发放

用来购赏的钱金、田宅、奴婢、物品由哪一级官府授予，爵位由谁拜赐，免徒隶为庶人的权限操在谁手中，这些都是奖赏过程中必须面对的具体问题。授爵、免徒隶为庶人的权力无疑在最高统治者手中，地方政府只有建议权，而无决定权。授田制在战国时已普遍实行，国家将田宅授予百姓，百姓则需负担一定数额的租赋徭役，田宅可以随时收回。但因功赐予的田宅，本人去世后可以留给子孙，王翦在征伐楚国的路上，多次向秦王请求赐予田宅以消除对方的猜忌之心。至于物品，情况更为复杂，一些易得却难以保存的东西，如酒肉等食物，应当由当地政府发放。所赐之物若比较难得，只能从其他官府调配，或直接让中央下拨。

金钱是最为常见的购赏物，一般由本地官府拨付，岳麓秦简令文中有比较明确的交代：

> 兵事毕（0668）矣∟，诸当得购赏赏责（债）〖者〗，（0591）者，勿令巨（距）皋（罪）。令县皆亟予之。▍丞相御史请：令到县，县各尽以见（现）钱不禁者亟予之，不足，各请其属（0558）所执灋，执灋调均；不足，乃请御史，请以禁钱贷之，以所贷多

少为偿，久易（易）期，有钱弗予，过一金，（0358）赀二甲。（0357）▌内史郡二千石官共令 第戉（0465）①

购赏之钱，由各县拨付，但禁钱不可轻易挪用，必须请示御史府，御史府同意后才能调拨。需要强调的是禁钱并不属于国库，禁钱可以借贷给各级政府应急，但必须在规定的期限内偿还。禁钱是供帝王私人使用的钱，《史记·秦始皇本纪》有"少府章邯"，裴骃《集解》引应劭曰："掌山泽陂池之税，名曰禁钱，以给私养，自别为藏。少者小也，故称少府。"②禁钱之名或有两种解释：一是禁止官府随便使用之钱，因为这部分钱要直接充入天子私人府库；二是除去授予的田宅，广阔的山林原野、江湖池泽除了极少部分划为禁苑，其他部分百姓可任意从事渔猎活动，获得生活生产资料。从所属权而言，山泽陂池亦属于天子，对他人而言就是禁地。天子允许百姓在禁地活动已是极大的恩惠，故百姓需纳税，禁地所得之钱可称为禁钱。

（四）请赏者和予赏者不能为同一人

如何奖赏、奖赏多少，秦律都有细致规定，不可随意变更。从理论上言，只要一切按照律令执行，便不会有差错。但律令执行者都是有血有灵的人，是人就难免有私心和偏见，为了保证公正公平，尽量杜绝徇私舞弊，秦法规定请赏之吏与予赏之吏不可为同一人。

昭襄王命曰：置酒节（即）征钱金及它物以赐人，令献（谦），丞请出；丞献（谦），令请出，以为恒。·三年诏曰：（0519）复用。（0352）③

---

① 陈松长主编《岳麓书院藏秦简（肆）》，第207、197、198页。按：编连方案遵照拙稿《〈岳麓书院藏秦简（肆）〉所收令文浅析》，邬文玲、戴卫红主编《简帛研究二〇一八》（春夏卷），广西师范大学出版社，2018，第66～70页。王可认为0668简前当接0391简，甚确，详见王可《读岳麓秦简札记一则》，简帛网，2019年5月8日，http://www.bsm.org.cn/?qinjian/8077.html。
② 《史记》卷六《秦始皇本纪》，第342页。
③ 陈松长主编《岳麓书院藏秦简（肆）》，第209页。

昭襄王公元前306~前251年在位，秦统一后改"命书"为"制书"，是一种颁布帝王法制命令的文书。昭襄王曾以命书规定以钱金酒物赐人时，令和丞要么负责请赏，要么负责分发赏赐之物，不可一人兼二职。秦二世三年时，以诏书的形式重新启用了这则命书。命书的内容是针对钱金酒等物资出纳的，令和丞要互相合作，不能由一人操办，一人负责上奏相关文书，另一人根据文书清单发放物资。这些物资包括赏赐之物。

（五）赏赐授予有一定滞后期

赏赐或不能马上发放，而要滞后一段时间。这主要有以下几个方面的原因。首先是核验功绩需要一个过程。核验是十分必要的，前面已经提及冒功或转移购赏的事件时有发生。其次，若是捕获罪犯，要等到狱案了结，疑犯定罪后才能发放赏金，这是因为购赏多少与刑等高低有关。另有一个规定，施以斩刑者，受刑者挺过百日，才能发放赏金：

> ·吏捕告道徼外来为间及来盗略人、谋反及舍者，皆勿赏。·隶臣捕道徼外来为间者一人，免为司寇，司寇为（1596）庶人。道故塞徼外蛮夷来盗略人而得者，黥劓（劓）斩其左止（趾）以为城旦。前令狱未报者，以此令论之ㄥ。斩为城（2151）旦者，过百日而不死，乃行捕者赏。县道人不用此令。 ·廷卒乙廿一（1166）①

"斩为城旦者，过百日而不死，乃行捕者赏"，如果百日内，被斩趾者不幸死去，捕者当得不到购赏。这种规定的合理性，我们尚难以知晓。不过据此可知，被施以斩趾刑者，伤口感染致人死亡的风险性比较高。

从立功到领赏的时段内可能会有意外发生，比如受赏者死亡或犯罪，购赏是否兑现。睡虎地秦简《军爵律》有较为详细的记载：

---

① 陈松长主编《岳麓书院藏秦简（伍）》，第126~127页。

从军当以劳论及赐，未拜而死，有辠（罪）灋耐䙴（迁）其
　　后；及灋耐䙴（迁）者，皆不得受其爵及赐。其已拜（一五三），
　　赐未受而死及灋耐䙴（迁）者，鼠（予）赐。　　军爵律（一五四）①

一个人有军功，当授爵赐物，未受爵而死，或者犯迁耐以上罪，不得再
授予爵位赏赐财物。本人未受爵而死，能承袭其爵位的后子若犯迁耐以
上罪，同样不得再授予爵位赏赐财物。如果爵位在人生前已经授予，财
物尚未赏赐，其人死亡或犯迁耐以上罪，仍旧赏赐财物。

（六）曾受赏赐者犯罪享有"议请"权

中国古代的议请制度由来已久，《周礼》有所谓的"八议"制度，
"八议"的对象如下：

　　《周礼秋官·司寇》：一曰议亲之辟；二曰议故之辟；三曰议
　　贤之辟；四曰议能之辟；五曰议功之辟；六曰议贵之辟；七曰议勤
　　之辟；八曰议宾之辟。②

以上八种人犯罪，官府不能轻率论处，而须上报以从轻发落。"议贤"、
"议能""议功""议贵"和"议勤"都直接与官吏有关。从传世文献可
知，汉代也有类似的制度，如《汉书·高帝纪》云："令郎中有罪耐
以上，请之。"③《汉书·宣帝纪》："诏曰：举廉吏，诚欲得其真也。吏
六百石位大夫，有罪先请，秩禄上通，足以效其贤材，自今以来毋得
举。"④郎中属于宦皇帝者，虽然不在官吏之序，但作为皇帝的护卫，其
地位不容小觑，《二年律令·杂律》："吏六百石以上及宦皇帝，而敢字

---

① 睡虎地秦墓竹简整理小组编《睡虎地秦墓竹简》，第55页。
② 李学勤主编《十三经注疏·周礼注疏》（点校本），北京大学出版社，1999，第915~
　917页。
③ 《汉书》卷一《高帝纪》，63页。
④ 《汉书》卷八《宣帝纪》，274页。

贷钱财者，免之。"① 将"宦皇帝"者与六百石以上官吏并列，足以表明宦皇帝者的地位。故汉代郎中获得与六百石官一样的特权亦是情理之中。实则宦皇帝者及六百石以上官吏犯罪须议请之制在秦代就已经形成，汉承秦制而已。

秦令有数则条文提及六百石以上吏及宦皇帝者犯罪当议请：

☒免之，六百石以上已免，御史以闻。·迁吏□（1725）②

·令曰：治狱有遝官者显大夫若或告之而当征捕者，勿擅征捕，必具以其遝告闻，有诏乃以诏从事。（J22）③

·定阴<陶>忠言：律曰："显大夫有辠当废以上勿擅断，必请之。"今南郡司马庆故为冤句令，詐（诈）课，当（1036）废官，令以故秩为新地吏四岁而勿废，请论庆。制书曰："诸当废而为新地吏勿废者，即非废。（1010）已后此等勿言。"·廿六（1011）④

《法律答问》："宦及智（知）于王，及六百石吏以上，皆为'显大夫'。"显大夫触罪，官府不可擅自拘捕或定罪，需要请示朝廷，等待诏书的定夺。郡司马品秩为六百石，故地方无权处置，需要请示朝廷。

秦律规定显大夫有罪当废以上，必须请示朝廷给予处理意见。这固然是出于对身份高贵者的尊重，是对《周礼》所言"八议"制度的沿袭。但就秦朝的实际情形而言，更多的时候身份高贵与获得减刑没有必然关联。相反，若是因谋反一类的事件被牵连，官吏品秩越高，面临的处罚反而越重。《史记·秦始皇本纪》："十二年，文信侯不韦死，窃葬。其舍人临者，晋人也逐出之；秦人六百石以上夺爵，迁；五百石以下不临，迁，勿夺爵。"⑤ 正义："若是秦人哭临者，夺其官爵，迁移于

---

① 彭浩、陈伟、〔日〕工藤元男主编《二年律令与奏谳书——张家山二四七号汉墓出土法律文献释读》，第163页。
② 陈松长主编《岳麓书院藏秦简（伍）》，第191页。
③ 陈松长主编《岳麓书院藏秦简（伍）》，第199页。
④ 陈松长主编《岳麓书院藏秦简（伍）》，第56~57页。
⑤ 《史记》，中华书局，2014，第298页。

房陵。""若是秦人不哭临不韦者，不夺官爵，亦迁移于房陵。"[1]泷川龟太郎《史记会注考证》："亦承舍人，中井积德曰：秦人皆迁之也，但六百石以上，临者夺爵，不临者不夺爵，五百石以下，临不临，皆迁之也。顾炎武曰：五百石以下，秩卑任浅但迁而不夺爵。"[2]韩兆琦认为"不临"二字疑衍文，因数句开始即曰"其舍人临者"，至其"不临"者乃与此无涉。[3]韩先生的意见颇有道理。无论哪种解释，都不否定六百石以上官吏所面临的惩处更重。

曾受朝廷赏赐，赏赐之物价值千钱以上者，若犯迁耐以上罪，地方官不可直接论处，而需请示上级。这是新见于岳麓秦简的规定：

> 及诸上书言事而赐者，其赐皆自一衣以上及赐它物，直（值）其赐，直（值）千钱以上者，其或有皋巻（迁）（1850）耐以上毋擅断，必请之。其皋虽未央（决）及赎皋以下，毄（系）☐（1896）[4]

第三节　秦汉奖赏制度的异同

本节辨析秦汉奖赏制度的异同，所凭借的材料主要是睡虎地秦简、岳麓秦简与张家山汉简中的律令条文。这三批材料文本属性一致，抄写时代相近，所反映的历史事实前后相继，故具有可比性。众人熟知，秦自建国到最终统一九州，经历了漫长的过程，前中后期的政策多有变化，但现在所能见到的材料主要集中在秦统一前后。汉分东西，汉景帝之前的制度多承袭秦代，武帝以后则与秦制渐行渐远，到了东汉，与秦

---

① 《史记》，第299页。

② 〔日〕泷川龟太郎：《史记会注考证》，第108页。

③ 韩兆琦评注《史记［评注本］》，岳麓书社，2009，第127页。

④ 陈松长主编《岳麓书院藏秦简（伍）》，第208页。按：整理小组认为1850简与1896简之间有缺简，陈伟先生认为二简可以直接编连，今从陈伟先生意见。详参陈伟《〈岳麓书院藏秦简〔伍〕〉校读（续五）》，简帛网，2018年4月12日，http://www.bsm.org.cn/?qinjian/7784.html。

制差异已极为明显。无论是从历史事实还是所能凭借的史料来看，将战国晚期到汉武帝以前作为一个"时代"来考察是较为合理的。

奖赏制度涉及奖赏缘由、主体、对象、物什和程序等多方面的内容。下文将逐一考察这些事项在秦汉之际的差异。

赏功扬善是奖赏制度的基本功用，合理的法规均包括惩恶与扬善两个方面，秦汉律令在界定赏罚范围这一点上有高度一致性：

《岳麓秦简》：・能捕以城邑反及智（知）而舍者一人，撩（拜）爵二级，赐钱五万，诇吏，吏捕得之，购钱五万。诸已反及与吏卒战而（1849）

（缺简）

受爵者毋过大夫∟，所□虽多□□□□□□□□□□□及不欲受爵，予购级万钱，当赐者，有（又）行（1892）其赐。　・廷卒乙廿一（1684）①

《岳麓秦简》：律曰：产捕群盗一人，购金十四两。有（又）曰：它邦人（1342）【产捕群】盗，非吏所兴，毋（无）什伍将长者捕之，购金二两。（1339）②

《岳麓秦简》：・吏捕告道徼外来为间及来盗略人、谋反及舍者，皆勿赏。・隶臣捕道徼外来为间者一人，免为司寇，司寇为（1596）庶人。③

《岳麓秦简》：・告道故塞徼外蛮夷来为间及来盗略人∟、以城邑反及舍者，令、丞必身听其告辞（辞），善求请（情），毋令史（1615）④

《二年律令・捕律》：群盗、命者，及有罪当命未命，能捕群盗、命者，若斩之一人，免以为庶人。所捕过此数者，购如律。

---

① 陈松长主编《岳麓书院藏秦简（伍）》，第125~126页。
② 朱汉民、陈松长主编《岳麓书院藏秦简（叁）》，第114~115页。按："产捕群"三字乃笔者据上下文意径补。
③ 陈松长主编《岳麓书院藏秦简（伍）》，第126页。
④ 陈松长主编《岳麓书院藏秦简（伍）》，第128页。

（一五三）①

《二年律令·捕律》：徼外人来入为盗者，要（腰）斩。吏所兴能捕若斩一人，撰（拜）爵一级。不欲撰（拜）爵及非吏所兴，购如律。（六一）②

《二年律令·捕律》：能产捕群盗一人若斩二人，撰（拜）爵一级。其斩一人若爵过大夫及不当撰（拜）爵者，皆购之如律。所捕、斩虽后会赦不论，行其购赏。斩群盗，必有以信之，乃行其赏。③

《二年律令·捕律》：捕从诸侯来为间者一人，撰（拜）爵一级，有（又）购二万钱。不当撰（拜）爵者，级赐万钱，有（又）行其购。数人共捕罪人而当购赏，欲（一五〇）相移者，许之。（一五一）④

《二年律令·贼律》：以城邑亭障反，降诸侯，及守乘城亭障，诸侯人来攻盗，不坚守而弃去之，若降之，及谋反者，皆（一）要（腰）斩。其父母、妻子、同产，无少长皆弃市。其坐谋反者，能偏（徧）捕，若先告吏，皆除坐者罪。（二）⑤

战场上斩获敌首、捕获或讽告群盗及其同伙、斩杀造反者及其随从，均可获得爵位或金钱，此类购赏力度最大。群盗、反者比一般的犯罪分子危害更大，他们以独立于现行政权的姿态存在，甚至以颠覆政权为目的，故针对他们的打击力度也更大。本该"同罪者"，因反戈一击，

---

① 彭浩、陈伟、〔日〕工藤元男主编《二年律令与奏谳书——张家山二四七号汉墓出土法律文献释读》，第152页。

② 彭浩、陈伟、〔日〕工藤元男主编《二年律令与奏谳书——张家山二四七号汉墓出土法律文献释读》，第114页。

③ 彭浩、陈伟、〔日〕工藤元男主编《二年律令与奏谳书——张家山二四七号汉墓出土法律文献释读》，第150页。

④ 彭浩、陈伟、〔日〕工藤元男主编《二年律令与奏谳书——张家山二四七号汉墓出土法律文献释读》，第151页。

⑤ 彭浩、陈伟、〔日〕工藤元男主编《二年律令与奏谳书——张家山二四七号汉墓出土法律文献释读》，第88页。

帮助官府捕捉或捉拿谋反为间者、群盗，可免罪。本该连坐者，因举报非法，提供有用线索以使罪犯尽快被捕的，亦可免罪。

从立功、论功到赐爵需要一定时间，若在此空档期待赏者有罪耐以上，则不再授予爵位和赏赐钱金等他物。凡耐罪以上者，不能继承爵位。这几点，秦汉律的规定是完全相同的：

> 《秦律十八种》：从军当以劳论及赐，未拜而死，有辠（罪）灋耐毚（迁）其后；及灋耐毚（迁）者，皆不得受其爵及赐。其已拜（一五三），赐未受而死及灋耐毚（迁）者，鼠（予）赐。　　军爵律（一五四）[1]
>
> 《二年律令·爵律》：当撡（拜）爵及赐，未撡（拜）而有罪耐者，勿撡（拜）赐。（三九二）[2]
>
> 《二年律令·置后律》：尝有罪耐以上，不得为人爵后。（三九〇）[3]

金、钱是最为常用的购赏物，尤其是作为购赏物的金，赏金额度与所捕获罪犯的罪行大小息息相关，也就是说赏金与刑等直接发生关系。从具体律令条文可知，秦统一之后到汉代初年，捕获罪人当给予多少赏金，遵循一样的标准：

> 《岳麓秦简》：或能捕（0188）死罪一人，购金七两。·十（2104）[4]
>
> 《岳麓秦简》：有能捕犯令者城旦舂一人，购金四两。捕耐舂

---

① 睡虎地秦墓竹简整理小组编《睡虎地秦墓竹简》，第55页。
② 彭浩、陈伟、〔日〕工藤元男主编《二年律令与奏谳书——张家山二四七号汉墓出土法律文献释读》，第241页。
③ 彭浩、陈伟、〔日〕工藤元男主编《二年律令与奏谳书——张家山二四七号汉墓出土法律文献释读》，第241页。
④ 陈松长主编《岳麓书院藏秦简（陆）》，第148页。

一人，购金一两。（1012）[①]

《法律答问》：捕亡完城旦，购几可（何）？当购二两（135）[②]。

《二年律令·捕律》：☒亡人、略妻、略卖人、强奸、伪写印者弃市罪一人，购金十＜七＞两。刑城旦舂罪，购金四两。完城（一三七）[旦舂罪，购金]二两。（一三八）[③]

"吏所兴"或"从吏所兴"者一般不在购赏之列，但捕获群盗、反者和徼外人来入为盗者，也与普通民众一样进行奖赏。

·捕以城邑反及非从兴殹（也），而捕道（导）故塞徼外蛮夷来为间，赏毋（无）律└。今为令└：谋以城邑反及道（导）故塞徼外（1792）蛮夷来欲反城邑者，皆为以城邑反。智（知）其请（情）而舍之，与同皋。弗智（知），完为城旦舂└。以城邑反及舍者之室人（1813）存者，智（知）请（情），与同皋，弗智（知），赎城旦舂└。典、老、伍人智（知）弗告，完为城旦舂，弗智（知），赀二甲。·廷卒乙廿一（1855）[④]

·丞相上南阳叚（假）尉书言：酅兴者、小籍裹未等追群盗，未与斗，死事└。议：为未置后，它（0661）有等比。　　·卅（0577）[⑤]

《二年律令·盗律》：徼外人来入为盗者，要（腰）斩。吏所兴能捕若斩一人，撩（拜）爵一级。不欲撩（拜）爵及非吏所兴，购如律。（六一）[⑥]

---

① 陈松长主编《岳麓书院藏秦简（伍）》，第52页。
② 陈伟主编《秦简牍合集 释文注释修订本（壹）》，第235页。
③ 彭浩、陈伟、〔日〕工藤元男主编《二年律令与奏谳书——张家山二四七号汉墓出土法律文献释读》，第147页。按：若参照秦代捕死罪购赏金额，"十"当为"七"之讹。
④ 陈松长主编《岳麓书院藏秦简（伍）》，第124~125页。
⑤ 陈松长主编《岳麓书院藏秦简（柒）》，第86~87页。
⑥ 彭浩、陈伟、〔日〕工藤元男主编《二年律令与奏谳书——张家山二四七号汉墓出土法律文献释读》，第114页。

"捕以城邑反及非从兴殹（也），而捕道（导）故塞徼外蛮夷来为间，赏毋（无）律 ∟。今为令 ∟。"律文未规定应当如何购赏的应该是以下两种情况：捕获据城邑造反者，诱导故塞徼外蛮夷来国内从事间谍活动者被捕获。维护治安、抓捕盗贼和谋反者是吏卒的本职工作，"吏所兴"的对象只能是吏卒，但有时也会临时抽调黔首和徒隶参与抓捕活动，可能就是令文所说的"从兴"。"从兴"指跟随吏卒一起行动者，"非从兴"当指未参加过官府组织的抓捕活动的人，包括黔首和徒隶。之所以没有相关律令条文，或许是在秦国国内极少出现据城邑而反的事件，著名的嫪毐薪年宫兵变事件也很快被平息，参加平叛者按照战场斩获敌人首级的标准进行购赏。

小簪襃未等追捕群盗，还未和群盗近距离接触，就意外身亡。未身份是吏是民尚不清楚，但其亡故被视为因公殉职，且会受到赏赐，故有"议：为未置后"之说。官府之所以会在未之置后问题上为难，一是未并非死于与群盗的搏杀之中，二是未尚没达到傅籍年龄，可能没有生子，故按照什么标准购赏、购赏由谁接受是需要讨论的。无论如何，从此令可以明确知道，参与捕获群盗者，即使是"吏所兴"，也可以得到奖赏。

究其立法缘由，以上种种行为已不属于一般的民事或刑事犯罪，并非官吏日常行政应尽之义务。何况，与谋反者、群盗以及徼外人作斗争，危险度也相对较高，故有必要对参与者加以赏赐。

秦律令中有赐日、免除黔首徭戍方面的规定，《二年律令》中也有类似规定：

> 《二年律令·关市律》：诸詐（诈）绐人以有取，及有贩卖贸买而詐（诈）绐人，皆坐臧（赃）与盗同法，罪耐以下（二六一）有（又）覂（迁）之。有能捕若诣吏，吏捕得一人，为除戍二岁；欲除它人者，许之。（二六二）[1]

---

① 彭浩、陈伟、〔日〕工藤元男主编《二年律令与奏谳书——张家山二四七号汉墓出土法律文献释读》，第196页。

《二年律令·钱律》：捕盗铸钱及佐者死罪一人，予爵一级。其欲以免除罪人者，许之。捕一人，免除死罪一人，若城旦舂、鬼薪白粲二人，隶臣妾、收人、（二〇四）司空三人以为庶人。其当刑未报者，勿刑。有（又）复告者一人身，毋有所与。诃告吏，吏捕得之，赏如律。（二〇五）①

秦法有明文，购赏若是几个人一起取得，允许将自己的份额转送给其他受赏者，但不代表购赏可以随意转移到他人头上。秦法严厉打击冒领奖赏和虚报功劳的行为。汉律也有相似的条款：

《二年律令·捕律》：数人共捕罪人而当购赏，欲（一五〇）相移者，许之。（一五一）②

《二年律令·捕律》：数人共捕罪人而独自书者，勿购赏。吏主若备盗贼、亡人而捕罪人，及索捕罪人，若有告劾非亡也，或捕之而（一五四）非群盗也，皆勿购赏。捕罪人弗当，以得购赏而移予它人，及詐（诈）伪，皆以取购赏者坐臧（赃）为盗。（一五五）③

上文论及岳麓秦简一则《金布律》规定：不遵朝廷马政者，马匹没收充公，能抓捕、揭发违法者的，将得到作为赃物的马匹。用被官府没收的赃物来购赏，以激励更多的民众与非法行为作斗争，《二年律令·关市律》中也有性质类似的条文："贩卖缯布幅不盈二尺二寸者，没入之。能捕告者，以畀之。"④ 又《户律》："诸不为户有田宅附令人名，

---

① 彭浩、陈伟、〔日〕工藤元男主编《二年律令与奏谳书——张家山二四七号汉墓出土法律文献释读》，第171页。
② 彭浩、陈伟、〔日〕工藤元男主编《二年律令与奏谳书——张家山二四七号汉墓出土法律文献释读》，第151页。
③ 彭浩、陈伟、〔日〕工藤元男主编《二年律令与奏谳书——张家山二四七号汉墓出土法律文献释读》，第152页。
④ 彭浩、陈伟、〔日〕工藤元男主编《二年律令与奏谳书——张家山二四七号汉墓出土法律文献释读》，第194页。

及为人名田宅者，皆令以卒戍边二岁，没入田宅县官。为人名田宅，能先告，除其罪，有（又）畀之所名田宅，它如律令。"[①]

秦汉奖赏制度另一个重要的相同点在于并非所有的自首行为都会得到减刑，上文已经论述过。子女殴打父母、祖父母，奴婢殴打主人及其亲属等大违伦理的罪行，即使自首，也不能减罪。

综上所述，秦汉奖赏制度从购赏原则、主体、对象、物什到购赏的认定兑现过程以及购赏的处理方式均大同小异。比较大的差异在于：在汉律中尚未发现以奴婢为购赏物的，考虑到汉初蓄奴现象依然很盛，理应存在购奴婢的条文，只是暂时未发现而已。这也是汉承秦制的一个体现。

---

① 彭浩、陈伟、〔日〕工藤元男主编《二年律令与奏谳书——张家山二四七号汉墓出土法律文献释读》，第 221 页。

第五章 秦律令条文中所见的文书制度

文书有官私之分，官文书又有广狭之别。大而言之，官府处理日常行政事务所产生的一切文书均可称为官文书；狭义的官文书仅指通用的公文，司法文书、律令、簿籍、账册、符券等均不包括在内。[①] 本章所探讨的文书为广义上的官文书，尤以秦律令条文中所涉及者为重。

第一节 秦律令中新见的文书种类

秦律令所涉颇广，从中可见不少新出的文书种类，有些可与同时代的实用行政文书相印证，有些在后代以异名流传，有些则为秦特有。笔者在此重点讨论岳麓秦简律令条文所见奔书、谳书、楄、恒署书和告阑牒等几种文书。此外，狱作为文书贮藏机构，也是之前未闻的，故附带探讨。

（一）奔书

"奔书"见于岳麓秦简《尉卒律》，其文如下：

·尉卒律曰：黔首将阳及诸亡者，已有奔书及亡毋（无）奔书盈三月者，辄筋＜削＞爵以为士五（伍），（1234）有爵寡，以为毋（无）爵寡，其小爵及公士以上，子年盈十八岁以上，亦筋＜削＞小爵。爵而傅及公（1259）士以上子皆籍以为士五（伍）。乡官辄

---

① 关于秦汉文书的分类，可参考李均明、刘军《简牍文书学》，广西教育出版社，1999；汪桂海《汉代官文书制度》，广西教育出版社，1999。

上奔书县廷，廷转臧（藏）狱，狱史月案计日，盈三月即辟问乡（1258）官，不出者，辄以令论，削其爵，皆校计之。（1270）①

关于何为"奔书"，岳麓书院藏秦简整理小组给出以下解释："秦代文书的一种，用以登记黔首逃亡情况。或应是涉及奔警的命令，即因突发事件需要征召士徒的法律文书。"②显然，我们先前也无法给"奔书"一个确切的定义。现在看来，奔书与奔命没有直接关系，仅仅是记录黔首各类逃亡情况的一种文书。"奔书"又称"奔牒"，见于里耶秦简：

廿六年七月庚辰朔乙未，迁陵拔谓学佴：学童拾有鞫，遣狱史畸往执，其亡，不得。上奔牒而定名事里，它坐，亡年日月，论云何，[何]皋赦，或覆问之毋（无）有。遣狱史畸以律封守上牒。以书言。勿留。（正面）

七月乙未牢臣分戤以来。/亭手。畸手。（背面14~18）③

奔牒记录了逃亡者的详细情况，具体包括姓名、身份、籍贯、是否犯了其他罪、逃亡年月、定罪情况、是否得到赦免以及案件是否重审等。

接着来看《尉卒律》所见"将阳"这一称谓。律文把"将阳"与"诸亡"并列，似乎预示着二者有一定区别。然在《奏谳书》中明确出现"将阳亡"，且岳麓秦简《亡律》中多次出现将阳，故学者很容易视将阳为某一类型的逃亡。比如陈松长师认为是"那种在某一区域内随便晃荡，既不阑越关卡，也不逃离国境，但就是不向地方守吏报告，属于

---

① 陈松长主编《岳麓书院藏秦简（肆）》，第112~113页。按：部分句读释字参照陈伟先生意见，见陈伟《岳麓秦简"尉卒律"校读（二）》，简帛网，2016年3月21日，http://www.bsm.org.cn/?qinjian/6649.html。

② 陈松长主编《岳麓书院藏秦简（肆）》，第164页。

③ 张春龙：《里耶秦简中迁陵县学官和相关记录》，清华大学出土文献研究与保护中心编《出土文献（第一辑）》，中西书局，2010，第232页。按："遣"字张春龙先生原来释为"与"，"往"原释为"征"，不辞，笔者据睡虎地秦简《封诊式》"有鞫"篇文例及岳麓秦简相关内容改之。句读也有数处不同于张文。

那种随便出走而又可能流窜回来的一种逃亡"①。实际情况是否如此,还是先审视一下为数不多的最基本的材料。

《法律答问》163简出现"将阳",吴雪飞先生根据岳麓秦简《亡律》相关条文对睡虎地简《法律答问》163简重新断句:

> "不会治(笞),未盈卒岁而得,以将阳有(又)行笞。"今士五(伍)甲不会治(笞)五十,未卒岁而得,治(笞)当驾(加)不当? 当。②

笔者赞同以上看法。"不会笞"即被处以笞刑而不前往官府受刑,此类情况,若在一年内被揭发,则以将阳罪论处,还得将之前未服的笞刑补上。岳麓秦简《亡律》1989简正好能与上引《法律答问》对读,其文曰:"不会笞及除,未盈卒岁而得,以将阳癖<癖(辟)>,卒岁而得,以阑癖(辟),有(又)行其笞。"③秦统一前对将阳罪的惩罚恐仅仅是施加笞刑,之后或加大了惩罚力度,岳麓秦简《亡律》:"阑亡盈十二月而得,耐。不盈十二月为将阳,毂(系)城旦舂。"④阑亡未满十二月者,视为将阳,系城旦舂。简文的意思当为:阑亡没有超过十二个月,按照将阳处置,并不是说阑亡未满十二月这种行为称作将阳。阑亡与将阳是两种性质完全不同的行为,从以下简牍材料中亦可窥知一二:

> 《岳麓秦简·亡律》:廿五年五月戊戌以来,匿亡人及将阳者,其室主匿赎死罪以下,皆与同罪。(2088)⑤

---

① 陈松长:《睡虎地秦简中的"将阳"小考》,《湖南大学学报》(社会科学版)2012年第5期。
② 吴雪飞:《利用岳麓简校勘睡虎地简两则》,简帛网,2016年11月28日,http://www.bsm.org.cn/?qinjian/7422.html。
③ 陈松长主编《岳麓书院藏秦简(肆)》,第53页。
④ 陈松长主编《岳麓书院藏秦简(肆)》,第69页。
⑤ 陈松长主编《岳麓书院藏秦简(肆)》,第53页。

免奴为主私属而将阳阑亡者，以将阳阑亡律论之，复为主私属。（1945）①

郡及襄武 L、上雒 L、商 L、函谷关外人及巷（迁）郡、襄武、上雒、商、函谷关外（2106）男女去，阑亡、将阳，来入之中县、道，无少长，舍人室，室主舍者，智（知）其请（情），以律巷（迁）之。典、伍不告，赀典一甲，伍一盾。（1990）②

《里耶秦简》：卅五年迁陵贰春乡积户二万一千三百☒ I

毋将阳阑亡之户。☒ II（8-1716）③

敢言之。迁陵卅三年将阳之户。（9-721）④

从 2088 简可知亡人不包括将阳者；1945 简不仅提示我们将阳与阑亡有所不同，还表明了将阳可以发生在奴婢身上的事实；2106 简和 1990 简表明将阳也可以是一种远距离的迁徙行为，而这一过程中偷偷穿越关卡则在所难免。里耶秦简所见户籍文书中，秦统计相关信息时，也将将阳和阑亡分列。

睡虎地秦简整理小组把"将阳"解释为游荡⑤，《秦简牍合集》认为将阳是"未在规定时间、地点集合（前往服徭役），逃亡不足一年的违法行为"⑥。《秦简牍合集》的解释显然综合了各种研究以及岳麓秦简《亡律》条文，比先前的几种解释更为可信，注意到将阳与服徭役之间的关系，难能可贵，但似乎仍未达一间。将阳当是一种逃离服役场所的行为，具体证据如下：

《封诊式》：乡某爰书：男子甲自诣，辞曰："士五（伍），居某里，以廷二月不识日去亡，毋（无）它坐，今来自出。"问之

---

① 陈松长主编《岳麓书院藏秦简（肆）》，第 64 页。
② 陈松长主编《岳麓书院藏秦简（肆）》，第 56~57 页。
③ 陈伟主编《里耶秦简牍校释（第一卷）》，第 381 页。
④ 陈伟主编《里耶秦简牍校释（第二卷）》，第 191 页。
⑤ 睡虎地秦墓竹简整理小组编《睡虎地秦墓竹简》，第 231 页。
⑥ 陈伟主编《秦简牍合集 释文注释修订本（壹）》，第 200 页。

（96）□名事定，以二月丙子将阳亡，三月中遣筑宫廿日，四年三月丁未籍一亡五月十日，毋（无）它坐，莫（97）覆问。以甲献典乙相诊，今令乙将之诣论，敢言之。（98）①

《岳麓秦简》：繇（徭）律曰：发繇（徭），自不更以下繇（徭）戍，自一日以上尽券书，及署于牒，将阳倍（背）事者亦署之，不从令及繇（徭）不当（1305）券书，券书之，赀乡啬夫、吏主者各一甲，丞、令、令史各一盾。（1355）②

《法律答问》：可（何）谓"逋事"及"乏繇（徭）"？律所谓者，当繇（徭），吏、典已令之，即亡弗会，为"逋事"；已阅及敦（屯）车食若行到繇（徭）所乃亡，皆为"乏繇（徭）"。（164）③

从上引《封诊式》可知甲所犯有三：将阳、逋事与亡，据《法律答问》：当服徭役，通知已经发出，不前往指定处所徭役为"逋事"。《为狱等状四种》"暨过误失坐官案"，暨坐八劾，其中之一为"公士豕田橘将阳"，作为监管官吏，任由公士豕在橘田劳作时将阳而未采取有效措施加以制止，亦当连坐。岳麓秦简《徭律》1305简规定徭戍一日以上者均要登录在牒书上，"将阳倍事者亦署之"，据此可知将阳这一行为常发生在黔首服徭过程中。"倍事"可理解为"背事"或"背使"，即不服役，"倍事"是对将阳的进一步解释。

岳麓秦简所见《尉卒律》中的"尉"都为县尉，规范内容包括户籍制度、爵位褫夺、典老设置、治狱程序、人口流动管理等，而奔警与《徭律》的内容更为密切。且就出现"奔书"的《尉卒律》条文而言，整条律文都是针对逃亡者的惩处规定，与奔警无关。故我们当时将奔书解释为"因突发事件需要征召士徒的法律文书"，或不甚准确。现在看来奔书就是一种记载各种逃亡情况的文书，当逃亡者累计逃亡时间超过3个月，有爵位者将被免为士伍。接下来的问题是，如果逃

---

① 陈伟主编《秦简牍合集 释文注释修订本（壹）》，第297页。
② 陈松长主编《岳麓书院藏秦简（肆）》，第152页。
③ 陈伟主编《秦简牍合集 释文注释修订本（壹）》，第245页。

亡者无爵，也理应登记在奔书上面，但该如何处置，律文没有明言，在此可略加推测。

公士为二十等爵位的起点，公士以上为有爵者；公士以下尚有公卒、士伍、庶人等表示身份等级的称谓。据《二年律令·户律》，司寇和隐官也授予田宅，"公卒、士五（伍）、庶人各一顷，司寇、隐官各五十亩"；"公卒、士五（伍）、庶人一宅，司寇、隐官半宅。欲为户者，许之"。[①] 受有田宅者，都应承担徭役，故司寇、隐官在服役时也存在将阳的可能性。但狭义的无爵者并不包括徒隶和司寇，《二年律令·赐律》载："赐不为吏及宦皇帝者，关内侯以上比二千石，卿比千石，五大夫比八百石，公乘比六百石，公大夫、官大夫比五百石，大夫比三百石，不更比有秩，簪褭比斗食，上造、公士比佐史。毋（无）爵者，饭一斗，肉五斤，酒大半斗，酱少半升。司寇、徒隶，饭一斗，肉三斤，酒少半斗，盐廿分升一。"[②] 从《赐律》可知，司寇并不在无爵者之列，无爵者当包括公卒、士伍、庶人和隐官。司寇的身份比较特殊，既不属于徒隶，也不算民。

一般而言，有爵位者逃亡面临的惩处相对较轻。《二年律令·亡律》规定："吏民亡，盈卒岁，耐；不盈卒岁，繋（系）城旦舂；公士、公士妻以上作官府，皆偿亡日。其自出殹（也），笞五十。给逯事，皆籍亡日，觕数盈卒岁而得，亦耐之。"[③] 公士以上爵位者在服役时逃亡，如果逃亡总日数未满一年，只需补足即可，不会受到其他惩处。比较而言，无爵者若将阳亡，由于其无爵位可以褫夺，必然采用其他相当甚至更为严苛的惩罚措施。

从岳麓秦简《亡律》可知，司寇服徭役时逃亡，比照盗赃惩处，每天按照六钱计算，"司寇冗作及当践更者亡，皆以其当冗作及当践更日，

---

① 彭浩、陈伟、〔日〕工藤元男主编《二年律令与奏谳书——张家山二四七号汉墓出土法律文献释读》，第216、218页。

② 彭浩、陈伟、〔日〕工藤元男主编《二年律令与奏谳书——张家山二四七号汉墓出土法律文献释读》，第211页。

③ 彭浩、陈伟、〔日〕工藤元男主编《二年律令与奏谳书——张家山二四七号汉墓出土法律文献释读》，第153页。

日六钱计之，皆与盗同灋"[1]。一个月按 30 天计算，司寇逃亡满 3 个月，计 540 钱。据《二年律令·盗律》："盗臧（赃）直（值）过六百六十钱，黥为城旦春。六百六十到二百廿钱，完为城旦春。"[2] 据此可推测，无爵者将阳亡，也当是以日计钱，比照盗赃论处。

（二）譔书

譔书是一种新见于出土秦简中的文书名称：

> 廿八年九月戊戌朔癸亥，贰春乡守畸敢言之：廷下平春君居叚（假）舍人南昌平智大夫加譔书曰：各谦（廉）求其界中。得弗得，亟言，薄留日。今谦（廉）求弗得，为薄留一牒下。敢言之。（9-2315 正）
>
> 九月丁卯旦，南里不更除鱼以来。／彻半。壬手。（9-2315 背）[3]
> 譔曹譔书当布求之笥。卅年下到迁陵。（9-2326）[4]

《里耶秦简牍校释》一书将譔书解释为"通缉文书"[5]，而这一解释当是沿用岳麓书院藏秦简整理小组的注解。《岳麓书院藏秦简（伍）》数见一种名为譔的文书，譔即为譔书之省称：

> ·诸治从人者，具书未得者名族、年、长、物色、疵瑕，移譔县道，县道官谨以譔穷求，得辄以智巧譖（潜）（1021）讯。其所智（知）从人、从人属、舍人，未得而不在譔中者，以益譔求，皆捕论之∟。敢有挟舍匿者，皆与同辠。（1019）同居、室人、典老、伍人见其挟舍匿之，及虽弗见∟，人或告之而弗捕告，皆与挟舍匿者同辠。其弗（1016）见及人莫告，同居、室人，辠减焉一等∟。

---

① 陈松长主编《岳麓书院藏秦简（肆）》，第 44 页。
② 彭浩、陈伟、〔日〕工藤元男主编《二年律令与奏谳书——张家山二四七号汉墓出土法律文献释读》，第 112 页。
③ 陈伟主编《里耶秦简牍校释（第二卷）》，第 470 页。
④ 陈伟主编《里耶秦简牍校释（第二卷）》，第 473 页。
⑤ 陈伟主编《里耶秦简牍校释（第二卷）》，第 470 页。

典老、伍人皆赎耐∟，挟舍匿者人奴婢殹（也），其主坐之如典老、（1122）伍人∟。所求在其县道官畍（界）中而脱，不得，后发觉，乡官啬夫、吏及丞、令、令史主者，皆以论狱失（0965）辠人律论之∟。执灋、执灋丞、卒史主者，辠减焉一等，当坐者或偏捕告，其所当坐者皆相除，或能（0961）捕若诇告从人、从人属、舍人及挟舍匿者，死辠一人若城旦舂、鬼薪白粲辠二人，购钱五千∟。捕城旦舂、（2053+2050）【鬼薪白粲辠一人若耎（迁）耐辠二人】，购钱二千五百∟。捕耎（迁）耐辠一人，购钱千二百。皆先予，毋以次。·从人（1119）之属、【舍】人或能枸（拘）捕，捕从人死辠一人若城旦舂、鬼薪白粲辠二人者，除其辠以为庶人∟。捕城旦舂、（0897）鬼薪白粲辠一人若耎（迁）耐辠二人，皆减其辠一等∟。谨布令，令黔首、吏、官徒隶、奴婢明智（知）之，毋（1112）巨（距）辠。　　·十五（1038）①

从秦令可知，在逐捕从人及其属和舍人过程中，常利用谳这种文书。文书上记载了被通缉者的姓名、年龄、身高、相貌等信息，然后将文书散布到天下诸县道，进行撒网式搜捕。据里耶秦简可知，秦代县一级行政机构里还设置了谳曹，应该是专门负责抓捕通缉犯的部门。被通缉的人很多，被通缉的原因也各不相同，故谳曹内部又有分工，有专门负责办理三族从人的，有负责盗贼的，有负责吏卒、黔首和奴婢的：

【谳】曹

主令☒

主三族从人【谳】

主盗贼发谳

主贰春、都乡、启陵、田□□吏卒、黔首及奴婢谳。（8-389+8-404+9-1701）②

---

① 陈松长主编《岳麓书院藏秦简（伍）》，第45~48页。
② 陈伟主编《里耶秦简牍校释（第二卷）》，第349页。

从上可知，讛书只是秦代捕捉罪犯过程中采用的一种文书形式，文书所见之罪犯并不限于特定的身份。一般而言，出现在讛书上的罪犯，必有逃亡藏匿行为，抓捕时会有一定难度。里耶秦简中有一封文书，似乎与讛书也有一定关系：

> 廿五年九月己丑，将奔命校长周爰书：敦长买、什长嘉皆告曰：徒士五（伍）右里缭可，行到零阳庉溪桥亡，不智（知）外内，恐为盗贼，敢告。Ⅰ
>
> 缭可年可廿五岁，长可六尺八寸，赤色，多发，未产须，衣络袍一、络单胡衣一，操具弩二、丝弦四、矢二百、巨剑一、米一石五斗。Ⅱ（8-439+8-519+8-537+8-1899）①

士伍缭可，是一名徭徒，在奔命途中逃亡，将奔命校长周以爰书一封寄送迁陵县，上面记载了缭可的年龄、身高、肤色、发色、是否有胡须以及随身携带的物品等信息。爰书所记与岳麓秦简令文中要求讛书记载的信息几乎一样。虽然尚未见到秦讛书原件，但其格式也应与以上爰书相近。

汉代文献常出现"名捕""诏所名捕"，即诏书指名逮捕，诏书上点名要捕获的人如果逃亡了，官府也会发布一种类似讛书的文书。《肩水金关汉简》"甘露二年逐验外人简"文书中就记载了丽戎逃亡时"年可廿三四岁，至今年可六十。所为人中壮，黄色，小头，黑发，隋面，拘颐，常戚额胸频状，身小长，诈廆少言"②。

（三）耑

岳麓秦简《为吏治官及黔首》1530 简载"移徙上耑"，整理者认为耑为端的借字，从语音角度而言，当然没有问题，但学者们对此有不同的看法。黎明钊先生指出"移徙上耑（端）"疑为"移徙不端"，即人口

---

① 谢坤：《〈里耶秦简（壹）〉缀合（三）》，简帛网，2016 年 11 月 17 日，http://www.bsm. org.cn/?qinjian/7413.html.
② 甘肃简牍保护研究中心等编《肩水金关汉简（壹）》（上册），中西书局，2011，第 2 页。

迁移而记录不正确的意思。[1]张荣强先生认为"移""徙"同，均指移民，"梪"乃"剽"之借字，是刊削、删除义。张先生将这段记录与秦汉户籍制度联系起来，当时的户籍一式两份，正本留存在乡，副本上呈县廷。乡吏调走户籍的正本后，县廷也要将民户记录从副本上注销，此即为"梪"。"上梪"的"梪"指迁出地的削籍，与之对应，"上"就是指迁入地的登录入籍。"移徙上梪"和"生著死削"的说法差不多。[2]许道胜教授也认为"移徙"应指迁移、变更户籍，并疑"梪"通"投"，上呈、呈报义。上投，大概是指将"移徙"的副本呈报给县廷。[3]张军威先生认为"梪"指"度量"。[4]王辉先生认为"梪"当如字解，有迁徙者，要将其户籍档案等移送至所迁的地方，也即从本地户籍上除去。[5]综观以上各家之论，张荣强、许道胜、王辉诸先生将其与户籍制度结合起来考虑，颇有道理，但将"梪"解释为一种行为动作，或有不妥。

编连在1530简左侧的1532简，与"移徙上梪"同栏的内容作"案户定数"[6]，"定数"指核定名数，"上梪"之"梪"也当作名词解，人口迁徙要登录在梪。梪当是一种簿籍名称。这一点里耶秦简可证之：

> 梪四，度给县用不足。☑
> 摩三，度给县用不足。☑（9-1618）[7]
>
> 卅一年十月己酉朔癸酉，迁陵将计叚（假）丞枯敢言之：仆马一匹，以卅一年死。·今为梪一牒上，谒除籍。敢言之。（9-651+9-2470正）[8]

① 黎明钊：《岳麓秦简〈为吏治官及黔首〉读记：为吏之道的文本》，载卜宪群、杨振红主编《简帛研究 二〇一一》，广西师范大学出版社，2013，第47页。
② 张荣强：《读岳麓秦简论秦汉户籍制度》，《晋阳学刊》2013年第4期。
③ 许道胜：《岳麓秦简〈为吏治官及黔首〉与〈数〉校释》，武汉大学博士学位论文，2013，第51、66页。
④ 张军威：《岳麓秦简〈为吏治官及黔首〉研究》，郑州大学硕士学位论文，2013，第35页。
⑤ 王辉：《岳麓秦简〈为吏治官及黔首〉字词补释》，《考古与文物》2014年第3期。
⑥ 陈松长主编《岳麓书院藏秦简（壹-叁）释文修订本》，上海辞书出版社，2018，第39页。
⑦ 陈伟主编《里耶秦简牍校释（第二卷）》，第337页。
⑧ 陈伟主编《里耶秦简牍校释（第二卷）》，第171页。

从上可知，牒是县廷常备之物，也是簿籍名称。《里耶秦简牍校释》一书言："牒，疑读为'专'，《说文》：'六寸簿也。'"①此解说将牒与簿籍联系起来，颇有见地，但引《说文》为例，似不妥。段玉裁《说文解字注》："簿当作薄，六寸薄盖笏也。"段引《三国志·蜀书》"秦宓见广汉太守以簿击颊"为证，裴松之注曰"簿，手板也"，并言"六寸未闻，疑上夺二尺字"②，段玉裁判定夺文的依据来自《礼记·玉藻》"笏度二尺有六寸"。看来许慎所说的专很可能是笏板，大臣上朝时常持之，可随时记录。专既为笏板，则与我们所讨论的牒关系颇远了。

通过以上论述可知秦简中常见的牒可用为一种簿籍文书的专名，牒既可以用来登录人口的迁徙情况，也可用来记载物什的亡失。岳麓秦简中还出现一种叫"计牒籍"的文书称谓，我们认为它是牒的全称：

> 诸当以赏免除皂人，狱已断盈六月而弗以免除人者，止，毋行其赏。·廷甲（1616）
>
> 【·】五年十一月戊寅，令耐皂以下狱已断而未过六包＜旬＞者，得以赏除。过六旬不得除。其戌，虽已行，环（还）之。过六旬（1909）（缺简）☒司寇，及有皂耐为司寇，狱已断过六旬不得以赏除者，或亡及有它皂耐为隶臣以（1891）【下】而因以狱断未过六旬以赏除免为庶人者，皆当各复故吏（事），不得为庶人，各以计牒籍逐之。 ·廷甲 四（1685）③

"逐"通常作"追逐"解，在此或可引申为追加、追计，当然"逐"也有"依次排列"的意思，亦通，《魏书·艺术传·江式》"音读楚夏之声，并逐字而注"④。简文中的"计牒籍"显然是登录徒隶相关信息的簿籍，或许是因为牒记录了人口迁徙、物品存佚、身份变化等信息，是上

① 陈伟主编《里耶秦简牍校释（第二卷）》，第172页。
② （汉）许慎撰，（清）段玉裁注《说文解字注》，上海古籍出版社，1988，第121页。
③ 陈松长主编《岳麓书院藏秦简（伍）》，第131~132页。
④ （北齐）魏收撰《魏书》卷九十一《江式传》，中华书局，1974，第164页。

计时重要的参照资料，故又被称作"计楬籍"。

（四）恒署书

"恒署书"这种文书名不见于传世文献，岳麓秦简和里耶秦简刊布后，我们才知晓其为文书专名。"恒署书"究竟是一种文书还是两种，学者有不同看法。《里耶秦简牍校释（第一卷）》注释8-1073简"☑□下恒署书曰事不参"认为："恒署书，文书的一种。……应是重要或紧急文书。"[①]《岳麓书院藏秦简（伍）》1173简"恒署书皆以邮行"，整理者说道："一种文书。因其内容重要而'皆以邮行'。"[②]岳麓书院藏秦简整理小组认为"恒署书"指"恒书"和"署书"，陈伟先生带领的里耶秦简整理团队认为"恒署书"是一种文书名。唐俊峰博士在广濑薰雄教授的启发下，进一步论证认为"恒署书"可能是收信县因应发信上级的要求，为某些重要文书设定的固定编号。[③]

"恒书"之名数见于秦简：

> 《封诊式》：……今鋈丙足，令吏徒将传及恒书一封诣，令史可受（48）代吏徒，以县次传诣成都，成都上恒书大（太）守处，以律食。灋（废）丘已传，为报。敢告主。（49）[④]
>
> 《岳麓秦简》：·行书律曰：毋敢令年未盈十四岁者行县官恒书，不从令者，赀一甲。（1377）[⑤]
>
> 《里耶秦简》：恒书三封。□署……迁陵，以邮行。☑（9-2345）[⑥]

从上引三则材料可得到以下信息：第一，恒书自战国以后就是秦对某类官府文书的称呼；第二，恒书可以使用以次传的方式传递；第三，年满

---

① 陈伟主编《里耶秦简牍校释（第一卷）》，第273~274页。

② 陈松长主编《岳麓书院藏秦简（伍）》，第103、152页。

③ 唐俊峰：《受令简和恒署书：读〈里耶秦简（贰）〉札记两则》，载武汉大学简帛研究中心主办《简帛（第十九辑）》，上海古籍出版社，2019，第107~123页。

④ 陈伟主编《秦简牍合集 释文注释修订本（壹）》，第282页。

⑤ 陈松长主编《岳麓书院藏秦简（肆）》，第133页。

⑥ 陈伟主编《里耶秦简牍校释（第二卷）》，第478页。

十四岁者才能派遣传递恒书。岳麓秦简 1173 简"卒令丙二"规定"恒署书皆以邮行"，若将"恒署书"理解为"恒书"与"署书"，显然与"恒书"可以使用"以次传"的方式来传递互相矛盾。故只能将"恒署书"视为一种文书。又，秦简未见文书称作"署书"的。"恒署书"当是按照一定程序签署过的文书，考虑到其必须通过专门的邮人来传递，一般是紧急且重要的文书。如此看来，恒书与恒署书并非一回事。

岳麓秦简《行书律》规定："传行书，署急辄行，不辄行，赀二甲。不急者，日齎（毕）。留三日，赀一盾；四日【以】上，赀一甲。二千石官书不急者，毋以邮行。"① 由此可见，"署急"的文书要马上传送，其他文书不能以邮行。从里耶秦简可知，传递文书者除了专业的邮人（多称为"走"）外，徒隶、普通黔首、官吏都会临时承担文书传送任务。"恒署书"显然是由邮人或专门人员派送的。里耶秦简中的确有不少写有"急"字的封检：

> 迁陵故令人Ⅰ行洞庭，急。Ⅱ（8-182）②
> ☒迁陵以邮利足行洞庭，急。（8-90）③
> 迁陵，洞庭。急。（9-977）④
> 【急，唯勿留】，署☐☐☐☐☒（9-1782）⑤

"故令人行"，即专门派人去传送，"利足"指腿脚跑得快的人。里耶秦简可证明"恒署书"是一种文书的代表性材料还有：

> 恒署书二封☒Ⅰ
> 卅四年三月☒Ⅱ（9-1600）⑥

---

① 陈松长主编《岳麓书院藏秦简（肆）》，第 131~132 页。
② 陈伟主编《里耶秦简牍校释（第一卷）》，第 106 页。
③ 陈伟主编《里耶秦简牍校释（第一卷）》，第 60 页。
④ 陈伟主编《里耶秦简牍校释（第二卷）》，第 233 页。
⑤ 陈伟主编《里耶秦简牍校释（第二卷）》，第 361 页。
⑥ 陈伟主编《里耶秦简牍校释（第二卷）》，第 334 页。

☑□下恒署书曰：事不参（8-1073）①

【廿九年□月】☑Ⅰ

及诸狱恒署☑Ⅱ（9-671）②

如果"恒署书"指恒书与署书，就不会出现"恒署书二封"这样的表达，又"下恒署书"后面直接跟文书的内容，也表明"恒署书"为特定的一种文书名。

《岳麓书院藏秦简（伍）》1173 简规定"恒署书皆以邮行"，但从里耶秦简所见书有"恒署"二字的文书来看，"恒署书"多是"以次传"，代表性材料如下：

廿五年二月戊午朔辛未，洞庭叚（假）守灶敢言之：洞庭县食皆少。略地军节（即）归，谒令南郡军大（太）守以洞庭吏卒数、军吏卒后备敬（警）者数令治粟大府输食，各足以卒岁便。谒报。敢言之。/二月癸丑，丞相启移南郡军叚（假）守主：略地固当辄输，令足灶岁，唯勿乏。传书洞庭守。/显手。/五月癸巳，南郡军叚（假）守段敢告洞庭主谓：南郡治粟大府前日固已以县吏卒用食数告大府输。（7-1）

亭次行，署急勿留。长沙言书到起。以洞庭邦尉印行事。恒署。

十一月壬寅，迁陵守丞暨敢告尉，告仓、启陵、贰春乡主：听书。尉薄（簿）卒，乡各薄（簿）吏、备敬（警）Ⅱ卒、徒隶食足不足数，善薄（簿）上，皆会戊申旦廷，唯勿留。尉下仓，仓传二乡。/丞手。

十一月壬寅水下九刻，秭归奴桥士五（伍）襄以来。/夫半。/即令□□行尉。（7-1背）③

---

① 陈伟主编《里耶秦简牍校释（第一卷）》，第 273 页。
② 陈伟主编《里耶秦简牍校释（第二卷）》，第 174 页。
③ 陈伟：《秦苍梧、洞庭郡研究的重要资料》，简帛网，2019 年 9 月 10 日，http://www.bsm.org.cn/?qinjian/8130.html。

六月壬午朔戊戌，洞庭叚（假）守齮下□：听书从事。临沅下索（索）。门浅、零阳、上衍，各以道次传，别书。临沅下洞庭都水，莲下铁官，皆以邮行。书到相报，不报，追。临沅、门浅、零阳、【上衍皆言】书到，署兵曹发。/如手。道一书。·以洞庭侯印☑（9-713）

充报零阳，金布发。

酉阳报充，署令发。

迁陵报酉阳，署主令【发】。☑

恒署。　丁四。

七月己未水十一刻刻下十，都邮人□以来。/□发。（9-713背）[①]

秦代文书的传递方式，主要有"以邮传"和"以次传"两种。"以邮传"的文书直接从发出地送往目的地，文书必密封在函检之内，由专人负责传递，内容重要且需尽快送达的文书一般采取此种方式传递。"以次传"即接递传送，上一官府常同时分几路向辖下机构传送文书，临近的机构再依次相互传送。一份文书究竟采取何种传送方式，除了考虑其急迫程度外，还与需要传播的范围密切相关。一些需要通告到各级官府甚至邑里的诏令，一般也使用"以邮传"的方式传送到郡府，然后以郡为中心，采取"以次传"的方式传送到各县，再由县传送到各曹、诸乡。

秦令规定与实际运用之间的差异究竟该如何解释，只能寄希望于更多相关材料的发现。

广濑薰雄和唐俊峰先生根据里耶秦简9-713号"恒署"之后有"丁四"字样而判定恒署书为某些重要文书设定的固定编号，对此我们持保留意见，理由如下。首先，目前所见恒署书不止一件，同为里耶秦简，7-1号、8-159号"恒署"之后并无编号。其次，就算是对恒署书编号，也应当是朝廷行为，地方政府恐无权限；如果是朝廷统一编号，应当

---

① 陈伟主编《里耶秦简牍校释（第二卷）》，第186~187页。

不会出现或有或无的现象。再次，里耶秦简所见编号文书不限于"恒署书"，例如里耶秦简 9-2076 号木牍上无"恒署"字样，末尾编号也为"丁四"；9-1881 号木牍编号为"十五"。综上，我们推测里耶秦简所见文书编号或是迁陵县廷所为，仅为了方便文书收藏和查检。

就目前所见材料而言，只能判定恒署书是一种比较重要且需按一定程式签署的文书。

（五）告阑牒

告阑牒这一文书称谓仅见于《岳麓书院藏秦简（柒）》，相关简文曰：

> ·诸斡官徒有亡者，作所官移其告阑谍（牒）作所县，县听其官印论之。节（即）吏徒有论县，县（1687）☒问其作所，作所官遣识者及具事以报县，县已论，亟传诣作所官，告斡官（1080）其论 ㄴ，作所官亦具辟往来书，各上其廷 。·二（1636+C7.1-9-4）①

《说文》："阑，楼上户也。"段玉裁《说文解字注》认为阑、闵为古今字②，闵一般表示小门。与阑相关且常用的词组有"阑茸"，比喻地位卑下，司马迁《报任少卿书》"今已亏形为扫除之隶，在阑茸之中"③，阑茸又可指人劣弱、驽钝，乃自谦之词。阑常见义项似均与简文所言告阑牒无关，阑当有新义待发掘。从简文推断，告阑牒当为记载斡官徒隶逃亡及相关情况的文书。

秦代斡官为少府属官，典籍或作"斡官"。《汉书·百官公卿表上》："初，斡官属少府，中属主爵，后属大司农。"颜师古注引如淳曰："斡音筦，或作幹。斡，主也，主均输之事，所谓斡盐铁而榷酒酤也。"④ 从岳麓秦简可知秦斡官分左中右，"右斡官、中斡宜、左斡宜入有赀弗能入及给日署及□畴右斡宜、中斡宜、左斡宜居赀赎责（债）

---

① 陈松长主编《岳麓书院藏秦简（柒）》，第 131 页。按：句读有调整。
② （汉）许慎撰，（清）段玉裁注《说文解字注》，第 587 页。
③ （梁）萧统编《文选》卷四一《报任少卿书》，中华书局，1977，第 577 页。
④ 《汉书》卷十九《百官公卿表上》，第 731 页。

囷（1349）"①。里耶秦简 8-1831 简载："一䶀官居宜阳、新城（成），名曰'右䶀官'。为其丞劾（刻）印章曰'右䶀官丞'，次'䶀都廥丞'。"②据此可知䶀官不仅在秦都城设置，外地也有分支，乃都官之一种。《汉书·百官志》言其职能为"主均输之事"，此亦能得到出土简牍证明：

> ☑□子传丞相启上少府守嘉书言：北宫䶀官偕为军治粟，少府属、卒史不足
>
> ☑攻（功）次，为置守如从军者。它有等比。□报，追。（9-897+9-939）③

（六）作为文书贮藏之所的狱

"狱"作为文书贮藏处所，在传世文献中未见记载，却数见于出土秦简牍中，只是未引起学者应有的注意，如岳麓秦简《尉卒律》1258简："乡官辄上奔书县廷，廷转臧（藏）狱。"④此外里耶秦简亦有作为文书收藏之所的狱：

> 卅四年八月癸巳朔癸卯，户曹令史雒疏书廿八年以Ⅰ
> 尽卅三年见户数牍北（背）、移狱具集上，如请史书。/雒手。
> Ⅱ（8-487+8-2004）
> 　廿八年见百九十一户。AⅠ
> 　廿九年见百六十六户。AⅡ
> 　卅年见百五十五户。AⅢ
> 　卅一年见百五十九户。AⅣ
> 　卅二年见百六十一户。Ⅰ

---

① 陈松长主编《岳麓书院藏秦简（柒）》，第184页。按：此简乃《岳麓书院藏秦简（肆）》漏收之令文，个别字有改释。
② 陈伟主编《里耶秦简牍校释（第一卷）》，第397页。
③ 陈伟主编《里耶秦简牍校释（第二卷）》，第221页。
④ 陈松长主编《岳麓书院藏秦简（肆）》，第113页。

卅三年见百六十三户。B Ⅱ（8-2004 背）[①]

8-2004 简背面记载了迁陵境内秦始皇二十八年到三十三年的户数，从简牍正面内容可知其出于户曹令史之手。令史将文书移交给狱，狱在整合其他相关材料之后再上报上级机关。可见此"狱"与狱案毫无关系，乃一收藏户籍簿的处所，是一文书贮藏机构，相当于后世的文书档案寄存之处。岳麓秦简 1614 简："·狱有制书者，以它笥异盛制书，谨封臧（藏）之。勿令与其狱同笥。制曰：可。"[②]内容几乎一样的令文又见于 1700+1749 简："狱有制书者，以它笥【异】盛制书，封臧（藏），勿令与狱同笥。·令丁"[③]令文中的"狱"显然也是文书贮藏之所。不难推测出秦代每个县均有一处被命名为"狱"的收藏官府文书档案的机构，相当于后世的档案馆。

第二节　秦令对文书抄录和编纂的规范

到目前为止，对秦代简牍形制交代得最清楚的材料，莫过于岳麓秦简"卒令丙四"：

> ·诸上对、请、奏者，其事不同者，勿令同编及勿连属 ∟，事别编之。有请，必物一牒，各辩（彻）之，令易＜易＞智（知）。其一事（1698）而过百牒者 ∟，别之，毋过百牒而为一编，必皆散取其急辤（辝），令约具别白易＜易＞智（知）殹（也）。其狱奏殹（也），各约为鞫（1707）审，具傅其律令，令各与其当比编而署律令下曰：以此当某某，及具署臬人毄（系）不毄（系）。虽同编者，必章□（1712）之，令可别报、縈却殹（也）。用牍者，一牍毋过五行，五行者，牍广一寸九分寸八，（1718）四行者，牍广

① 陈伟主编《里耶秦简牍校释（第一卷）》，第 166 页。
② 陈松长主编《岳麓书院藏秦简（陆）》，第 69 页。
③ 陈松长主编《岳麓书院藏秦简（陆）》，第 194 页。

一寸泰半寸，·三行者，牍广一寸半寸。·皆谨调謼＜护＞好浮书之，尺二寸牍一行毋过廿六字。·尺（1729）牍一行毋过廿二字。书过一章者，章□之乚。辟（辞）所当止皆服之，以别易＜易＞智（知）为故。书却，上对而复与却书及（1731）事俱上者，縈编之，过廿牒，阶（界）其方，江（空）其上而署之曰：此以右若左若干牒，前对、请若前奏。·用疏者，如故。（1722）不从令及牍广不中过十分寸一，皆赀二甲。（1814）请：自今以来，诸县官上对、请书者，牍厚毋下十分寸一乚，二行牒厚毋下十五分寸一，厚过程者，毋得各过（1848）其厚之半。为程，牍牒各一乚。不从令者，赀一甲乚。御史上议：御牍尺二寸乚，官券牒尺六寸。·制曰：更尺一寸牍（1852）牒。·卒令丙四（1702）[1]

以上令文由 11 枚简组成，篇幅之长，实属罕见，然并非全部。我们还发现两则篇名为"卒令丙四"的令文：

　　·封书毋勒其事于署乚，书以邮行及以县次传送行者，皆勒书郡名于署，不从令，赀一甲。卒令丙四重（1160）[2]
　　·令曰：封书，毋勒其事于署乚，书以邮行及以县次传送行者，皆勒 书 郡 名 于 署 ， 不 从 令 ，赀一甲。·卒令丙四☐（1141+C7-2-13-2+C7-2-12-2+C7-2-2-2）[3]

以上两则"卒令丙四"内容完全一样，而字体差异颇大，起首也不相同，区别在于"令曰"二字的有无。故不难判断二则令文本分属两个卷册。1160 简上的"重"字，显然是标记本则令文之前已经抄录过，此为重复出现。"重"字又见于 1188 简，篇名为"卒令丙卅四"，也的确见到两则内容完全一样的"卒令丙卅四"。岳麓秦简内容相同字体有异

①　陈松长主编《岳麓书院藏秦简（伍）》，第 105~108 页。
②　陈松长主编《岳麓书院藏秦简（陆）》，第 170 页。
③　陈松长主编《岳麓书院藏秦简（伍）》，第 104 页。案：残片乃笔者后来缀合。

的令文有几十组，只有这两处标注"重"字。1141 简残去下半截，后三个残片是笔者在第五卷出版后发现并缀合，缀合依据是 1160 简。11 枚简组成的"卒令丙四"与单书在一枚简上的"卒令丙四"源自同一则令文。这种将一则令文分割开来的做法并非孤例，岳麓秦简中明确标注"卒令乙廿一"的令文有 5 则，内容关联性极强，显然本属同一则令文。抄写者或根据内容层次来切分篇幅较长的令文，正如长文分上下篇一样。

"卒令丙四"是关于"上对、请、奏"等官文书的规定，而非所有官府文书的规定，明晰这一点至关重要。"对"指答复，令文中特指答复皇帝的问难，"请"指请求皇帝同意某议案的文书，"奏"特指向帝王上书。

对书、请书和奏书要求一事一编，当以牒为书写材料时，若一事所用牒过百，则需另起一编，一编所用牒数不能过百。秦简中尚未见编连成册的实物，但从出土西北汉简可知，秦汉官文书每个卷册所含简数当在 100 枚左右。墓葬简似有不同，《岳麓书院藏秦简（肆）》第二组律卷册，共有 178 枚简，尚有缺简若干。

"有请，必物一牒，各劈（彻）之，令易＜易＞智（知）"，"物"即事，"物一牒"指一事一牒。"劈"指洞开，如《为狱等状四种》"猩、敞知盗分赃案"："发冢一岁矣！囡劈（彻），敞乃来，不可与敞∟。"[1] 令文当指在楬上开一个小洞，便于拴系绳子，木楬上多见。牒书制成之后，选择一木楬，写上所请内容之概要，将此楬系在成卷的文书之外，人一望即知卷册内容，且便于分类收藏。

"必皆散取其急辞（辞），令约具别白易＜易＞智（知）殹（也）"，择取概要，令简约完备，分别上报。实际上就是文书的摘抄本，为了快速了解文书内容，提升行政效率。每天向上呈送的文书数量巨大，不可能每一份都详细阅读，且事有轻重缓急，处理自然要分先后。

若上奏狱案文书，要将断案的大致经过写清楚，并附上相应的律令

---

[1] 陈松长主编《岳麓书院藏秦简（壹‑叁）释文修订本》，第 144~145 页。

条文和拘系情况。这些规定通过岳麓秦简《为狱等状四种》奏谳文书可知其的确得以执行。

对书、请书和奏书除了以牒为书写载体外，还可以用牍。牒与牍的本质区别不在材质，而在于尺寸和容字数。从"卒令丙四"可知狭义的牍指能书写三行字以上的木板或竹板，书写两行字及以下者称作牒。书写两行字者秦代称作"二行牒"，汉代称作"两行"，"二行牒厚毋下十五分寸一"，书写两行文字的牒，厚度不能少于 0.154 厘米。

顺便谈谈牍牒的选用问题。牍牒的选用当与承载内容多少有关，如果文书的内容过多，则需要选用牒，牒便于编连；木牍过宽，难以编连成册。从出土秦汉简牍实物来看，木牍一般没有编痕，五一广场东汉简的木两行则是编连成册的，但木两行只能视为牒，而非牍，整理者未称其为牍，是正确的。文书内容不多的情况下选用牍则更为便利。牍与牒不同点之一在于其是否编连成册。

牒的虚实问题。里耶秦简常见到数目字＋牒，其中某某一牒尤其多。在很多情况下，"一牒"并非指容纳两行字或一行字的竹木简，而是指一份文书。典籍中常见的谱牒、玉牒也是指一类文书名。试列举里耶秦简中标明具体牒数的文书数份如下：

（1）廿九年九月壬辰朔辛亥，贰春乡守根敢言之：牒书水Ⅰ火败亡课一牒上。敢言之。Ⅱ（8-645）

九月辛亥旦，史邘以来。/感半。邘手。（8-645 背）[①]

（2）卅二年五月丙子朔庚子，库武作徒薄：受司空城旦九人、鬼薪一人、舂三人；受仓隶臣二人。·凡十五人。Ⅰ

其十二人为冀：奖、庆忌、敿、敿、船、何、最、交、颉、徐、娃、聚；Ⅱ

一人絨：窜。Ⅲ

二人捕羽：亥、罗。Ⅳ（8-1069+8-1434+8-1520）

---

①　陈伟主编《里耶秦简牍校释（第一卷）》，第 189 页。按：牍长 22.9 厘米、宽 2.1 厘米。

卅二年五月丙子朔庚子，库武敢言之：疏书作徒日薄（簿）一牒。敢言之。横手。Ⅰ五月庚子日中时，佐横以来。/圂发。Ⅱ（8-1069 背 +8-1434 背 +8-1520 背）①

（3）卅一年五月壬子朔辛巳，将捕爰，段（假）仓兹敢Ⅰ言之：上五月作徒薄及取（最）卅牒。敢言Ⅱ之。Ⅲ（8-1559）

五月辛巳旦，佐居以来。气发。居手。（8-1559 背）②

（4）廿八年五月己亥朔甲寅，都乡守敬敢言之：☑Ⅰ

得虎，当复者六人，人一牒，署复□于☑Ⅱ

从事，敢言之。☑Ⅲ（8-170）

五月甲寅旦，佐宣行廷。（8-170 背）③

（5）□□而后论者狱校廿一牒，谒告迁陵将计丞☑Ⅱ上校。敢言之。☑Ⅲ（8-164+8-1475）④

上引 5 份文书中的牒均指文书，而非特指哪一枚容纳两行字或一行字的竹木简。在"牒书"之前常用一枚简写明文书的大概内容，也就是"卒令丙四"所说的"散取其辟（急）辞"，例如文书（1）之后当附有一份记录水火败亡情况的牒书。文书（2）那样将牒书内容直接记载在同一木牍上的当是特例。不过借助它正好可以确知所谓"一牒"，常指一份文书，而不论其载体是牒还是牍。因为文书（2）可算得上标准的木牍，正面书写文字达四行之多。文书（3）、（4）、（5）中的"牒"似均可作文书解。

当然，竹木简一枚称为"一牒"，在秦简中也是存在的，例如：

《岳麓秦简》：·令曰：吏及黔首有赀赎万钱以下而谒解爵一级以除，（1168+1192）……赎。令七牒。·尉郡卒令第乙七十六

---

① 陈伟主编《里耶秦简牍校释（第一卷）》，第 272~273 页。按：牍长 46.2 厘米、宽 2.8 厘米。牍之正背，笔者据己意已将其翻转。

② 陈伟主编《里耶秦简牍校释（第一卷）》，第 358 页。

③ 陈伟主编《里耶秦简牍校释（第一卷）》，第 103 页。

④ 陈伟主编《里耶秦简牍校释（第一卷）》，第 100 页。

（1878）[1]

《为狱等状四种》"同、显盗杀人案"：【今狱史洋】得微难狱
□为奏九牒，上。[2]

《为狱等状四种》"盩盗杀安、宜等案"：今狱史触、彭沮 L、
衰得微难狱，磔辠（罪）一人。为奏十六牒，上。[3]

无论是律令条文还是奏谳文书，岳麓秦简中所见均为抄录的副本，而非
原件，故所记牒数与实际使用的竹简数略有差异。这也很好理解，字之
大小疏密往往因人而异，即使是在同一尺寸的简牍上书写，抄录完同
一份文书所使用的简牍数量也常不同。"令七牒"当是请令文书格式之
遗存，标明抄录此则令文使用的简牍数，既便于及时发现有无遗失，也
能大致表明令条内容之多少。然实际上抄录此则令文使用了 8 枚竹简。
《为狱等状四种》所记"为奏九牒"，实际用简数在 8 枚以上，标记"为
奏十六牒"者，实际用简数至少有 21 枚。

就形制而言，官方规定的牍按照宽度可分五行、四行和三行牍，
但长度只有一尺和尺二寸两种。牒的宽度似无特别规定，按长度可分
为尺牒、尺二寸牒、尺一寸牒、尺六寸牒和二尺牒等，其功用也各不
相同。

尺牒最为流行，里耶秦简中自称牒书的木简长度一般为 23 厘米左
右，为标准的尺牒。尺牒又见于秦令：

（缺简）

□其不能者，皆免之。上攻（功）当守六百石以上，及五百石
以下有当令者，亦免除。攻（功）劳皆令自占，自占不□（0592）
□实，完为城旦。以尺牒牒书当免者，人一牒，署当免状，各上，
上攻（功）所执灋，执灋上其日，史以上牒丞（0523）相、御史，

---

① 陈松长主编《岳麓书院藏秦简（伍）》，第 113~116 页。
② 陈松长主编《岳麓书院藏秦简（壹 - 叁）释文修订本》，第 156 页。
③ 陈松长主编《岳麓书院藏秦简（壹 - 叁）释文修订本》，第 159~160 页。

御史免之，属、尉佐、有秩吏，执灋免之，而上牒御史、丞相∟，后上之恒与上攻（功）皆（偕）∟，狱史、令史、县（0520）官，恒令令史官吏各一人上攻（功）劳吏员，会八月五日。（2148）①

"以尺牒牒书"，用长度为一尺的牒来书写，《汉书·薛宣传》："（薛）宣察（杨）湛有改节敬宣之效，乃手自牒书，条其奸臧。"颜师古曰："牒书谓书于简牒也。"②

二尺牒常用于簿籍类文书，如徭计、刍稿出入计、功劳簿、作徒簿之类，这当是制度使然，秦汉律令对各类簿籍所用简牍尺寸有明确规定：

《岳麓秦简》：（前缺简）均之。兴不更以下车牛，各比爵繇（徭）员棳（衰），以**二尺牒牒书**不更以下当使者车牛，人一牒，上，到县廷，节（即）兴车（0107）牛传送，以爵棳（衰）次均发之。辄署所传送及日数于牒，善封印，且令都吏吏（事）。不如令者，乡啬夫、吏主（0119）者赀各一甲，丞、令、令史各一盾。（0059）③

《里耶秦简》：卅三年四月辛丑朔丙寅，贰春乡守吾敢言之：令曰：以**二尺牒**疏书见刍稿、茭石数，各别署积所上，会五月朔日廷。问之，毋当令者。敢言之。（9-2284）

五月庚辰日中，佐肸以来。/圂发。　吾手（9-2284背）④

《二年律令·田律》：官各以**二尺牒**疏书一岁马、牛它物用稟数，余见刍稿数，上内史，恒会八月望。（二五六）⑤

里耶秦简所见官吏的功劳簿常以二尺木牍分条书写。里耶秦简 9-18"贰春乡作徒簿"，书于木牍之上，长 46 厘米。

---

①　陈松长主编《岳麓书院藏秦简（肆）》，第 210-211 页。按：个别释字、句读有所调整。

②　《汉书》卷八十三《薛宣传》，第 3387~3388 页。

③　陈松长主编《岳麓书院藏秦简（柒）》，第 182~183 页。

④　陈伟主编《里耶秦简牍校释（第二卷）》，第 452 页。

⑤　彭浩、陈伟、〔日〕工藤元男主编《二年律令与奏谳书——张家山二四七号汉墓出土法律文献释读》，第 193 页。

皇帝使用的牍原本长尺二寸（约 27.72 厘米），比臣子上对、奏、请时所用的木牍长二寸，这当然是为了彰显高高在上的皇权的赫赫威仪，正如汉代经书尺寸要长于传记一样。后来，秦始皇又将御牍尺寸改成尺一寸（约 25.41 厘米），同时将官券牒从尺六寸改为尺一寸。汉承秦制，御牍长度亦为尺一寸，《史记·匈奴列传》："汉遗单于书，牍以尺一寸，辞曰'皇帝敬问匈奴大单于无恙'，所遗物及言语云云。"①

尺一寸的官券牒应用极为广泛，里耶秦简中所见的官券就有"校券""禾稼出入券""约券""鼠券""付券"等。岳麓秦简《徭律》还记载秦代为每一位服徭役者制作三尺券，以作为征发徭役的凭证，并记载服役情况，兴徭时乡啬夫亲自与里典一起拿着三尺券去各里征发徭员。这种"徭徒券"也应当是一式三份，一份留官府存档、一份供基层行政者使用、一份归服役者。这种三辨券在秦汉时被广泛使用：

> ·十三年三月辛丑以来，取（娶）妇嫁女必参辨券 ∟。不券而讼，乃勿听，如廷律 ∟。前此令不券讼者，治之如内史（1099）律。·谨布令，令黔首明智（知）。·廷卒□（1087）②
>
> 《二年律令·户律》：民欲先令相分田宅、奴婢、财物，乡部啬夫身听其令，皆参辨券书之，辄上（三三四）如户籍。（三三六）③
>
> ·金布律曰：官府为作务、市受钱，及受赍、租、质、它稍入钱，皆官为缿，谨为缿空（孔），婴（须）毋令钱（1411）能出，以令若丞印封缿而入，与入钱者叁辨券之，辄入钱缿中，令入钱者见其入。月壹输（1399）缿钱，及上券中辨其县廷，月未尽而缿盈者，辄输之，不如律 ∟，赀一甲。（1403）④
>
> 【廿六】年十二月癸丑朔己卯，仓守敬敢言之：出西廥稻五十

---

① 《史记》卷一百十《匈奴列传》，第 3505 页。
② 陈松长主编《岳麓书院藏秦简（伍）》，第 130~131 页。
③ 彭浩、陈伟、〔日〕工藤元男主编《二年律令与奏谳书——张家山二四七号汉墓出土法律文献释读》，第 223 页。
④ 陈松长主编《岳麓书院藏秦简（肆）》，第 108 页。

Ⅰ□石六斗少半斗输；粲粟二石以稟乘城卒夷陵士五（伍）阳□Ⅱ□□□。今上出中辨券廿九。敢言之。 □手。Ⅲ（8-1452）①

无论是民间娶妻嫁女、遗产继承，还是官府收入管理、粮食分发，均要使用三辨券。民间所立券书，在得到官府认可之后才会有法律效力。

卒令规定了牍牒的使用程序，然里耶秦简所见木牍形制大都与律令规定不符，这或是因为直接向朝廷呈送的奏、请、对书原件不可能保留在迁陵县廷，何况处在边陲的县一级行政机构直接与朝廷文书往来的机会本来就很少。为便于比较，现将里耶秦简所见部分官文书原件尺寸行款列表5-1。

表5-1　里耶秦简所见部分官文书原件尺寸行款一览②

行数（满书）	宽度（厘米）	长度（厘米）	行容字	时间及寄收件方	简号
7	4.0	23.1	27~32	廿七年洞庭郡至迁陵	16-6
7	4.1	23.1	23~37	廿七年洞庭郡至迁陵	16-5
5	4.7	23.3	23~24	二世元年仓守至迁陵守	5-1
5	3.7	22.9	30~38	廿六年司空守至迁陵守	8-134
4	2.7	23.0	27	廿八年启陵乡至迁陵	8-1570
4	2.8	22.8	20~21	廿八年贰春乡至迁陵	9-22
4	2.8	23.1	22~23	卅一年启陵至迁陵	9-30
4	3.3	22.6	28~35	卅年田官至迁陵守	9-981
4	3.1	23.1	22~31	廿六年洞庭至迁陵	9-1865
4	2.75	22.4	26~29	卅五年洞庭至迁陵	9-12
4	2.75	22.7	21~24	卅四年启陵乡至迁陵	8-1533
3	3.3	23.1	19~20	卅年贰春乡至迁陵	8-1520
3	2.2	23.0	27	廿七年库守至迁陵守	8-1522

① 陈伟主编《里耶秦简牍校释（第一卷）》，第330页。
② 尺寸、简号以文物出版社《里耶秦简（壹、贰）》和中西书局《里耶秦简博物馆藏秦简》为准。

续表

行数（满书）	宽度（厘米）	长度（厘米）	行容字	时间及寄收件方	简号
3	2.3	22.8	20~31	卅二年启陵乡至迁陵守	8-157
3	3.4	23.3	14~17	卅一年仓至迁陵守	8-1568
3	3.2	23.0	16~22	卅一年迁陵丞至仓啬夫	8-1569
3	2.4	22.8	24	廿八年尉守至迁陵守	8-1571
3	2.2	22.7	19~27	卅五年启陵乡至迁陵	8-770
3	2.8	23.0	18~22	廿六年贰春乡唐亭至迁陵	9-1112
2	1.9	23.2	22	廿九年司空至迁陵	8-1532
2	1.9	22.3	28	卅二年迁陵守至少内	8-156
1	0.7	22.9	19	不详	8-1453
13	5.4	45.2	未满	卅二年司空守作徒簿	9-2289
4	3.0	45.4	未满	稻米出入记录	9-19
3	2.0	46.0	32	卅年贰春乡作徒簿	9-18

第三节　秦文书制度的影响

秦制对后代的影响，一个重要表征在于秦所确定的某些程序和范式为后代所遵循，就文书制度而言，从文书名称、种类、格式、制作、封检、签署、传递、贮藏、功用到对过期文书的处理方面，秦对后世产生的影响是巨大而深远的。

（一）文书种类

李均明先生《秦汉简牍文书分类辑解》[①]一书，对秦汉简牍中所见文书按照类别进行罗列，又据其内容或功用加以命名，此书基本上涵盖了秦汉时期常见的官文书种类。拙稿中使用的文书名称均以李先生著作为准。

---

① 李均明：《秦汉简牍文书分类辑解》，文物出版社，2009。

1. 制书与诏书

制书和诏书均是秦代新创的文书种类①，史书早已明言之，此两种体现最高统治者意愿、最具权威性和影响力的文书，被后代长期沿用。②西北烽火台遗址发现了西汉晚期的《永始三年诏书》简册③，笔者复原了长沙五一广场东汉简牍中的三份诏书。④简牍中所见汉代残存诏书，从格式到术语均与秦代无异。此外，从远离统治中心的甘肃和湖南都出土诏书残册可知，无论是在传播的广泛性还是效力功用方面，秦汉诏书均无差异。

秦以前，臣民向君王言事，称为上书，秦更之为上奏。《文心雕龙·章表》："降及七国，未变古式，言事于主，皆称上书。秦初定制，改书曰奏。汉定礼仪，则有四品：一曰章，二曰奏，三曰表，四曰议。章以谢恩，奏以按劾，表以陈请，议以执异。"⑤若依刘勰之言，汉代臣子向皇帝上书言事，除了奏书外，尚有章、表和议，后三种文书似是汉人的发明。然据岳麓秦简令文可知，秦代向上言事，不止奏书一种途径，至少还应包括对书和请书。秦代的"对书"与汉代的"议"性质类似，"请书"与"表"相当。此外，秦令对请、对、奏三类文书的编连方式和书写程序均有规定，这在前文已有论述。秦汉两代的奏书，无论是名称还是内涵，均无差别，需要注意的是"奏以按劾"是说汉人用奏书行弹劾之事，并不是说奏书的功用仅限于按劾方面。汉以后所谓"上疏""上书""奏状""奏议""奏章""奏本"等，均脱胎于秦代的奏书。

---

① 秦以前的诏书与统一后的有本质区别，周代自天子到民众均可称为诏，秦始皇规定皇帝的命令方能称为诏。
② 唐宋两代不用诏书这一名称，明复用之。
③ 《永始三年诏书》简册，1974年经甘肃居延考古队发掘，出土于汉代金关烽火台南侧的遗址中。共存16枚简，出土时简的麻绳编纶已朽。伍德熙、土史猛、大庭脩、姚磊等多位学者对此简册有深入研究。
④ 周海锋：《〈长沙五一广场东汉简牍〉所见永初年间三份诏书浅析》，武汉大学简帛中心主办《简帛（第二十辑）》，上海古籍出版社，2020。
⑤ 赵仲邑译注《文心雕龙译注》，漓江出版社，1982，第201页。

2. 劾状

劾状，相当于现在的起诉书。《急就篇》："诛罚诈伪劾罪人。"颜师古注："劾，举案之也。"①劾文书部分一般要交代被告的个人信息以及犯罪情况，此外，官府对犯罪事实的调查情况、对罪犯做何处置也要一并写入劾文书内。状辞是原告的陈述。从汉简实例可知：一封完整的劾书一般包括劾文、状辞以及相关说明补充文字。从里耶秦简，我们可以知晓劾文书的早期形态：

> 启陵津船人高里士五（伍）启封当践十二月更，【遝廿九日不】□☑ Ⅰ
>
> 正月壬申，启陵乡守绕劾。Ⅱ
>
> 卅三年正月壬申朔朔日，启陵乡守绕敢言之，上劾一牒☑Ⅲ 8-651
>
> 正月庚辰旦，隶妾咨以来。/ 履发。☑（8-651 背）②

此件劾文书是一封上行文书，由启陵乡发往迁陵县，内容为乡守绕检举本乡船人启封未能按规定服徭役，有遝逃行为。残缺部分当是对启封违法行为的进一步补充，或有相应的处罚建议。劾文书在秦代被普遍使用，岳麓秦简令文曰："吏徙官而当论者，故官写劾，上属所执灋，执灋令新官亟论之。执灋【课其留者，以】发征律论之。【不】（1661）上属所执灋而径告县官者，赀一甲。以为恒。□□□第廿二（1760）"③《为狱等状四种》"暨过误失坐官案"中"暨坐八劾：小犯令二，大误一，坐官、小误五。已（已）论一甲，余未论，皆相遝。"④

---

① 张传官：《急就篇校理》，中华书局，2017，第 431 页。

② 陈伟主编《里耶秦简牍校释（第一卷）》，第 191~192 页。增补之字依据何有祖先生意见。何有祖：《读里耶秦简札记（三）》，简帛网，2015 年 7 月 1 日，http://www.bsm.org.cn/？qinjian/6437.html。

③ 陈松长主编《岳麓书院藏秦简（伍）》，第 140 页。

④ 朱汉民、陈松长主编《岳麓书院藏秦简（叁）》，第 148 页。

3. 爰书

传世文献中对爰书的记载十分有限，以至于在相当长的一段时间内，学者们无法揭露这类文书的真实面貌。西北汉简中出现了大量的爰书实物之后，对此类文书的研究逐渐多了起来。陈槃先生认为爰书分两种，一种为自辨书，另一种与申辨无关。[①]大庭脩先生则认为汉代爰书只有一种，并坚持苏林、颜师古将其定义为"代换其口辞的文书"这一说法的可靠性，认识到爰书种类多样，不限于狱吏之书和审判之书。[②]刘海年、汪桂海等先生都认为爰书是汉代的司法文书，种类多样，不同爰书在结构程序上均有差异。[③]籾山明先生在《爰书新探——兼论汉代的诉讼》一文中否认爰书与诉讼有关，否认汉简与睡虎地秦简中的爰书为司法文书。[④]李均明先生仍将爰书视作"司法过程产生的笔录文书"[⑤]。直到里耶秦简中大量爰书出现后，我们才明白此类文书早已被广泛使用，且不限于司法方面。为了更好地厘清爰书的构成和功用，兹从里耶秦简中摘录几件如下：

卅二年六月乙巳朔壬申，都乡守武爰书：高里士五（伍）武自言以大奴幸、甘多，大婢言、言子益Ⅰ等，牝马一匹予子小男子产。　　　　典私占。　　　　初手。Ⅱ（8-1443+8-1455）

六月壬申，都乡守武敢言：上。敢言之。/初手。Ⅰ

六月壬申日，佐初以来。/欣发。　　　　初手。Ⅱ（8-1443背+8-1455背）[⑥]

---

① 陈槃：《汉晋遗简识小七种》，第34~36页。

② 〔日〕大庭脩：《爰书考》，载中国社会科学院历史研究所战国秦汉史研究室编《简牍研究译丛（第一辑）》，中国社会科学出版社，1983，第223~244页。

③ 刘海年：《秦汉诉讼中的"爰书"》，《法学研究》1980年第1期。汪桂海：《汉代官文书制度》，第73~83页。

④ 〔日〕籾山明：《爰书新探——兼论汉代的诉讼》，载中国社会科学院简帛研究中心编《简帛研究译丛（第一辑）》，湖南出版社，1996，第142~183页。籾山明先生有关爰书性质论断的文字又见其著《中国古代诉讼制度研究》，李力译，上海古籍出版社，2009，第199~200页。

⑤ 李均明：《秦汉简牍文书分类辑解》，第81页。

⑥ 陈伟主编《里耶秦简牍校释（第一卷）》，第326页。

世五年七月戊子朔己酉，都乡守沈爰书：高里士五（伍）广自言：谒以大奴良、完，小奴畴、饶，大婢阑、愿、多、□，Ⅰ禾稼、衣器、钱六万，尽以予子大女子阳里胡，凡十一物，同券齿。Ⅱ

典弘占。Ⅲ（8-1554）

七月戊子朔己酉，都乡守沈敢言之：上。敢言之。/□手。Ⅰ

【七】月己酉日入，沈以来。□□。　　沈手。Ⅱ（8-1554背）①

世五年三月庚寅朔丙辰，贰春乡兹爰书：南里寡妇憗自言：谒狠（垦）草田故枽（桑）地百廿步，在故步北，恒以为枽（桑）田。

三月丙辰，贰春乡兹敢言之：上。敢言之。/诎手。（9-15）

四月壬戌日入，戍卒寄以来。/瞳发　诎手（9-15背）②

从上引三封爰书可知，爰书与司法文书不能画等号，又如西北汉简中的"秋射爰书"也与诉讼关系不大。爰书是一种经过官府认证的具有法律效力的文书，这种文书在司法实践中也的确被广泛利用。汉代的爰书无论是程序还是功用，均承袭秦制，并无不同。爰书在东汉中期的日常行政中仍被广泛使用：

行丞事朗兼狱史尉

言男子龙孟杀邓石爰书　九月廿日（五七九　木两行 2010CWJ1 ③：261-60）③

敢言之，谨移象人爰书一椠，章敢言之。（九二九　木两行 2010CWJ1 ③：264-83）④

① 陈伟主编《里耶秦简牍校释（第一卷）》，第356~357页。
② 陈伟主编《里耶秦简牍校释（第二卷）》，第21页。
③ 长沙市文物考古研究所、清华大学出土文献研究与保护中心、中国文化遗产研究院、湖南大学岳麓书院编《长沙五一广场东汉简牍（贰）》，中西书局，2018，第203页。
④ 长沙市文物考古研究所、清华大学出土文献研究与保护中心、中国文化遗产研究院、湖南大学岳麓书院编《长沙五一广场东汉简牍（叁）》，中西书局，2019，第165页。

延平元年三月戊寅朔六日癸未，行长沙大守文书事大守丞当谓
临湘：民自言，辤如牒，即如辤。书到，爰书听受，麦秋考实
奸诈，明分别（CWJ1 ③：263-21）

兼掾昆、守属褒、书佐泛。（《选释》一五〇 木两行 CWJ1 ③：
263-21 背）①

可见爰书作为一种官府认定的作为凭据的文书，其应用的范围是十分广
泛的，历朝历代均不可或缺。汉代以后，此类文书也必然存在，只是名
称变换了而已。

4. 奏谳书

秦汉时期地方官员在行政过程中碰到疑难案件而无法取舍时，往
往会向上级部门寻求解决方案，在这个过程中形成的文书称作"奏谳
书"。当然，此种文书名称并非当代人拟定，而是来自张家山汉简。20
世纪80年代发掘的张家山二四七号汉墓二二八号简简背书有"奏瀛
（谳）书"三字②，显然是个篇名。2007年岳麓书院入藏的秦简中也有一
批涉及诉讼的法律文书，整理者根据简背题署将其命名为《为狱等状四
种》。《为狱等状四种》所载即秦国的奏谳类文书。将两种文书比较可发
现，二者在程序、所用法律术语、量刑依据和诉讼程序等方面几乎没有
差异。详见表5-2。

表5-2 《为狱等状四种》与《奏谳书》文书结构对照

比较项	岳麓秦简《为狱等状四种》	张家山《奏谳书》
上奏时间	廿（二十）五年五月丁亥朔壬寅	十年七月辛卯朔癸巳
上奏长吏职官、名字	**州陵守绪、丞越**	**胡状、丞意**
格式语	敢瀛（谳）之	敢瀛（谳）之

① 长沙市文物考古研究所、清华大学出土文献研究与保护中心、中国文化遗产研究院、
湖南大学岳麓书院编《长沙五一广场东汉简牍选释》，中西书局，2015，第225页。

② 彭浩、陈伟、〔日〕工藤元男主编《二年律令与奏谳书——张家山二四七号汉墓出土法
律文献释读》，第331页。

续表

比较项	岳麓秦简《为狱等状四种》	张家山《奏谳书》
文书正文	乃二月甲戌，走马达告曰……	刻（劾）曰：临菑（淄）狱史阑令女子……
疑惑所在及相关格式语	**疑尸等购。它县论。敢谳（谳）之。**	疑阑罪，毄（系），**它县论，敢谳（谳）之。**
下级小吏处理建议	·**吏议**：以捕群盗律购尸等。**或曰**：以捕它邦人【……。】	·**吏议**：阑与清同类，当以从诸侯来诱论。·**或曰**：当以奸及匿黥春罪论。
上级长吏返回的最终裁决意见	廿（二十）五年六月丙辰朔己卯，**南郡叚（假）守贾报州陵守绾、丞越**：……谳（谳）固有审矣。治等，审秦人殹（也），尸等当购金七两；阑等，其荆人殹（也），尸等当购金三两。**它有〖律〗令。**[①]	十年八月庚申朔癸亥，**大（太）仆不害行廷尉事**，谓胡啬夫：谳（谳）狱史阑，谳（谳）固有审，廷以闻，阑当黥为城旦，**它如律令。**[②]

注：①朱汉民、陈松长主编《岳麓书院藏秦简（叁）》，第113~117页。
②彭浩、陈伟、〔日〕工藤元男主编《二年律令与奏谳书》，第338~339页。

5. 律令

睡虎地秦简的出土，消除了前贤对秦律是否存在之疑虑[①]；岳麓秦简相关简文公布后，秦令是否存在的问题也不必再讨论。可以肯定的是律令作为中华法系中最为重要的两种法律形式，其最迟在秦统一前就定型了。从战国到晚清两千多年的时间里，一些王朝或制定出特有的法律形式作为辅助，但律令一直是最稳定、最权威的存在。

秦律令对后世的影响是多方面的，从程序制定、篇名拟定、刊布流传方式、法典编纂到效力维护方面，后代律令莫不承袭秦制，尤其是汉代初期的律令，有些是直接抄录秦代律令而成。

史书载萧何以秦律为蓝本造九章律，之前有不少学者质疑此说，然以出土《二年律令》比勘出土秦律条文，汉律承袭秦律之痕迹十分明显。试看以下两组律文：

① 〔日〕浅井虎夫：《中国法典编纂沿革史》，陈重民译，中国政法大学出版社，2007，第11页。

·繇（徭）律曰：补缮邑院、除田道桥、穿汲＜波（陂）＞池、渐（堑）奴苑，皆县黔首利殹（也），自不更以下及都官及诸除有为（1255）殹（也），及八更，其睆老而皆不直（值）更者，皆为之，冗宦及冗官者，勿与。除邮道、桥、驼＜驰＞道，行外者，令从户（1371）□□徒为之，勿以为繇（徭）。（1381）①

《二年律令·徭律》：补缮邑□，除道桥，穿波（陂）池，治沟渠，堑奴苑；自公大夫以下（四一三），勿以为繇（徭）。（四一四）②

通过比较可知，两条律文内容相似，《二年律令·徭律》显然是承袭秦律而来，只是在个别语词上加以修订。《二年律令·徭律》"补缮邑"之后的缺文据岳麓秦简可补"院"字，《二年律令与奏谳书》一书的编撰者利用红外线扫描仪亦将原本未释之字补释为"院"。③ 又岳麓秦简中的"穿汲池"必是"穿波（陂）池"之讹。据岳麓秦简可断定《二年律令·徭律》"自公大夫以下"与"勿以为繇（徭）"之间必缺简。退一步讲，就简文而言，"勿以为繇（徭）"指不算作徭役，不登录在徭员券上，即《秦律十八种·徭律》中提到的"勿计为繇""不得为徭"。"自公大夫以下"直接跟"勿以为繇（徭）"，显得十分突兀，很不好理解。可能正是因为张家山汉墓竹简的整理者将"勿以为繇（徭）"理解为"不以之服徭"，故认为"自公大夫以下"之"下"乃"上"之讹。④ 参照岳麓秦简《徭律》可知汉初公大夫以下爵位者均要参加补缮邑院、除道桥、穿陂池、治沟渠、堑奴苑等与切身利益有关之役事。

通过对勘两批《徭律》，还可以纠正过去律文句读方面的讹误，试

---

① 陈松长主编《岳麓书院藏秦简（肆）》，第118页。
② 张家山二四七号汉墓竹简整理小组编《张家山汉墓竹简［二四七号墓］（释文修订本）》，第64页。
③ 彭浩、陈伟、〔日〕工藤元男主编《二年律令与奏谳书——张家山二四七号汉墓出土法律文献释读》，第248页。
④ 张家山二四七号汉墓竹简整理小组编《张家山汉墓竹简［二四七号墓］（释文修订本）》，第65页。

以下面律文为例说明：

  ·繇（徭）律曰：委输传送，重车、负，日行六十里，空车八十里，徒行百里。其有□□□☑（1394）①

  《二年律令·徭律》：吏及宦皇帝者不（四一一）与给传送。事委输，传送重车重负日行五十里，空车七十里，徒行八十里。（四一二）②

  《徭律》：载粟乃发敖童年十五岁以上，史子未傅先觉（学）觉（学）室，令与粟事，敖童当行粟而寡子独与老（1236）父老母居，老如免老，若独与瘅（癃）病【父】母居者，皆勿行。（1231）③

  《二年律令·徭律》：诸当行粟，独与若父母居老如睆老，若其父母罢瘅（癃）者，皆勿行。（四〇八）④

  《二年律令·徭律》：县弩春秋射各旬五日，以当繇（徭）。戍有余及少者，隤后年。（四一四）⑤

张家山汉墓竹简整理小组将"事委输"作为一个意群来理解，显然不合适，先前已有学者根据传世文献中常见的"委输传送"与"传送委输"指出"事"从上读，应在"委输传送"后加逗号⑥，今以岳麓秦简律文验之，的确极有道理。又"重车、负"乃"重车、重负"之省称，重车即载重之车，与"空车"相对成文。

---

① 陈松长主编《岳麓书院藏秦简（肆）》，第150页。按：依照陈伟先生意见，将"重车负"句读为"重车、负"。

② 张家山二四七号汉墓竹简整理小组编《张家山汉墓竹简［二四七号墓］（释文修订本）》，第64页。

③ 陈松长主编《岳麓书院藏秦简（肆）》，第120页。

④ 张家山二四七号汉墓竹简整理小组编《张家山汉墓竹简［二四七号墓］（释文修订本）》，第64页。

⑤ 张家山二四七号汉墓竹简整理小组编《张家山汉墓竹简［二四七号墓］（释文修订本）》，第64页。

⑥ 彭浩、陈伟、〔日〕工藤元男主编《二年律令与奏谳书——张家山二四七号汉墓出土法律文献释读》，第248页。

张家山汉墓竹简整理小组将"独与若父母居老如睆老"视为一个整体，但没有给予任何注释。一般读者或许不太明白此句话究竟要表达什么意思。以岳麓秦简比对，可知其存在误抄、漏抄，使简文扞格不通。"若父"当为"老父"之讹[①]，其后又漏抄一"老"字。"独与老父老母居"后要顿开，"老如睆老"是对"老父老母"状态之限定，指父母达到睆老的年龄（睆老界定依爵位而定，爵位越高，越早成为睆老）。

"县弩春秋射各旬五日，以当繇（徭）。成有余及少者，隤后年"应重新断读为"县弩春秋射各旬五日，以当繇（徭）成，有余及少者，隤后年"。"徭成"在秦汉文献中出现时常被视为一个词组[②]，中间无须顿开，例如：

> 岳麓秦简《徭律》：……县节（即）有（1429）繇（徭）成，其等当得出，令繇（徭）成，繇（徭）成已，辄复居。当繇（徭）成，病不能出及作盈卒岁以上，为除其病岁繇（徭），（1420）勿聂（躡）。（1424）[③]
>
> 《二年律令·徭律》：·当繇（徭）成而病盈卒岁及毄（系），勿聂（摄）。（四〇七）[④]
>
> 《二年律令·行书律》：邮人勿令繇（徭）成，毋事其户，毋租其田一顷，勿令出租、刍稿。（二六八）[⑤]

从上面引用秦汉律条可知，"徭成"乃当时常用的固定词组，不当拆开。

---

① 何有祖先生亦有此看法，而余文写于2015年12月之前，何先生文见武汉大学简帛网2016年3月27日发布《利用岳麓秦简校释〈二年律令〉一则》，http://www.bsm.org.cn/?qinjian/6657.html。

② 承陈伟先生告知，孙闻博先生亦有相同看法，详参《两汉的郡兵调动：以"郡国"、"州郡"的行政变化为背景》，《中华文史论丛》2014年第3期。

③ 陈松长主编《岳麓书院藏秦简（肆）》，第151页。

④ 张家山二四七号汉墓竹简整理小组编《张家山汉墓竹简 [二四七号墓]（释文修订本）》，第64页。

⑤ 张家山二四七号汉墓竹简整理小组编《张家山汉墓竹简 [二四七号墓]（释文修订本）》，第46页。

又岳麓秦简一则《徭律》条文能更为直接地证明张家山汉墓竹简整理小组原先的句读有问题。兹引律文如下：

繇（徭）多员少员，勣（勣）计后年繇（徭）戍数。（1355）①

从岳麓秦简1420简可知"徭戍"有时可简称为"徭"，1355简第一个徭也是简称，而"戍"作为"徭戍"的省称却找不到任何例证。

又里耶秦简中保存部分律令条文在《二年律令》中有相应的规定：

《二年律令·田律》：县道已狠（垦）田，上其数二千石官，以户数婴之，毋出五月望。（二四三）②

里耶秦简：律曰：已狠（垦）田，辄上其数及户数，户婴之。（9-40）③

显而易见，《二年律令·田律》是承袭秦律而成。秦律"上其数及户数"，在《二年律令·田律》中变成"上其数"，漏抄了"及户数"，而后文"以户数婴之"乃"户婴之"的全称。"户婴"为固定搭配，里耶秦简8-1519简有"户婴四石四斗五升"④，即迁陵县三十五年平均每户应缴纳的田租数。"数及户数"是绝对不能统称为"数"的，前一个"数"表示垦田的亩数，后面的"户数"之"数"指名数，这是两个完全不同的概念；且只有同时知晓田亩数和户籍名数，才能做到"户婴"之。

以上所论均是从微观的具体条文来审视汉律对秦律的承继问题。然从最能体现立法者之立法意图与立法精神的刑罚体系来看，汉初之律对秦律的承继也是十分明显的。秦汉律简中都频繁出现的死刑有弃市、腰

---

① 陈松长主编《岳麓书院藏秦简（肆）》，第152页。
② 张家山二四七号汉墓竹简整理小组编《张家山汉墓竹简 [二四七号墓]（释文修订本）》，第42页。
③ 陈伟主编《里耶秦简牍校释（第二卷）》，第49页。
④ 陈伟主编《里耶秦简牍校释（第一卷）》，第345页。按：同书第347页认为"婴"可引申为折合、计算。

斩，肉刑有宫、劓、黥、斩以及耐和笞，这些刑罚所适用的对象与罪行也差不多。例如腰斩之刑一般适用于谋反之罪，又如对奴婢的惩处，无论是施以黥、耐还是笞刑，最后均要"畀其主"。

当然，汉承秦律并非一成不变地照搬，事实上秦律本身也在不断调整，由于每个时代面临的局势不同，需要采取的治国方略也不可能一样。法律说到底也是维系统治的一种手段而已。

（二）文书行政

若要从秦代遴选出两项对后世影响最巨最久的举措，一是废分封而行郡县制，二是构建了一套中央集权的君主专制体制。此二制，古今学者多有论述，或褒或贬，在此按下不表。中国古代的帝制社会与欧洲中世纪有两个主要不同，其一，中国古代政权内部联系紧密，国家各阶层之间容易形成合力；而欧洲中世纪政权如一盘散沙，皇权往往无法驾驭大大小小的封建领主。其二，在政权维系方面，欧洲更注重武力，而中国自始至终都极为倚重文书治国。实际上，无论是帝王至高无上权威的彰显，还是朝廷对地方事务的干预，绝大多时候就是通过这些不起眼的一卷或一纸文书来实行。

里耶秦简大批行政文书的发掘，为我们了解秦代文书行政的实际情形提供了宝贵的一手资料。举凡秦代官文书的格式、套语、制作、封检、签署、传递、贮藏以及过期文书档案的处理，都可以通过里耶秦简探知一二，且可与汉简所见同类文书进行比较研究。

行政文书按其传播方向可分上行、平行和下行三种。

发文者身份地位低于收文者，此类文书为上行文书。里耶秦简中所见上行文书多为乡、曹发往迁陵县廷或迁陵发往洞庭等郡的文书。文书正文前后一般会写明发文方、接收方的身份信息，据此亦可定文书之流向，另外根据一些文书套语也可判定其性质。如上行文书常见套语有"敢言之""谒告"，平行文书有"敢告"，下行文书有"告""谓""下"。例如：

廿六年三月壬午朔癸卯，左公田丁**敢言之**：佐州里烦故为公田吏，徙属。事苔不备，分Ⅰ负各十五石少半斗，直钱三百一十四。

烦冗佐署迁陵。今上责校券二，**谒告**迁陵Ⅱ令官计者定，以钱三百一十四受旬阳左公田钱计，问可（何）计付，署计年为报。**敢言之。**Ⅲ

三月辛亥，旬阳丞滂**敢告**迁陵丞主：写移，移券，可为报。敢告主。／兼手。Ⅳ

廿七年十月庚子，迁陵守丞敬**告**司空主，以律令从事言。／應手。即走申行司空。Ⅴ（8-63）

十月辛卯旦，胸忍索秦士五（伍）状以来。／庆半。兵手。（8-63背）①

所录为里耶秦简 8-63 木牍，此牍共载文书三封，分别是上行、平行和下行文书。最早的一封是旬阳左公田于秦始皇二十六年三月写给旬阳县廷的，文书正文前后都有"敢言之"作为标识，此为上行文书无疑。第二封文书是旬阳县丞写给迁陵县丞的，二人品秩相当，为平行文书，正文前用"敢告某某主"，正文后用"敢告主"。最后一封是迁陵守丞写给本县司空负责人的，为下行文书无疑，直接使用了"告"字。

关于里耶秦简所见往来公文的程序和固定用语，学者讨论颇多。邹水杰先生进行了很好的总结："上行文书用'某敢言之……敢言之'的格式，不写收文机构……一直到西汉武帝时期，仍然遵守这种格式。""下行文书的格式最为复杂，在讨论的地方行政文书范围内，一般发文方是郡县丞，文书用语可有'告''谓''下'等，收文方可有'某啬夫''某主'或直接'某机构'等差别。但'谓'后面一般接'某啬夫'，'下'用'某机构'，而'告'后面虽多数用'某主'，但三种用语形式并存。"②邹先生的总结十分到位，后来刊布的新材料仅能部分修正其结论。例如下行文书"谓"之后除了接"某啬夫"，还可接其他职官：

---

① 陈伟主编《里耶秦简牍校释（第一卷）》，第 48~49 页。
② 邹水杰：《里耶秦简"敢告某主"文书格式再考》，《鲁东大学学报》（哲学社会科学版）2014 年第 5 期。

【廿】六年二月癸丑朔庚申，洞庭叚（假）守高谓县丞：干蘲及菅茅善用殴（也）。且烧草矣，以书到时，令乘城卒及徒隶、居貲赎责（债）勉多取、积之，必各足给县用复到干草。唯毋乏。它如律令。新武陵布四道，以次传，别书。书到相报，不报者追之。新【武陵】□书到，署厩曹。以洞庭发弩印行事。（9-1861）①

☑□巳朔丁丑，洞庭叚（假）守铺谓迁陵丞：巫论都言央（决），署尉□□□（9-1864）

☑□印行事

☑年十月戊戌朔甲辰，迁陵守丞说敢言之：令都□除道属令（9-1864背）②

廿七年十一月戊申朔癸亥，洞庭叚（假）守昌谓迁陵丞：迁陵上坐反适（谪）辠（罪）当均输郡中者六十六人，今皆输迁陵。其听书从事，它如律令。·以新武陵印行事。

十二月丁酉，迁陵守丞敦狐告司空主：以律令从事。/夫手。走邰即行。（9-23）

司。

十二月丙申旦，库佐黑以来。/莫邪半。 痛手（9-23背）③

邹水杰先生还提出一个重要观点："在文书显示的秦统一前后，收文方官职名称或机构后面的'主'，并不表示'负责人'之意，而是已经符号化为一种文书程序用语，就像汉代文书中的'敢告卒人'并不表示收文方为'卒人'一样。"④在此之前，陈松长先生认为："既然'丞'、'司空'、'仓'、'都乡'后面都可以有主，那么，'主'在这里就应该

① 陈伟主编《里耶秦简牍校释（第二卷）》，第374页。
② 陈伟主编《里耶秦简牍校释（第二卷）》，第376页。
③ 陈伟主编《里耶秦简牍校释（第二卷）》，第35~36页。
④ 邹水杰：《里耶秦简"敢告某主"文书格式再考》，《鲁东大学学报》（哲学社会科学版）2014年第31卷第5期。

不是一个专门的官名，而应该是秦汉官府文书常用的一种尊称。"①卜宪群先生则认为："也许上级领导对某件事情的具体处理者并不清楚，故用'主者'来确定其负责人，而下级对上级的报告也可用'主'来表示所上报的主管者或部门。"②邬文玲先生通过分析大量文书实例归纳出以下结论："某主"和"某守"都是相对固定的用语。"某主"为发文者对收文者的称谓，带有"示敬"的成分，通常以"敢告某主"开头，以"敢告主"作结。"某守"为发文主官自称，带有"自谦"的成分。"某守""某主"很可能只是与秦代官文书用语的规范和习惯有关，而与具体的职官制度和吏员设置无关。③

　　文书结尾处的"某手""某半"同样引起学者广泛讨论。李学勤先生认为"手"当读为"亲"，"某手"即某人签署，记录"某手"字样的人就是此件文书的收发者和抄录者。④于振波先生认为"某署"是有关官署的署名，此类签名位置并不确定，或出现在正文，或出现在文书末尾，且有不使用斜线隔离的情况。⑤胡平生先生认为"某手"主要指文书由某人经手，也有部分为书写者具名。⑥陈伟等先生认为"手"当指"书手"。⑦马怡先生认为"手"指手迹、经手。⑧邢义田先生认为"某

①　陈松长：《〈湘西里耶秦代简牍选释〉校读（八则）》，甘肃省文物考古研究所、西北师范大学文学院历史系编《简牍学研究（第四辑）》，甘肃人民出版社，2004，第17~21页。
②　卜宪群：《从简牍看秦代乡里吏员的设置与行政功能》，载中国社会科学院考古研究所、中国社会科学院历史研究所、湖南省文物考古研究所编《里耶古城·秦简与秦文化研究——中国里耶古城·秦简与秦文化国际学术研讨会论文集》，科学出版社，2009，第106页。
③　邬文玲：《"守"、"主"称谓与秦代官文书用语》，中国文化遗产研究院编《出土文献研究（第十二辑）》，中西书局，2013，第163页。
④　李学勤：《初读里耶秦简》，《文物》2003年第1期。
⑤　于振波：《里耶秦简中的"除邮人"简》，《湖南大学学报》（社会科学版）2003年第3期。
⑥　胡平生：《里耶简所见秦朝行政文书的制作与传送》，卜宪群、杨振红主编《简帛研究二〇〇八》，第30~53页。
⑦　陈伟主编《里耶秦简牍校释（第一卷）》，第5页。
⑧　马怡：《里耶简选校》，载中国社会科学院历史研究所学刊编委会编《中国社会科学院历史研究所学刊》第四集，商务印书馆，2007，第137页。

手"中一部分为简文书写者。①王焕林先生认为若非公文原件，最后一行出现的"某手"必为书佐之署名。②藤田胜久先生根据"/"之有无将其分为两种情况，若无"/"且位于文书最后或左下角的"某手"多是抄录者；若有"/"表示各官府负责人的记录痕迹。③后来邢义田先生在《"手、半"、"曰啎曰荆"与"迁陵公"——里耶秦简初读之一》一文中修正了之前的观点，"将'手'理解为'书写者'似比'书手'更好些。书手一词多少意味着仅是抄手。书写者意义较宽，可将抄手以外的书写者都包括在内"④。陈剑先生《读秦汉简札记三篇》改释过去误读为"手"的"半"字。⑤

秦代所确立公文书程式，被后代原样袭用，先来看益阳兔子山的一枚汉牍：

四年四月丁亥朔丙申，都乡守蠪敢言之：仓变挈长区为县使汉长安，长沙邸自言与私奴婢偕牒书所与偕者三人，人一牒，署奴婢主者名于牒，上谒所过县，即（⑦3正）

乏用，欲卖，听为质，敢言之。/四月丁酉，益阳夫移过所县、长安市，令史可听为质，它如律令。/处手。辰手。（⑦3背）⑥

四年四月丁亥朔之前未有见年号，可知文书产生时间在汉武帝之

① 邢义田：《湖南龙山里耶J1（8）157和J1（9）1-12号简牍的文书构成、笔迹和原档存放形式》，载《治国安邦：法制、行政与军事》，中华书局，2011，第473~498页。
② 王焕林：《里耶秦简校诂》，中国文联出版社，2007。
③〔日〕藤田胜久：《里耶秦简与秦代政府之运作》，载秦始皇兵马俑博物馆编《秦俑博物馆开馆三十周年秦俑学第七届年会国际学术研讨会论文集》，三秦出版社，2010，第226~235页。
④ 邢义田：《"手、半"、"曰啎曰荆"与"迁陵公"——里耶秦简初读之一》，简帛网，2012年5月7日，http://www.bsm.org.cn/?qinjian/5871.html。
⑤ 陈剑：《读秦汉简札记三篇》，载复旦大学出土文献与古文字研究中心编《出土文献与古文字研究》第四辑，上海古籍出版社，2011，第370~376页。
⑥ 湖南省文物考古研究院、益阳市文物考古研究所、中国人民大学历史系编著《益阳兔子山七号井西汉简牍》，上海古籍出版社，2023，第340页。

前，翻检张培瑜、饶尚宽先生推算秦汉朔闰表[1]，均与汉惠帝四年（前191年）、汉文帝后元四年（前160年）四月朔闰相符。据此可知，文书产生于西汉初年吴姓长沙国时，乃都乡发往益阳县廷的上行文书。正文前后均有"敢言之"，经手人有两个，均记其名，此与里耶秦简相同。然文书没有记录邮寄和拆封信息。

接着来看长沙五一广场东汉简所载东汉中期的一封上行文书：

> 广亭长毛晖名印。
>
> 史　白开。
>
> 六月　日邮人以来。（664+542背）
>
> 永元十六年六月戊子朔廿八日乙卯，广亭长晖叩头死罪敢言之：前十五年男子由并杀桑乡男子黄徽，匿不觉，并同产兄肉复盗充丘男子唐为舍。今年三月不处（664+542）日，并、肉各将妻子俱于郡下燔溪上士食湘中游徼家田，姓棋，不处名，到其年六月不处日，为吏所捕得，晖叩头死罪死罪，辄考实，肉妻弄及（652）并妻妃辞：随夫家客田，弄、妃疑不知情。晖谨诡具任五人，将归部考实，杀人、小盗具位证左，复处言，晖职事留迟惶恐叩头死罪死罪敢言之。（655）
>
> 　　广亭长晖言傅任将杀人贼由并
>
> 小盗由肉等妻归部考实解书。六月廿九日开。（654）[2]

可知东汉中期的上行文书依然以"敢言之"为开头和结尾格式语，稍有不同的是到了东汉，结尾处的"敢言之"前面添加了"惶恐叩头死罪死罪"这一串并无实质作用的敬语。文书收发记录记于简牍背面，也与里耶秦简所见类似。

---

① 张培瑜：《根据新出历日简牍试论秦和汉初的历法》，《中原文物》2007年第5期；饶尚宽：《春秋战国秦汉朔闰表》，商务印书馆，2006，第141页。

② 长沙市文物考古研究所、清华大学出土文献研究与保护中心、中华文化遗产研究院、湖南大学岳麓书院编《长沙五一广场东汉简牍（贰）》，第39、59、60页。

　　不难发现，秦代所确定的公文书程式，两汉几乎是原样照搬加以使用的，其他如文书套语、制作、封检、签署、传递、贮藏等，汉代也一律袭用秦制。直到魏晋南北朝以后，这种局面才慢慢发生转化，乃时局变动、书写材料嬗更和外来文化"入侵"等综合作用的结果。

第六章　秦律令条文中所见的马匹
与兵器管理制度

汉武帝派遣张骞出使西域并耗费巨量人力、物力征伐匈奴，目的之一是得到大宛的"汗血宝马"。先秦秦汉时期，马匹作为重要的战略物资之一，在战争、运输、耕作、礼仪等方面扮演着不可或缺的角色，其重要性是不言而喻的。秦律令为中国目前所见最早最完备的成文法，其中有不少条文涉及马政。下文打算从以下几个方面着力：剖析条文的内涵，探讨其产生的背景，揭示其造成的影响，从律令条文入手洞察秦汉马政之异同。

第一节　秦法对马政的规范

马政指一整套马匹管理制度，包括马匹的畜养、训练、使用和买卖等，严格意义上的马政仅限于官府的马匹。本节探讨马政时会顺便提及民间相关情况，这并非任意扩大研讨对象，而是考虑到物品在官私之间的流通在那个时代已颇为盛行。

一　马匹畜养

秦处西戎，善养马，"伯翳为舜主畜，畜多息，故有土，赐姓嬴"，"非子居犬丘，好马及畜，善养息之"，"孝王召使主马于汧渭之间，马大蕃息"[①]。秦因此成为周王室的附庸，拥有自己的城邑。在华夷之防颇

---

① 《史记》卷五《秦本纪》，第227~228页。

盛的时代，这一认同是十分重要的。秦襄公在周王室东迁之后，能顺理成章地"接管"岐周故地，一是在于其有一定的军事实力，二是由于其能得到周王室的认可，后一点更为重要。从某种层面上讲，秦能在林立的邦国中占有一席之地，得益于其先进的养马技术。

据《史记》，最晚在秦缪公时即有涉马的法令，岐下野人盗食缪公之马被吏捕得，正要依法处置，缪公不忍，不但赦免其罪，还赐予美酒。①

秦畜养马牛的机构一度被称为"公马牛苑"，有关马匹畜养的法令集中在《厩苑律》之中。史书言萧何定九章律，对《厩律》进行过调整，《厩律》即《厩苑律》。《唐律疏义》中有《厩令》，多有养马的法令。

岳麓秦简《为吏治官及黔首》为宦学课本一类的典籍，其中谈到官吏的一项重要职责就是"畜马牛羊"。②一般而言，每个县都设有畜官这一机构，专门负责饲养牲畜。这一点可从里耶秦简中得知：

> 仓曹计录：AⅠ
>
> 禾稼计，AⅡ
>
> 贷计，AⅢ
>
> 畜计，AⅣ
>
> 器计，BⅠ
>
> 钱计，BⅡ
>
> 徒计；BⅢ
>
> 畜官牛计，BⅣ
>
> 马计，CⅠ
>
> 羊计；CⅡ
>
> 田官计。CⅢ
>
> 凡十计。CⅣ
>
> 史尚主。CⅤ（8-481）③

---

① 《史记》卷五《秦本纪》，第241页。

② 朱汉民、陈松长主编《岳麓书院藏秦简（壹）》，上海辞书出版社，2010，第140页。

③ 陈伟主编《里耶秦简牍校释（第一卷）》，第164页。

畜官课志：A Ⅰ

徒隶牧畜死负、剥卖课，A Ⅱ

徒隶牧畜畜死不请课，A Ⅲ

马产子课，A Ⅳ

畜牛死亡课，B Ⅰ

畜牛产子课，B Ⅱ

畜羊死亡课，B Ⅲ

畜羊产子课。B Ⅳ

·凡八课。B Ⅴ（8-490+8-501）①

从 8-481 仓曹计录中"畜计"与"畜官牛计""马计""羊计"分别列目可知，畜官畜养对象为马、牛、羊，而不包括鸡、犬、豕。这一点从上引"畜官课志"所含细目亦可得知。从所见秦律令可知，当时官吏面临的考课项目繁多，就畜官而言，所牧养马牛羊产子、丢失、死亡、遗体处置情况均为考课的内容。某项目考课不合格时，主管官吏会受到惩处：

廿六年十二月癸丑朔庚申，迁陵守禄敢言之：沮守瘳言：课廿四年畜 Ⅰ 息子得钱殿。沮守周主。为新地吏，令县论言夬（决）。·问之，周不在 Ⅱ 迁陵。敢言之。Ⅲ

·以荆山道丞印行。Ⅳ（8-1516）

丙寅水下三刻，启陵乘城卒秭归□里士五（伍）顺行旁。壬手。（8-1516背）②

周在秦始皇二十四年（前223年）为沮县守，在当年畜息子得钱考评中得了最后一名（一般为同郡所辖县之间的评比），以律当受到惩处。周已调遣到新地为吏，然朝廷竟然不知其确切处所，实在是令人费解。笔

----

① 陈伟主编《里耶秦简牍校释（第一卷）》，第168页。

② 陈伟主编《里耶秦简牍校释（第一卷）》，第343页。按：个别字有改释。

者认为，周或许在前往新地的过程中逃逸了。此封文书采取以次传的方式递送，表面上是询查周的处所，实际上与海捕通缉文告无异。秦吏常视往新地任职为畏途，因此而自绝仕途甘为流民者众，此不赘述。

关于公有马牛羊死亡应如何处理、官吏在考课时未合格当如何处置等问题，《秦律十八种·厩苑律》有比较具体的规定：

> 将牧公马牛，马〖牛〗死者，亟谒死所县，县亟诊而入之，其入之其弗亟而令败者，令以其未败直（值）赏（偿）之。其小隶臣（16）疾死者，告其□□之；其非疾死者，以其诊书告官论之。其大厩、中厩、宫厩马牛殴（也），以其筋、革、角及其贾（17）钱效，其人诣其官。其乘服公马牛亡马者而死县，县诊而杂卖（卖）其肉，即入其筋、革、角，及索（索）入其贾（价）钱。钱（18）少律者，令其人备之而告官，官告马牛县出之。今课县、都官公服牛各一课，卒岁，十牛以上而三分一死；不【盈】（19）十牛以下，及受服牛者卒岁死牛三以上，吏主者、徒食牛者及令、丞皆有辠（罪）。内史课县，大（太）仓课都官及受服者（20）①。

从律文可知，官府畜养的马牛，多采取放牧而非圈养的方式喂养，带有游牧性质。放牧区域较广，常跨越若干个县，故一旦出现马牛死亡等情况，需要立即向事发地所在官府报告，再通过它把有关情况传递到牛马所属县。

律文中所见大厩、中厩、宫厩均为秦朝廷厩名，亦为官署名。大厩的长官为大厩令，见于《汉书·百官公卿表》，乃太仆属官。又秦玺印有"大厩之丞"②。大厩在秦统一后更名为泰厩，《岳麓秦简·亡律》1997简："泰厩城旦不将司从马，亡而得者，斩其左止，复为城旦。后复亡，勿斩，如它城旦然。"③"泰厩城旦"即在泰厩服刑役的城旦，"从"通

---

① 陈伟主编《秦简牍合集 释文注释修订本（壹）》，第52~53页。
② 伏海翔：《陕西新出土古代玺印》，上海书店出版社，2005，第2页。
③ 陈松长主编《岳麓书院藏秦简（肆）》，第55页。

"纵"，纵马即放牧之马，此种用法的"纵"见于张家山汉简《奏谳书》："南门外有纵牛，其一黑牝，类扰易捕也。"[1]中厩见于《史记·李斯列传》，汉代中厩为皇后车马所在。秦封泥中有中厩丞印[2]，中厩将马[3]，中厩马府[4]，据此可推测秦代亦有泰厩将马和泰厩马府。宫厩不见于传世文献，出土秦封泥有宫厩[5]和宫厩丞印[6]。

除了设置在都城以内的大厩、中厩和宫厩以外，秦在适合养马的边郡也设置与厩苑性质类似的机构。秦封泥中见代马[7]、代马丞印[8]，代马当是设置在代郡的养马机构，代马丞负责日常管理工作。岳麓秦简一则令文中提到"渔阳外厩"，当是设置在渔阳郡的厩苑。《史记·李斯列传》"骏良駃騠不实外厩"，外厩当与中厩相对而言。

上文提到马可以通过放牧的方式豢养，但这只能在其尚未达到使用年龄或赋闲时实现，当马处于劳作状态时，则需人工施以草料。《周礼·夏官·校人》载校人"掌王马之政。辨六马之属。种马一物，戎马一物，齐马一物，道马一物，田马一物，驽马一物"[9]。《周礼》按照用途将马分为六类，有其合理性，此种做法必为后代承继，只是名称有所变化而已。秦汉律令中可见骑马、传马、使马、乘舆马、都厩马等，每种马能享用的食料种类及数量各不相同。一般而言，劳动强度越大、从事工种技术含量越高，马的待遇就越好。

> 《秦律十八种·仓律》：驾传马，一食禾，其顾来有（又）一食禾，皆八马共。其数驾，毋过日一食。驾县马劳，有（又）益壶

---

① 彭浩、陈伟、〔日〕工藤元男主编《二年律令与奏谳书——张家山二四七号汉墓出土法律文献释读》，第359页。
② 孙慰祖：《中国古代封泥》，上海人民出版社，2002，第35页。
③ 孙慰祖：《中国古代封泥》，第47页。
④ 傅嘉仪编著《秦封泥汇考》，上海书店出版社，2007，第39页。
⑤ 周晓陆、路东之编著《秦封泥集》，第186页。
⑥ 孙慰祖：《中国古代封泥》，第47页。
⑦ 周晓陆主编《二十世纪出土玺印集成》，中华书局，2010，第389页。
⑧ 傅嘉仪编著《秦封泥汇考》，第177~178页。
⑨ 陈戍国点校《周礼·仪礼·礼记》，岳麓书社，2006，第74页。

<壹>禾之。 仓律（47）①

《二年律令·金布律》：马牛当食县官者，馲以上牛日刍二钧八斤；马日二钧□斤，食一石十六斤，刍稾半。乘舆马刍二稾一。牸、玄（驈）食之（四二一）各半其马牛食。仆牛日刍三钧六斤，犊半之。以冬十一月稾之，尽三月止。其有县官事不得刍牧者，夏稾之如冬，（四二二）各半之。（四二三）②

《二年律令·金布律》：□□马日匹二斗粟、一斗叔（菽）。传马、使马、都厩马日匹叔（菽）一斗半斗。（四二五）③

制曰：下大司徒、大司空，臣谨案：令曰：未央厩、骑马、大厩马日食粟斗一升、叔（菽）一升。置传马粟斗一升，叔（菽）一升。其当空道日益粟，粟斗一升。长安、新丰、郑、华阴、渭成（城）扶风厩传马加食，匹日粟斗一升。车骑马，匹日用粟、叔（菽）各一升。建始元年，丞相衡、御史大夫谭。（Ⅱ0214②：556）④

县官毋得过骖乘，所过县以律食马及禾之㇇。御史言，令覆狱乘恒马者，日行八十里㇇。请，许。如（0698）有所留避，不从令，赀二甲。（0641）⑤

大厩、中厩、未央厩等处畜养的马，所食之物要较他处更有营养，且数量多，这不是因为此处马匹劳动强度大，而是为了彰显皇权的至高无上。驿站所用传马承担文书传递等公务，每天必须跑完法令规定的里程，消耗体能大，故获得的食物质优且多。恒马并非特指哪一种马，似是按照固定章程配置的马。官吏出行乘用哪一种马、可用几匹马，要根

① 陈伟主编《秦简牍合集 释文注释修订本（壹）》，2016，第70页。
② 彭浩、陈伟、〔日〕工藤元男主编《二年律令与奏谳书——张家山二四七号汉墓出土法律文献释读》，第251页。
③ 彭浩、陈伟、〔日〕工藤元男主编《二年律令与奏谳书——张家山二四七号汉墓出土法律文献释读》，第252页。
④ 胡平生、张德芳编撰《敦煌悬泉汉简释粹》，第5页。
⑤ 陈松长主编《岳麓书院藏秦简（肆）》，第198~199页。

据其品秩高低而定。一般而言，秦代乘车吏以上的官员，出行时均可享用公家提供的车马。

《二年律令·金布律》规定，"以冬十一月稟之，尽三月止。其有县官事不得刍牧者，夏稟之如冬，各半之"[1]，可见官府给牛马发放的刍稿有季节性，枯草季节提供饲料，夏季的马牛只有在劳作日才能得到给养，且是冬季的一半。丰草季节马匹喂养以放牧为主，而负责放牧者常为官徒隶和居赀赎债者。秦律明确规定士伍不能为官吏养马：

> ·繇（徭）律曰：毋敢傳（使）段（假）典居旬于官府；毋令士五（伍）为吏养、养马；毋令典、老行书；令居赀责（债）、司寇、隶臣妾（1374）行书。（1406-1）[2]
>
> 卅年十二月乙卯，畜□□□作徒薄（簿）。AⅠ
>
> 受司空居赀□□。AⅡ
>
> 受仓隶妾三人，AⅢ
>
> 小隶臣一人。BⅠ
>
> 凡六人。BⅡ
>
> 【一人】牧马武陵：获。BⅢ
>
> 一人牧牛：敬。CⅠ
>
> 一人牧羊：□。CⅡ
>
> 一人为连武陵薄（簿）：□。CⅢ
>
> 一人病：燕。DⅠ
>
> 一人取菅：宛。DⅡ（8-199+8-688+8-1017+9-1895背）
>
> 十二月乙卯，畜官守丙敢言之：上。敢言之。/□手。☑Ⅰ
>
> 十二月乙卯水十一刻刻下一，佐贰以来。尚半。☑Ⅱ（8-199背+8-688背+9-1895）[3]

---

① 彭浩、陈伟、〔日〕工藤元男主编《二年律令与奏谳书——张家山二四七号汉墓出土法律文献释读》，第251页。

② 陈松长主编《岳麓书院藏秦简（肆）》，第119页。

③ 陈伟主编《里耶秦简牍校释（第二卷）》，第389~390页。

从里耶秦简秦始皇三十年（前217年）十二月迁陵县畜官作徒簿可知，负责放牧的有居赀者与官徒隶，且可至他郡牧马。又汉初《二年律令》规定冬十一月至三月给马匹提供饲料，当是针对关中和华北地区的，可能并不适用于长江以南地区。由此我们有个推测：在疆域广阔民情不一的秦帝国，整齐划一的全国性律令之下或有一套符合各地实际的地方性法规与之配套使用。

民间养马在秦亦颇为盛行，秦《金布律》对马匹买卖程序有细致规定，这在后文会有详论。一般而言，民间养马并不限于自用，而是为了在一定程度上缓解官马不敷用的困局。战国以后，战争不断，马匹的消耗量日渐增多。马匹作为百姓的重要财产之一，受法律保护，可以被继承。

> 卅二年六月乙巳朔壬申，都乡守武爰书：高里士五（伍）武自言以大奴幸、甘多，大婢言、言子益Ⅰ等，牝马一匹予子小男子产。典私占。初手。Ⅱ（8-1443+8-1455）
>
> 六月壬申，都乡守武敢言：上。敢言之。/初手。Ⅰ
>
> 六月壬申日，佐初以来。/欣发。初手。Ⅱ（8-1443背+8-1455背）①
>
> 《为狱等状四种》"识劫婉案"：婉即入宗，里（J17）人不幸死者出单赋，如它人妻。居六岁，沛死。蕭（义）代为户、爵后，有肆、宅。识故为沛隶，同居。沛（0040）以三岁时为识取（娶）妻；居一岁为识买室，贾（价）五千钱；分马一匹、稻田廿（二十）亩，异识。识从军，沛死。②

秦爵位以公士起步，士伍乃黔首无爵者之称，武乃迁陵县都乡高里一个无爵无官职的普通百姓，过继给儿子的财产有奴婢数人，牝马一匹，其总资产当颇可观。武从事何种职业，文书上并未写明，但可以肯

---

① 陈伟主编《里耶秦简牍校释（第一卷）》，第326页。
② 朱汉民、陈松长主编《岳麓书院藏秦简（叁）》，第155页。

定并非一般的自耕农。从牝马一匹可推测出武或是靠养马息子聚集了不少钱财。"识劫婉案"发生在秦王政十八年（前229年），识本为大夫沛的奴，沛为其娶妻买房，并将马一匹、稻田二十亩分给他，允许他自立户籍。考虑到识只是沛的一个奴隶，而沛和续取之妻婉育有四个子女，沛留给妻儿的财产必然远多于识。又沛之前妻或有生育，故沛所拥有的资产总量应相当可观，其名下的马匹数量肯定不止一匹。沛爵位为大夫，曾拥有舍人，之前极有可能是一名官吏。

民间热衷养马，有经济利益方面的考虑，也与秦律规定可以用畜力代替本人居赀服役的政策有关：

> 《秦律十八种·司空律》：百姓有赀赎责（债）而有一臣若一妾，有一马若一牛，而欲居者，许。　　司（140）[1]
>
> 《岳麓秦简·司空律》：黔首有赀赎责（债）而有一奴若一婢，有一马若一牛，而欲居者，许之。（J28）[2]

以上二则律文实质内容一样，只是称谓上发生了更改，这是秦统一在法律文化上的反映，也是秦统一前后律令保持连续性的佐证。

当畜养的马匹给官私财物造成损失时，主人和监管者当承担相应的民事和刑事责任。

> 《法律答问》：甲小未盈六尺，有马一匹自牧之，今马为人败，食人稼一石，问当论不当？不当论及赏（偿）稼。（158）[3]
>
> 《岳麓秦简》：·御史言：予徒隶园有令，今或盗牧马、牛、羊徒隶园中，尽蹂其嫁（稼）。请：自今以来盗牧马、牛、羊（0962）徒隶园中壹以上，皆赀二甲。吏废官，宦者出官，而没其私马、牛、羊县官。有能捕、诇告犯此令（2108）☒□伤树木它嫁（稼）

---

① 陈伟主编《秦简牍合集 释文注释修订本（壹）》，第113页。
② 陈松长主编《岳麓书院藏秦简（肆）》，第156页。
③ 陈伟主编《秦简牍合集 释文注释修订本（壹）》，第242页。

及食之，皆令偿之，或入盗牧者与同灋 。·请：诸盗牧马、（1120+C4-2-1-7）牛、羊县官园者，皆用此令。·廿（0930）[1]

《二年律令·金布律》：马、牛、羊、貗羍、羍食人稼穑，罚主金马、牛各一两，四貗羍若十羊，羍当一牛，而令挢稼偿主。县官马、（二五三）牛、羊，罚吏徒主者。贫弗能赏（偿）者，令居县官；□□城旦舂、鬼薪白粲也，笞百，县官皆为赏（偿）主，禁毋牧羍。（二五四）[2]

秦律综合考虑年龄和身高两个因素来鉴定一个人是否为完全的民事、刑事责任人。六尺五寸为临界点，超过者视为成人，《法律答问》中的甲身高不足六寸，不当论，即不承担相应责任。又马匹是被他人惊扰而逃脱，并非牧马者看管不力造成，故损失的禾稼不应由牧马者赔偿，而当由惊马者承担。徒隶园唯见于岳麓秦简，里耶秦简8-1636简有"二人治徒园"[3]的记载，"徒园"当为"徒隶园"的省称。徒隶园似为县官园之一种，或因在园中劳作者均为徒隶，故有此名。园以种植菜蔬果木为主，徒隶园禁止放牧，"盗牧马、牛、羊徒隶园中壹以上，皆赀二甲。吏废官，宦者出宦，而没其私马、牛、羊县官"。[4]

二 马匹训练

畜养马匹是为了使用，然无论是骑马还是驾马，并非自然成就，这中间有一个训马的过程。《庄子·马蹄》通篇主旨是反对束缚天性，呼吁回归自然本性，篇中提及马匹之驯化：

马，蹄可以践霜雪，毛可以御风寒。龁草饮水，翘足而陆，此马之真性也。虽有义台路寝，无所用之。及至伯乐，曰："我善治

---

① 陈松长主编《岳麓书院藏秦简（伍）》，第50~51页。
② 彭浩、陈伟、〔日〕工藤元男主编《二年律令与奏谳书——张家山二四七号汉墓出土法律文献释读》，第192页。
③ 陈伟主编《里耶秦简牍校释（第一卷）》，第371页。
④ 陈松长主编《岳麓书院藏秦简（伍）》，第50页。

马。"烧之，剔之，刻之，雒之。连之以羁絷，编之以皂栈，马之
死者十二三矣！饥之渴之，驰之骤之，整之齐之，前有橛饰之患，
而后有鞭策之威，而马之死者已过半矣。[1]

"烧之，剔之，刻之，雒之"，指在马身上留下各种标志，装马蹄铁
之类。"连之以羁絷，编之以皂栈"，用缰绳束缚之，将其关在马圈
中。"驰之骤之，整之齐之"，指训练马奔跑速度和步伐协调等。《淮南
子·修务训》亦论及马之所以能驾驭，是教化使然：

> 夫马之为草驹之时，跳跃扬蹄，翘尾而走，人不能制，啮咋足
> 以嚼肌碎骨，蹶蹄足以破卢陷匈；及至围人扰之，良御教之，掩以
> 衡扼，连以辔衔，则虽历险超堑，弗敢辞。故其形之为马，马不可
> 化；其可驾御，教之所为也。[2]

秦统一前，军马的遴选、训练由县司马负责：

> 《秦律杂抄》：·蓦马五尺八寸以上，不胜任，奔絷（絷）不如
> 令，县司马訾二甲，令、丞各一甲。先（9）赋蓦马，马备，乃粼
> 从军者，到军课之，马殿，令、丞二甲；司马訾二甲，灋（废）。[3]

整理者将"絷"解释为"将马羁绊起来"[4]，将"絷"视为"絷"之假字。
絷可指系马之缰绳。《诗经·周颂·有客》："言授之絷，以絷其马。"
《左传·成公二年》："韩厥执絷马前。""絷"又可指拘系马脚。《楚
辞·九歌·国殇》："霾两轮兮絷四马。"《礼记·月令》："（仲夏之月）
游牝别群，则絷腾驹。""奔絷"在岳麓秦简令文中写作"奔騺"：

---

① 曹础基：《庄子浅注》，中华书局，2014，第155页。
② 刘文典撰《淮南鸿烈集解》卷十九《修务训》，中华书局，1989，第638页。
③ 陈伟主编《秦简牍合集 释文注释修订本（壹）》，第161页。
④ 睡虎地秦墓竹简整理小组编《睡虎地秦墓竹简》，第82页。

·县已傅畴司御子各自识（试），给车、善马，马毋（无）奔
鸷者及所以肆识（试）具，令厩啬夫谨先教驾御，驾御（0578）具
盈廿日，令若丞与尉杂识（试）之，官啬夫、令史、佐史佐肆识
（试），皆期足。厩啬夫教之不谨及予马不（0569）善，赀一甲。
（0674）①

《说文》："鸷，马重貌。"指马负重难行的样子。《史记·晋世家》："惠
公马鸷不行，秦兵至，公窘，召庆郑为御。"司马贞《索隐》："谓马
重而陷之于泥。"②浑而言之，马止步不前均可称为鸷，騺、樊亦有此
种用法。王念孙《广雅疏证·释诂》："騺者，《说文》'鸷，马重貌'。
《史记·晋世家》云：'惠公马鸷不行。'鸷与騺同。《淮南子·修务
训》'人谓之騺'。高诱注云'騺不通达也'。《说文》'𧽎，碍不行也'。
《豳风·狼跋》篇'载𧽎其尾'义并与騺同，騺与𢤦声亦相近也。"③《说
文·𠂢部》："樊，鸷不行也。"段玉裁注："各本讹作鸷。《马部》曰：
'鸷，马重貌。'鸷不行，沈滞不行也。"④三国魏阮瑀《驾出北郭门行》：
"驾出北郭门，马樊不肯驰。"⑤阮诗中的"樊"即马止步不前。

通过上文可知鸷马马止步不前，则奔鸷当指马在奔跑时忽然止步。
"马毋（无）奔鸷者"是对前文"善马"的补充性解释，指不要挑选那
些跑着跑着就止步不前的马。《秦律杂抄》中出现的"奔挚"就是岳麓
秦简令条中的"奔鸷"，鸷为本字，挚为借字。经过训练的驾马，出现
奔鸷现象，显然是法令不允许的，故言"奔挚不如令，县司马赀二甲"。

司御乃畴官之一种，以训马为本职工作。畴官是世袭的，《二年律
令·傅律》载"畴官各从其父畴，有学师者学之"⑥，《史记·龟策列传》

---

① 陈松长主编《岳麓书院藏秦简（柒）》，第 74~75 页。
② 《史记》卷三十九《晋世家》，第 1997~1998 页。
③ （清）王念孙：《广雅疏证》，中华书局，1983，第 94 页。
④ （汉）许慎撰，（清）段玉裁注《说文解字注》，第 104 页。
⑤ 俞绍初辑校《建安七子集》卷五《阮瑀集》，中华书局，2005，第 157 页。
⑥ 彭浩、陈伟、〔日〕工藤元男主编《二年律令与奏谳书——张家山二四七号汉墓出土法
　律文献释读》，第 234 页。

亦云"虽父子畴官，世世相传，其精微深妙，多所遗失"①。《史记·历书》集解引如淳曰："家业世世相传为畴。律：年二十三傅之畴官，各从其父学。"②学艺者傅籍后，需通过考核才能成为正式的畴官。令文中提到的"肄识"，就是对学习情况的考核，"识"通"试"，《仪礼·士丧礼》"为铭"下郑玄注："故以其旗识识之"③，陆德明《经典释文》"识"作"试"④。《为吏治官及黔首》0931 简有"春秋肄试"⑤的记载。"肄识"即"肄试"，乃"讲肄课试"之省。《汉官仪》："高祖命天下郡国选能引关蹶张、材力武猛者，以为轻车、骑士、材官、楼船，常以立秋后讲肄课试，各有员数。平地用车骑，山阻用材官，水泉用楼船。"⑥

"司御子"在傅籍后由厩啬夫教授驾车技能，学习时间为二十天，期满后由县尉和县令或县丞主持考核，厩啬夫、令史和佐史等也要到场，以期选出足够多的司御。厩啬夫若没有尽心教授，或给司御子准备的马匹欠佳，均会受到惩罚。"司御子"考核不合格，教官和本人均会受到惩罚：

《秦律杂抄》：·驾驺除四岁，不能驾御，赀教者一盾；免，赏（偿）四岁徭（繇）戍。（3）除吏律。⑦

·十九年八月辛丑，丞相请：恒以傅时识（试）畴司御乚、医乚、鼓人乚、执痟（剂）、劖骚。医之新傅乚，不中识（试）者，夺（0402）□，令戍新地三岁，日备，勿令复畴。其前令弃畴者，以此令从事。制曰，其初弃畴时益高（0919）今而后益高，及初弃畴益高今而益下，及年过六十者，皆勿令戍。它如请。

---

① 《史记》卷一百二十八《龟策列传》，第3918页。

② 《史记》卷二十六《历书》，第1504页。

③ 李学勤主编《十三经注疏·仪礼注疏》卷三十五《士丧礼第十二》，北京大学出版社，1999，第666页。

④ （唐）陆德明撰，黄焯汇校《经典释文汇校》卷十《士丧礼第十二》，中华书局，2006，第336页。

⑤ 朱汉民、陈松长主编《岳麓书院藏秦简（壹）》，第120页。

⑥ （清）孙星衍等辑《汉官六种·汉官仪》，中华书局，1990，第152页。

⑦ 陈伟主编《秦简牍合集 释文注释修订本（壹）》，第155页。

可。　　·四（0302）①

司御等畴人在傅籍时需参加考核，考核不合格者要面临戍新地三岁的处罚，罚戍期满后亦不能再复畴人之职。

三　马匹使用

秦律还限定了马匹的用途：

> ·金布律曰：禁毋敢以牡马、牝马高五尺五寸以上，而齿未盈至四以下，服轝车及貇（垦）田、为人（1229）就（僦）载，及禁贾人毋得以牡马、牝马高五尺五寸以上者载以贾市及为人就（僦）载，犯令者，皆（1279）赀各二甲，没入马县官。有能捕告者，以马予之。乡亭啬夫吏弗得，赀各一甲；丞、令、令史赀（1410）各一盾。马齿盈四以上当服轝车、貇（垦）田、就（僦）载者，令厩啬夫丈齿令、丞前，久（炙）右肩，章曰：当乘。（1398）不当乘，窃久（炙）及诈伪令人久（炙），皆毚（迁）之，没入马县官。（1365）②

1229 组律文由 5 枚简组成，规定了身高超过五尺五寸但年龄未满四岁的马匹均不可用来拉车、垦田以及租赁予人拉载货物。明令禁止商贾以身高五尺五寸以上的马匹来载物经商、租赁。年满四岁的马匹若要用来拉车、垦田、租赁，事先须让厩啬夫当着县令、县丞的面进行丈量检验，并在右肩烙上"当乘"二字。马匹不当乘而私下烙上"当乘"印的以及弄虚作假让别人烙印的，均要处以迁刑，马匹充公。

马匹在历史上发挥的重要作用，早已被人称道。《后汉书·马援列传》曰："马者甲兵之本，国之大用。安宁则以别尊卑之序，有变则以

---

① 陈松长主编《岳麓书院藏秦简（柒）》，第 75~76 页。按：个别句读与整理报告有异。
② 陈松长主编《岳麓书院藏秦简（肆）》，第 110~111 页。

济远近之难。"①加之秦人之先祖有善于牧马、驾车而得到周天子青睐者，故秦历代统治者均十分重视马政。秦律之所以对身高五尺五寸以上的马匹管理格外严格，或是因为超过该尺寸的马匹常常用以拉车、邮驿传递和作战。这一点从汉代马政相关情形可以推知：

《汉书·景帝纪》：御史大夫绾奏禁马高五尺九寸以上，齿未平，不得出关。②

《居延汉简释文合校》：驿马一匹骍驳牡齿四岁高五尺八寸上调习（142.26）③

《肩水金关汉简》：☐☐尺八寸一匹骍驳齿四岁高五尺八寸☐ 73EJT4:54

《传马名籍》：传马一匹，駹，牡，左剽，决两鼻两耳数，齿十九岁，高五尺九寸……（V1610②：10）

私财物马一匹，駹，牡，左剽，齿九岁，白背，高六尺一寸，小胬。补县（悬）泉置传马缺。（11 简）

传马一匹，駹，乘，白鼻，左剽，齿八岁，高六尺，驾，翟圣，名曰全? 厩。厶尸（12 简）

……尺六寸，驾，名曰葆橐。（13 简）

传马一匹，騧，乘，左剽，决右鼻，齿八岁，高五尺九寸半寸，騬，名曰黄雀。（14 简）

传马一匹，駹，乘，左剽，八岁，高五尺八寸，中，名曰仓（苍）波，柱。（15 简）

传马一匹，骝，乘，左剽，决两鼻，白背，齿九岁，高五尺八寸，中，名曰佳☐，柱，驾。（16 简）

传马一匹，赤骝，牡，左剽，齿八岁，高五尺八寸，驾，名曰铁柱。（17 简）

---

① 《后汉书》卷二四《马援列传》，第840页。
② 《汉书》卷五《景帝纪》，第147页。
③ 谢桂华、李均明、朱国炤:《居延汉简释文合校》，文物出版社，1987，第235页。

传马一匹，骓驹，乘，左剽，齿九岁，高五尺八寸，骏，吕载，名曰完幸。厶尸（18简）

私财务马一匹，骊，牡，左剽，齿七岁，高五尺九寸，补县（悬）泉置传马缺。（19简）

建始二年三月戊子朔庚寅，县（悬）泉厩啬夫欣敢言之：谨移传马名籍一编，敢言之。（20简）（V1610②：11-20）①

从居延汉简、悬泉汉简材料可知，汉代传马、驿马的身高均在五尺八寸以上。日本学者森鹿三在《论居延简所见的马》一文中指出汉代马的平均年龄为8.2岁，汉代马的平均身高为五尺九寸。②参照西北汉简相关材料，可知对《汉书·景帝纪》"禁马高五尺九寸以上，齿未平，不得出关"的规定之贯彻是十分到位的。秦律规定身高达五尺五寸以上的马匹不可随意役使，此与汉相比，则更显严格。

需要补充的是，秦代一般百姓蓄养的马匹作为私人财产的一部分是受到法律保护的③，然商贾使用身高超过五尺五寸的马匹运载货物和从事商业贸易，马匹将被充公。"禁贾人毋得以牡马、牝马高五尺五寸以上者载以贾市及为人就（僦）载，犯令者，皆赀各二甲，没入马县官"，这样的规定显然是为了打击商贾、抑制商业。商贾只能驱使身高在五尺五寸以下的马匹从事商贸活动。这与汉高祖刘邦"令贾人不得衣丝乘车，重税租以困辱之"④的做法如出一辙。

秦代烙马印盖在马的右肩，而汉代在左肩，这是秦汉马政显著差异之一。《睡虎地秦墓竹简·封诊式》"盗马"爰书中出现"右剽"：

爰书：市南街亭求盗才（在）某里曰甲缚诣男子丙，及马一

---

① 胡平生、张德芳编撰《敦煌悬泉汉简释粹》，第81~82页。

② 〔日〕森鹿三：《论居延简所见的马》，姜镇庆译，载中国社会科学院历史研究所中国秦汉史研究室编《简牍研究译丛》（第一辑），中国社会科学出版社，1983，第89页。

③ 里耶秦简8-1443+8-1455简载秦始皇三十二年爰书一份，涉及财产继承，在武赠予儿子产的财物之中有牝马一匹。

④ 《汉书》卷二四《食货志》，第1153页。

匹，骓牝右剽；……及屦，告曰："丙盗此马、衣，今日见亭旁，而捕来诣。"①

"右剽"一词鲜见于传世文献，睡虎地秦墓竹简整理小组在给"剽"作注释时曰："剽，疑读为瞟。《广韵》引《埤苍》：'一目病也。'《居延汉简甲编》八七八有'□驳乘两剽，齿十六……'，一九七三有'……左剽，齿五岁，高五尺九寸'。"②验之后来公布的材料，整理小组的注释显然是有问题的，如上文提及的《传马名籍》中所有马匹均"左剽"，而传马担负着重要的传载任务，怎么可能专挑有目病的马匹来充当。学者们或意识到这一点，故胡平生、张德芳先生在《敦煌悬泉汉简释粹》一书中对"剽"重新加以解读：

> 左剽，剽，标识。左剽，即在马的左部烙上徽记。《集韵·宵韵》："表，识也。或作剽。"《周礼·春官·肆师》："表斋盛。"郑玄注："故书'表'为'剽'。剽、表皆为徽识也。"③

《敦煌悬泉汉简释粹》一书中对"剽"的解释是可信的。参照岳麓秦简《金布律》的记载，秦代"右剽"马可能是在马的右肩烙上徽记。秦代有一套严格的公物标识制度，官有马匹无疑均要烙上徽记，官员在烙记过程中若出现失误，会受到相应的处罚，《效律》载："马牛误职（识）耳，及物之不能相易者，赀官啬夫一盾。"④然这种徽记制度又不仅限于官有财物，某些重要的物资，如马匹，即使是私人拥有，也要强制加以标识。如岳麓秦简《金布律》规定马年龄超过四岁，"令厩啬夫丈齿令、丞前，久（炙）右肩，章曰：当乘"。故判定马匹是否为官有，不能光看其身上是否有徽记，重要的是徽记的内容。据此还可以推测秦

---

① 睡虎地秦墓竹简整理小组编《睡虎地秦墓竹简》，第151页。
② 睡虎地秦墓竹简整理小组编《睡虎地秦墓竹简》，第151页。
③ 胡平生、张德芳编撰《敦煌悬泉汉简释粹》，第25～26页。
④ 睡虎地秦墓竹简整理小组编《睡虎地秦墓竹简》，第74页。

代一般的官马，身上至少有两个徽记，一个标明其所属情况，似后代的"灵丘骑马""遒侯骑马"印之类①；另一个标明其是否堪用，如"当乘"章之类。

《周礼》将马分为六种，基本是根据用途之不同来区分。用于作战的驀马在体态上肯定要高于邮驿的传马，而传马的性能总体上要优于官吏日常驱使的乘马。官吏出行时该乘何种马，秦令有细致的规定：

> 令曰：守以下行县，县以传马、吏乘给，不足，毋赁黔首马，犯令及乘者，赀二甲，废。·郡卒令己十二（1674）②

"吏乘"当为"吏乘马"之省，"传马"与"吏乘"并列，二者当有不同。"吏乘马"见于《法律答问》："·肤吏乘马笃，挈（觢），及不会肤期，赀各一盾。"③吏乘马指供官吏日常乘坐的匹马，不含车。"传马"指驿站用以传递文书与运载公职人员的马，如《汉书·昭帝纪》："颇省乘舆马及苑马，以补边郡三辅传马。"师古曰："乘舆马谓天子所自乘以驾车舆者。"传马，张晏曰："驿马也。"④《二年律令·金布律》："传马、使马、都厩马日匹叔（菽）一斗半斗。"⑤《二年律令与奏谳书》整理者认为"'使马'或同'乘马'，指驾车之马"⑥。岳麓秦简1663简"诸乘传、乘马、傳（使）马傳（使）及覆狱行县官"⑦，乘马与使马并列，其为二物无疑。使马乃官吏外出他县公干时配备之马：

---

① 刘钊：《说秦简"右剽"一语并论历史上的官马标识制度》，载氏著《书馨集——出土文献与古文字论丛》，上海古籍出版社，2013，第193页。"灵丘骑马""遒侯骑马"为汉代烙马印，秦代烙马印目前尚未见著录或出土。

② 陈松长主编《岳麓书院藏秦简（伍）》，第113页。按：句读略有调整。

③ 陈伟主编《秦简牍合集 释文注释修订本（壹）》，第170页。

④ 《汉书》卷七《昭帝纪》，第228页。

⑤ 彭浩、陈伟、〔日〕工藤元男主编《二年律令与奏谳书——张家山二四七号汉墓出土法律文献释读》，第252页。

⑥ 彭浩、陈伟、〔日〕工藤元男主编《二年律令与奏谳书——张家山二四七号汉墓出土法律文献释读》，第253页。

⑦ 陈松长主编《岳麓书院藏秦简（伍）》，第183页。

　　·令曰：叚（假）廷史、诸傳（使）有县官事给殹（也），其
出县呷（界）者，令乘傳（使）马，它有等殹（也）。卒史、属、
尉佐☑（1917）乘比叚（假）廷史、卒史覆狱乘傳（使）马者。它
有等比。·内史旁金布令第乙十八（1899）①

　　·令曰：叚（假）廷史、廷史、卒史覆狱乘傳（使）马∟，及
乘马，有物故不备，若益驂驷者∟。议：令得与书史、仆、走乘，
毋得（1924）驂乘∟。它执灋官得乘傳（使）马覆狱、行县官及它
县官事者比。　·内史旁金布令第乙九（1920）②

综合以上两则令文可知，秦代官员公干时若需用马，在县境内只能使用
乘马，去他县则可以乘使马。乘马为无车的骑马，使马当为拉车之马，
官吏徭使他县他郡，或有乘坐三匹或四匹马拉的车。新制定的令文规
定，乘使马者"毋得驂乘"，即不能乘坐三匹马拉的车，言外之意，只
能乘坐一马拉的轺车或两匹马拉的车。岳麓秦简另一则令文也规定：

　　县官毋得过驂乘，所过县以律食马及禾之∟。御史言，令覆狱
乘恒马③者，日行八十里∟。请，许。（0698）④

所谓恒马，就是使马，每天行走路程是恒定的，固有此名。
　　秦汉律令中的传马指传置使用之马。《秦律十八种·金布律》："传
车、大车轮，葆缮参邪。"⑤整理者认为传车指传置所用之车。《汉书·高
帝纪》颜师古注："传者，若今之驿，古者以车，谓之传车，其后又单
置马，谓之驿骑。"⑥传马之所以不能被简单地理解为牵引传车之马，是

---

① 陈松长主编《岳麓书院藏秦简（伍）》，第185页。
② 陈松长主编《岳麓书院藏秦简（伍）》，第184页。
③ "恒马"亦见于张家山汉简《奏谳书》："乘恒马及船行五千一百卌六里，率之，日行
　　八十五里。""恒马"，或认为指不每天更换的马。我们认为指按照章程可以乘用之马。
④ 陈松长主编《岳麓书院藏秦简（肆）》，第198页。
⑤ 陈伟主编《秦简牍合集 释文注释修订本（壹）》，第94页。
⑥《汉书》卷一《高帝纪》，第58页。

因为传车有不同种类。一般的邮驿机构所用之车可称为传车，有公干的官吏均可乘坐。另有一种高级传车，非常人能乘坐：

> 《汉书·贾谊传》：赋六百余万钱，乘传而行郡国。如淳曰："此言富者出钱谷，得高爵，或乃为使者，乘传车循行郡国，以为荣也。"①

> 《汉书·文帝纪》：张武等六人乘六乘传诣长安。张晏曰："传车六乘也。"②

> 《汉书·平帝纪》：征天下通知逸经、古记、天文、历算、钟律、小学、《史篇》、方术、《本草》及以《五经》《论语》《孝经》《尔雅》教授者，在所为驾一封轺传。如淳曰："律，诸当乘传及发驾置传者，皆持尺五寸木传信，封以御史大夫印章。其乘传参封之。参，三也。有期会累封两端，端各两封，凡四封也。乘置驰传五封也，两端各二，中央一也。轺传两马再封之，一马一封也。"师古曰："以一马驾轺车而乘传。"③

> 《后汉书·贾琮传》：旧典，传车骖驾，垂赤帷裳，迎于州界。④

由《汉书》可知，此种传车非一般人能乘坐，为国捐钱六百万的富人可允其乘坐，乘坐传车被视为荣幸之事。又从如淳引汉律可知，乘坐传车者先要取得传信，传信以御史大夫印章封之，一马一封，一般传车由三匹马拉，故有三封。据《后汉书》传车由三匹马牵引，有赤色的帷幕为遮掩。

官吏在日常行政时根据实际需要享有乘坐乘马、传马或使马的权利，但如何合理享用这一权益，秦律只见些许规定。《法律答问》："以其乘车载女子，可（何）论？赀二甲。以乘马驾私车而乘之，毋论。"⑤

---

① 《汉书》卷四十八《贾谊传》，第 2244、2246 页。
② 《汉书》卷四《文帝纪》，第 106~107 页。
③ 《汉书》卷十二《平帝纪》，第 359~360 页。
④ 《后汉书》卷三十一《贾琮传》，第 1112 页。
⑤ 陈伟主编《秦简牍合集 释文注释修订本（壹）》，第 249 页。

此种规定颇有意思，法律规定不能用官府的公车搭载女子，否则罚二甲，但若是以官府的马驾私人的车，则没有罪过。此规定的重点在车，不在马，亦不在女子。官府的车，官吏不能利用职务之便随意载人；官府的马，如何使用似乎完全是由官吏个人说了算。关于"乘车"，整理者解释为安车，是一种可以坐乘的小车。[①]此种解释忽略了以下事实：能否乘坐安车，取决于身份地位，而非性别。秦代女子可以继承爵位，里耶秦简有"寡大夫"（拥有大夫爵位的寡妇）。颜师古对公乘爵的解释为"得乘公家之车也"[②]。故乘车只能解释为乘坐公车，所谓乘车吏即享有乘坐公车权利之吏。

使用乘马公车者需先出示传信，没有传信而擅自借用公家车马，或以公家车马搭乘他人，均比照盗赃论处。里耶秦简载：

> 廿六年十一月甲申朔壬辰，迁陵邦候守建敢告迁陵主：令史下御史请书曰：自今以来，毋（无）传叚（假）马以使若有吏（事）县中，及逆传车马而以载人、避见人若有所之，自一里以上，皆坐所乘车马臧（赃），与盗同灋。书到相报。今书已到。（9-1874）敢告主。/毋（无）公印以私印，印章曰李志。
> 十一月甲午，销士五（伍）□□若思以来。/□□。但手。
> （9-1874背）[③]

文书引用"御史请书"部分，无论是术语、格式、内容还是功用，均与律令无别，又律令也可称书，故视之为律令亦无妨。内容是规范官府车马使用的，与上引《法律答问》相关规定相比，此处对车马的控管更为严格。"逆"一般作迎接讲，"逆传车马"或可理解为官府用以迎来送往的传车马。传车规定了行驶路线，不可"避见人"，不可驶向他处。

---

① 陈伟主编《秦简牍合集 释文注释修订本（壹）》，第249页。
② 《汉书》卷十九上《百官公卿表》，第740页。
③ 陈伟主编《里耶秦简牍校释（第二卷）》，第381页。

四 马匹买卖

岳麓秦简《金布律》条文对牛、马、奴婢交易相关程序进行了详细规定，这是之前的文献中见不到的，在一定程度上填补了历史空白。为了便于讨论，先引用律文如下：

> ·金布律曰：黔首卖马牛勿献（谦）廷，县官其买殴（也），与和市若室，勿敢强∟。买及卖马牛、奴婢它乡、它县，吏（1415）为（？）取传书及致以归及（？）免（？），弗为书，官啬夫吏主者，赀各二甲，丞、令、令史弗得，赀各一甲。其有事关外，以私马（1428）牛羊行而欲行卖之及取传卖它县，县皆为传，而欲徙卖它县者，发其传为质。黔首卖奴卑（婢）、（1300）马牛及买者，各出廿二钱以质市亭。皇帝其买奴卑（婢）、马，以县官马牛羊贸黔首马牛羊及买以为义（1301）者，以平贾（价）买之，辄予其主钱。而令虚质、毋出钱、过旬不质，赀吏主者一甲，而以不质律论∟。黔首自（1351）告，吏弗为质，除。黔首其为大隶取义，亦先以平贾（价）直之∟。质奴婢、马、牛者，各质其乡，乡远都市，欲徙（0990）
>
> （缺简）
>
> 老为占者皆卷（迁）之。舍室为里人盗卖马、牛、人，典、老见其盗及虽弗见或告盗，为占质，黥为（1226）城旦，弗见及莫告盗，赎耐，其伍、同居及一典，弗坐∟。卖奴卑（婢）、马、牛者，皆以帛书质，不从令者，（J42）赀一甲∟。卖半马半牛者，毋质诸乡。（1263）[①]

1415组律文由9枚竹简组成，然律文并不完整，中间尚缺简。此则律文对牛、马、奴婢等大宗商品的交易程序作了规定。律文中多次提及"质"，"质"应为黔首交易大宗物品过程中必须履行的一项手续。然

---

① 陈松长主编《岳麓书院藏秦简（肆）》，第135~136页。

"质"之深层含义究竟为何、"质"与"质钱"是否有关联均是值得探索的重要议题，也只有厘清了这两个问题，才能说真正读懂了此则律文。

秦汉简牍中多次出现"质"和"质钱"，学者们多有讨论，但尚未达成一致看法。《睡虎地秦墓竹简·法律答问》："百姓有责（债），毋敢擅强质，擅强质及和受质者，皆赀二甲。""强质""和质"之"质"，整理小组注释曰："质，抵押。古书中'质'常以人作为抵押。"整理小组给出的译文为："百姓间有债务，不准擅自强行索取人质，擅自强行索取人质以及双方同意质押的，均罚二甲。"[①]张家山汉简《二年律令·金布律》"质钱"之"质"，整理小组注释："质，抵押。"[②]《二年律令·杂律》："诸有责（债）而敢强质者"，整理小组注释："强质，强以人或物为质。"[③]陈伟先生认为秦汉《金布律》中"质钱"之"质"与《法律答问》148简所见"擅强质""和受质"之"质"不是一回事。质钱是官府为大型交易提供质剂而收取的税金。[④]徐世虹先生《也说质钱》一文也指出了传世文献与出土文献中"质钱"含义有别，"质仍作质押解释，质钱也许与官方行为下的经济活动或债务关系有关"[⑤]。李力先生推测秦汉律所见"质钱"是因官府（债权人）占有民（债务人）之物以保证其借贷而产生的，是官府在借贷期限届满时所收到的、由民交来的款项（本钱与子钱之和）。[⑥]

陈伟、徐世虹和李力先生关于"质"和"质钱"的论断均有可取之处，然尚有进一步讨论的余地。传世文献以及部分简牍材料中的"质"的确相当于现代语境中的"抵押"，但并非所有的"质"均如是解。秦汉《金布律》中的"质钱"乃官方收入之重要组成部分，与传世文献中

---

① 睡虎地秦墓竹简整理小组《睡虎地秦墓竹简》，第127~128页。

② 张家山二四七号汉墓竹简整理小组《张家山汉墓竹简［二四七号墓］（释文修订本）》，第67页。

③ 张家山二四七号汉墓竹简整理小组《张家山汉墓竹简［二四七号墓］（释文修订本）》，第33~34页。

④ 陈伟：《关于秦与汉初"入钱缿中"律的几个问题》，《考古》2012年第8期。

⑤ 徐世虹：《也说质钱》，见载王沛主编《出土文献与法律史研究（第二辑）》，上海人民出版社，2013，第1~9页。

⑥ 李力：《秦汉律所见"质钱"考辨》，《法学研究》2015年第2期。

"质钱"表示以人或物为抵押以借钱之义完全不同。参之岳麓秦简《金布律》，"质"乃大宗物品交易过程中必须履行的手续，买卖双方各缴纳二十二钱予市亭，相关官吏与买卖双方共同见证"质"文书的生成。"质"是官府为了保证贸易公平进行而采取的一种举措。专门从事"质"的官吏或称为"质人"，《周礼·夏官·马质》"马质掌质马"，贾公彦疏云："质，平也，主平马力及毛色与贾直之等。"①"质马"之"质"与岳麓秦简 1415 组律文出现之"质"当是一回事。

市吏主持质并立文书，一是充当了贸易中间人的角色并依平价对交易物品进行估值，二是保证了交易的合法性和有效性。"皇帝其买奴卑（婢）、马，以县官马牛羊贸黔首马牛羊及买以为义者，以平贾（价）买之，辄予其主钱"，表明皇帝购买奴婢、马、牛等是不必履行"质"程序的，然亦要"以平价买之"。"黔首其为大阰取义，亦先以平贾（价）直之"，"大阰取义"可依整理小组作"大大超过了平价"②解，当卖方要价与平价相差过多时，市吏要以平价对物品进行估值，至于交易最终能否达成，完全看买卖双方的意愿。通过岳麓秦简 J42 简可知质文书均以帛书为之，应当是一式三份，卖方、买方、官府各持有一份。

厘清了"质"在律文中的含义，"质钱"便毫无奥义可言。"质钱"乃官府为质时所收取的费用，按照交易次数收取，或要考虑交易数额。岳麓秦简《金布律》在规定"质奴婢、马、牛者，各质其乡"的同时又规定"卖半马半牛者，毋质诸乡"，可见为质时会考虑交易额度。又"质"与"占质"恐非一事，"舍室为里人盗卖马、牛、人，典、老见其盗及虽弗见或告盗，为占质，黥为城旦，弗见及莫告盗，赎耐，其伍、同居及一典，弗坐"。依律文，"占质"是典、老可以履行的手续，此"占"应当作"申报"解。因为里典、老并没有为质的权力，他们只负责将相关的情况上报到乡一级行政单位所在的市亭，由市亭来"质"。只有在交易无须质诸乡的情况下，如"卖半牛半马"或其他小型交易，典、老在室舍中所充当的角色与市亭中的市吏才无所差别。

① 李学勤主编《十三经注疏·周礼注疏》，北京大学出版社，1999，第789页。
② 陈松长主编《岳麓书院藏秦简（肆）》，第170页。

　　1415 简起首"黔首卖马牛勿献（谳）廷"一句，整理小组没有给出注释，只是随释文将"献"注为"谳"的通假字。"献"有进献之义，凡身份较低者向身份高贵者输送财物都可称作"献"，律文中显然不可以此义解。"谳"指请求上级审理疑难案件，《汉书·景帝纪》"狱疑者谳有司"[1]，《后汉书·郑孔荀列传》："郡县疑不能决，乃上谳之。"[2]"谳"或可由此引申出向上报告之义。"黔首卖马牛勿献（谳）廷"或可理解为黔首出售牛马不必事先请示县廷，只需要质诸市亭即可。后文"黔首卖奴卑（婢）、马牛及买者，各出廿二钱以质市亭"可以极好地佐证此论断。"廷"乃"县廷"之省称，秦律中习见，如《秦律十八种·仓律》："禾、刍稾积索（索）出日，上赢不备县廷。出之未索（索）而已备者，言县廷，廷令长吏杂封其廥，与出之，辄上数廷；其少，欲一县之，可殹（也）。"[3]律文中两处"廷"显然是指"县廷"。

　　从 1415 组《金布律》可知，卖牛马他县、他乡以及关外，则需要县签发"传"文书，主事官吏只有见到"传"文书之后才可"为质"。此举大约是为了打击非法盗卖马、牛，汉初《二年律令·津关令》中亦规定马匹出关需要"传"[4]。"传"即通行证，《汉书·宣帝纪》载本始四年（前 70 年）规定"民以车船载谷入关者，得毋用传"，师古注："传，符也。"[5]《释名·释书契》："传，转也，转移所在，执以为信也。亦曰过所，过所至关津以示之也。"[6]传又有公务用传和私事用传之分，"私事用传是因私事出行持用的通行证，有一定的申请报批程序：出行者首先必须向所在乡提出申请，经乡政府审核通过，然后报请所在县批转发放。私传须盖有县令、丞或相当等级的官印才有效"[7]。《金布律》中所

①《汉书》卷五《景帝纪》，第 150 页。
②《后汉书》卷七〇《郑孔荀列传》，第 2262 页。
③ 睡虎地秦墓竹简整理小组编《睡虎地秦墓竹简》，第 27 页。
④ 参《二年律令·津关令》第十二则令文，见张家山二四七号汉墓竹简整理小组《张家山汉墓竹简[二四七号墓]（释文修订本）》，第 86 页。
⑤《汉书》卷八《宣帝纪》，第 245 页。
⑥（汉）刘熙撰，（清）毕沅疏证，（清）王先谦补《释名疏证补》卷六《释书契》，中华书局，2008，第 205 页。
⑦ 李均明：《秦汉简牍文书分类辑解》，第 68 页。

见"传"当是私事用传。符传是有效掌控流动人口的工具之一，秦国很早就使用之，如《法律答问》云："诣符传于吏是谓'布吏'。"①

秦律严惩不依法为质的行为，"虚质、毋出钱、过旬不质，赀吏主者一甲，而以不质律论"，"而"表递进，不仅要赀罚一甲，又要因"不质"而按律处理。至于"不质"该如何处理，律文没有明说。从1226简简文可推测对"不质"的惩处不会很轻。1226简的大致内容为：典、老知晓有人盗买马、牛、奴婢而替他"占质"，将黥为城旦舂。在秦代的刑罚体系中，黥为城旦舂是仅次于死刑的重刑，多用以惩罚影响极坏的恶性案件制造者，如"擅杀子"，"殴大父母"，故意以箴（针）、铢、锥伤人等。②可见，秦律对不依法为质和盗卖大宗物品的打击力度是很大的。这是因为牛、马、奴婢在当时社会生活中起着十分重要的作用，是比较贵重的财产。

小　结

秦十分重视马匹的畜养，几乎每个县都设有畜官这一机构，专门负责饲养马、牛等牲畜；一些自然条件良好的地方，则开辟为大型养马场，并设置专门机构管理。相关部门会定期考课，以保证畜官、厩苑所养马匹的质量。民间养马的风气也很盛，黔首视马匹为重要财产。

司御乃畴官之一种，以训练马匹为本职工作。"司御子"在傅籍后由厩啬夫教授驾车技能，学艺不精者会受到相应处罚。

在马匹使用方面，秦律规定身高超过五尺五寸但年龄未满四岁的马匹均不可用来拉车、垦田以及租赁予人拉载货物。马右肩上由官府烙上"当乘"二字后方可使用。官吏能否乘马、使用哪一类车马与其身份以及从事的工作密切相关。使用乘马公车者需先出示传信，没有传信而擅自借用公家车马，或以公家车马搭乘他人，均比照盗赃论处。

马匹作为大宗物品，交易时必须立下质书。买卖双方各缴纳二十二

---

① 睡虎地秦墓竹简整理小组编《睡虎地秦墓竹简》，第137页。
② 睡虎地秦墓竹简整理小组编《睡虎地秦墓竹简》，第109、111、113页。

钱予市亭，相关官吏与买卖双方共同见证"质"文书的生成。"质"是官府为了保证贸易公平进行而采取的一种举措。"质钱"乃官府为质时所收取的费用，按照交易次数收取，或要考虑交易数额。卖牛马至他县、他乡以及关外，则需要县廷签发"传"文书。

第二节　"挟剑令"的颁布与实施

秦始皇在逐一剪灭东方六国政权后，又采取了不少措施以防止当地残存势力作乱，其中之一就是将各地的兵器收拢至咸阳，熔化后铸成十二金人。始皇这一举措，传世史料多有记载，本是铁板钉钉的事实，然仍有学者质疑之。此外，"收天下之兵"究竟是不是一场宣告偃武修文的政治秀，也应加以细细剖析。最后，经过长期战乱，兵器大量散落民间，新王朝如何有效收缴？出土秦简牍中相关记载或有助于消解以上疑惑。

一　传世典籍关于秦始皇"收天下之兵"的记载

关于秦始皇"收天下之兵"这一历史事件，传世文献中当数《史记·秦始皇本纪》的记载最早最权威。其中有两处提及此事，一处是秦始皇二十六年（前221年）一统天下以后，进行了一系列的整顿运动："分天下以为三十六郡，郡置守、尉、监。更名民曰'黔首'。大酺。收天下兵，聚之咸阳，销以为钟鐻，金人十二，重各千石，置廷宫中。"[1]另一处在《秦始皇本纪》篇尾所附贾谊《过秦论》之中："堕名城，杀豪俊，收天下之兵聚之咸阳，销锋铸鐻，以为金人十二，以弱黔首之民。"[2]

此外，《淮南子·氾论训》载："秦之时，高为台榭，大为苑囿，远为驰道，铸金人。"[3]《史记·秦楚之际月表》："堕坏名城，销锋

---

① 《史记》卷六《秦始皇本纪》，第307页。按："置廷宫中"，王念孙《读书杂志》指出当作"置宫廷中"。

② 《史记》卷六《秦始皇本纪》，第353~354页。

③ 刘文典撰《淮南鸿烈集解》，第437页。

镝。"①《史记·平津侯主父列传》载主父偃建议汉武帝讨伐匈奴时曰："及至秦王，蚕食天下，并吞战国，称号曰皇帝，主海内之政，坏诸侯之城，销其兵，铸以为钟虡。"②此处"销其兵"与"收天下之兵"略有不同，"销其兵"是承"坏诸侯之城"而言，此举也可以理解为仅针对东方诸国。《史记·李斯列传》："夷郡县城，销其兵刃，示不复用。"③《汉书·叔孙通传》："二世怒，作色。通前曰：'诸生言皆非。夫天下为一家，毁郡县城，铄其兵，视天下弗复用。'"④以上两则史料均揭示了秦始皇坏郡县城墙，收天下之兵是为了昭示世人，天下已太平，这些东西将不再使用。

泷川龟太郎在给《史记》作注时提出一个观点云："始皇销兵，学周武王放牛马也；铸十二金人，效夏禹铸九鼎也。"⑤"归马放牛"出自伪古文《尚书·周书·武成》："乃偃武修文，归马于华山之阳，放牛于桃林之野，示天下弗服。"⑥大意是：周武王姬发以武力推翻殷纣王的统治以后，表示不再用兵，要致力于文治，并宣布将作战用马归于华山之阳，放牛于桃林之野，不再乘用。不难发现，泷川资言只是对叔孙通所言"铄其兵，视天下弗复用"进行了发挥，然并未提出新解。

叔孙通的言语颇值得玩味，作为秦待诏博士，为了免遭杀戮，他不得不在秦二世面前正话反说。既然叔孙通所言"视天下弗复用"是糊弄二世之语，那么始皇收天下之兵的真实意图则并非宣示太平；退一步讲，就算有，也是附带的，并非主要目的。贾谊所言"以弱黔首之民"，应为始皇收天下之兵的主要目的。东汉学者应劭也持此观点，颜师古在注释《汉书·异姓诸侯王年表》时引用其说曰："坏其坚城，恐复阻以害己也。聚天下之兵，铸以为铜人十二，不欲令民复逆命也。古者以铜

---

① 《史记》卷十六《秦楚之际月表》，第922页。
② 《史记》卷一百一十二《平津侯主父列传》，第3582页。
③ 《史记》卷八七《李斯列传》，第3090页。
④ 《汉书》卷四三《叔孙通传》，第2124页。
⑤ 〔日〕泷川龟太郎：《史记会注考证》卷六《秦始皇本纪》，第112页。
⑥ 杜泽逊主编《尚书注疏汇校》，中华书局，2018，第1560页。

为兵。"[①] 出土秦简牍材料也有力支持了此说，下文将论述之。

各地收缴上来的兵器，或用来铸造钟鐻等乐器，或用以制造金人十二，贾谊在《过秦论》中已言明，司马迁《史记·秦始皇本纪》中也采用了此记叙。不过，后代学者津津乐道金人十二的遭遇，却极少提及铸造钟鐻之事。《史记·秦始皇本纪》"金人十二"下，司马贞《索隐》曰：

> 二十六年，有长人见于临洮，故销兵器，铸而象之。谢承《后汉书》："铜人，翁仲，翁仲其名也。"《三辅旧事》："铜人十二，各重二十四万斤。汉代在长乐宫门前。"董卓坏其十为钱，余二犹在。石季龙徙之邺，苻坚又徙长安而销之也。[②]

《后汉书·董卓传》："时人以为秦始皇见长人于临洮，乃铸铜人。卓，临洮人也，而今毁之。虽成毁不同，凶暴相类焉。"[③] 唐人李贤等在注释此段文字时同样引用了《三辅旧事》，文字却与司马贞所引略有差异，其文曰："秦王立二十六年，初定天下，称皇帝。大人见临洮，身长五丈，迹长六尺，作铜人以厌之，立在阿房殿前。汉徙长乐宫中大夏殿前。"[④] 如此，又将秦始皇收天下之兵与临洮出现的奇异现象联系起来了，铸造铜人是为了行压胜之术，与贾谊所言"以弱黔首之民"相去甚远。然《三辅旧事》所载颇不足信。阿房宫于秦始皇三十五年（前212年）动工修建，直到被项羽焚毁时仍在修建中，现代考古也进一步证实了这一点，或认为它只是一纸蓝图。那么，将铜人立于阿房宫之前显然是无稽之谈，所谓长人见临洮，恐怕亦为后人附会之说，不能当真。当然，我们并不否认临洮在历史上出现过此类现象，特殊的地理环境和大气条件下的确能产生海市蜃楼。已有学者从此角度解读。[⑤]

---

① 《汉书》卷十三《异姓诸侯王年表》，第364页。
② 《史记》（点校本二十四史修订本）卷六《秦始皇本纪》，第308页。
③ 《后汉书》卷七十二《董卓传》，第2325~2326页。
④ 《后汉书》卷七十二《董卓传》，第2326页。
⑤ 辛玉璞：《〈汉书·五行志〉所记十二"大人"为何物?》，《西北史地》1998年第1期。

二 秦始皇收天下之兵的真实性问题

从上文可知,《新书》《淮南子》《史记》《汉书》和《后汉书》都明确记载了秦始皇收天下之兵铸金人十二,这原本是毋庸置疑的历史事实。但仍有学者认为它不可靠。

沈海波先生《秦始皇"收天下兵"质疑》[①]一文,从可行性、危害性、彻底性、秦始皇经济思想、风俗、兵器成分等方面进行论证,认为始皇收兵之举无从谈起。熊永先生认为秦"收天下之兵"实则在关东"毁郡县城,铄其兵",旨在堕毁山东诸侯依恃名城要地构筑的御秦防线,且一并收毁或整顿其中的武库储兵。[②]

从史料来源上而言,《史记·秦始皇本纪》是据秦国的官方档案《秦记》编纂而成,其真实性不容置疑。秦始皇焚毁书籍时,东方各国的历史档案都被摧毁,只保留了《秦记》。秦国的史书和户籍档案,萧何在项羽火烧咸阳宫殿之前就抢救出去了,故得以保存。司马迁作为太史令,在撰写《史记》时有条件也有必要参考它。[③]

又活跃于汉文帝时期的贾谊,秦代历史对他而言就是近代史甚至是当代史,汉帝国的缔造者和许多普通民众都历经战国秦汉三代,贾谊可多方验证重大历史事件的真实性。其所撰《过秦论》文学性较强,但在描述基本的历史事实时不存在虚构的可能性。因为其撰写《过秦论》是希望汉文帝汲取秦亡的教训,行仁义、惜民力。此文预设的阅读者是当时的最高统治者,贾谊不太可能以子虚乌有之事来佐证自己的观点。汉文帝乃一代明君,见识深远,不可能不知晓数十年前秦代的重大历史。

质疑秦始皇收天下之兵者往往引用以下史料作为佐证:

> 淮阴屠中少年有侮信者,曰:"若虽长大,好带刀剑,中情怯

---

① 沈海波:《秦始皇"收天下兵"质疑》,《上海大学学报》(社会科学版)1992年第4期。
② 熊永:《秦"收天下之兵"新解》,《古代文明》2018年第2期。
③ 《秦记》的可信性可以从睡虎地秦简《编年记》中得到验证,《编年记》所记秦重大历史事件几乎与《秦本纪》《秦始皇本纪》一致,而此以上二本纪都是根据《秦记》编纂而成。

耳。"众辱之曰:"信能死,刺我;不能死,出我袴下。"……及项梁渡淮,信杖剑从之,居戏下,无所知名。[①]

项籍少时,学书不成,去;学剑,又不成。项梁怒之。……项梁杀人,与籍避仇于吴中。吴中贤士大夫皆出项梁下。[②]

秦二世元年七月,陈涉等起大泽中。……梁乃出,诫籍持剑居外待。……须臾,梁眴籍曰:"可行矣!"于是籍遂拔剑斩守头。[③]

以上提及韩信(前231?—前196)和项羽(前232—前202)佩剑的时间段都可以确定在秦代。韩信和项羽都是楚人,秦杀项燕(项羽之祖父),而后楚被秦吞并,时在公元前223年。项羽和韩信都是十岁左右的小孩,其学剑、持剑当在此年以后。

虽都是带剑,但项氏与韩信不同。前文已经提及,项氏家族世代为楚将,志在亡秦复楚,一直在秘密积蓄力量,从事反秦活动,他们藏有武器并不意外。另一种可能的情况是,秦代或有优待部分六国贵族的政策,承认其固有爵位,允许其佩剑。而韩信是一位贫穷落魄的公子,他加入反秦行列的时间相对较晚,动因很可能不是复仇,而是随大流,为了实现宿有之抱负,韩信得不到项羽重用而改投刘邦就是明证。

在秦代,佩剑定是被允许的行为。尤其是食不果腹的韩信整天带着剑在大街上晃悠,目标太明显,如果是非法行为,早就被人告发了。根据秦法:"令民为什伍,而相牧司连坐。不告奸者腰斩,告奸者与斩敌首同赏,匿奸者与降敌同罚。"[④]秦实行连坐制,一人犯罪,邻里都要连坐,而揭发犯罪者可以免除处罚。韩信不怕被人举报,可知其佩剑是合法行为。

接下来的问题是,剑也是兵器之一,为了维护治安的需要,理应收缴,为何却任由百姓佩带?我们认为可从以下几个方面来考虑。首先,

---

① 《史记》卷九十二《淮阴侯列传》,第3166~3167页。
② 《史记》卷七《项羽本纪》,第380页。
③ 《史记》卷七《项羽本纪》,第381页。
④ 《史记》卷六十八《商君列传》,第2710页。

剑的确是砍杀的利器，但佩剑在当时还是身份的重要标志。《史记·秦本纪》："简公六年，令吏初带剑。"①《史记·秦始皇本纪》："简公从晋来。享国十五年。……其七年，百姓初带剑。"②秦逐渐确立了"废玉带剑"的礼俗，佩剑占据着礼仪与等级制度的主导地位。剑成为身份的象征，朝议、宴会、祭祀的参与者常常佩剑。如妇孺皆知的"荆轲刺秦王"一案，大殿之中，能佩剑者只有秦始皇一人，秦制规定"群臣侍殿上者不得持尺寸之兵"③。这固然是出于安全防卫的需要，但更主要的原因在于彰显帝王独一无二的权威。后代臣子被赐"剑履上殿"则是一份极高的荣宠，西汉开国功臣，只有萧何一人有此殊荣。④"剑舞"还是贵族宴会时的一种娱乐形式，如鸿门宴上"项庄舞剑"。

其次，秦允许百姓佩剑，但应该是有条件的，并非所有人均可以佩剑。项羽是贵族之后自不待言，韩信也应出自一没落的贵族之家，从他能够识字和读兵书可略知一斑。看来只有具有一定身份者才被允许佩剑。又翻阅《史记》《汉书》，汉初功臣的传记之中，樊哙、卢绾、周勃、陈平等在从事反秦活动之前，均未提及其佩剑、用剑之事，这应当不是偶然，而是他们身份低下，没有佩剑的资格。

通过以上分析，我们只能得出秦代允许具有一定身份者佩剑的结论，而并没有坚实的证据去推翻《史记》《汉书》关于秦始皇"收天下之兵"的记载。因为秦代流行的武器，除了剑之外，还有刀、戈、戟、矛、铍、弓箭、弩机等，而典籍中丝毫找不到这些兵器在民间大量流通和被使用的证据。这似乎也可以佐证秦始皇"收天下之兵"的政策是得以坚决贯彻的。又《过秦论》提及陈涉反秦队伍所使用的兵器是"鉏耰棘矝"，曰"斩木为兵，揭竿为旗"。吕思勉先生在谈及汉代兵器时顺便提到贾生谓秦末起事者，"斩木为兵，揭竿为旗"，非尽形容之语。⑤吕思勉先生的看法是值得肯定的。

---

① 《史记》卷五《秦本纪》，第 253 页。
② 《史记》卷六《秦始皇本纪》，第 361 页。
③ 《史记》卷八十六《刺客列传》，第 3075 页。
④ 《史记》卷五十三《萧相国世家》，第 2449 页。刘邦赐萧何"带剑履上殿，入朝不趋"。
⑤ 吕思勉：《秦汉史》，上海古籍出版社，2005，第 617 页。

　　秦代收缴民间兵器最为直接的证据，来自里耶秦简："廿七年三月丙午朔己酉，库后敢言之：兵当输内史，在贰春□□□□Ⅰ五石一钧七斤，度用船六丈以上者四楼（艘）。谒令司空遣吏、船徒取。敢言Ⅱ之。☑Ⅲ（8-1510）"[①]文中的"内史"可理解为"内史郡"，乃秦首都咸阳所在地。"兵当输内史"之"兵"当包括战争期间遗留在民间的兵器，需要上缴到咸阳统一处理。当然，也有另外一种解释，迁陵县有冶炼兵器的作坊，可以大量生产兵器以供其他地方使用。但是在里耶秦简中找不到迁陵县有铁官的记载。退一步讲，即使迁陵能生产兵器，将这些兵器从今天的湖南湘西龙山县里耶镇运输到咸阳，路程太过遥远，劳民伤财，还不如就近购买。更何况，在秦故地，官方掌控着规模巨大的冶炼场所，如西工室，又故韩国境内，上郡、蜀郡、南阳郡均有知名的兵器冶炼处所，实在没有必要舍近求远。而且，在统一战争过程中，秦兵器尚能自给，而到了天下刚刚统一不久的秦始皇二十七年（前220年），内史却需要大量兵器，以至于要从边陲郡县调配，这实在是说不过去。故只有一种可能性，迁陵县此举是为了贯彻秦始皇二十六年"收天下兵，聚之咸阳"这一政策。命令虽然是二十六年颁布的，但是从咸阳到迁陵，路途遥远，文书传递加上收缴兵器尚需时日，故在二十七年三月才能够将兵器运往内史。根据秦汉诏书传布的一般途径，先从都城通过邮传的方式送至各个郡府，然后通过以次传的方式送至各县，县再传至各乡和诸曹。上文引用里耶秦简8-1510文书往返于迁陵县诸官府之间，当是收到洞庭郡相关指令后采取的行动。我们认为以下简文与之关联密切：

　　廿七年二月丙子朔庚寅，洞庭守礼谓县啬夫、卒史嘉、叚（假）卒史谷、属尉：令曰："传送委输，必先悉行城旦舂、隶臣妾、居赀赎责（债），急事不可留，乃兴繇（徭）。"**今洞庭兵输内史及巴、南郡、苍梧**输甲兵当传者多，节（即）传之。必先悉行乘城卒、隶臣妾、城旦舂、鬼薪、白粲、居赀赎责（债）、司寇、隐官、践更县

①　陈伟主编《里耶秦简牍校释（第一卷）》，第341页。

者。田时殹（也），不欲兴黔首。嘉、谷、尉各谨案所部县卒、徒隶、居赀赎责（债）、司寇、隐官、践更县者簿，有可令传甲兵，县弗令传之而兴黔首，[兴黔首]可省少弗省少而多兴者，辄劾移县，[县]亟以律令具论当坐者，言名夬（决）泰守府。嘉、谷、尉在所县上书。嘉、谷、尉令人日夜端行。它如律令。（16-5）①

关于 16-5 简可从多方面进行研究。这里只讨论文书中所引秦令起止以及洞庭兵输入何处两个问题，其实这二者又息息相关。一般认为引用令文为"传送委输，必先悉行城旦舂、隶臣妾、居赀赎责（债），急事不可留，乃兴繇（徭）"。但也有学者认为还应包括"今洞庭兵输内史及巴、南郡、苍梧，输甲兵当传者多，节（即）传之。必先悉行乘城卒、隶臣妾、城旦舂、鬼薪、白粲、居赀赎责（债）、司寇、隐官、践更县者。田时殹（也），不欲兴黔首"。②虽然在律令条文中有时也会出现具体的郡县名称，但一般而言，作为一种面向统治区域内的规则性通用文书，规定应带有普遍适用性。而"收天下之兵"当然也是针对全国的，为某一个郡单独制定一条令，规定兵器如何传送，显然太过烦琐，且浪费资源。故我们也认为令文到"乃兴繇（徭）"为止。后面一段只是规定洞庭郡内武器当如何传输，可以看作地方性临时法规，但必须秉承朝廷所下律令的精神，绝对不能与之相左。

其实整份文书的核心思想就是官府不能随便征发黔首服徭役，就算不得不征发，也不能耽误其耕作。"今洞庭兵输内史及巴、南郡、苍梧输甲兵当传者多，节（即）传之"，我们亦有不同的理解。无论是洞庭郡还是巴郡、南郡和苍梧，均有兵器要输送到内史，巴、南郡和苍梧都与洞庭郡接壤，都要借道洞庭，官府需要提供一定的帮助。这样解释才不至于与 8-1510 简所言"兵当输内史"相冲突，才与史书所载秦始

---

① 湖南省文物考古研究所编著《里耶发掘报告》，岳麓书社，2007，第 192 页。按：里耶秦简 16-6 简、9-2283 简内容与 16-5 简相同。引用文书据己意句读。"省少"原释为"省小"，"名夬"原释为"名史"。

② 欧扬：《秦律令革新机制探析》，未刊稿。

皇"收天下之兵聚之咸阳"相符。如果断句为"今洞庭兵输内史及巴、南郡、苍梧，输甲兵当传者多，节（即）传之"①，就变成将洞庭郡的兵器分别输送到内史、巴、南郡和苍梧等四个地方。秦始皇二十七年，平定六国的战事早已结束，巴、南郡更是早入秦之版图，苍梧境内也无大战，距平定南越还有数年之久，此时在苍梧囤积武器似嫌过早。故我们认为此种读法不可取。

通过以上论证，可知秦始皇收天下之兵确为不可否定的历史事实，又从里耶秦简可知，此决策在各地得到切实执行。

三　秦兵器之日常管理

秦始皇的确在全国范围内征缴过兵器，但并非禁止民间藏有兵器，实则具有一定身份者均可携剑，这在上文已经论及。但究竟哪些人才能拥有兵器，官府又采取哪些举措来管理兵器以防止其非法流通，我们凭传世文献不能得知。所幸秦简材料提供了这方面的信息。先来看岳麓秦简所载几则秦令：

1.・十四年四月己丑以来，黔首有私挟县官戟、刃没＜及＞弓、弩者，亟诣吏。吏以平贾（价）买，辄予钱。令到盈二月弗（1357）诣吏及已闻令后敢有私挟县官戟、刃、弓、弩及卖买者，皆与盗同灋。挟弓、弩殊折，折伤不□（1433）⊿戟、弓、弩殹（也），勿买，令削去其久刻 ∟。赐于县官者得私挟。・臣欣与丞相启、执灋议曰：县（1464）官兵多与黔首兵相类者，有或赐于县官而传（转）卖之，买者不智（知）其赐及不能智（知）其县官（1454）兵殹（也）而挟之，即与盗同灋。诣吏有为自告，减辠一等。黔首以其故泰抵削去其久刻，（1307+C5-3-2+C9-9-1+C9-3-1）折毁以为铜若

---

① 不少学者采用此种断读法，比如陈伟主编《里耶秦简牍校释（第一卷）》；杨振红、单印飞《里耶秦简J1（16）5、J1（16）6的释读与文书的制作、传递》，《浙江学刊》2014年第3期；吴雪飞《从岳麓秦简看里耶秦简的一条秦令》，简帛网，2016年12月9日，http://www.bsm.org.cn/?qinjian/7427.html。

弃之。不便，被更之。诸挟县官载、刃、弓、弩诣吏者，皆除其辠，有（又）以平贾（价）予钱。（0198+2189）①

2.·新黔首禁不得挟兵∟，今其能……剑以自卫殹（也），令得带剑，其□☑（0056）若告罪人，死罪二人若城旦罪四人，令得带剑，其为人□盗伤殹（也）而自捕，若告人死罪四人若城旦（0348）罪八人以上，亦令得带剑。前令捕若告罪人，应此数者，以此令从事，它如律令 ·七（0677）②

3.·新黔首或不勉田作、缮室屋，而带剑挟兵曹耦（偶）出入，非善谷（俗）殹（也），其谨禁御（禦）之。公大夫以上乃得带剑，（0562）而不得挟它兵及大刀长尺五寸以上者，官大夫以下不得带剑挟兵长刀，县令、令史、乡啬夫、里<吏>即赘（0654）新黔首以此令告，有挟剑兵长刀者亟诣吏、辄入县官∟。已布令，丞、令、令史、有秩吏分曹索（索）之，有挟剑（0644）兵长刀弗诣吏者辄捕，迁（迁）其郡恒迁（迁）所，皆辄行之。迁（迁）未行，其人及亲、所智（知）能为捕坐此物当迁（迁）者二人，（0585）除其家迁（迁）。其毋（无）迁（迁）除殹（也），而能捕坐此物当迁（迁）者二人，购钱五千，其典、田典、伍人见，若虽弗见，人或告之【而弗】☑（0599）捕告，赎迁（迁），其弗见、莫告，赀一甲。前此令断，传已入关及阴密□环（还）诣江胡而未出关及其留在咸（0480+C10.4-5-4）阳司空者，皆传诣阴密，阴密处如等。传未入关者，皆环（还），各诣其郡恒迁（迁）所。丞相今遣丞相史若卒史一人往。（0463）③

4.·新黔首公乘以上挟毋过各三剑∟，公大夫、官大夫得带剑者，挟毋过各二剑∟，大夫以下得带（0347）剑者，毋过各一剑，皆毋得挟它兵。过令者，以新黔首挟兵令论之。·十一（0676）④

① 陈松长主编《岳麓书院藏秦简（陆）》，48~50 页。
② 陈松长主编《岳麓书院藏秦简（柒）》，第 79~80 页。
③ 陈松长主编《岳麓书院藏秦简（柒）》，第 77~79 页。按：句读有变动。
④ 陈松长主编：《岳麓书院藏秦简（柒）》，第 80 页。

从以上令条可知，兵所指代的范围可大可小，或表示一切兵器，或指特定某几种兵器。第 1 则令文中的"兵"指"戟、刃、弓、弩"四种特定兵器。0644 简"有挟剑、兵、长刀者"，将"兵"与"剑"、"长刀"并列，此处之"兵"指除去剑、长刀以外的武器；0056 简先言"新黔首禁不得挟兵"，后文又言"得⊠剑"，此处之兵当指所有兵器。

不难发现以上所录四则令文，虽均与兵器管理有关，但第一则与后三则规范的对象不同，第一则是针对黔首，后三则针对新黔首。"十四年"为秦王政十四年（前 233 年），此年四月辛酉朔[①]，己丑为二十九日。既然此令是秦王政十四年颁布的，本不应该出现黔首这一称谓，将民改称为黔首是秦统一后的举措，看来此则令文在秦统一后被修订过。又睡虎地秦简中表示官府器物时一般在器物前加"公"，如"公马牛""公甲兵""公食"，或统称为"公器"；秦统一后将"公"改为"县官"。此令文中只见"县官"而不见"公"，亦是后来修订所致。

"黔首"并非与"新黔首"相对应的称谓，而是指天下所有百姓；"故黔首"才是与"新黔首"相对的称谓。岳麓秦简令文："新黔首已遗予之而能（1012）捕若告之，勿皋，有（又）以令购之。故黔首见犯此令者，及虽弗见或告之而弗捕告者，以纵皋人（1013）论之。（1004）"[②]故黔首指秦故地的百姓，新黔首指新占领地区的百姓。当然，新旧也是相对的，秦代简牍中所见的新黔首大多指东方六国的百姓。

第 1 则令文蕴含信息比较丰富，也可从中窥见秦令条文的产生过程。"·臣欣与丞相启、执瀍议曰"之前为旧令，从"县官兵多与黔首兵相⊠者"到"不便，破⊠之"一段是陈述客观事实，指出旧令的不合理之处，并为修订律令提供依据。修订后的新令内容为："诸挟县官戟、刃、弓、弩诣吏者，皆除其皋，有（又）以平贾（价）予钱。……受买者亦得私挟之，它如其令。"仅从整条令文来看，只知新令的制定时间在秦王政十四年之后，然简文中出现丞相启，或可为断定此令产生的确切时间带来契机。

---

① 张培瑜：《根据新出历日简牍试论秦和汉初的历法》，《中原文物》2007 年第 5 期。

② 陈松长主编《岳麓书院藏秦简（伍）》，第 52~53 页。

"丞相启、状"出现在"十七年丞相启状戈"铭文中。[①]状即隗状，又见于二十六年始皇诏铜方升[②]、二十六年铜诏版[③]、《史记·秦本纪》和《史记·秦始皇本纪》。启之身份，李开元、田凤岭、陈雍等学者考证出为楚人昌平君。[④]昌平君于秦王政二十一年被罢相，睡虎地秦简《叶书》："廿一年，韩王死。昌平君居其处，有死□属。"[⑤]《史记·秦始皇本纪》秦王政二十一年"新郑反。昌平君徙于郢"[⑥]。据李开元先生考证，昌平君被免去丞相之位，是因为在攻楚策略上与秦王不合，同时被免职的还有王翦。[⑦]

丞相启接替吕不韦为相是毫无疑问的，"十二年丞相启颠戈"铭文也能证实这一点。彭适凡先生在解说铭文时也认为启为昌平君，并推测颠为昌文君。[⑧]然据里耶秦简资料来看，丞相启定非昌平君。昌平君于秦王政二十三年（前224年）被项燕立为荆王，反秦于淮南，次年王翦、蒙武破荆，"昌平君死，项燕遂自杀"[⑨]。而今所见里耶秦简中两次出现丞相启：

> 廿五年二月戊午朔辛未，洞庭叚（假）守灶敢言之：洞庭县食皆少。……二月癸丑，丞相启移南郡军叚（假）守主：略地固当辄输，令足灶岁，唯勿乏。传书洞庭守。/显手（7-1）[⑩]
>
> ▨□子傅丞相启上少府守嘉书言：北宫觡官偕为军治粟，少府

① 田凤岭、陈雍：《新发现的"十七年丞相启状"戈》，《文物》1986年第3期。
② 王辉、王伟编著《秦出土文献编年订补》，三秦出版社，2014，第175页。
③ 史树青、许青松：《秦始皇二十六年诏书及其大字诏版》，《文物》1973年第12期；王博文：《甘肃镇原县富坪出土秦二十六年铜诏版》，《考古》2005年第12期。
④ 李开元：《"十七年丞相启状戈"之"启"为昌平君熊启说》，载梁安和、徐卫民主编《秦汉研究（第四辑）》，陕西人民出版社，2010，第13~17页；田凤岭、陈雍：《新发现的"十七年丞相启状"戈》，《文物》1986年第3期。
⑤ 陈伟主编《秦简牍合集 释文注释修订本（壹）》，第12页。
⑥ 《史记》卷六《秦始皇本纪》，第301页。
⑦ 李开元：《"十七年丞相启状戈"之"启"为昌平君熊启说》，第13~17页。
⑧ 彭适凡：《秦始皇十二年铜戈铭文考》，《文物》2008年第5期。
⑨ 《史记》卷六《秦始皇本纪》，第302页。
⑩ 首都师范大学历史学院等主编《首届中日韩出土简牍研究国际论坛暨第四届简帛学的理论与实践学术研讨会论文集》（2019年8月），第415~416页。

属、卒史不足（9-897+9-939）①

从上引里耶秦简 7-1 简可知启在秦始皇二十五年（前 222 年）二月时尚在丞相任上，而据《秦始皇本纪》和李开元先生推断，昌平君熊启已死于秦始皇二十四年（前 223 年）。9-897+9-939 简虽然残缺，但依然可以推断文书发布的时间为秦始皇二十五年前后。里耶秦简所见行政文书纪年始于秦始皇二十五年，又据岳麓秦简可知秦始皇二十六年四月时的丞相为状和绾。

综上可知，启担任秦丞相的时间大约在秦始皇十一年到二十五年。丞相启并非昌平君。

又据此可知岳麓秦简 1464 组有关县官兵器管理令文的修订时间当在秦始皇十四年四月至秦始皇二十六年四月之间。此令很可能修订于秦统一之前，之所以重视收缴民间兵器，固然有维护治安方面的考虑，更重要的原因恐怕是战国末年兵器消耗严重，故鼓励民间上缴，以平价征收之。此令在秦统一后又一次修订时，只是将"百姓"修改为"黔首"，将"公"修改为"县官"，主体内容并未改动，因其仍有适用性，故被抄录下来。

第 1 则令的规范对象是黔首，制定和修订时间均是秦统一前，规范内容是县官戟、刃、弓、弩的买卖。据令文，在市场上流通的县官兵器多是受赐者转卖。受赐之兵器，本人可以挟带，但不能出售。这当是出于维护社会治安的考虑。秦官府制造的兵器常刻有铭文，督造者、工师名、制作地有时也出现在铭文中，部分出土兵器上还有编号。出售者为了逃避法律责任，常私下将兵器上的铭文削除再转卖。如此，买者并不知晓兵器是来自官府还是私人铸造。在这种情况下，以盗赃论处显然不合理，故不得不对法律条文做出修订。

修改之后的令文规定，私人收藏县官铸造的戟、刃、弓、弩，主动上交到官府的，官府不追究其罪责，且按照兵器的市场价予钱。

---

① 陈伟主编《里耶秦简牍校释（第二卷）》，第 221 页。

官府急于征收散落在民间的县官兵器，既有维护社会治安的考虑，可能也与战国末期战争不断，兵器消耗量大有关。

与第 1 则令文不同，后三则令文均是针对新黔首的兵器管控。值得注意的是：三则令文的规定或有抵牾之处，当非同时之物。那么，孰先孰后和令文隐藏的史实均值得仔细考辨。

一般而言，统治地位刚确定之时，对武器的控制更严厉，因为旧有残余势力会殊死抗争。秦人在东方诸国民众眼中，与异族入侵者无异；新地的民众，的确也不时从事反秦斗争，如《奏谳书》载秦始皇二十七年（前 220 年）"苍梧利乡反"，又出现与稳定新地局势相关的令文"所取荆新地多群盗，吏所兴与群盗遇，去北，以儋乏不斗律论"[①]。令文中所谓"群盗"，大多并非以劫取货财为目的，而是以反秦为宗旨。

故我们认为"新黔首禁不得挟兵"这样的令文应当产生在秦统一之初，随着局势逐渐稳定，慢慢放松对某些特殊武器（剑）的管制。从"公大夫以上乃得带剑"到"大夫以下得带剑者，毋过各一剑"，就是武器掌控政策调整的体现。剑作为武器的特殊性，前文已有交代，佩剑是战国以来流行的社会习俗，亦为身份的象征。从楚墓发掘报告可知楚国男子几乎人人佩剑，而楚地发掘的秦墓，也有不少以剑戈等兵器随葬者。

表 6-1　秦墓出土兵器情况一览

墓葬发掘编号	埋藏年代	出土兵器	墓主身份	相关补充信息
溆浦马田坪 24 号墓	战国晚期	剑、戈、矛		矛上有"少府"铭文[①]
长沙左家塘皮件厂 1 号墓	战国末或秦代初	矛、戈		铜戈铭文：四年相邦吕不韦，寺工龙，丞□[②]
汨罗永清村 36 号墓	战国末或秦代	短剑、矛、戈		随葬物中有半两钱、蒜头扁壶[③]
长沙烈士公园 18 号墓	秦代	戈		洞室墓、秦式宽弦纹铜镜[④]
荆州沙市区肖家山 1 号秦墓	秦代	铜剑 2 件[⑤]	中小地主或下级官吏	铜蒜头壶[⑥]

---

① 彭浩、陈伟、〔日〕工藤元男主编《二年律令与奏谳书——张家山二四七号汉墓出土法律文献释读》，第 364~365 页。

续表

墓葬发掘编号	埋藏年代	出土兵器	墓主身份	相关补充信息
成都新都秦墓 （2002CXQM1）	秦代	铜剑⑦、戈、钺		半两钱⑧
广州罗岗4号秦墓	秦代	戈		铭文：十四年属邦工□□ 戴丞□□□⑨
南阳市拆迁办秦墓 （M208）	秦代	铜剑		"杨喜"私印（玉质，有界 格）⑩

注：①湖南省博物馆等：《湖南溆浦马田坪战国西汉墓发掘报告》，《湖南考古辑刊（第二
　　集）》，岳麓书社，1984，第49~52页。
②湖南省文物管理委员会：《长沙左家塘秦代木椁墓清理简报》，《考古》1959年第9期。
③湖南省博物馆：《汨罗县东周、秦、西汉、南朝墓发掘报告》，《湖南考古辑刊（第三
　　集）》，岳麓书社，1986，第93~66页。
④罗敦静：《湖南长沙发现战国和六朝的洞室墓》，《考古通讯》1958年第2期。
⑤一件残长47.6厘米、宽4.8厘米，另一件残长44.8厘米、宽4.2厘米。
⑥荆州博物馆：《湖北荆州市沙市区肖家山一号秦墓》，《考古》2005年第9期。
⑦完整，剑通长63.5厘米、茎长9厘米、剑身宽4厘米。
⑧成都市新都区文物管理所：《成都新都秦墓发掘简报》，《文物》2014年第10期。
⑨广州市文物管理委员会：《广州东郊罗冈秦墓发掘简报》，《考古》1962年第8期。
⑩南阳市文物考古研究所：《河南南阳市拆迁办秦墓发掘简报》，《华夏考古》2005年第
　　3期。

从表6-1可以得知，无论是战国还是秦代，剑戈都是稍有身份者
较为钟爱的陪葬物，这也可佐证剑作为身份标志物，能够被私人合法拥
有。此外还可证明官府兵器大多有铭刻。

简而言之，秦统一后在兵器管理上由紧而松。这也可以很好地解释
为什么韩信可以仗剑在闹市中行走。需要指出的是秦虽然一度禁止新黔
首私藏兵器，但绝无彻底清除民间武器以绝后患的打算，否则就不会以
"赐剑"为黔首举报非法的奖赏。"若告罪人，死罪二人若城旦罪四人，
令得带剑，其为人□盗伤殴（也）而自捕，若告人死罪四人若城旦罪八
人以上，亦令得带剑。前令捕若告罪人，应此数者，以此令从事，它如
律令。"①带剑被视作一种"特权"，剑成为朝廷用来赏赐的物品。

---

① 陈松长主编《岳麓书院藏秦简（柒）》，第79~80页。

小　结

史书所载秦统一后"收天下之兵"这一史实不容轻易否定。从近年刊布的里耶秦简材料可知，秦统一后，新地的兵器的确要收缴至内史。然秦"收天下之兵"，并非禁止兵器在民间流通。据岳麓秦简令文可知，百姓能否持有兵器、能挟藏多少兵器，与其爵等有直接关系。秦统一前就对官府制造的兵器实行严格管理。秦始皇"收天下之兵"是出于维护政权稳固的现实需要，且切实得到执行，并非宣扬寰宇太平的政治秀。

第七章 秦制在新地的展开

一场春雨后，竹笋仿佛一夜之间钻出地面，十分可人，然人们常常忘记竹节在三九寒冬时仍蛰伏地底伺机成长。"秦王扫六合，虎视何雄哉"，太白谈及秦灭六国，似秋风扫落叶一般轻巧。实则秦统一并非那样一蹴而就，而是历代秦王及其子民经过漫长曲折而又艰辛的奋斗所得。秦结束了战国以后诸侯混战局面，开创了被后世沿用数千年的郡县制、中央集权制、皇帝制度和文官制度等，基本奠定了华夏族的核心活动区域。然就是这样一个不可一世的王朝，仅仅存在十几年之后竟轰然崩坍了，这在令人唏嘘的同时，也更加诱发学者们思索其中的缘由。

摊开史书不难发现，就算在公元前221年以后，各种反秦势力也从未消停过，其中有六国贵族残余和群盗，也有北边的匈奴和南边的百越。此外，为了逃避徭役赋税而沦为流民者亦不在少数，他们虽没有颠覆秦政权的主观意愿，但与前者对秦政权的威胁程度不分伯仲。秦凭借强大的军事实力对新占领区域进行掌控，与此同时，制度和习俗层面的革新也在新地展开。然革旧制、改旧俗的进程从来都不是一帆风顺的，秦亦不能例外。

借助传世史料只能大致勾勒出历史的轮廓，越来越多的出土材料使局部细节变得清晰。秦始皇二十六年及其前后的简牍文书及律令条文为我们重新认识秦统一前后的社会局势、秦制在新地艰难展开的进程提供了新契机。

第一节 秦统一初期在新地面临的种种困局
——以楚地为考察中心

灭楚之过程较为曲折，主将王翦和秦王的灭楚方略也不一样，王翦甚至因此而告病还乡。秦王起用李信，结果秦军吃了败仗，"荆人因随之，三日三夜不顿舍，大破李信军，入两壁，杀七都尉，秦军走"。①田余庆先生认为李信是被项燕和昌平君合谋击败。②王翦被重新起用后，出动六十万大军，最终在秦始皇二十四年击溃楚国主力，项燕自杀。此后，楚人再也无力抵挡秦军的兵锋，二十五年楚地完全被秦控制，迁陵县亦在此年纳入秦版图之中，里耶秦简所见行政文书，正始于秦始皇二十五年。然里耶秦简第五层简牍之中，出土了数枚楚简，亦为官府文书，据此可知迁陵在归属楚国时就已设县，迁陵公的出现也可证明这一点。楚国常称一县之主管为"公"。

楚虽亡，境内小股反秦势力却一直在活动，秦汉简中所见的群盗、反者、从反者，均以反秦为宗旨。

张家山汉简《奏谳书》记载了秦始皇二十七年苍梧利乡一股群盗的反秦活动，"义等将吏卒新黔首敫（击）反盗，反盗杀义等，吏、新黔首皆弗救援，去北"。③我们颇怀疑，除了义之外，参加镇压反盗者均为楚人，对新政权尚无认同感，故在首领义被杀后即不战而逃。此类情况在秦统治楚地之初当极为常见，故秦政府出台了针对性极强的法律条文："令：所取荆新地多群盗，吏所兴与群盗遇，去北，以儋乏不斗律论。"④"以儋乏不斗律论"即按照儋乏不斗论处，秦律"儋乏不斗，

---

① 《史记》卷七十三《白起王翦列传》，第2840页。
② 田余庆：《说张楚》，载氏著《秦汉魏晋史探微》（重订本），中华书局，2011，第1~29页。按：田余庆先生的说法值得重新考虑，据新刊秦简材料，启于秦始皇二十五年（前222年）仍任丞相。昌平君和丞相启应非一人。
③ 彭浩、陈伟、〔日〕工藤元男主编《二年律令与奏谳书——张家山二四七号汉墓出土法律文献释读》，第365页。
④ 彭浩、陈伟、〔日〕工藤元男主编《二年律令与奏谳书——张家山二四七号汉墓出土法律文献释读》，第365页。

斩"①。为了防止吏卒在与新地群盗作战的过程中退缩逃跑，秦制定了相当严苛的法令。此种惩罚似乎是逐渐加重的。岳麓秦简奏谳文书中有一案例，与之有一定相似性。

  "绾等畏奡还走案"：廿（二十）六年九月己卯朔（残161）……反寇来追者少，皆止（1067）……得、文、乌、庆、绾等与反寇战，不伍束符，忌以射死，卒喜等【□】短兵死。畏奡，去环（还）走卅（四十）六步。逢包（1041）……皆致灋（法）焉。有（又）取卒畏奡冣（最）先去、先者次（？）十二人，完以为城旦、鬼薪。有（又）取其次（？）十四人，耐以（0406）为隶臣。其余皆夺爵为士伍，其故上造以上，有（又）令戍四岁，公士六岁，公卒以下八岁。（0472-1）"②

从奏谳时间可推测出此案发生时间当在秦始皇二十六年或之前，地点也应在南郡境内（同批材料所见案例均发生在南郡）。吏卒在与反寇作战过程中退缩不前者，均被问罪，根据脱离战场时间先后和奔走距离之远近，分别完为城旦、鬼薪，或耐为隶臣妾，或戍边数岁。里耶秦简载"迁陵上坐反适（谪）皋（罪）当均输郡中者六十六人"③，被迁徙到迁陵的六十六人都是因为谋反事件而受到连坐，连坐者应包括官吏和黔首等群体。需要强调的是：迁徙地之确定并非随意，每个郡都有固定的安置迁刑犯的处所，秦简称之为"恒迁所"。

  ·诸有皋当毳（迁）输蜀巴及恒毳（迁）所者，皋已决，当传而欲有告及行有告，县官皆勿听而巫传诣（1123）毳（迁）轮＜输＞

① 彭浩、陈伟、〔日〕工藤元男主编《二年律令与奏谳书——张家山二四七号汉墓出土法律文献释读》，第365页
② 朱汉民、陈松长主编《岳麓书院藏秦简（叁）》，第239~241页；陈松长主编《岳麓书院藏秦简（柒）》，第178页。按：笔者认为《岳麓书院藏秦简（叁）》遗漏0472-1简应编连在0406简之后。
③ 陈伟主编《里耶秦简牍校释（第二卷）》，第35页。

所，勿留。　　　　　　　·十九（0966）①

新黔首，以此令告有挟剑兵长刀者，亟诣吏，辄入县官乚。已布令。函、令、令史有秩吏分曹索（索）之，有挟剑、（0644）兵、长刀弗诣吏者，辄捕鼋（迁）其郡恒鼋（迁）所，皆辄行之。（0585）②

·诸相与奸乱而鼋（迁）者，皆别鼋（迁）之，勿令同郡。其女子当鼋（迁）者乚，东郡乚、参川乚、河内乚、颖（颍）川乚、请（清）河、（0864）河间乚、蜀巴乚、汉中乚、□☒（2193）乱，不从令者，赀二甲。　　　　　·十七　——（0865）③

·尉议：中县有罪罚当戍者及阳平吏卒当戍者，皆署琅邪（琊）郡；属邦、道当戍东故徼者，署衡山郡。（0689）☒它如令。绾请，许。而令中县署东晦（海）郡，泰（太）原署四川郡，东郡、参（叁）川、颖（颍）川署江胡郡乚，南阳、（0194-1）河内署九江郡，南郡、上党、属邦、道当戍东故徼者，署衡山郡。（0383）④

"恒鼋（迁）所"即常用来安置迁徙者的处所，秦律令条文上的规定，颇能得到其他文献的证实。《为狱等状四种》"癸、琐相移谋购案"载："（廿五年）五月甲辰，州陵守绾、丞越、史获论令癸、琐等各赎黥。癸、行戍衡山郡各三岁，以当瀍（法）；先备赎。不论沛等。"⑤州陵为南郡属县，癸、琐为州陵吏卒，触罪被罚戍衡山郡三年。这正与上引0383简"南郡、上党、属邦、道当戍东故徼者，署衡山郡"的规定一致。这应当不是巧合。

0194-1简中出现的"绾"乃秦丞相王绾，从岳麓秦简可知他最迟在秦始皇二十六年四月已担任秦丞相，为启的继任者。启出现在里耶秦

---

① 陈松长主编《岳麓书院藏秦简（伍）》，第49~50页。
② 陈松长主编《岳麓书院藏秦简（柒）》，第77~78页。按：个别句读有调整。
③ 陈松长主编《岳麓书院藏秦简（伍）》，第66~67页。
④ 陈松长主编《岳麓书院藏秦简（柒）》，第61页。
⑤ 朱汉民、陈松长主编《岳麓书院藏秦简（叁）》，第99页。

简二十五年二月文书中，称"丞相启"。丞相请求修改或制定律令，在秦汉时代极为常见。考虑到二十五年二月距离癸、行被论戍衡山郡的时间只有三个月。我们倾向于在丞相绾请令以前，衡山郡就是南郡安置罚戍者的固定处所。

"癸、琐相移谋购案"奏谳时间在秦始皇二十五年，最迟在此年五月衡山郡已经存在。辛德勇先生之前推定"衡山郡依然应当是始皇三十三年时与他郡一同改置"[①]，现在看来不妥当。据令文还能知晓衡山郡属于"东故徼"，"东"或泛指函谷关以东区域。东晦、四川、江胡、九江和衡山诸郡呈东北—西南方向分布，且相互毗邻。据此可推定江胡当位于东晦郡以西、衡山郡以东、四川郡以南。江胡郡曾短暂存在，后来被析入东晦、四川、九江诸郡。

里耶秦简所见文书、簿籍常记录戍卒之籍贯，如8-429简"罚戍士五（伍）资中宕登爽署迁陵书"[②]，罚戍者名爽，资中为县名，宕登为里名。我们考察了里耶秦简所见罚戍者，发现来自内史、巴蜀和南郡，均为秦故地，最后纳入秦版图的南郡，设置于公元前278年。当然，故地是相对于战国后期归属秦国的新地而言，秦简中有所谓"新地吏"，又有"新黔首"。秦故地的罚戍者，常被遣至迁陵县，可知秦故地有罪当罚戍者，恒署洞庭郡。看来，将有罪者罚往边郡戍守或为吏是秦长期执行的策略，这对维护新地稳定和有效掌控新归附的民众能起到一定作用。

表7-1　里耶秦简所见罚戍者及其户籍地一览[③]

姓名	身份	籍贯所在县	所属郡	文书生成时间	简号
爽	士伍	资中	巴／蜀郡？		8-429
禄	士伍	醴阳	南郡	卅三年	8-761
悍	簪褭	坏（怀）德	内史	卅一年	8-781+8-1102
胅	公卒	襄城＜武＞	内史	卅一年	8-2246

① 辛德勇：《秦汉政区与边界地理研究》，中华书局，2009，第86页。
② 陈伟主编《里耶秦简牍校释（第一卷）》，第147页。
③ 表中数据来自陈伟主编《里耶秦简牍校释》第一、二卷，此不一一出注。

续表

姓名	身份	籍贯所在县	所属郡	文书生成时间	简号
甗	士伍	襄武	内史	卅一年	8-2246
肷	公卒	襄武	内史	卅一年	9-763+9-775

襄武县，《汉书·地理志》属陇西郡。后晓荣先生推定秦内史共辖41县①，无襄武县，而是采信《汉书·地理志》的说法，将襄武归入陇西郡。我们认为秦代襄武当为内史属县。襄武又见于以下秦简：

> 郡及襄武 L、上雒 L、商 L、函谷关外人及悉（迁）郡、襄武、上雒、商、函谷关外（2106）男女去，阑亡、将阳，来入之中县、道，无少长，舍人室，室主舍者，智（知）其请（情），以律悉（迁）之。（1990）②
> 襄武内史☒（9-965）③

2106 简所见上雒、商为内史属县，襄武当无例外，整则律文将秦统治区域划分为两大块——中县道和非中县道，简文中的"郡"指函谷关以西的秦郡。内史所辖襄武等县与郡并列，也彰显了内史的独特地位。与里耶秦简 9-965 简体例一样的简还有"武关内史"（9-1606）④、"美阳内史"（9-2354）⑤，前后两个地名似有涵括关系，尤其是美阳县，确为内史属县。

我们又发现里耶秦简所见"更戍"者几乎均来自城父县，这应当不是偶然，可以确定：迁陵乃城父黔首之"恒徭所"。城父属四川郡，统一以前，与洞庭郡同属楚国；这种徭戍派遣方式值得进一步研究。

---

① 后晓荣：《秦代政区地理》，社会科学文献出版社，2009，第 148 页。
② 陈松长主编《岳麓书院藏秦简（肆）》，第 56 页。
③ 陈伟主编《里耶秦简牍校释（第二卷）》，第 231 页。
④ 陈伟主编《里耶秦简牍校释（第二卷）》，第 335 页。
⑤ 陈伟主编《里耶秦简牍校释（第二卷）》，第 483 页。

秦统一之初，新地吏卒时常被反寇和群盗困扰，这一点从上文引用的秦汉奏谳文书及秦律令中能得出大致印象。吏卒与反寇狭路相逢，或战死，或临阵脱逃，畏懦不战者常要受到惩罚。而里耶秦简披露的文书资料，保留了不少细节，为我们了解吏卒与反秦势力之间殊死斗争的实际情况创造了良好契机。先来看几份秦牍文字：

> 廿六年五月辛巳朔壬辰，酉阳齮敢告迁陵主：或诣男子它。辤（辞）曰：士五（伍），居新武陵轵上。往岁八月赾（去）反寇迁陵，属邦候显、候丞【不】智（知）名。与反寇战，丞死。它狱迁陵，论耐它为候，遣它归。复令令史畸追环（还）它更论。它赾（系）狱府，去亡。令史可以书到时定名吏（事）里、亡年日月、它坐论报攽（赦）皋（罪）云何，或（又）覆问毋有。遣识者，当腾腾。为报，勿留。敢告主。/五月戊戌，酉阳守丞宜敢告迁陵丞主：未报，追。令史可为报，勿留。（9-2287）敢告主。/炕手。

> 六月癸丑，迁陵守丞敦狐以此报酉阳曰：已以五月壬寅、戊申报曰：它等未赾（系），去亡。其等皆狱迁陵，盗戒（械）传谓迁陵。/遝手。/即令走起以送移旁。

> 有前在其前狱。

> 癸丑水下三刻，平里士五（伍）颤以来。/逐半。 炕手。（9-2287背）①

> 【廿】六年二月癸丑朔丙子，唐亭叚（假）校长壮敢言之：唐亭旁有盗可卅人。壮卒少，不足以追，亭不可空。谒遣【卒】索（索）。敢言之。/二月辛巳，迁陵守丞敦狐敢告尉、告卿（乡）主，以律（9-1112）令从吏（事）。尉下亭鄣，署士吏谨备。贰卿（乡）上司马丞。/亭手。/即令走涂行。

> 二月辛巳，不更與里戌以来。/丞半。 壮手。（9-1112背）②

---

① 陈伟主编《里耶秦简牍校释（第二卷）》，第453页。
② 陈伟主编《里耶秦简牍校释（第二卷）》，第260页。

9-2287 号文书并未言明士伍为何被治罪，根据前后文推测，很有可能是在参加抗击反寇的战斗中没有按照法令行事。二十五年八月，属邦候显、候丞无名氏率领它和其他吏卒一起与反寇作战，候丞战死，可知反寇的力量不小。而目前所见里耶秦简文书最早产生于秦始皇二十五年十二月 [1]。可知，秦虽然在二十五年之初（或更早）已经在迁陵设县，但境内小股反抗势力此起彼伏，驻守吏卒疲于应付。

从 9-112 简可知迁陵县境内群盗之规模不小，以至于当地的亭部无力捕捉，须由县尉抽调其他亭部的士卒前来支持。

除了反寇、群盗和流民等在明面的反抗势力以外，在新政权中服务的楚人、被贬谪到新地的秦吏同样对秦在楚地的统治和制度的施行造成阻碍。

益阳兔子山 7 号井出土的简牍以楚、秦两种文字书写，其中一枚残简长仅 3 厘米，两面有字，一面书"莫□□"三字，为楚文字，一面书"郡县"二字，为秦隶，整理者对此现象感到困惑。[2] 我们认为可作如下解释：益阳被秦国吞并后，楚国统治益阳时期的文书档案被保存了一段时间，一来可以作为日常行政的参照，二来官吏可使用未书写文字的简背来习字。此并非孤例，里耶秦简某些简牍也是以楚、秦两种文字书写。

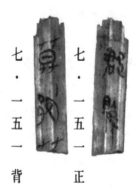

七·一五一背　　　七·一五一正

---

① 陈伟主编《里耶秦简牍校释（第一卷）》，第 365 页。8-1587 简时间为"廿五年十二月辛酉"。

② 张兴国、张春龙：《湖南益阳兔子山遗址九号井发掘报告》，载湖南省文物考古研究所编《湖南考古辑刊》（第 12 集），科学出版社，2017，第 148 页。

　　秦用十年时间灭东方六大国，版图急剧扩大，吏员的需求数量亦成倍增长，单靠秦故地培养必然难敷其用，因此，就近起用六国固有官吏应为题中之义。农耕民族向来安土重迁，背井离乡去一个吉凶未卜的新环境里任职，实在不是一件美差。更何况，新地的统治难度也非故地所能比。从出土秦律令可知，官员视赴新地履职为畏途，新地成为各类罪吏的安置之所：

　　　　诸吏为詐（诈）以免去吏者，卒史、丞、尉以上上御史 ∟，属、尉佐及乘车以下上丞相，丞相、御史先予新地远釁害郡，备，【以】（1866+J71-3）次予之，皆令从其吏事新地四岁，日备免之，日未备而詐（诈）故为它，赀、废，以免去吏，驾（加）皋一等。·今泰史□☑（1720）……中县史学童今兹会试者凡八百卌一人 ∟，其不入史者百一十一人。·臣闻其不入者泰抵恶为吏而与其（1807）□繇（徭）故为詐（诈），不肎（肯）入史，以避为吏 ∟。为詐（诈）如此而毋罚，不便。·臣请：令泰史遣以为潦东县官佐四岁，日备免之。（1810）日未备而有毚（迁）皋，因处之潦东 ∟。其有耐皋，亦徙之潦东，而皆令其父母、妻子与同居数者从之，以罚其（1871）为詐（诈），便。·臣昧死请。制曰：可。·廿九年四月甲戌到胡阳。·史学童詐（诈）不入试令·出廷丙廿七（1859）[①]

　　　·自今以来，诸坐课它物，当为新地吏，若戍故徼而欼入禾粟以除者，及节（即）有令得县禾入☑（0490）石，以除为新地吏，若戍各二岁以下，许之。（0492）[②]

　　　廿六年十二月癸丑朔庚申，迁陵守禄敢言之：沮守瘳言：课廿四年畜Ⅰ息子得钱殿。沮守周主。为新地吏，令县论言夬（决）。·问之，周不在Ⅱ迁陵。敢言之。Ⅲ

　　　·以荆山道丞印行。Ⅳ（8-1516）

　　　丙寅水下三刻，启陵乘城卒秭归□里士五（伍）顺行旁。壬

---

①　陈松长主编：《岳麓书院藏秦简（陆）》，第178~180页。

②　陈松长主编：《岳麓书院藏秦简（柒）》，第89页。

手。（8-1516背）①

十一月甲寅，鲁阳守丞印下尉：以律令从吏（事）。今亟日夜遣，毋出寅夕。唯毋失期。失期，致啬夫、吏主者。它尽如遣**新地吏令**。痈手（9-1881）

十五（9-1881背）②

·定阴<陶>忠言：律曰："显大夫有皋当废以上勿擅断，必请之。"今南郡司马庆故为冤句令，詐（诈）课，当（1036）废官，**令以故秩为新地吏四岁而勿废**，请论庆。制书曰："诸当废而为新地吏勿废者，即非废。（1010）已后此等勿言。"·廿六（1011）③

官吏为诈，所涉颇广，凡日常行政中一切弄虚作假的行为都能称作"诈"，秦简中最常见的有官吏为应付考课而为诈，或因逃避某职役而为诈，后一种情况秦律令中称之为"诈避事"。秦法对官吏"诈避事"的惩处措施，前后有极大差异。岳麓秦简1869简载："詐（诈）避事，所避唯（虽）毋论，赀二甲，废。"④而同一批简1926号却言"□□毋敢过壹，隤訂过者，令、丞以下均行，詐（诈）避者皆为新地吏二岁"。⑤弄虚作假以逃避职役的官吏，先前面临的惩处是罚二甲，解除官职且不再起用；后来则改为派往新地为吏，时间长短因事而定，常见有二年和四年。秦令所引制书"诸当废而为新地吏勿废者，即非废。已后此等勿言"⑥，将失职的官吏派遣到新地任职，而非罢免永不叙用，此乃秦任官制度方面的重要调整，亦是时局之下的必然产物。

庆在冤句令任上，为应付考课而造假，在其升迁至南郡司马时事情败露，"诈课，当废官"，然最后的处置是"令以故秩为新地吏四岁而勿

---

① 陈伟主编《里耶秦简牍校释（第一卷）》，第343页。按：个别字有改释。
② 陈伟主编《里耶秦简牍校释（第二卷）》，第383页。
③ 陈松长主编《岳麓书院藏秦简（伍）》，第56~57页。按："阴""陶"常讹混，此处当作"陶"。
④ 陈松长主编《岳麓书院藏秦简（伍）》，第186页。
⑤ 陈松长主编《岳麓书院藏秦简（伍）》，第186页。
⑥ 陈松长主编《岳麓书院藏秦简（伍）》，第56~57页。

废"。上文已言及这种改变是得到制书肯定的。检举人忠是何身份？其人在定陶，秦封泥有"定陶丞印"①，定陶为县名无疑，然就算其为定陶县的县令，何以能够检举远在千里之外的南郡司马庆？从岳麓秦简令文和里耶秦简实用行政文书来看，秦代后任官员似有检举前任失职之责，从上文所引用 8-1516 简可知沮守瘳检举的对象就是前任周。考虑到庆曾任冤句令，而据《汉书·地理志》所载，冤句和定陶均为济阴郡属县，二县同属一郡或在秦代已如此。综上或可推测出庆从冤句赴南郡任职后，由忠接任冤句令，而忠不久又被调至定陶任县令。后任官吏检举前任的法令依据为：

> ·令曰：吏徙官而当论者，故官写劾，上属所执灋，执灋令新官亟论之。执灋【课其留者，以】发征律论之。【不】（1661）上属所执灋而径告县官者，赀一甲。以为恒。□□□第廿二（1760）②

"故官"乃被劾论者之前任职的官署，须在劾状中详细陈述被劾者的犯罪事实，当然之前还有调查取证的过程。劾状呈交给上级"执灋"，再由"执灋"转呈"新官"，"新官"接到劾状后根据相关法律规定给"当论者"定罪。"执灋"似为独立的司法监察体系，其监察对象主要为负责日常行政的"县官"系统的官吏。为了防止"县官"之间互相庇护，劾状需由"执灋"转交，而不能在县官之间直接传递。

　　这种后任检举前任的举措，可有效促使官员依法行政，然"秦法繁于秋荼，而网密于凝脂"③，官吏动辄得咎，故不少官吏选择挂冠封印而去。上文所引里耶秦简 8-1516 简所载就是鲜活的例子。沮守周负责的牲畜繁衍不力，在秦始皇二十四年的考核中落得最后一名，按照律令，周当为新地吏。这一处置与秦令"诸坐课它物，当为新地吏"的规定一致。有意思的是"问之，周不在迁陵"和"以荆山道丞印行"两处。文

---

①　周晓陆、路东之编著《秦封泥集》，第 299 页。
②　陈松长主编《岳麓书院藏秦简（伍）》，第 140 页。
③　（汉）桓宽撰，王利器校注《盐铁论·刑德》，中华书局，1992，第 565 页。

书是从荆山道传送到迁陵县的，当是按照县次传递，由此可知荆山道与迁陵县接壤。经查实，周并不在迁陵。问题是周作为一名正式官员，即使是因为失职被谪罚到新地为吏，也应该有相应的文书记载其去向，何以需要询问？

沮在《汉书·地理志》属武都郡，治所在今陕西略阳县东，荆山道之地望待考，但必不属洞庭郡。一封从沮县发出的文书，跨越数郡送到数千里之外的迁陵，并且未采取"以邮传"，而是采用"以次传"的方式。这让人想起散布天下的海捕文书，之所以采取漫天撒网的方式来寻找一个秩级较低的官吏，是因为他犯了大忌。周作为在秦故地任职的县主管官员，得知自己将被遣到新地为吏时，竟然开了小差，不知所踪。就在始皇帝一统天下的当口，出了此类事件，实在是影响极坏。若人人都视去新地任职为畏途，将无法实现对新并入版图的区域的有效掌控。这毫无疑问是始皇帝不能接受的，故对沮守周进行地毯式搜捕就在情理之中了。

需要补充的是，按照秦统一前的法律，主管官员只有连续三次考评都是最后一名时才会面临赏二甲并罢免的惩处：

> 《秦律杂抄》：采山重殿，赀啬夫一甲，佐一盾；三岁比殿，赀啬夫二甲而灋（废）。殿而不负费，勿赀。[1]

或许正是因为前后政策的差异过大，沮守周内心难以说服自己去新地为吏。他当然也清楚逃亡意味着什么，也知道被抓捕之后会面临何种处置。但他仍然不顾一切，抱着侥幸心理出逃，其原因无非是对新地感到恐惧。那么，新地果真是龙潭虎穴吗？秦始皇又是如何掌控新地的呢？笔者将在下文分析。

旧有的习俗和制度也会给新统治者带来治理上的难题。秦与东方诸国文字异体，车不同轨，度量衡不一，习俗风尚亦有差别，在短时间内

---

① 睡虎地秦墓竹简整理小组编《睡虎地秦墓竹简》，第84页。

整齐为一，绝非易事。

前文我们已经提及里耶所出简牍中有以楚文字书写者，兔子山竹简正背面分别以秦、楚两种文字书写。县廷所在地尚能见到旧有文化顽强抗争的痕迹，在乡野江湖之上，楚人必不愿轻意弃用沿袭已久的文字。当然，秦文字最终还是胜出了。这不仅是秦统治者强行推广的结果，更是各种因素综合作用所致。首先，秦隶的确比东方各国使用的古文字易写易辨；其次，汉初文化制度决策者大都在秦代出任基层官吏，已能熟练运用秦文字，熟知秦隶的优点；最后，秦统治下的十五年，放在历史长河中虽是短暂一瞬，但秦法的严酷性、秦吏贯彻朝廷意图的彻底性可部分抵消时间上的劣势，故秦制能在关东迅速展开并确立。从里耶秦简中可知，迁陵已有县学，由学佴主管，教授儿童识字、算数等知识。

睡虎地秦简《语书》中南郡守腾借古人之口说出楚地固有习俗与秦法格格不入，并斥之为“恶俗”：

> 廿年四月丙戌朔丁亥，南郡守腾谓县、道啬夫：古者，民各有乡俗，其所利及好恶不同，或不便于民，害于邦。是以圣王作为灋（法）度，以矫端民心，去其邪避（僻），除其恶俗。灋（法）律未足，民多诈巧，故后有间令下者。凡灋（法）律令者，以教道（导）民，去其淫避（僻），除其恶俗，而使之之于为善殹（也）。今灋（法）律令已具矣，而吏民莫用，乡俗淫失（泆）之民不止，是即灋（废）主之明法殹（也），而长邪避（僻）淫失（泆）之民，甚害于邦，不便于民。故腾为是而修灋（法）律令、田令及为间私方而下之，令吏明布，令吏民皆明智（知）之，毋巨（歫）于罪。今灋（法）律令已布闻，吏【民】犯灋（法）为间私者不止，私好、乡俗之心不变。自从令、丞以下，智（知）而弗举论，是即明避主之明灋（法）殹（也），而养匿邪避（僻）之民。如此，则为人臣亦不忠矣。若弗智（知），是即不胜任、不智（知）殹（也）；智（知）而弗敢论，是即不廉殹（也）。此皆大辠（罪）殹（也），而令、丞弗智（知），甚不便。今且令人案行之，举劾不从令者，

致以律，论及令、丞。有（又）且课县官独多犯令而令、丞弗得者，以令、丞闻。以次传；别书江陵布，以邮行。①

文书发布时间为秦始皇二十年（前227年），距离秦设置南郡已近半个世纪，现实情况是"灋（法）律令已具矣，而吏民莫用，乡俗淫失（泆）之民不止，是以灋（废）主之明法殴（也），而长邪避（僻）淫失（泆）之民，甚害于邦，不便于民"。不尊秦法者不限于民，还包括吏。"乡"通"向"，"向俗"与"背法"正可形成鲜明对比。"俗"是广义的，既包括习俗，应该还包括楚国先前的法律。"今灋（法）律令已布闻，吏【民】犯灋（法）为间私者不止，私好、乡俗之心不变"，一则表明传统习俗力量的强大惯性，同时也能看出部分民众对秦法秦制本能地抗拒，或许时刻在等待楚军光复南郡。而掌管南郡的郡守把这些归咎于基层官吏之无能、不廉和惰政，希望加大对官员的惩罚力度来改善这一局面。秦上层统治者过度迷信法律而忽视习俗的力量，或是其速亡的原因之一。

楚国成年男子都有佩剑的习俗，楚墓出土了数量巨大的青铜剑，稍有地位的男性墓主几乎都有青铜剑作为陪葬，有的甚至不止一把。②这一习俗势必给秦统一后的武器管控带来麻烦。岳麓秦简有一则令文就是针对这一习俗制定的：

　　·新黔首或不勉田作、缮室屋而带剑挟兵，曹纑（偶）出入，非善谷（俗）殴（也），其谨禁御（禦）之。公大夫以上乃得带剑，（0562）而不得挟它兵及大刀长尺五寸以上者，官大夫以下不得带剑挟兵长刀。（0654）③

----

① 陈伟主编《秦简牍合集 释文注释修订本（壹）》，第29页。
② 《江陵雨台山楚墓发掘简报》，《考古》1980年第5期。据《简报》，雨台山楚墓共出土青铜剑172件，来自168座楚墓。此次发掘共清理楚墓554座，根据葬俗，女性墓应占一半左右。
③ 陈松长主编《岳麓书院藏秦简（柒）》，第77页。按：句读有改动。

显然此令是针对新地的，虽未明言是楚地，但楚人好佩剑的习俗由来已久，楚地私藏兵器的现象必是相当普遍的。令文言新地黔首"不勉田作、缮室屋而带剑挟兵，曹繇（偶）出入"，黔首不肯在农业生产、房屋建设上用力，而喜欢带剑挟兵，成群结队出入，这些均非善俗。《史记·货殖列传》言"夫自淮北沛、陈、汝南、南郡，此西楚也。其俗剽轻，易发怒，地薄，寡于积聚"，又言南楚（衡山、九江、江南豫章、长沙）之俗"大类西楚"。[①]楚人好带剑，加之剽轻、易怒等性格，势必给秦之统治带来不少困扰。

此外，楚人信鬼神，好淫祀，亦与秦务实重法的治国理念相悖。《吕氏春秋·异宝》："荆人畏鬼而越人信禨。"[②]《汉书·地理志》："楚地，翼、轸之分壄也。今之南郡、江夏、零陵、桂阳、武陵、长沙及汉中、汝南郡，尽楚分也。……信巫鬼，重淫祀。而汉中淫失枝柱，与巴蜀同俗。汝南之别，皆急疾有气势。"[③]《后汉书·宋均传》载宋均"调补辰阳长。其俗少学者而信巫鬼，均为立学校，禁绝淫祀，人皆安之"[④]。辰阳，楚黔中郡辖地，秦属洞庭郡，见于《楚辞》和里耶秦简。楚人迷信鬼神之俗由来久远，从《楚辞》中也能窥见一二，而这种习俗短时间内是难以改变的，《后汉书》所言宋均"禁绝淫祀"恐怕也是一时之效。

楚人剽轻好带剑、迷信鬼神而不务本业，这些习俗与秦人务实、重耕作、勇于军战而怯于私斗形成鲜明对比。楚俗必然对秦之统治造成各种干扰。

第二节 秦对新地的掌控

为了有效掌控新地，平息境内的反对势力，秦首先从立法层面对新地吏做了比较严苛的要求，新地吏在任上六年内若出现反盗或有警，会

---

① 《史记》卷一二九《货殖列传》，第3964、3965页。
② 许维遹：《吕氏春秋集释》，中华书局，2009，第230页。
③ 《汉书》卷二八《地理志》，第1665~1666页。
④ 《后汉书》卷四十一《宋均传》，第1411页。

面临相当严厉的处罚。试看以下令文：

> 廿六年正月丙申以来，新地为官未盈六岁节（即）有反盗，若
> 有敬（警），其吏自佐史以上去繇（徭）使私谒之（1018）它郡县
> 官，事已行，皆以彼（被）陈（阵）去敌律论之。吏遣许者，与同
> 辠。以反盗敬（警）事故 ∟，繇（徭）使不用（1014）此令。·十八
> （1015）①

不难知晓上引令条的颁布时间当在秦始皇二十六年正月丙申日，据《史记·秦始皇本纪》载，这一年秦将王贲从燕国南部进攻齐国，破之，并擒获齐王田建。至此，东方六大国均被秦翦灭。然史书没有记载秦灭齐之确切月份。岳麓秦简有不少颁布于秦始皇二十六年正月的令文，结合令文内容考虑，我们认为在二十六年正月以前，齐国已被秦吞并。

在新地为官不满六年，如果所辖区域出现"反盗"或"有敬（警）"，比照"彼（被）陈（阵）去敌"论处。"彼（被）陈（阵）去敌"，即临阵脱逃，也称"去北"。《奏谳书》案例十八发生在秦始皇二十七年，引用了当时的律令条文："令：所取荆新地多群盗，吏所兴与群盗遇，去北，以儋乏不斗律论。律：儋乏不斗，斩。"②据此可知，临阵脱逃者是死罪。

"反盗"大概兼有"反者"和"群盗"之特性，张家山汉简《奏谳书》案例多次提及。一般而言，"反者"以颠覆政权为目标，"群盗"以劫取财物为目标。然"反者"为了取得必要物资，也常有掳掠行为；"群盗"发展壮大后亦会影响政权的稳定。

"有敬（警）"之"警"，涵括颇广，凡外敌入侵、火灾、洪水、城墙崩坍等，都可称为"警"。"惊"与"警"为同源词，让人受惊之事均可称为"警"。睡虎地秦简《叶书》载秦始皇十九年"南郡备敬（警）"，

---

① 陈松长主编《岳麓书院藏秦简（伍）》，第48~49页。

② 彭浩、陈伟、〔日〕工藤元男主编《二年律令与奏谳书——张家山二四七号汉墓出土法律文献释读》，第365页。

一般认为是防备南郡遭到韩国或楚国军队攻击[①]。《日书甲种》"十二支占死咎"条下："寅，罔也。其咎在四室，外有火敬（警）。"[②]"火敬"即火灾。《日书甲种》"十二支占死咎"条下："辰，尌（树）也，其后必有敬（警），有言见，其咎在五室马牛。"[③]此处"敬（警）"泛指一切让人受惊之事。

与"反盗"连用的"敬"，似不包括自然灾害和失火之类，而是指外敌入侵、民众造反之类的紧急事件。黔首前往应对突发事件，被称作"奔敬（警）"，秦代有专门的"奔敬（警）律"。岳麓秦简中即有一则《奔敬（警）律》，内容如下：

> ·奔敬（警）律曰：先粼黔首当奔敬（警）者，为五寸符，人一，右在【县官】，左在黔首，黔首佩之节（即）奔敬（警）∟。诸挟符者皆奔敬（警）故（1252）徼外盗彻＜发＞所，合符焉，以謀（选）伍之。黔首老弱及痒（癃）病，不可令奔敬（警）者，牒书署其故，勿予符。其故徼县道（1253）各令，令守城邑害所，豫先分善署之，财（裁）为置将吏而皆令先智（知）所主；节（即）奔敬（警），各亟走，所主将吏善办治（1369）之。老弱庳（癃）病不足以守∟，豫遗重卒期足以益守，令先智（知）所主。（1383）[④]

从律文可知，黔首有奔警之义务；奔警属广义徭役之一种，只有老弱病残可不参与此类役事。奔警者必持左符，官吏事先划分好防守区域，一旦遇有警事，奔警者在官吏的带领下迅速进入防区。律文中"徼外盗""令守城邑害所"等词句表明奔警主要针对边境出现的盗情，坚守

① 韩连琪：《睡虎地秦简〈编年纪〉考证》，《中华文史论丛》1981年第1辑，后收入氏著《先秦两汉史论丛》，齐鲁书社，1986；黄盛璋：《战国"江陵"玺与江陵之兴起因沿考》，《江汉考古》1986年第1期。
② 陈伟主编《秦简牍合集 释文注释修订本（贰）》，第452页。
③ 陈伟主编《秦简牍合集 释文注释修订本（贰）》，第452页。
④ 陈松长主编《岳麓书院藏秦简（肆）》，第126~127页。

要害之处以免盗攻入国内；当然故地出现此类紧急事件，也会采取类似的措施。

又秦令条文中"反盗"与"有敬（警）"并列，表明二者当有区别。我们认为"反盗"仅指秦直接管辖区域内的造反者，"有敬（警）"是就来自徼外的侵扰破坏活动而言。

奔警者是为应对突发事件而准备，性质类同《汉书·昭帝纪》中的"奔命"。应劭曰："旧时郡国皆有材官骑士以赴急难，今夷反，常兵不足以讨之，故权选取精勇。闻命奔走，故谓之奔命。"李斐曰："平居发者二十以上至五十为甲卒，今者五十以上六十以下为奔命。奔命，言急也。"[1]李斐言"五十以上六十以下为奔命"，恐与事实不符。秦《奔敬（警）律》明言"黔首老弱"者"勿予符"，即不在奔命之列。

完善高效的邮驿传递系统也有助于秦应对紧急突发事件。"行书律曰：县请制，唯故徼外盗，以邮行之，其它毋敢擅令邮行书。"[2]徼外乃蛮夷所居之地，"故徼外盗"，或当理解为徼外蛮夷来境内劫掠，碰到此类情况，可以通过"以邮行"方式将文书上报。以此类推，境内若出现"反盗"，也会迅速把消息传递出去。

岳麓秦简有一则《备盗贼令》，从令名就能知道是针对盗贼防御的，令文曰："盗贼发不得者，必谨薄（簿）署吏徒追逐疾徐不得状于狱，令可案，不从令，令、丞、狱史主者赀各一甲。（1912）"[3]吏卒逐捕盗贼不成功，必须用簿籍记录追逐的详情，以备案察，实际是为了追究办案不力者的罪责而设。

秦对付反盗常用的办法还有"大索"和往各地发布"谲书"。《史记·秦始皇本纪》载秦始皇二十九年（前218年）东游，"至阳武博狼沙中，为盗所惊。求弗得，乃令天下大索十日"[4]张良组织的刺杀行动虽未能成功，但的确让始皇帝受到惊吓。"大索"即大规模的地毯式排

---

① 《汉书》卷七《昭帝纪》，第219页。
② 陈松长主编《岳麓书院藏秦简（肆）》，第133页。
③ 陈松长主编《岳麓书院藏秦简（伍）》，第194页。
④ 《史记》卷六《秦始皇本纪》，第319页。

查，与一般的搜捕有别。岳麓秦简有一则《索律》：

> ·索（索）律曰：索（索）有脱不得者节（即）后得及自
> 出，·讯索（索）时所居，其死罪，吏徒部索（索）弗得者，赎耐；
> 城旦舂到刑罪，赀（1354）二甲；耐罪以下赀一甲。（1314）[1]

吏徒索而未得，属于失职行为，所受惩罚据被索者罪等而定。律文将
"死罪""刑罪""耐罪"并列，易晓"刑罪"之"刑"为肉刑。《索律》
这一篇名仅见于岳麓秦简，睡虎地秦简、张家山汉简、睡虎地77号汉墓
竹简和胡家草场汉简均未见之。此律之制定或与秦始皇的个人遭遇有关。

除了反盗，秦代的亡人群体也给社会治理增加了难度系数，同时
影响国家的税收和徭役。亡人绝大多数原本为编户齐民，常脱离户籍所
在县，流亡的原因不尽相同，或为了逃避刑法制裁，如"亡命"者多如
此；或为了逃荒；或为了短暂摆脱徭役，如"将阳亡"。

为了有效制止逃亡，秦政府采取各类手段。首先是及时清查人口，
统计出各县各里在编者、逃离户籍者及将阳乏户者人数。里耶秦简、岳
麓秦简均有相关记录：

> 卅五年迁陵贰春乡积户二万一千三百☒Ⅰ
> 毋将阳阑亡乏户。☒Ⅱ（8-1716）[2]
> 敢言之：迁陵卅三年将阳乏户（9-721）[3]
> 繇（徭）律曰：发繇（徭），自不更以下繇（徭）戍，自一日
> 以上尽券书，及署于牒，将阳倍（背）事者亦署之，不从令及繇
> （徭）不当（1305）券书，券书之，赀乡啬夫、吏主者各一甲，丞、
> 令、令史各一盾。繇（徭）多员少员，颓（隤）计后年繇（徭）戍

① 陈松长主编《岳麓书院藏秦简（肆）》，第159~160页。
② 陈伟主编《里耶秦简牍校释（第一卷）》，第381页。
③ 陈伟主编《里耶秦简牍校释（第二卷）》，第191页。

数。（1355）①

·尉卒律曰：黔首将阳及诸亡者，已有奔书及亡毋（无）奔书盈三月者，辄筋＜削＞爵以为士五（伍），（1234）有爵寡，以为毋（无）爵寡，其小爵及公士以上，子年盈十八岁以上，亦筋＜削＞小爵。爵而傅及公（1259）士以上子皆籍以为士五（伍）。乡官辄上奔书县廷，廷转臧（藏）狱，狱史月案计日，盈三月即辟问乡（1258）官，不出者，辄以令论，削其爵，皆校计之。（1270）②

廿六年七月庚辰朔乙未，迁陵拔谓学佴：学童拾有鞫，遣狱史畸往执，其亡，不得。上奔牒而定名事里，它坐，亡年日月，论云何，［何］皋赦，或覆问之毋（无）有。遣狱史畸以律封守，上牒。以书言。勿留。（正面）

七月乙未牢臣分圂以来。／亭手。畸手。（背面14-18）③

从所引里耶秦简不难推测出，秦代在每年上计时每个县均要上报实际户数和将阳、阑亡、乏徭者户数。岳麓秦简《徭律》云"将阳倍（背）事者亦署之"，则表明徭戍时有专人详细记载了服役者的表现，这些应是上计数据的直接来源。《尉卒律》所见"奔书"，当是一种专门记载黔首将阳和逃亡情况的文书。上引里耶秦简14-18所见"奔牒"当为"奔书"之异称。又知逃离户籍所在县达三月以上者，均削去爵位降为士伍。此律未言及无爵者当如何处理，据此或可推测出秦代一般的黔首均有爵位。而拥有士伍身份者，大多因某事被削去爵位，典型的例子有白起晚年被削爵为士伍。

其次，严禁藏匿亡者和雇用亡者，使其无藏身之所，如岳麓秦简

---

① 陈松长主编《岳麓书院藏秦简（肆）》，第152页。

② 陈松长主编《岳麓书院藏秦简（肆）》，第112~113页。按：部分句读释字参照陈伟先生意见，见陈伟《岳麓秦简"尉卒律"校读（二）》，简帛网，2016年3月21日，http://www.bsm.org.cn/?qinjian/6649.html。

③ 张春龙：《里耶秦简中迁陵县学官和相关记录》，清华大学出土文献研究与保护中心编《出土文献（第一辑）》，第232页。按："遣"字张春龙先生原释为"与"，"往"原释为"征"，不辞，笔者据睡虎地秦简《封诊式》"有鞫"篇文例及岳麓秦简相关内容改之。句读也有数处不同于张文。

《亡律》规定：

> 取罪人、群亡人以为庸，智（知）其请（情），为匿之；不智（知）其请（情），取过五日以上，以舍罪人律论之。（2012）[1]
>
> 廿年后九月戊戌以来，取罪人、群亡人以为庸，虽前死及去而后逮者，论之如律。（1985）[2]
>
> 免奴为主私属而将阳阑亡者，以将阳阑亡律论之，复为主私属。（1945）[3]
>
> 主匿亡收、隶臣妾，耐为隶臣妾，其室人存而年十八岁者，各与其疑同灋（法），其奴婢弗坐，典、田（1965）典、伍不告，赀一盾，其匿□□归里中，赀典、田典一甲，伍一盾，匿罪人虽弗敝（蔽）狸（埋），智（知）其请（情），舍其室，（2150-1+2150-2）□□□吏遣，及典、伍弗告，赀二甲。（1991）[4]
>
> 者已刑，令备赀责（债）。▌亡不仁邑里、官，毋（无）以智（知）何人殹（也），中县道官诣咸阳，郡〖县〗道诣其郡都（1978）县，皆殹（系）城旦舂，槫作仓，苦，令舂勿出，将司之如城旦舂。其小年未盈十四岁者，槫（1996）作事之，如隶臣妾然。令人智（知）其所，为人识，而以律论之。其奴婢之毋（无）罪者殹（也），黥其臡＜颜＞（2027）頯，畀其主。咸阳及郡都县恒以计时上不仁邑里及官者数狱属所执灋，县道官别之，（1973）且令都吏时覆治之，以论失者，覆治之而即言请（情）者，以自出律论之。（2060）【匿】亡不仁邑里、【官】者，赀二甲。（2083）[5]

2012 简、1985 简将"罪人"和"群亡人"并列，表明二者多数时候不能画等号，然不少人的确是先犯罪后逃亡，当然逃亡过程中犯罪者也不

---

[1]　陈松长主编《岳麓书院藏秦简（肆）》，第 63 页。
[2]　陈松长主编《岳麓书院藏秦简（肆）》，第 64 页。
[3]　陈松长主编《岳麓书院藏秦简（肆）》，第 64 页。
[4]　陈松长主编《岳麓书院藏秦简（肆）》，第 39~40 页。
[5]　陈松长主编《岳麓书院藏秦简（肆）》，第 46~48 页。

鲜见。故律文将这两种人置于一处，明确规定不能取二者为庸。庸相当于后代的佣，即被雇用的帮工。这种规定倘若得以彻底贯彻，势必严重挤压亡人的生存空间。长期逃亡在外的普通流民，经济窘迫，若不能依靠出卖劳力过活，只能向官府投案自首，或者通过劫掠获得生存资料。然制度之贯彻程度，常常很难达到设计者的预期，秦法打击亡人的力度不可谓不大，但漏网之鱼仍在所难免。魏被灭，张耳、陈余被秦政府通缉，"购求有得张耳千金，陈余五百金。张耳、陈余乃变名姓，俱之陈，为里监门以自食"①。张耳逃亡之前居住在外黄，而陈县乃秦淮阳郡郡治所在，二者相隔数百里。若非有熟人替其掩护担保，外乡人是无法谋得里监门之职的。

"不仁"又见于《睡虎地秦墓竹简》，《金布律》言"亡不仁其主及官者，衣如隶臣妾"，睡虎地秦墓竹简整理小组将"不仁"解释为"不忠实对待，此处即所谓犯上。不仁其主疑指私人奴婢而言"②。《法律答问》："将上不仁邑里者而纵之，可（何）论？当黥（系）作如其所纵，以须其得；有爵，作官府。"睡虎地秦墓竹简整理小组将"不仁邑里"解释为"在乡里作恶的人"③，栗劲先生将其解释为"那些破坏社会秩序而又没有触犯刑律的捣乱分子"④。现在看来，以上观点均将"仁"读为本字，是不太切合简文的。根据岳麓秦简，"仁"可通"认"：

> "田与市和奸案"：夏阳吏不治（笞）谅（掠），田、市仁（认）奸。今覆吏讯市，市言如故狱。田云未奸，可（何）解？（0433）⑤
>
> ·廿六年十二月戊寅以来，禁毋敢谓母之后夫叚（假）父，不同父者，毋敢相仁（认）为兄、姊、弟乚。（1025）⑥

---

① 《史记》卷八十九《张耳陈余列传》，第 3122 页。
② 睡虎地秦墓竹简整理小组编《睡虎地秦墓竹简》，第 42 页。
③ 睡虎地秦墓竹简整理小组编《睡虎地秦墓竹简》，第 108 页。
④ 栗劲：《秦律通论》，第 401 页。
⑤ 朱汉民、陈松长主编《岳麓书院藏秦简（叁）》，第 209 页。
⑥ 陈松长主编《岳麓书院藏秦简（伍）》，第 39 页。

以上两处，无论如何"仁"均不能读作本字，而读为"认"则文从字顺。岳麓秦简1978简"亡不仁邑里、官，毋（无）以智（知）何人殹（也）"，"毋（无）以智（知）何人殹（也）"乃对"不仁"的解释。故"不仁"就是不认识的意思。"亡不仁邑里"指亡人未能被所在邑里的人认识，一般会发生在远距离逃亡者身上。睡虎地秦简《金布律》言"亡不仁其主及官者，衣如隶臣妾"，是针对奴婢而言，奴婢逃亡被抓获，而无主人或官府来认领，依律当系城旦春，由官府比照隶臣妾提供衣物。

秦令又规定取罪人为葆庸、私自助人出关，比照助人逃至故徼外论处：

> ·诸取有皋覂（迁）轮＜输＞及处蜀巴及取不当出关为葆庸，及私载出扞关、汉阳关及送道之出蜀巴（1105）吟（界）者，其葆庸及所私载、送道者亡及虽不亡，皆以送道亡故徼外律论之。同船食、敦长、将吏（1124）见其为之而弗告劾，论与同皋。弗见，赀各二甲而除其故令。·廿四（0967）[1]

巴蜀乃秦汉时期集中安置迁罪者的地区之一，境内矿产资源丰富，都官需要大量劳动力。迁输者逃离署所的情况较为常见：

> 诸覂（迁）者、覂（迁）者所包去覂（迁）所，亡□□得，覂（迁）处所，去亡而得者，皆耐以为隶臣妾，不得者，论令出（1931）会之，复付覂（迁）所县。（2123）[2]

睡虎地77号汉墓有《迁律》，考虑到秦代被迁徙者人数众多，事务繁杂，也应有针对迁者的律篇存在，故我们倾向于秦代已有《迁律》。

再者，秦律规定黔首离开户籍所在县必须得到官府批准，确定往返日期。这也能有效防止人员随意流动给治理带来麻烦。

---

[1] 陈松长主编《岳麓书院藏秦简（伍）》，第53~54页。
[2] 陈松长主编《岳麓书院藏秦简（肆）》，第62页。

　　·尉卒律曰：缘故徼县及郡县黔齿＜首＞、县属而有所之，必谒于尉，尉听，可许者为期日。所之（1404）它县，不谒，自五日以上，缘故徼县，赀一甲；典、老弗告，赀一盾。非缘故徼县殹（也），赀一盾，典、老弗（1290）告，治（答）【五十】。尉【布】令不谨，黔首失令，尉、尉史、士吏主者赀各一甲，丞、令、令史各一盾。（1292）①

黔首离开户籍所在地，特别是前往他县，"必谒于尉，尉听，可许者为期日"。县尉要仔细考辨申请人的相关情况，符合出境条件者由官府约定返回时间。从岳麓秦简令文可知，黔首或有被禁锢而不能随意出入县境者，"郡及关外黔首有欲入见亲、市中县【道】，【毋】禁锢者殹（也），许之。入之，十二月复，到其县，毋后田。（0325）"②

　　除了严厉打击各种非法、不合作势力之外，调节好吏民关系也是加强新地控制的重要手段之一。保障黔首应有权益、不随意侵犯他们的财产、尊重其人格，至少在秦法令中能看到这些：

　　·新地吏及其舍人敢受新黔首钱财酒肉它物，及有卖买叚（假）赁貣于新黔首而故贵赋＜贱＞（0895）其贾（价），皆坐其所受及故为贵赋＜贱＞之臧（赃）、叚（假）赁费、貣息，与盗同灋。其赁买新黔首奴婢畜产（1113）及它物盈三月以上而弗予钱者，坐所赁贾＜买＞钱数，亦与盗同灋。学书吏所年未盈十五岁者（1037）不为舍人。有能捕犯令者城旦皋一人，购金四两。捕耐皋一人，购金一两。新黔首已遗予之而能（1012）捕若告之，勿皋，有（又）以令购之。故黔首见犯此令者，及虽弗见或告之而弗捕告者，以纵皋人（1013）论之。　　　　·廿一（1004）③

————————

① 陈松长主编《岳麓书院藏秦简（肆）》，第111~112页。按：1292简【】内之字乃笔者所加。
② 陈松长主编《岳麓书院藏秦简（肆）》，第216页。
③ 陈松长主编《岳麓书院藏秦简（伍）》，第51~53页。

吏自佐以上毋敢罚黔首。不从令者赀二甲，免。　　十七（1694）①

　·新黔首未习事，吏治或泰（太）严，恒事殴（也）而恶与言及詈蓐（辱）之，长吏弗智（知）及[弗智及]弗督论∟。（1042）②

　·县官田者或夺黔首水以自澄（溉）其田∟，恶吏不事田，有为此以害黔首稼∟。黔首引水以澄（溉）田者，以水多少（1721）为均，及有先后次∟。县官田者亦当以其均，而不殴（也），直以威多夺黔首水，不须其次，甚非殴（也）∟。有如此者，（1808）皆当以大犯令律论之。·县官田令甲廿二（1811）③

新地吏及其舍人，不能随意接受新黔首钱财酒肉及其他物品，买卖借贷租赁时不能抬高或压低价钱，借黔首物品三月内未还，购买黔首东西三月未付钱者，据钱数多少，比照盗赃论处。

"吏自佐以上毋敢罚黔首"并非吏无权处罚黔首，或许是在强调整个官吏群体不能利用手里的权力、凭借一己好恶任意处罚黔首。《为吏治官及黔首》要求官员"审当赏罚"④，赏功罚罪均要妥当，要有法律依据。"新黔首未习事"之"事"，恐不能当一般的事情来解，而是特指秦法秦制，新黔首不能理解执行秦政，官员不能随意詈骂侮辱他们。换句话说，秦吏不能以征服者的姿态对待新地的百姓。所引《县官田令甲》规定官吏不能耍官威，随意侵夺黔首之水以灌县官田，涉及公有资源的分配问题。

客观地讲，秦在维护黔首正当利益不受到官吏侵害方面，的确做了不少工作，至于具体的效果如何，最终能否贯彻，还有待更多的材料来检验。

基层吏员是连接高深庙堂和偏远江湖的纽带，他们上承朝廷旨意，

---

① 陈松长主编《岳麓书院藏秦简（伍）》，第137页。
② 陈松长主编《岳麓书院藏秦简（柒）》，第98页。按："弗智及"三字为衍文。
③ 陈松长主编《岳麓书院藏秦简（陆）》，第176~177页。
④ 朱汉民、陈松长主编《岳麓书院藏秦简（壹）》，第130页。

下与百姓密切接触，举凡户籍管理、赋税征收、徭役征派、律令及政策发布与解说等事务均要依靠基层官吏来推行。广大基层吏员乃国家治理的基石。然统一之初，秦的确面临吏员不足的局面，为了迅速扭转这一局面，秦采取了一些措施。首先是创办学校，尤其注重史学童的培养，"史子未傅先觉（学）觉（学）室"①。史学童的规模比较可观，"中县史学童今兹会试者凡八百卌一人"②，中县一次参与考试的史学童就达到841人。史学童考核合格以后即授予佐史之职。从里耶秦简一份保存完整的吏志可知，迁陵县共有大小官吏103人，其中令史28人、官佐53人③，佐史占比约为78.6%。很显然，大力培养史学童是为了满足基层行政的需要。

秦奉行"以法为教，以吏为师"，从岳麓秦简可知，秦吏可以私自教人识字，从官吏处习得基本的文字、文书知识且年满15岁，即可充任舍人。舍人之性质如后代之幕僚，帮助主人料理日常事务，甚至参与具体行政事务。舍人可视为后备吏员，或被保举为正式官吏，如李斯入仕之前曾任吕不韦舍人。舍人与正式官吏在秦法中常得到"平等"对待，舍人犯法与官吏同等论处。

秦制在新地推行时，向新黔首详细解说，打消其种种疑虑也显得十分必要。我们曾对实用律令文书的传布做过探讨，提到"地方官员为了有效地传布信息，常常将民众集中起来宣读诏令。此举既可以节省行政成本，又可以保证广大不识字的民众知晓国家的政令，官员还能当场为百姓答疑解惑"④。

第三节　秦制在新地的推行

只要提及秦在制度构建方面的成就，一般就会想到皇帝制、郡县

---

① 陈松长主编《岳麓书院藏秦简（肆）》，第120页。

② 陈松长主编《岳麓书院藏秦简（陆）》，第179页。

③ 陈伟主编《里耶秦简牍校释（第二卷）》，第167页。

④ 周海锋：《秦律令之流布及随葬律令性质问题》，《华东政法大学学报》2016年第4期。

制、中央集权和三公九卿制等。其实任何制度都不是瞬间凭空产生的，郡县制从产生到完全稳固的进程足以证明这一点，如秦武公设冀县早在公元前 688 年，而西汉前期封建制度依旧盛行。又秦相对于东方诸国，在文化上长期处于劣势地位，制度建设方面大量吸收外来成果。如为历代秦君所喜的法家思想，实来自三晋。又如经济制度方面，《睡虎地秦墓竹简》摘录的"魏户律"表明战国晚期魏国实施的户籍制度、授田制度与秦国有极大的相似性。[1] 而秦墓中发现魏国法律，秦颇有借鉴魏制之可能。

就郡县制、乡里基层组织建构方面而言，秦楚之间也颇为相同。《鹖冠子》一书，经李学勤等先生考证[2]，可以从伪书名录中剔除出来，一般认为它成于楚地、出自楚人之手，自然也记载楚制。《鹖冠子·王鈇》对楚国的郡县制有所描述："五家为伍，伍为之长；十伍为里，里置有司；四里为扁，扁为之长；十扁为乡，乡置师；五乡为县，县有啬夫治焉；十县为郡，有大夫守焉，命曰官属。"[3] 由此可见，秦楚郡县制并无本质区别。以出土文献衡之，秦汉郡县制最大的区别在于行政长官的称谓方面，比如一县之最高长官，秦称令，楚称公。包山楚简《集箸》见"鲁阳公"，《淮南子·览冥训》高诱注："鲁阳，楚之县公……今南阳鲁阳是也。"[4] 里耶秦简有"迁陵公"，似可证楚国早就在迁陵置县。夏侯婴又称滕公，《汉书·季布传》颜师古注："夏侯婴也，本为滕令，遂号为滕公。"[5] 夏侯婴称滕公与刘邦称沛公一样，均是沿袭楚制，称县令为公。

考虑到制度演变的渐进性和各国在制度建设方面取长补短互相影响，很难说哪一项制度完全是秦创立的。秦制所涉颇广，本节仅挑选几种重要的较有代表性的制度加以考察，看它们是如何在楚地展开的。

先来看土地制度。"废井田，开阡陌"，允许土地自由买卖，的确

---

① 陈伟主编《秦简牍合集 释文注释修订本（壹）》，第 321 页。
② 李学勤：《简帛佚籍与学术史》，江西教育出版社，2001，第 84~95 页。
③ 黄怀信：《鹖冠子汇校集注》，上海古籍出版社，2004，第 178~180 页。
④ 刘文典：《淮南鸿烈集解》，第 193 页。
⑤ 《汉书》卷三十七《季布传》，第 1976 页。

是商君的一大创举。《战国策·秦策三》载蔡泽言"商君决裂阡陌"①。《史记·商君列传》："为田开阡陌封疆，而赋税平。"②《汉书·食货志》："孝公用商鞅之法，改帝王之制，除井田，民得买卖。"③《汉书·地理志》："孝公用商鞅，制辕田，开仟伯。"④关于井田制的讨论甚多，一般不否认它的确存在过，然其实质内涵仍有待探索。"开阡陌"与"废井田"密切相关，正是由于将国有土地授予自耕农，而每户因爵位高低分得的田地有差，先前的大块田地必须分割成小块。此外，为了耕种灌溉和收获之便利，有必要规划出纵横交错的沟渠和道路，所谓"阡陌"，既是田间道路和水渠所在，也同时起到了界址的作用。不仅如此，作为农忙季节临时居住的庐舍也要搭建在阡陌上，田典主要为管理庐舍之人而设置。下面，我们来看看这种新型田制是如何在楚地推行的，其效果如何。

楚国似乎未实行授田制，而是推行土地私有制，《汉书·陈平传》载阳武人陈平"少时家贫，好读书，治黄帝、老子之术。有田三十亩"⑤。参照《二年律令·户律》所载西汉初年的授田标准，"公卒、士五（伍）、庶人各一顷，司寇、隐官各五十亩"⑥。陈平和兄嫂同居共产，即使是无爵位的普通百姓，若是实行授田制，所受之田也不可能只有三十亩。

商鞅变法之后秦国的土地主要控制在国家手里，这也是授田制得以实行的基础。国家授予的土地，农民只有耕种权，没有所属权，可以随时收回。岳麓书院藏秦简《田律》载："有皋，田宇已入县官，若已行，以赏予人而有勿（物）故，复（覆）治，田宇不当入县官，复界之其故田宇。"⑦官府可没收有罪者的田地和宅宇，进行重新分配。控制在私人

---

① 范祥雍笺证《战国策笺证》卷五《秦策三》，上海古籍出版社，2006，第360页。
② 《史记》卷六十八《商君列传》，第2712页。
③ 《汉书》卷二十四《食货志上》，第1137页。
④ 《汉书》卷二十八《地理志下》，第1641页。
⑤ 《汉书》卷四十《陈平传》，第2038页。
⑥ 彭浩、陈伟、〔日〕工藤元男主编《二年律令与奏谳书——张家山二四七号汉墓出土法律文献释读》，第216页。
⑦ 陈松长主编《岳麓书院藏秦简（肆）》，第105页。

手中的田地来源主要有以下几个。一是世袭，世卿世禄制虽然废除了，包括田地在内的私人财产却可以让人继承。《为狱等状四种》"识劫婉案"载大夫沛将自己名下的"二十亩稻田"赠送给自己的家奴识。① 二是来自朝廷的赏赐，这种田地可买卖，也能继承。如王翦因不满嬴政不分封功臣的做法，在出征楚国前多请美田宅池。三是私人垦荒所得，里耶秦简多次出现乡吏向县廷报告黔首垦荒的文书。鼓励垦荒，也是自商鞅变法以后秦国就一直奉行的政策。

"识劫婉案"发生在秦始皇十八年（前229年）前后，简文中提及稻田，同批奏谳文书所见地名绝大多数位于南郡，故可推知此案件发生地点也应在南郡。此奏谳文书中提及田地的流转方式具有相当的代表性，同时也表明秦统一之前境内地主阶层经济实力不容小觑，他们广占田地、广置宅宇、开商铺、招募舍人。简文曰：

> 沛（0040）以三岁时为识取（娶）妻；居一岁为识买室，贾（价）五千钱；分马一四、稻田廿（二十）亩，异识。识从军，沛死。（0089）……沛巳（已）为识取（娶）齡，即为识买室，分识马、田，（1321-1/残288）异识，而不以肆、舍客室鼠（予）识。（1324）……·建、昌、積、喜、遗曰：故为沛舍人。【沛】织（贷）建等钱，以市贩，共分赢。市（0041）折，建负七百，昌三万三千，積六千六百，喜二万二千，遗六囝。券责建等，建等未赏（偿），识欲告（0090）婉，婉即折券，不责建。（0046）②

识为大夫沛之奴隶，婉为沛之妾，沛与婉生二男二女，沛与妻危或育有子女，文书中没有交代。沛为家奴识娶妻、购买房屋，并将马一匹、稻田二十亩分给他，且允许其单独立户。沛如此厚待一个家奴，或有深层原因，但可据此窥见大夫沛的家财之巨，沛留给妾和子女的田地必远过二十亩。又可知当时可随意处置自己的私有田地，国家无权干涉。

---

① 陈松长主编《岳麓书院藏秦简（叁）》，第155页。

② 陈松长主编《岳麓书院藏秦简（叁）》，第155~158页。

由国家授予的田地则不能转让，不能继承。里耶秦简有两件涉及遗产继承的文书写道：

卅二年六月乙巳朔壬申，都乡守武爰书：高里士五（伍）武自言以大奴幸、甘多，大婢言、言子益Ⅰ等，牝马一匹予子小男子产。典私占。初手。Ⅱ（8-1443+8-1455）

六月壬申，都乡守武敢言：上。敢言之。/初手。Ⅰ

六月壬申日，佐初以来。/欣发。初手。Ⅱ（8-1443背+8-1455背）①

卅五年七月戊子朔己酉，都乡守沈爰书：高里士五（伍）广自言：谒以大奴良、完，小奴畴、饶，大婢阑、愿、多、□，Ⅰ禾稼、衣器、钱六万，尽以予子大女子阳里胡，凡十一物，同券齿。Ⅱ

典弘占。Ⅲ（8-1554）

七月戊子朔己酉，都乡守沈敢言之：上。敢言之。/□手。Ⅰ

【七】月己酉日入，沈以来。□□。沈手。Ⅱ（8-1554背）②

综合两件文书可知，被继承的物什有奴婢、金钱、马匹、衣器以及禾稼，然无田地，此并非偶然，而是受到土地制度的制约。通过授田制得到的土地，户主只有使用权，并无所有权。

《商君书》多次提及招徕移民和鼓励垦荒的重要性。《为吏治官及黔首》要求官吏合理安排人力，避免出现"狠（垦）田少员"的情况。秦律也规定"已狠（垦）田，辄上其数及户数，户婴之。（9-40）"③ 每户开垦了多少荒地，要及时报告官府。楚国地广人稀，有大量的荒地可资开垦，以下两份报告出自里耶秦简，据此可知秦统治下的迁陵，垦荒活动开展得如火如荼：

---

① 陈伟主编《里耶秦简牍校释（第一卷）》，第326页。
② 陈伟主编《里耶秦简牍校释（第一卷）》，第356~357页。
③ 陈伟主编《里耶秦简牍校释（第二卷）》，第49页。

　　卅三年六月庚子朔丁巳，【田】守武爰书：高里士五（伍）吾武【自】言：谒狠（垦）草田六亩武门外，能恒藉以为田。典缨占。（9-2344）

　　六月丁巳，田守武敢言之：上黔首狠（垦）草一牒。敢言之。/衔手。

　　【六】月丁巳日水十一刻刻下四，佐衔以来。/□发。（9-2344背）①

　　卅五年三月庚寅朔丙辰，贰春乡兹爰书：南里寡妇憨自言：谒狠（垦）草田故桒（桑）地百廿步，在故Ⅰ步北，恒以为桒（桑）田。Ⅱ（正）

　　三月丙辰，贰春乡兹敢言之：上。敢言之。/讪手。Ⅲ（9-15）

　　四月壬戌日入，戍卒寄以来。/瞱发。讪手。Ⅰ（9-15背）②

　　黔首自垦之地，需缴纳田租，亦需缴纳刍稿等税。《二年律令·户律》"卿以上所自田、户田，不租，不出刍稿"③，"自田"指通过赏赐、买卖、继承、垦荒等方式所得之田，与国家所授予之"户田"相对。律文强调"卿以上"，言外之意是卿以下必须缴纳田租和刍稿税。从所有权方面而言，荒地属于县官或皇帝，即使被开垦为田地，开垦者也只有使用权，且需要缴纳一定赋税。否则，民众必广垦荒地，退还国家授予的田地。这显然有违政府鼓励垦荒的初衷。《史记·秦始皇本纪》三十一年下，《集解》引徐广曰："使黔首自实田也。"④"实田"针对的很可能为黔首私下开垦的田地，因有隐瞒不报的情况，所以需要重新核实上报。

　　《史记·商君列传》所载商鞅新法规定"民有二男以上不分异者，倍其赋"⑤，"二男"当二位男性解或更符合历史事实。此法令规定成年男

---

① 陈伟主编《里耶秦简牍校释（第二卷）》，第477页。
② 陈伟主编《里耶秦简牍校释（第二卷）》，第21页。
③ 彭浩、陈伟、〔日〕工藤元男主编《二年律令与奏谳书——张家山二四七号汉墓出土法律文献释读》，第218页。按：句读有改动。
④ 《史记》卷六《秦始皇本纪》，第321页。
⑤ 《史记》卷六十八《商君列传》，第2710页。

子必须另立户籍，势必造成传统大家庭的肢解，而以夫妻子女构成的核心小家庭将迅速增多。此举既增加了税收，又增大了国家对编户齐民的控制力度。《汉书·贾谊传》载《治安策》云：

> 商君遗礼义，弃仁恩，并心于进取，行之二岁，秦俗日败。故秦人家富子壮则出分，家贫子壮则出赘。借父耰鉏，虑有德色；母取箕帚，立而谇语。抱哺其子，与公并倨；妇姑不相说，则反唇而相稽。其慈子耆利，不同禽兽者亡几耳。[①]

贾谊认为儿子另立户籍或入赘，都是秦俗日败的表现。贾谊还认为百姓道德陵迟、嗜利忘义均与商鞅变法有关。贾谊站在儒家伦理道德的制高点来俯视秦代新型小家庭之间存在的利益"冲突"，自然难以发现其可取之处。夫妻子女构成的核心家庭还见于秦代户籍档案之中：

> 东成户人士五（伍）夫。 ☒
> 妻大女子沙。 ☒
> 子小女子泽若。 ☒
> 子小女子伤。 ☒
> 子小男子嘉。 ☒
> 夫下妻曰泥。 ☒（9-2037+9-2059）[②]
>
> 高里户人小上造往☒
> 弟小女子检。☒
> 下妻曰婴☒（9-2045+9-2237）[③]
>
> 南里户人官大夫布。 ☒

---

① 《汉书》卷四十八《贾谊传》，第2244页。
② 陈伟主编《里耶秦简牍校释（第二卷）》，第408页。
③ 陈伟主编《里耶秦简牍校释（第二卷）》，第409页。

口数六人。☑

大男子一人。☑

大女子一人。☑

小男子三人。☑（9-2295）①

以上三块残牍当是秦代的户籍簿，分别记载户主籍贯、姓名和爵位，家庭人员姓名、年龄等信息。女子亦能成为户主，里耶秦简8-237简"南里户人大女子分"、8-1546简"阳里户人大女子婴隶"、8-1623简"南里户人大夫寡茹"②可证。

除了授田制、新型户籍制，"秦式"风格明显的教育制度也在新地迅速推行。

秦自商鞅变法以后就推行愚民政策，限制私学，打击儒学，而以秦始皇三十四年"焚书"为甚。《商君书·农战》："农战之民千人，而有《诗》、《书》辩慧者一人焉，千人者皆怠于农战矣。""虽有诗书，乡一束，家一员，【犹】无益于治也。"③《韩非子·和氏》："商君教秦孝公以连什伍，设告坐之过，燔诗书而明法令，塞私门之请而遂公家之劳，禁游宦之民而显耕战之士。"④"燔诗书而明法令"一句虽无旁证，但韩非所言当有依据，因其前后所载内容均出现在史书之中。若韩非之言可信，则秦统一之前就对国内流通的图书进行过筛选。《史记·秦始皇本纪》载三十四年李斯建议秦始皇"史官非秦记皆烧之。非博士官所职，天下敢有藏《诗》、《书》、百家语者，悉诣守、尉杂烧之。有敢偶语《诗》《书》者弃市，以古非今者族。吏见知不举者与同罪。令下三十日不烧，黥为城旦。所不去者，医药卜筮种树之书。若欲有学法令，以吏为师"⑤。《史记·李斯列传》也记载了此建议，个别地方略有不同，如"若

---

① 陈伟主编《里耶秦简牍校释（第二卷）》，第465页。

② 陈伟主编《里耶秦简牍校释（第一卷）》，第120、355、370页。

③ 高亨注译《商君书注译》，中华书局，1974，第35、37页。

④ （战国）韩非著，陈奇猷校注《韩非子新校注》，第275页。

⑤ 《史记》卷六《秦始皇本纪》，第325~326页。

有学者，以吏为师"①，并未对所学的内容加以限制。《李斯列传》的记载或许更符合历史事实，只有禁止民间传授一切学问，才能有效禁锢民众之思想。李斯的同门韩非子也有几乎相同的主张：

> 故明主之国，无书简之文，以法为教；无先王之语，以吏为师。无私剑之捍，以斩首为勇。是境内之民，其言谈者必轨于法，动作者归之于功，为勇者尽之于军。（《韩非子·五蠹》）②

禁止私学，也是皇权专制的一大表现。然禁止私学与大力发展官学并不冲突。秦统一之初，随着疆域空前辽阔，急需大量的基层官吏，尤以佐史为甚。岳麓秦简《徭律》曰"史子未傅先觉（学）觉（学）室"③，秦令曰"中县史学童今兹会试者凡八百卌一人"④，中县一次参加考核的史学童就有841人，可见史学童的规模甚大。秦令又规定"学书吏所年未盈十五岁者不为舍人"⑤，"书"指文字、文书，《二年律令·史律》："试史学童以十五篇，能风（讽）书五千字以上，乃得为史。"⑥

里耶秦简中有数枚木牍记载了秦代县学和学童相关情况：

> 廿六年七月庚辰朔乙未，迁陵拔谓学偫：学童拾有鞫，遣狱史畸往执，其亡，不得。上奔牒而定名事里，它坐，亡年日月，论云何，〔何〕辠赦，或覆问之毋（无）有。遣狱史畸以律封守上牒。以书言。勿留。（正面）

---

① 《史记》卷八十七《李斯列传》，第3091页。
② 陈奇猷校注《韩非子新校注》，第1112页。
③ 陈松长主编《岳麓书院藏秦简（肆）》，第120页。
④ 陈松长主编《岳麓书院藏秦简（陆）》，第179页。
⑤ 陈松长主编《岳麓书院藏秦简（伍）》，第52页。
⑥ 彭浩、陈伟、〔日〕工藤元男主编《二年律令与奏谳书——张家山二四七号汉墓出土法律文献释读》，第297页。

七月乙未牢臣分[戥]以来。／亭手。畸手。（背面14-18）①

廿六年七月庚辰朔乙未，学佴亭敢言之：今日童拾☑史畸执，定言。今问之，毋（无）学童拾。敢言之。☑（15-172）

☑直学佴，令教以甲子、算马、大杂。（15-146）②

□之，如学佴，勿敢【私事】，私事者赀二甲。十六（15-154）③

从里耶秦简14-18号木牍可知，最迟在秦始皇二十六年七月，迁陵县就设置了学佴，而秦正式控制迁陵则在秦始皇二十五年。可见，秦几乎在对迁陵进行有效统治的同时就创办了县学，任用了学史。里耶秦简15-146号记载了县学童子日常所习课程。"甲子"可能是指天干地支或干支纪年法之类的知识。"算马"疑为算术知识，里耶秦简有两块木牍上书有乘法口诀表。"大杂"或为识字读本，如后代"杂字"之类。学佴为县学官之一，负责日常教学和学童管理工作。上海博物馆藏秦铜印中有"学佴"半通日字格印。④岳麓秦简1774简载"以次为置守、学佴"⑤，即按照功劳大小依次任用守和学佴。"次"即"功劳次"之省称，岳麓秦简1886简载："以攻（功）劳次除以为叚（假）廷史。"⑥《二年律令·史律》："史、卜、祝学童学三岁，学佴将诣大史、大卜、大祝。"⑦与"学佴"并列的"守"当是学官的总负责人，而非郡守，秦代部门的负责人常称守，如"州陵守""仓守""少内守"之类。15-154"勿敢

---

① 张春龙：《里耶秦简中迁陵县学官和相关记录》，载清华大学出土文献研究与保护中心编《出土文献（第一辑）》，第232页。按："遣"字张春龙先生原来释为"与"，"往"原释为"征"，不辞，笔者据睡虎地秦简《封诊式》"有鞫"篇文例及岳麓秦简相关内容改之。句读也有数处不同于张文。

② 张春龙：《里耶秦简中迁陵县学官和相关记录》，第232页。

③ 张春龙：《里耶秦简中迁陵县学官和相关记录》，第232页。按：【】内"私事"二字，乃笔者据简文补出。

④ 《上海博物馆藏印》卷三，第8页，转引自张春龙《里耶秦简中迁陵县学官和相关记录》。

⑤ 陈松长主编《岳麓书院藏秦简（伍）》，第188页。

⑥ 陈松长主编《岳麓书院藏秦简（伍）》，第192页。

⑦ 张家山二四七号汉墓竹简整理小组编《张家山汉墓竹简[二四七号墓]（释文修订本）》，第80页。

【私事】",犹言不敢私下授受学问,此正是对韩非子、李斯提倡的"以吏为师"学说的贯彻。

从以上论述可知,秦推行"以法为教,以吏为师"政策是一贯的,早在秦统一前就已经实施。诗书百家之语,大而不当,空洞玄乎的理论说教,尤为最高统治者不喜。秦注重实学,农桑种植、医药法律、历法文书之类大行其道,秦墓所出文献也极好地证明了这一点。同时,秦代注重发展县学,大力培养基层官吏;坚决打击私学,将教育主导权牢牢控制在官府手中。

第八章 总结

本书主要探究三个彼此独立又息息相关的问题。首先是秦律令文本形态问题，这是最基本的问题，只有彻底弄清楚律令文本的形态和性质，才能为之后的研究提供坚实的支撑。其次是秦令内容及其性质的探究。我们一直认为现在见到的法律简牍都是曾经运用于具体行政实践中的，其所载内容具有绝对的真实性，故可以此为基点，并结合相关材料，探索其时所实行的某些制度，这正是我们所关注的第三个问题。有关秦代的文书制度、奖赏制度、兵器管理和马政，传世文献语焉不详，而律令条文对此均有详细的规定。

根据研究材料和研究领域的特点，主要采取以下方法：

一、简册文书复原研究方法（简牍形态学）。这是由本书研究对象为文书而决定的。

二、出土文献与传世典籍互证的"二重证据"法。

三、交叉学科研究法。以法学和文书学的视角切入，解析秦代律简中所体现的各项制度。

本书的主要创新有以下几点。

一、新材料的运用。笔者作为岳麓书院藏秦简整理成员之一，有机会率先接触这批宝贵的一手资料。对新材料的解读本身就是一项创新，然正因为其"新"且距离我们过于遥远，其蕴含的丰富信息我们无法完全洞悉，甚至会出现一定程度的"误读"，所以有必要对新材料进行细心的考证和解读。挖掘第一手资料中蕴含的历史信息是本书最大的亮点之一。

二、对秦律令文本中出现的各种讹、脱、衍、倒、留白、书手变换、内容雷同以及同一简内容毫不相关等现象加以系统研究，弥补此方面研究的不足。

三、秦律令条文中出现的"奔书""治书""计椟籍"和"讂"均是新见的文书形式，对其性质和源流进行探索是颇有必要的。例如"讂"文书，笔者考订后发现其相当于通缉令，与汉代的"诏所名捕"性质类似。

四、史书所载秦始皇"收天下之兵"其实并非禁止所有黔首携带兵器，而是根据黔首爵位高低决定其能否携带兵器和携带的数量。

五、捕获"徼外蛮夷"谋反者所获得的购赏远多于抓获其他类型的罪犯，由此或可推断有秦一代十分警惕外族的侵犯活动。有学者认为秦亡与其军事布局"重外轻内"有关，其实此种布局是当时客观环境造成的，并非秦始皇乐于扩张疆土。

此项研究的学术价值主要体现在以下几个方面：

其一，注重律令文本形态本身的研究，对诸如用字、符号、书体、讹误、留白、校雠痕迹、编连、内容雷同等信息的细加解读，加深了我们对律令内容的理解。这种将律令文本形态和律令内容结合起来加以研究的方法，值得学界注意。

其二，在秦律令篇名的解读方面有所突破。岳麓秦简令篇中多含有"共"字，如"廷内史郡二千石官共令""内史郡二千石官共令""内史官共令""食官共令""四司空共令""给共令"等。"共"始终没有理想的解释。我们认为岳麓秦简令篇名中的"共"，除了"给共令"外，都可当作"共同"来理解。"给共令"之"共"，可视为"供"的假借字，表"提供"。然"给共令"乃令名，并非篇名。

秦律令篇名中含有"卒"字者有尉卒律、廷卒令、郡卒令、尉郡卒令、卒令、四司空卒令和安台居室四司空卒令等。"卒"字如何解释，众说纷纭，然无一能让人完全信服。我们认为，岳麓秦简律令篇名中的"卒"大多可当成"卒人"的省称来理解，"卒人"乃二千石官的总称，而"四司空卒令"中的"卒"则当解为徒隶。"卒令"常常与"共令"

成对出现，如"四司空共令"与"四司空卒令"、"郡二千石官共令"与"郡卒令"、"廷内史郡二千石官共令"与"廷卒令"，然二者并非正与旁（或副）的关系，也并非简单的互补，只是分类标准不同而已。

其三，结合传世文献，对秦律令条文进行了深度解读。

秦始皇二十六年在令文中禁用"假父"这一称谓，也可以看成"书同文"系列政策中的一个举措。我们认为是因为此称谓会让人联想到嫪毐与夏太后之间的私情，故必须废除。嫪毐与夏太后乃事实夫妻，并育有两子，民间均视嫪毐为嬴政之假父。此外，秦始皇不允许臣民与异父的兄弟姐妹相认，也是出于政治考量。秦法严惩有私情者，坚决维护夫权、夫产，或与秦始皇的个人经历有一定关联。

关于秦始皇"收天下之兵"，学界有不同看法，甚至有学者质疑其真实性。据新近刊布的岳麓秦简和里耶秦简材料，这一历史事实不容轻易否认。秦统一后，新地的兵器的确要统一收缴到内史。然秦"收天下之兵"并非禁止兵器在民间流通。落魄的韩信整天带剑在街市上闲逛而未被人告发，就是因为此种行为是合法的。从秦令得知，百姓能否持有兵器、能挟藏多少兵器，与其爵等有直接关系。楚地好带剑的习俗给秦兵器管控造成一定困难。此外，秦统一前就对官府制造的兵器实行严格管理。但自始至终，秦都没有限制、打击民间的冶炼行业，甚至加以鼓励，这或许与秦征战不断、对兵器需求量大有关。

其四，补足了先前研究的某些缺陷。

因材料稀少，秦马政研究方面的成果不多。秦律令多有涉及马匹畜养、训练、使用和买卖方面的条文，乃秦重视马政的表现。战争导致马匹需求量大、秦律又明确规定可以马代替主人服徭役，马同时是运输和耕作方面的好助手，这些因素促使民间热衷于畜马。马匹是重要的家庭财富，转让时须有官府在场立下文书。马匹作为大宗物品，交易时必须立下质书。买卖双方各缴纳二十二钱予市亭，相关官吏与买卖双方共同见证"质"文书的生成。"质"在保证贸易公平方面发挥了重要作用，这种见载于《周礼》的制度，在后代一直被采用。"质钱"乃官府为质时所收取的费用，按照交易次数收取，或要考虑交易数额。卖牛马至他县、他乡以及关外，则需要县廷批发"传"文书。

秦刑罚制度方面的研究成果颇众，可谓不胜枚举；而奖赏制度的研究成果却相对较少。笔者对秦汉律令中与购赏相关的材料加以梳理后发现：秦汉奖赏制度大同小异，从购赏原则、主体、对象、物什到购赏的认定和兑现过程，以及购赏的处理方式，均同多于异。一个比较大的差异在于：在汉律中尚未发现以奴婢为购赏物，考虑到汉初畜奴现象依然很盛，理应存在购奴婢的条文，只是暂时未发现而已。这也是汉承秦制的一个体现。

当然，由于材料有限，学识谫陋，某些问题尚不能得到很好的解决。例如：何为"负志"？"共令"和"卒令"的区别究竟在哪里？秦在管理新地时，肯定会设法拉拢地方势力，那么地方势力又是如何影响秦政推行的？岳麓秦简中发现了秦二世时期的令文，这些令文是如何埋藏到墓葬之中的？秦代胡阳县廷与岳麓秦简之间究竟有何关系？汉初是否存在一个秦遗民群体？这些问题都值得进一步思考，希望能有机缘探得比较满意的答案。

参考文献

一　传世文献

（汉）班固：《汉书》，中华书局，1962。

高亨注译《商君书注译》，中华书局，1974。

（汉）司马迁：《史记》，中华书局，1982。

梁启雄：《荀子简释》，中华书局，1983。

（清）王念孙：《广雅疏证》，中华书局，1983。

陆心国：《晋书刑法志注释》，群众出版社，1986。

蒋礼鸿：《商君书锥指》，中华书局，1986。

向宗鲁校证《说苑校证》，中华书局，1987。

王先谦：《荀子集解》，中华书局，1988。

（汉）许慎撰，（清）段玉裁注《说文解字注》，上海古籍出版社，1988。

刘文典：《淮南鸿烈集解》，中华书局，1989。

孙星衍等辑《汉官六种》，中华书局，1990。

王守谦、金秀珍、王凤春译注《左传全译》，贵州人民出版社，1990。

（汉）桓宽撰，王利器校注《盐铁论·刑德》，中华书局，1992。

王利器：《颜氏家训集解》（增补本），中华书局，1993。

李学勤主编《十三经注疏·礼记正义》，北京大学出版社，1999。

李学勤主编《十三经注疏·毛诗正义》，北京大学出版社，1999。

李学勤主编《十三经注疏·仪礼注疏》，北京大学出版社，1999。

李学勤主编《十三经注疏·周礼注疏》，北京大学出版社，1999。

杨丙安校理《十一家注孙子校理》，中华书局，1999。

陈奇猷校注《韩非子新校注》，上海古籍出版社，2000。

黎翔凤：《管子校注》，中华书局，2004。

（宋）徐坚等：《初学记》，中华书局，2004。

黄怀信：《鹖冠子汇校集注》，上海古籍出版社，2004。

陈戍国：《诗经校注》，岳麓书社，2004。

俞绍初辑校《建安七子集》，中华书局，2005。

陈戍国点校《周礼·仪礼·礼记》，岳麓书社，2006。

范祥雍笺证《战国策笺证》，上海古籍出版社，2006。

张觉校注《商君书校注》，岳麓书社，2006。

（汉）许慎：《说文解字》，岳麓书社，2006。

（唐）陆德明撰，黄焯汇校《经典释文汇校》，中华书局，2006。

〔日〕泷川龟太郎：《史记会注考证》，唐山出版社，2007。

黄怀信、张懋镕、田旭东撰《逸周书汇校集注》（修订本），上海古籍出
　　版社，2007。

楼宇烈校《老子道德经注校释》，中华书局，2008。

（汉）刘熙撰，（清）毕沅疏证、王先谦补《释名疏证补》，中华书局，
　　2008。

韩兆琦：《史记 [评注本]》，岳麓书社，2009。

许维遹：《吕氏春秋集释》，中华书局，2009。

王充著，张宗祥校注《论衡校注》，上海古籍出版社，2010。

曹础基：《庄子浅注》，中华书局，2014。

（汉）司马迁：《史记》（点校本二十四史修订本），中华书局，2014。

杜泽逊主编《尚书注疏汇校》，中华书局，2018。

二　出土文献

银雀山汉墓竹简整理小组编《孙膑兵法》，文物出版社，中国人民解放
　　军战士出版社翻印，1975。

林梅村、李均明编《疏勒河流域出土汉简》，文物出版社，1984。

谢桂华、李均明、朱国炤：《居延汉简释文合校》，文物出版社，1987。

睡虎地秦墓竹简整理小组编《睡虎地秦墓竹简》，文物出版社，1990。

连云港市博物馆、中国社会科学院简帛研究中心、东海县博物馆、中国
　　文物研究所：《尹湾汉墓简牍》，中华书局，1997。

周晓陆、路东之编著《秦封泥集》，三秦出版社，2000。

胡平生、张德芳编撰《敦煌悬泉汉简释粹》，上海古籍出版社，2001。

孙慰祖：《中国古代封泥》，上海人民出版社，2002。

伏海翔：《陕西新出土古代玺印》，上海书店出版社，2005。

张家山二四七号汉墓竹简整理小组编著《张家山汉墓竹简 [二四七号
　　墓]（释文修订本）》，文物出版社，2006。

湖北省文物考古研究所、随州市考古队编《随州孔家坡汉墓简牍》，文
　　物出版社，2006。

彭浩、陈伟、〔日〕工藤元男主编《二年律令与奏谳书——张家山
　　二四七号汉墓出土法律文献释读》，上海古籍出版社，2007。

湖南省文物考古研究所编著《里耶发掘报告》，岳麓书社，2007。

朱汉民、陈松长主编：《岳麓书院藏秦简（壹）》，上海辞书出版社，
　　2010。

周晓陆主编《二十世纪出土玺印集成》，中华书局，2010。

甘肃简牍保护研究中心、甘肃省文物考古研究所、甘肃省博物馆、中国
　　文化遗产研究院古文献研究室、中国社会科学院简帛研究中心编
　　《肩水金关汉简（壹）》，中西书局，2011。

张显成、周群丽撰《尹湾汉墓简牍校理》，天津古籍出版社，2011。

陈伟主编《里耶秦简牍校释（第一卷）》，武汉大学出版社，2012。

朱汉民、陈松长主编《岳麓书院藏秦简（贰）》，上海辞书出版社，
　　2012。

朱汉民、陈松长主编《岳麓书院藏秦简（叁）》，上海辞书出版社，
　　2013。

郑曙斌、张春龙、宋少华、黄朴华编著《湖南出土简牍选编》，岳麓书
　　社，2013。

陈伟主编《秦简牍合集》，武汉大学出版社，2014。

王辉、王伟编著《秦出土文献编年订补》，三秦出版社，2014。

陈松长主编《岳麓书院藏秦简（肆）》，上海辞书出版社，2015。

长沙市文物考古研究所、清华大学出土文献研究与保护中心、中国文化遗产研究院、湖南大学岳麓书院编《长沙五一广场东汉简牍选释》，中西书局，2015。

陈伟主编《秦简牍合集 释文注释修订本（壹）》，武汉大学出版社，2016。

陈伟主编《秦简牍合集 释文注释修订本（贰）》，武汉大学出版社，2016。

陈伟主编《秦简牍合集 释文注释修订本（叁）》，武汉大学出版社，2016。

里耶博物馆、出土文献与中国古代文明研究协同创新中心中国人民大学中心编著《里耶秦简博物馆藏秦简》，中西书局，2016。

湖南省文物考古研究所编著《里耶秦简（贰）》，文物出版社，2017。

陈松长主编《岳麓书院藏秦简（伍）》，上海辞书出版社，2017。

陈伟主编《里耶秦简牍校释（第二卷）》，武汉大学出版社，2018。

长沙市文物考古研究所、清华大学出土文献研究与保护中心、中国文化遗产研究院、湖南大学岳麓书院编《长沙五一广场东汉简牍（贰）》，中西书局，2018。

长沙市文物考古研究所、清华大学出土文献研究与保护中心、中国文化遗产研究院、湖南大学岳麓书院编《长沙五一广场东汉简牍（叁）》，中西书局，2019。

陈松长主编《岳麓书院藏秦简（陆）》，上海辞书出版社，2020。

陈松长主编《岳麓书院藏秦简（柒）》，上海辞书出版社，2022。

三　著作

陈顾远：《中国法制史》，商务印书馆，1959。

高敏：《云梦秦简初探》，河南人民出版社，1979。

戴炎辉：《中国法制史》，三民书局，1979。

〔日〕古贺登：《汉长安城と阡陌·县乡亭里制度》，雄山阁，1980。

中华书局编辑部编《云梦秦简研究》，中华书局，1981。

林剑鸣：《秦史稿》，上海人民出版社，1981。

马非百：《秦集史》，中华书局，1982。

高敏：《秦汉史论集》，中州书画社，1982。

吕俊甫：《发展心理与教育：全人发展与全人教育》，商务印书馆，1982。

赵仲邑译注《文心雕龙译注》，漓江出版社，1982。

柳春藩：《秦汉封国食邑赐爵制》，辽宁人民出版社，1984。

黄留珠：《秦汉仕进制度》，西北大学出版社，1985。

栗劲：《秦律通论》，山东人民出版社，1985。

沈家本：《历代刑法考》，中华书局，1985。

Remnants of Ch'in Law: An Annotated Translation of the Ch'in Legal and Administrative Rules of the 3rd Century B.C., Discovered in Yun-meng Prefecture, Hu-pei Province, in 1975, Leiden:E. J. Brill, 1985.

〔日〕堀毅：《秦汉法制史论考》，法律出版社，1988。

〔日〕仁井田陞：《唐令拾遗》，栗劲、霍存福、王占通、郭延德编译，长春出版社，1989。

熊铁基：《秦汉军事制度史》，广西人民出版社，1990。

〔日〕大庭脩：《秦汉法制史研究》，林剑鸣等译，上海人民出版社，1991。

谢成侠：《中国养马史》（修订版），农业出版社，1991。

张建国：《帝制时代的中国法》，法律出版社，1999。

李均明、刘军：《简牍文书学》，广西教育出版社，1999。

汪桂海：《汉代官文书制度》，广西教育出版社，1999。

安作璋、陈乃华：《秦汉官吏法研究》，齐鲁书社，1993。

徐富昌：《睡虎地秦简研究》，文史哲出版社，1993。

李学勤：《简帛佚籍与学术史》，江西教育出版社，2001。

曹旅宁：《秦律新探》，中国社会科学出版社，2002。

瞿同祖：《中国法律与中国社会》，中华书局，2003。

魏德胜：《〈睡虎地秦墓竹简〉词汇研究》，华夏出版社，2003。

李金华：《中国审计史》（第一卷），中国时代经济出版社，2004。

张金光：《秦制研究》，上海古籍出版社，2004。

甘肃省考古研究所、西北师范大学文学院历史系编《简牍学研究》（第
　　四辑），甘肃人民出版社，2004。

朱红林：《张家山汉简〈二年律令〉集释》，社会科学文献出版社，
　　2005。

刘海年：《战国秦代法制管窥》，法律出版社，2006。

〔日〕冨谷至：《秦汉刑罚制度研究》，柴生芳、朱恒晔译，广西师范大
　　学出版社，2006。

饶尚宽：《春秋战国秦汉朔闰表》，商务印书馆，2006。

沈文倬：《菿闇文存》，商务印书馆，2006。

〔日〕池田温：《中国古代籍帐研究》，中华书局，龚泽铣译，2007。

傅嘉仪编著《秦封泥汇考》，上海书店出版社，2007。

〔日〕浅井虎夫：《中国法典编纂沿革史》，陈重民译，中国政法大学出
　　版社，2007。

王焕林：《里耶秦简校诂》，中国文联出版社，2007。

朱绍侯：《军功爵制考论》，商务印书馆，2008。

李均明：《秦汉简牍文书分类辑解》，文物出版社，2009。

〔日〕籾山明：《中国古代诉讼制度研究》，李力译，上海古籍出版社，
　　2009。

杨振红：《出土简牍与秦汉社会》，广西师范大学出版社，2009。

陈槃：《汉晋遗简识小七种》，上海古籍出版社，2009。

辛德勇：《秦汉政区与边界地理研究》，中华书局，2009。

后晓荣：《秦代政区地理》，社会科学文献出版社，2009。

田余庆：《秦汉魏晋史探微》（重订本），中华书局，2011。

邢义田：《治国安邦：法制、行政与军事》，中华书局，2011。

韩树峰：《汉魏法律与社会——以简牍、文书为中心的考察》，社会科学

文献出版社，2011。

张政烺：《张政烺文集·文史丛考》，中华书局，2012。

胡平生：《胡平生简牍文物论稿》，中西书局，2012。

刘钊：《书馨集——出土文献与古文字论丛》，上海古籍出版社，2013。

王伟：《秦玺印封泥职官地理研究》，中国社会科学出版社，2014。

杨振红：《出土简牍与秦汉社会（续编）》，广西师范大学出版社，2015。

于豪亮：《于豪亮学术论集》，上海古籍出版社，2015。

陈宁：《秦汉马政研究》，中国社会科学出版社，2015。

〔德〕陶安：《岳麓秦简复原研究》，上海古籍出版社,2016。

Thies Staack, and Ulrich Lau. *Legal Practice in the Formative Stages of the Chinese Empire: An Annotated Translation of the Exemplary Qin Criminal Cases from the Yuelu Academy Collection*. Leiden: Brill, 2016.

陈伟：《秦简牍校读及所见制度考察》，武汉大学出版社，2017。

徐世虹等：《秦律研究》，武汉大学出版社，2017。

秦始皇帝陵博物院编《秦始皇帝陵博物院》（2017年总柒辑），三秦出版社，2017。

梁安和、徐卫民主编《秦汉研究》（第十一辑），陕西新华出版传媒集团、陕西人民出版社，2017。

王捷主编《出土文献与法律史研究》（第六辑），法律出版社，2017。

朱绍侯：《军功爵制研究》（增订版），商务印书馆，2017。

张传官：《急就篇校理》，中华书局，2017。

陈松长主编《岳麓书院藏秦简（壹-叁）释文修订本》，上海辞书出版社，2018。

陈松长等著《岳麓秦简与秦代法律制度研究》，经济科学出版社，2019。

四　期刊论文

罗敦静：《湖南长沙发现战国和六朝的洞室墓》，《考古通讯》1958年第2期。

湖南省文物管理委员会：《长沙左家塘秦代木椁墓清理简报》，《考古》

1959 年第 9 期。

广州市文物管理委员会:《广州东郊罗冈秦墓发掘简报》,《考古》1962
年第 8 期。

史树青、许青松:《秦始皇二十六年诏书及其大字诏版》,《文物》1973
年第 12 期。

刘海年:《秦汉诉讼中的"爰书"》,《法学研究》1980 年第 1 期。

荆州博物馆:《江陵雨台山楚墓发掘简报》,《考古》1980 年第 5 期

张铭新:《关于〈秦律〉中的"居"——〈睡虎地秦墓竹简〉注释质
疑》,《考古》1981 年第 1 期。

韩连琪:《睡虎地秦简〈编年纪〉考证》,《中华文史论丛》1981 年第 1 辑。

马作武:《秦官吏制度管窥》,《北京政法学院学报》1981 年第 2 期。

Katrina C. D. Mcleod and Robin D. S. Yates, "Forms of Ch'in Law: An
Annotated Translation of the Feng-chen shih," *Harvard Journal of Asiatic
Studies*, Vol. 41, No.1, 1981。

李昭和等:《青川县出土秦更修田律木牍——四川青川县战国墓发掘简
报》,《文物》1982 年第 1 期。

于豪亮:《释青川秦墓木牍》,《文物》1982 年第 1 期。

李昭和:《青川出土木牍文字简考》,《文物》1982 年第 1 期。

王美宜:《〈睡虎地秦墓竹简〉通假字初探》,《宁波师专学报》(社会科学
版)1982 年第 1 期。

杨宽:《释青川秦牍的田亩制度》,《文物》1982 年第 7 期。

李学勤:《青川郝家坪木牍研究》,《文物》1982 年第 10 期。

余华青、张廷皓:《秦汉时期的畜牧业》,《中国史研究》1982 年第 4 期。

裘锡圭:《〈睡虎地秦墓竹简〉注释商榷》,载中华书局编辑部编《文史》
第十三辑,中华书局,1982。

钱大群:《谈我国古代法律中官吏的受贿、贪污、盗窃罪》,《南京大学
学报》(哲学社会科学版)1983 年第 2 期。

刘钊:《秦田律考释》,《考古》1983 年第 6 期。

〔日〕大庭脩:《爰书考》,载中国社会科学院历史研究所战国秦汉史研

究室编《简牍研究译丛》（第一辑），中国社会科学出版社，1983。

〔日〕森鹿三：《论居延简所见的马》，姜镇庆译，载中国社会科学院历
　　史研究所中国秦汉史研究室编《简牍研究译丛》（第一辑），中国
　　社会科学出版社，1983。

胡平生：《青川秦墓木牍"为田律"所反映的田亩制度》，《文史》第 19
　　辑，中华书局，1983。

张金光：《论秦汉的学吏制度》，《文史哲》1984 年第 1 期。

李孝林：《从云梦秦简看秦朝的会计管理》，《江汉考古》1984 年第 3 期。

栗劲：《〈睡虎地秦墓竹简〉译注斠补》，《吉林大学社会科学学报》1984
　　年第 5 期。

湖南省博物馆等：《湖南溆浦马田坪战国西汉墓发掘报告》，载湖南省博
　　物馆、湖南省考古学会合编《湖南考古辑刊》（第二集），岳麓书
　　社，1984。

陈玉璟：《秦简语词札记》，《安徽师大学报》（哲学社会科学版）1985
　　年第 1 期。

郭兴文：《论秦代养马技术》《论秦代养马技术（续）》，《农业考古》
　　1985 年第 1 期、第 2 期。

岳庆平：《秦代列侯无封邑辨》，《山东师大学报》（哲学社会科学版）
　　1985 年第 6 期。

李学勤：《何四维〈秦律遗文〉评介》，《中国史研究》1985 年第 4 期。

黄盛璋：《战国"江陵"玺与江陵之兴起因沿考》，《江汉考古》1986 年
　　第 1 期。

田凤岭、陈雍：《新发现的"十七年丞相启状"戈》，《文物》1986 年第
　　3 期。

艾永明：《从秦律看中国封建法律对官吏的两手政策》，《江海学刊》
　　1986 年第 6 期。

〔日〕籾山明：《书评：何四维〈秦律遗文〉》，《史林》1986 年第 69 卷
　　6 号。

湖南省博物馆：《汨罗县东周、秦、西汉、南朝墓发掘报告》，载湖南省

博物馆、湖南省考古学会合编《湖南考古辑刊》（第三集），岳麓书社，1986。

黄盛璋：《青川秦牍〈田律〉争议问题总议》，《农业考古》1987年第2期。

龚留柱：《秦汉时期军马的牧养和征集》，《史学月刊》1987年第6期。

蔡镜浩：《〈睡虎地秦墓竹简〉注释补正》（二），《文史》第29辑，中华书局，1988。

周作明：《秦汉车马驾御赐马制度管见》，《广西师范大学学报》（哲学社会科学版）1988年第2期。

胡澍：《"秦无分封制"质疑》，《西北大学学报》（哲学社会科学版）1988年第3期。

高敏：《论秦汉时期畜牧业的特征和局限》，《郑州大学学报》（哲学社会科学版）1989年第2期。

张世超：《秦简中的"同居"与有关法律》，《东北师大学报》（哲学社会科学版）1989年第3期。

徐进：《秦律中的奖励与行政处罚》，《吉林大学社会科学学报》1989年第3期。

李均明：《秦文书刍议——从出土简牍谈起》，载国家文物局古文献研究室编《出土文献研究续集》，文物出版社，1989。

庄春波：《关于秦"国尉"与西汉"太尉"的几个问题》，《青海社会科学》1990年第1期。

米寿祺：《先秦至两汉马政述略》，《社会科学》1990年第2期。

龚留柱：《关于秦汉骑兵的几个问题》，《史学月刊》1990年第2期。

彭年：《秦汉"同居"考辨》，《社会科学研究》1990年第6期。

陈乃华：《秦汉官吏赃罪考述》，《山东师大学报》（社会科学版）1991年第1期。

李福泉：《秦无三公九卿制考辨》，《求索》1992年第3期。

黄文杰：《睡虎地秦简疑难字试释》，《江汉考古》1992年第4期。

沈海波：《秦始皇"收天下兵"质疑》，《上海大学学报》（社会科学版）1992年第4期。

杨禾丁：《论秦简所载魏律"叚门逆旅"》，《四川大学学报》（哲学社会科学版）1993年第1期。

杨普罗：《关于秦"尊吏道"的评介》，《甘肃社会科学》1993年第6期。

李均明、刘军：《武威旱滩坡出土汉简考述》，《文物》1993年第10期。

钟长发：《甘肃武威旱滩坡东汉墓》，《文物》1993年第10期。

高恒：《读秦汉简牍札记》，李学勤主编《简帛研究》第1辑，法律出版社，1993。

卜宪群：《秦汉三公制度渊源论》，《安徽史学》1994年第4期。

彭文：《秦代的骑兵》，《军事历史》1994年第5期。

李中林：《浅析秦的俸禄制》，《内蒙古师大学报》（哲学社会科学版）1995年第1期。

荆州地区博物馆：《江陵王家台15号秦墓》，《文物》1995年第1期。

江洪、张永春：《简述嬴秦的上计与考课制度》，《绥化师专学报》1995年第2期。

胡平生：《居延汉简中的功与劳》，《文物》1995年第4期。

汤其领：《太尉非秦官考辨》，《中国史研究》1996年第1期。

李丕祺：《从秦律看秦"吏治"的特点》，《西北第二民族学院学报》（哲学社会科学版）1996年第3期。

时晓红：《秦汉时期官吏休沐告宁制度考略》，《东岳论丛》1996年第4期。

〔日〕籾山明：《爰书新探——兼论汉代的诉讼》，载中国社会科学院简帛研究中心编《简帛研究译丛》（第一辑），湖南出版社，1996。

刘国胜：《云梦龙岗简牍考释补正及其相关问题的探讨》，《江汉考古》1997年第1期。

杨有礼：《秦汉俸禄制度探论》，《华中师范大学学报》（哲学社会科学版）1997年第2期。

高兵：《三公九卿制新论》，《齐鲁学刊》1997年第5期。

黄留珠：《秦简"敖童"解》，《历史研究》1997年第5期。

李学勤：《云梦龙岗木牍试释》，载西北师范大学历史系、甘肃省文物考古研究所编《简牍学研究》（第一辑），甘肃人民出版社，1997。

张建国：《秦令与睡虎地秦墓竹简相关问题略析》，《中外法学》1998 年第 6 期。

罗开玉：《青川秦牍〈为田律〉研究》，载甘肃省文物考古研究所、西北师范大学历史系编《简牍学研究》（第二辑），甘肃人民出版社，1998。

陈伟武：《睡虎地秦简核诂》，《中国语文》1998 年第 2 期。

禹平：《论秦汉时期养马技术》，《史学集刊》1999 年第 2 期。

赵平安：《云梦龙岗秦简释文注释订补》，《江汉考古》1999 年第 3 期。

黑广菊：《略谈秦的"以法治吏"》，《聊城师范学院学报》（哲学社会科学版）2000 年第 2 期。

李虎：《读〈睡虎地秦墓竹简〉札记二则》，《秦陵秦俑研究动态》2000 年第 4 期。

大西克也著，任锋、宋起图校《"殹""也"之交替》，载李学勤、谢桂华主编《简帛研究二〇〇一》，广西师范大学出版社，2001。

李均明：《张家山汉简所见规范继承关系的法律》，《中国历史文物》2002 年第 2 期。

李学勤：《初读里耶秦简》，《文物》2003 年第 1 期。

于振波：《里耶秦简中的"除邮人"简》，《湖南大学学报》（社会科学版）2003 年第 3 期。

曹旅宁：《秦律〈厩苑律〉考》，《中国经济史研究》2003 年第 3 期。

武玉环：《从〈睡虎地秦墓竹简〉看秦国地方官吏的犯罪与惩罚》，《吉林大学社会科学学报》2003 年第 5 期。

王子今、范培松：《张家山汉简〈贼律〉"殹大母"释义》，《考古与文物》2003 年第 5 期。

〔日〕堀敏一：《晋泰始律令的制定》，程维荣等译，载杨一凡总主编《中国法制史考证·丙编（第二卷）》，中国社会科学出版社，2003。

李昭君：《两汉县令、县长制度探微》，《中国史研究》2004 年第 1 期。

朱绍侯：《论汉代的名田（受田）制及其破坏》，《河南大学学报》（社会科学版）2004 年第 1 期。

曹英：《制度性腐败：秦帝国忽亡的原因分析》，《江苏社会科学》2004年第2期。

南玉泉：《论秦汉的律与令》，《内蒙古大学学报》（人文社会科学版）2004年第3期。

杨宗兵：《里耶秦简县"守"、"丞"、"守丞"同义说》，《北方论丛》2004年第6期。

蔡万进、陈朝云：《里耶秦简秦令三则探析》，《许昌学院学报》2004年第6期。

刘敏：《张家山汉简"小爵"臆释》，《中国史研究》2004年第3期。

王明钦：《王家台秦墓竹简概述》，载艾兰（Sarah．Allan）、邢文编《新出简帛研究：新出简帛国际学术研讨会文集》，文物出版社，2004。

刘少刚：《汉律伪写玺印罪与西汉的政治斗争》，载中国文物研究所编《出土文献研究》（第六辑），上海古籍出版社，2004年。

徐世虹：《"主亲所知"识小》，载中国文物研究所编《出土文献研究》（第六辑），上海古籍出版社，2004。

陈松长：《〈湘西里耶秦代简牍选释〉校读（八则）》，载甘肃省文物考古研究所、西北师范大学文学院历史系编《简牍学研究》（第四辑），甘肃人民出版社，2004。

孟彦弘：《秦汉法典体系的演变》，《历史研究》2005年第3期。

南阳市文物考古研究所：《河南南阳市拆迁办秦墓发掘简报》，《华夏考古》2005年第3期。

荆州博物馆：《湖北荆州市沙市区肖家山一号秦墓》，《考古》2005年第9期。

王伟：《〈秦律十八种·徭律〉应析出一条〈兴律〉说》，《文物》2005年第10期。

王博文：《甘肃镇原县富坪出土秦二十六年铜诏版》，《考古》2005年第12期。

邹水杰：《秦代县行政主官称谓考》，《湖南师范大学社会科学学报》2006

年第 2 期。

陈治国：《里耶秦简之"守"和"守丞"释义及其他》,《中国历史文物》
　　2006 年第 3 期。

王凯旋：《小议秦汉惩治官吏的立法》,《史学月刊》2006 年第 6 期。

王彦辉、于凌：《浅议秦汉官吏法的几个特点》,《史学月刊》2006 年第
　　12 期。

陈治国：《从里耶秦简看秦的公文制度》,《中国历史文物》2007 年第 1 期。

王绍东：《论统一后秦吏治败坏的原因及与秦朝速亡之关系》,《咸阳师
　　范学院学报》2007 年第 3 期。

张培瑜：《根据新出历日简牍试论秦和汉初的历法》,《中原文物》2007
　　年第 5 期。

陈治国、农茜：《从出土文献再释秦汉守官》,《陕西师范大学学报》第
　　36 卷专辑, 2007 年 9 月。

马怡：《里耶秦简选校》, 载中国社会科学院历史研究所学刊编委会编辑
　　《中国社会科学院历史研究所学刊》第四集, 商务印书馆, 2007。

陈治国、韩凤：《秦汉国尉太尉考辨》,《咸阳师范学院学报》2008 年第
　　3 期。

彭适凡：《秦始皇十二年铜戈铭文考》,《文物》2008 年第 5 期。

〔韩〕任仲赫、朴美玉：《秦汉律的罚金刑》,《湖南大学学报》(社会科
　　学版) 2008 年第 3 期。

李斯：《里耶秦简所见县主官称谓新考》,《内蒙古农业大学学报》(社会
　　科学版) 2009 年第 3 期。

陈松长：《岳麓书院藏秦简中的郡名考略》,《湖南大学学报》(社会科
　　学) 2009 年第 2 期。

陈伟：《岳麓书院秦简考校》,《文物》2009 年第 10 期。

卜宪群：《从简牍看秦代乡里吏员的设置与行政功能》, 载白云翔、卜宪
　　群、袁家荣主编《里耶古城·秦简与秦文化研究》, 科学出版社,
　　2009。

朱红林：《〈周礼〉官计文书与战国时期的行政考核》,《吉林师范大学学

报》（人文社会科学版）2010年第4期。

张春龙：《里耶秦简中迁陵县学官和相关记录》，载清华大学出土文献研究与保护中心编、李学勤主编《出土文献》（第一辑），中西书局，2010。

陈伟：《岳麓书院秦简校读》，载武汉大学简帛中心主办《简帛》（第五辑），上海古籍出版社，2010。

胡平生：《里耶简所见秦朝行政文书的制作与传送》，载卜宪群、杨振红主编《简帛研究二〇〇八》，广西师范大学出版社，2010。

〔日〕藤田胜久：《里耶秦简与秦代政府之运作》，载秦始皇兵马俑博物馆编《秦俑博物馆开馆三十周年秦俑学第七届年会国际学术研讨会论文集》，三秦出版社，2010。

李开元：《"十七年丞相启状戈"之"启"为昌平君熊启说》，载梁安和、徐卫民主编《秦汉研究》（第四辑），陕西人民出版社，2010。

孙沛阳：《简册背划线初探》，载复旦大学出土文献与古文字研究中心编《出土文献与古文字研究》（第四辑），上海古籍出版社，2011。

黎明钊：《岳麓秦简〈为吏治官及黔首〉读记：为吏之道的文本》，载卜宪群、杨振红主编《简帛研究 二〇一一》，广西师范大学出版社，2011。

陈剑：《读秦汉简札记三篇》，载复旦大学出土文献与古文字研究中心编《出土文献与古文字研究》（第四辑），上海古籍出版社，2011。

曹旅宁：《张家山336号汉墓〈功令〉的几个问题》，《史学集刊》2012年第1期。

朱红林：《里耶秦简债务文书研究》，《古代文明》2012年第3期。

陈松长：《睡虎地秦简中的"将阳"小考》，《湖南大学学报》（社会科学版）2012年第5期。

陈伟：《关于秦与汉初"入钱缿中"律的几个问题》，《考古》2012年第8期。

王爱清：《秦汉基层小吏的选用及其功能变迁——以里吏为中心》，《绵阳师范学院学报》2012年第12期。

孙闻博：《里耶秦简"守"、"守丞"新考——兼谈秦汉的守官制度》，载卜宪群、杨振红主编《简帛研究二〇一〇》，广西师范大学出版社，2012。

邬勖：《"故失"辨微：结合出土文献的研究》，载王沛主编《出土文献与法律史研究》（第一辑），上海人民出版社，2012。

风仪诚：《秦代讳字、官方词语以及秦代用字习惯——从里耶秦简说起》，载武汉大学简帛研究中心主编《简帛》（第七辑），上海古籍出版社，2012。

沈刚：《〈里耶秦简〉【壹】中的"课"与"计"——兼谈战国秦汉时期考绩制度的流变》，《鲁东大学学报》（哲学社会科学版）2013 年第 1 期。

吴荣政：《秦朝文书档案事业发展的体制、机制保障》，《档案学通讯》2013 年第 1 期。

于振波：《秦代吏治管窥——以秦简司法、行政文书为中心》，《湖南大学学报》（社会科学版）2013 年第 3 期。

张荣强：《读岳麓秦简论秦汉户籍制度》，《晋阳学刊》2013 年第 4 期。

宋国华：《秦汉律"购赏"考》，《法律科学》2013 年第 5 期。

吴荣政：《里耶秦简文书档案初探》，《湘潭大学学报》（哲学社会科学版）2013 年第 6 期。

邬文玲：《"守""主"称谓与秦代官文书用语》，《出土文献研究》（第十二辑），中西书局，2013。

张燕蕊：《里耶秦简债务文书初探》，载卜宪群、杨振红主编《简帛研究二〇一二》，广西师范大学出版社，2013。

游逸飞：《再论里耶秦牍 8-157 的文书构成与存放形式》，载卜宪群、杨振红主编《简帛研究二〇一二》，广西师范大学出版社，2013。

徐世虹：《也说质钱》，载王沛主编《出土文献与法律史研究》（第二辑），上海人民出版社，2013。

秦涛：《秦律中的"官"释义——兼论里耶秦简"守"的问题》，《西南大学学报》2014 年第 2 期。

刘太祥：《秦汉行政惩罚机制》，《南都学坛》2014年第3期。

王辉：《岳麓秦简〈为吏治官及黔首〉字词补释》，《考古与文物》2014年第3期。

孙闻博：《两汉的郡兵调动：以"郡国"、"州郡"的行政变化为背景》，《中华文史论丛》2014年第3期。

杨振红、单印飞：《里耶秦简J1（16）5、J1（16）6的释读与文书的制作、传递》，《浙江学刊》2014年第3期。

〔德〕史达（Thies Staack）：《岳麓秦简〈为狱等状四种〉新见的一枚漏简与案例六的编联》，《湖南大学学报》（社会科学版）2014年第4期。

陈侃理：《里耶秦方与"书同文字"》，《文物》2014年第9期。

邹水杰：《里耶秦简"敢告某主"文书格式再考》，《鲁东大学学报》（哲学社会科学版）2014年第5期。

成都市新都区文物管理所：《成都新都秦墓发掘简报》，《文物》2014年第10期。

〔德〕陶安（Arnd Helmut Hafner），《岳麓秦简〈为狱等状四种〉编联方式的几点补充说明》，北京大学出土文献研究所、湖南大学岳麓书院主编《秦简牍研究国际学术研讨会会议论文集》（长沙，2014年12月）。

张晋藩：《考课与监察——综论中国古代职官管理》，《中国法律评论》2015年第1期。

张晋藩：《考课——中国古代职官管理的重要制度》，《行政法学研究》2015年第2期。

李力：《秦汉律所见"质钱"考辨》，《法学研究》2015年第2期。

杨芬：《里耶秦简所见官文书的开启记录》，《四川文物》2015年第3期。

欧扬：《岳麓秦简"毋夺田时令"探析》，《湖南大学学报》（社会科学版）2015年第3期。

陈松长、贺晓朦：《秦汉简牍所见"走马"、"簪袅"关系论考》，《中国史研究》2015年第4期。

时军军：《岳麓秦简"尸等捕盗疑购案"购赏辨析》，《肇庆学院学报》2015年第6期。

陈松长：《岳麓秦简中的两条秦二世时期令文》，《文物》2015年第9期。

王勇：《岳麓秦简〈县官田令〉初探》，《中国社会经济史研究》2015年第4期。

周海锋：《岳麓书院藏秦简〈田律〉研究》，武汉大学简帛研究中心主办《简帛》（第十一辑），上海古籍出版社，2015。

周海锋：《岳麓秦简〈尉卒律〉研究》，载中国文化遗产研究院编《出土文献研究》（第十四辑），中西书局，2015。

于洪涛：《里耶简"司空厌弗令田当坐"文书研究》，《古代文明》2016年第1期。

黄浩波：《里耶秦简所见"计"文书与相关问题研究》，载杨振红、邬文玲主编《简帛研究二〇一六》（春夏卷），广西师范大学出版社，2016。

周海锋：《岳麓书院藏秦简〈亡律〉研究》，载杨振红、邬文玲主编《简帛研究二〇一六》（春夏卷），广西师范大学出版社，2016。

李金鲜：《从云梦秦简看秦官吏考核》，《渤海大学学报》（哲学社会科学版）2016年第6期。

吴方基：《秦代中央与地方关系的重新审视——以出土政务文书为中心》，《史林》2016年第1期。

杨智宇：《里耶秦简牍所见"迁陵守丞"补正》，载武汉大学简帛研究中心编《简帛》（第十三辑），上海古籍出版社，2016。

陈松长：《岳麓秦简中的几个令名小识》，《文物》2016年第12期。

欧扬：《岳麓秦简"毋夺田时令"再探》，载西南大学出土文献综合研究中心、西南大学汉语言文献研究所主办《出土文献综合研究集刊》（第四辑），巴蜀书社，2016。

朱腾：《简牍所见秦县少吏研究》，《中国法学》2017年第4期。

邹水杰：《秦简有秩新证》，《中国史研究》2017年第3期。

湖北省文物考古研究所、随州市曾都区考古队：《湖北随州市周家寨墓地 M8 发掘简报》,《考古》2017 年第 8 期。

程博丽:《秦汉时期吏卒归宁制度新探》,《湖南大学学报》(社会科学版)2017 年第 5 期。

邹水杰:《岳麓秦简"中县道"初探》,载《第七届出土文献与法律史研究学术研讨会论文集》,2017。

张兴国、张春龙:《湖南益阳兔子山遗址九号井发掘报告》,载湖南省文物考古研究所编《湖南考古辑刊》(第 12 集),科学出版社,2017。

蔡丹、陈伟、熊北生:《睡虎地汉简中的质日简册》,《文物》2018 年第 3 期。

熊北生、陈伟、蔡丹:《湖北云梦睡虎地 77 号西汉墓出土简牍概述》,《文物》2018 年第 3 期。

熊永:《秦"收天下之兵"新解》,《古代文明》2018 年第 2 期。

田炜:《论秦始皇"书同文字"政策的内涵及影响——兼论判断出土秦文献文本年代的重要标尺》,《"中央研究院"历史语言研究所集刊》第 89 本第 3 分(2018 年 9 月)。

周海锋:《〈岳麓书院藏秦简(肆)〉所收令文浅析》,载邬文玲、戴卫红主编:《简帛研究二〇一八》(春夏卷),广西师范大学出版社,2018。

袁延胜、时军军:《再论里耶秦简中的"守"与"守官"》,《古代文明》2019 年第 2 期。

王勇:《里耶秦简所见秦代地方官吏的徭使》,《社会科学》2019 年第 5 期。

张以静:《秦汉再婚家庭的财产权——以简牍材料为中心》,《河北学刊》2019 年第 4 期。

杨振红:《〈岳麓书院藏秦简(伍)〉有关女子重组家庭的法令与嫪毐之乱》,载杨振红主编、西北师范大学历史文化学院等编《简牍学研究》(第八辑),甘肃人民出版社,2019。

齐继伟:《秦简"劳论及赐"探析》,载杨振红主编《简牍学研究》(第八辑),甘肃人民出版社,2019。

唐俊峰:《受令简和恒署书:读〈里耶秦简(贰)〉札记两则》,载武汉

大学简帛研究中心主办《简帛》（第十九辑），上海古籍出版社，
2019。

曹旅宁：《汉唐时期律令法系中奴婢马牛等大宗动产买卖过程研究——
以新出益阳兔子山汉简所见异地买卖私奴婢传致文书为线索》，《社
会科学》2020 年第 1 期。

〔韩〕琴载元：《里耶秦简所见秦代县吏的调动》，《西北大学学报》（哲
学社会科学版）2020 年第 1 期。

李志芳、蒋鲁敬：《湖北荆州市胡家草场西汉墓 M12 出土简牍概述》，
《考古》2020 年第 2 期。

尚宇昌：《秦始皇"收天下兵"事发微——以岳麓秦简所见秦代民间兵
器的回收与限制为中心》，《出土文献》2022 年第 2 期。

周海锋、雷毅露：《岳麓秦简〈廷卒令〉初探》，载杨振红主编、西北师
范大学历史文化学院等编《简牍学研究》（第十二辑），甘肃人民出
版社，2022。

五 学位论文

孙言诚：《简牍中所见秦之边防》，中国社会科学院，硕士学位论文，
1981。

白艳利：《从汉承秦制看吏治对秦亡的影响》，内蒙古大学，硕士学位论
文，2005。

李春来：《〈商君书〉中所见官吏管理问题探讨》，吉林大学，硕士学位
论文，2009。

刘鹏：《论官吏制度与秦朝统一之关系》，内蒙古大学，硕士学位论文，
2009。

李巍巍：《睡虎地秦简中所见文书制度探讨》，吉林大学，硕士学位论
文，2009。

许道胜：《岳麓秦简〈为吏治官及黔首〉与〈数〉校释》，武汉大学，博
士学位论文，2013。

张军威：《岳麓秦简〈为吏治官及黔首〉研究》，郑州大学，硕士学位论

文，2013。

姚登君：《里耶秦简〔壹〕文书分类》，中国石油大学（华东），硕士学位论文，2014。

周海锋：《秦律令研究——以〈岳麓书院藏秦简〉（肆）为重点》，湖南大学，博士学位论文，2016。

王笑：《秦汉〈徭律〉研究》，湖南大学，硕士学位论文，2016。

张韶光：《〈岳麓书院藏秦简（叁）〉集释》，吉林大学，硕士学位论文，2017。

纪婷婷：《岳麓书院藏秦简〈亡律〉集释及文本研究》，武汉大学，硕士学位论文，2017。

于洪涛：《里耶秦简文书简分类整理与研究》，吉林大学，博士学位论文，2017。

王牧云：《岳麓书院藏秦简所见秦令研究》，华东政法大学，硕士学位论文，2020。

六　网络论文

周波：《释青川木牍"梁"字及其相关诸字》，复旦大学出土文献与古文字研究中心，古文字网，2008年4月8日，http://www.fdgwz.org.cn/web/show/393。

杨芬：《岳山秦牍〈日书〉考释八则》，简帛网，2009年6月2日，http://www.bsm.org.cn/?qinjian/5263.html。

何有祖：《释张家山汉简〈二年律令·田律〉"利津隧"——从秦牍、楚简"洞"字说起》，简帛网，2011年11月17日，http://www.bsm.org.cn/?hanjian/5769.html。

邢义田：《"手、半"、"曰啎曰荆"与"迁陵公"——里耶秦简初读之一》，简帛网，2012年5月7日，http://www.bsm.org.cn/?qinjian/5871.html。

陈伟：《〈岳麓秦简三·魏盗杀安宜等案〉编连献疑》，简帛网，2013年9月5日，http://www.bsm.org.cn/？qinjian/6068.html。

游逸飞、陈弘音：《里耶秦简博物馆藏第九层简牍释文校释》，简帛网，

2013 年 12 月 22 日，http://www.bsm.org.cn/?qinjian/6146.html。

何有祖：《读里耶秦简札记（三）》，简帛网，2015 年 7 月 1 日，http://www.bsm.org.cn/?qinjian/6437.html。

陈伟：《"令史可"与"卒人可"》，简帛网，2015 年 7 月 4 日，http://www.bsm.org.cn/?qinjian/6438.html。

游逸飞：《里耶秦简所见的洞庭郡——战国秦汉郡县制个案研究之一》，简帛网，2015 年 9 月 29 日。http://www.bsm.org.cn/?qinjian/6479.html。

邢义田：《〈尉卒律〉臆解——读岳麓书院藏秦简札记之一》，简帛网，2016 年 3 月 23 日，http://www.bsm.org.cn/?qinjian/6650.html。

何有祖：《利用岳麓秦简校释〈二年律令〉一则》，简帛网，2016 年 3 月 27 日，http://www.bsm.org.cn/?qinjian/6657.html。

鲁家亮：《岳麓书院藏秦简〈亡律〉零拾之一》，简帛网，2016 年 3 月 28 日，http://www.bsm.org.cn/?qinjian/6663.html。

张驰：《〈为吏治官及黔首〉编联补证与关于〈岳麓肆〉059 号简归属问题的讨论》，简帛网，2016 年 4 月 7 日，http://www.bsm.org.cn/?qinjian/6671.html。

纪婷婷、张驰：《〈岳麓肆·亡律〉编连刍议（精简版）》，简帛网，2016 年 9 月 12 日，http://www.bsm.org.cn/?qinjian/7379.html。

谢坤：《〈里耶秦简（壹）〉缀合（三）》，简帛网，2016 年 11 月 17 日，http://www.bsm.org.cn/?qinjian/7413.html。

陈伟：《秦简牍的"辠"与"罪"》，简帛网，2016 年 11 月 27 日，http://www.bsm.org.cn/?qinjian/7421.html。

吴雪飞：《利用岳麓简校勘睡虎地简两则》，简帛网，2016 年 11 月 28 日，http://www.bsm.org.cn/?qinjian/7422.html。

陈伟：《〈岳麓书院藏秦简（伍）〉校读》，简帛网，2018 年 3 月 9 日，http://www.bsm.org.cn/?qinjian/7735.html。

陈伟：《岳麓书院藏秦简（伍）校读（续五）》，简帛网，2018 年 4 月 12 日，http://www.bsm.org.cn/?qinjian/7784.html。

王可：《读岳麓秦简札记一则》，简帛网，2019 年 5 月 8 日，http://

www.bsm.org.cn/?qinjian/8077.html。

陈伟:《秦苍梧、洞庭郡研究的重要资料》,简帛网,2019 年 9 月 10 日,
　　http://www.bsm.org.cn/?qinjian/8130.html。

陈伟:《〈岳麓书院藏秦简(陆)〉校读(壹)》,简帛网,2020 年 5 月 6 日,
　　http://www.bsm.org.cn/?qinjian/8253.html。

后　记

　　将娃送到学校，又去市场转了一圈，染了满身的肉腥味、菜叶味和泥土味。回家后先到次卧换了件外套，然来到客厅宽敞的书桌前码字，太阳已从云雾中冒出，斜射在文史杂陈的自制书架上。

　　书稿是在国家社科基金项目结项成果的基础上修订而成，大部分篇章已刊发过，只有数万字是首发。稿中所收文字，非成于一时，均是十年来整理岳麓秦简过程中所思所想。然大都无甚高论，只是记录了一位由文入史的青年学者蹒跚学步的模样，权当引玉之砖。近年来秦简研究方面的成果不断涌现，或有无力参阅者，或有不慎遗漏者，还请诸位同道多多海涵。我相信随着新材料的陆续刊布，哪怕先前看起来确乎不可拔的某些结论，可能也有重新审视的必要。当文章写出之时，它就注定会成为过去式，毕其功于一役的奢望我从来不敢有。我也经常修正自己先前的观点。求知猎奇过程中所遭遇的迷惑和惊喜，才是最值得珍视的。

　　小书能够刊出，首先要感谢我的老师陈松长先生，承蒙不弃，拙稿得以忝列"岳麓书院出土文献与古史研究丛书"。"扶君上马，再送一程"，陈师不仅为我打开了五彩斑斓的简帛世界，利用一切机会将我引见给各位学界巨子，还为我工作、生活上的事操碎了心。由于各种原因，不能留在湖大简帛中心常侍老师左右，然老师并未因空间距离变大而疏远我，相反，对我的提携襄助有增无减。老师早就到了退休年龄，原本可以愉快地投入他所钟爱的书法艺术世界，完全没有必要在残简断牍上焚膏继晷，更没有必要与各种"烂人破事"纠缠。老师之所以不下

"火线"，非不愿，是不能。首先是湖南活跃在简帛学界的年轻一代还太稚嫩，无法独当一面。其次，岳麓秦简、走马楼西汉简、五一广场东汉简牍的整理工作虽然接近尾声，但仍有大量的工作有待展开。最后，湖南大学有幸入选"古文字与中华文明传承发展工程"协同攻关创新平台，平台诸多事务的开展，也离不开老师。我们唯有不懈努力，多出成果，早日成长起来，这样老师肩上的担子才能稍微轻松一点。

李建廷先生为书稿花费了大量心血，校正格式、文字上的讹误达千余处，每一则引文均核实了出处。此种出版人，可谓业界良心，如今愈加稀有了。拙稿得遇先生，犹如枯木逢春，涸鱼得水。单单一个谢字不足以表达我对李先生的敬仰感佩之情，希望今后能写出稍微像样的书稿，有更多机会得到先生赐教。

在此，还要感谢《古代文明》《中国文化研究》《简帛研究》《简帛》《出土文献》《简牍学研究》《出土文献与法律史研究》《中西人文》等刊物的编辑和外审专家，书稿若有可取，与你们的不吝指教息息相关。当然也要感谢国家社科基金的评委们，若非你们青眼相加，我如今的处境将会更加窘迫。年轻不惧挫折，然而一次又一次的打击，会让人质疑自己的能力，丧失披荆斩棘的勇气。

来湘潭后，除了家人之外，就数与罗小华兄交流最多，也最肆无忌惮，轻松愉悦。我常爱说一些无关痛痒、真假参半的揶揄之语，只有生活在这方水土上的人才知晓言外真诠。言者无意，听者有心，或有朋友被误伤，还请多担待。感谢小华兄经常在学术上指导我，在生活中开导我，在我最穷困的时候施以援手，知道我有很多毛病还愿意跟我做朋友。世界很大，遍布荒漠，需要暖心的人和事引领方向，支撑前行。也要感谢北京、武汉、上海、重庆、广州、南京、济南、兰州、杭州、长春、信阳、长沙等地的同辈朋友，或赐予资料，或赠送大作，或提供交流机会，或为我答疑解惑，名单太长，恕不能一一罗列。绝学很冷，我们应该抱团取暖，谁研究冷门绝学，谁就是我的朋友。

自从我"误入"简帛学界以来，彭浩、李均明、胡平生、王子今、陈伟、孙家洲、张德芳、刘绍刚、赵平安、王彦辉、沈刚、史党社、郜文玲、徐世虹、杨振红、李天虹、戴卫红、刘国胜、宋少华、李鄂权、何旭红、黄朴华、何佳等先生一直对我关爱提携有加，在此一并致谢。

入职湘大后，院里的领导和同事给我提供了诸多方便和帮助，也不断鞭策我成长，永远不能忘怀。

最后也要感谢家人们一直以来的理解、包容和帮助，尤其要感谢赵婷女士和邦孚小崽子，让我有机会不时审视和反思自己是否尽到了家庭责任。

近年来，不仅无心修订旧作，甚至在面对一手材料时也少有撰文的冲动。我们当然不能将刻在骨子里的惰性和写在基因里的愚钝归罪于"新冠病毒"。然疫情以来，所闻所见，常让人不由生出无力感，也时常质疑读书写作的意义。好在大脑里有"遗忘"程序，无论多么惊心动魄的场景，刻骨铭心的记忆，随着时间的流逝，其再次触发情绪的几率会越来越低。"往者不可谏，来者犹可追"，在师友的鼓励下，在责任的驱使下，近来颇有振作之态，乃数年来最值得庆贺之事。

倏忽已至不惑之年，而我的困惑却与日俱增，常参不透简帛上的文字，读不出一首诗词的美感，搞不懂小孩的心思，看不清领导同事脸上的阴晴雨雪。

这是我出版的第二本专著。

是为记。

2023 年 12 月 12 日于湘潭江麓夏荷苑求阙斋

图书在版编目（CIP）数据

秦律令及其所见制度新研 / 周海锋著 . -- 北京：
社会科学文献出版社，2024.11（2025.9 重印）
（岳麓书院出土文献与古史研究丛书）
ISBN 978-7-5228-3134-3

Ⅰ . ①秦… Ⅱ . ①周… Ⅲ . ①秦律 - 研究 Ⅳ .
① D929.33

中国国家版本馆 CIP 数据核字（2023）第 249471 号

岳麓书院出土文献与古史研究丛书
秦律令及其所见制度新研

著　者 / 周海锋

出 版 人 / 冀祥德
责任编辑 / 李建廷
责任印制 / 岳　阳

出　　版 / 社会科学文献出版社（010）59367215
　　　　　　地址：北京市北三环中路甲 29 号院华龙大厦　邮编：100029
　　　　　　网址：www.ssap.com.cn
发　　行 / 社会科学文献出版社（010）59367028
印　　装 / 北京盛通印刷股份有限公司

规　　格 / 开本：787mm×1092mm　1/16
　　　　　　印张：23.25　字数：346 千字
版　　次 / 2024 年 11 月第 1 版　2025 年 9 月第 2 次印刷
书　　号 / ISBN 978-7-5228-3134-3
定　　价 / 128.00 元

读者服务电话：4008918866